Die Christen als Fremde

Die Metapher der Fremde
in der antiken Welt, im Urchristentum
und im 1. Petrusbrief

von

Reinhard Feldmeier

J.C.B.Mohr (Paul Siebeck) Tübingen

Die Deutsche Bibliothek – CIP-Einheitsaufnahme

Feldmeier, Reinhard:
Die Christen als Fremde: die Metapher der Fremde in der antiken Welt,
im Urchristentum und im 1. Petrusbrief / von Reinhard Feldmeier –
Tübingen: Mohr, 1992
  (Wissenschaftliche Untersuchungen zum Neuen Testament; 64
  ISBN 3-16-145982-2
NE: GT

© 1992 J.C.B.Mohr (Paul Siebeck) Tübingen

Das Buch wurde von der rhr computer publishing GmbH in Tübingen aus der Times Antiqua
gesetzt, von Gulde-Druck in Tübingen auf alterungsbeständiges Werkdruckpapier der Papier-
fabrik Gebr. Buhl in Ettlingen gedruckt und von der Großbuchbinderei Heinr. Koch in Tübingen gebunden.

ISSN 0512-1604

Wissenschaftliche Untersuchungen
zum Neuen Testament

Begründet von Joachim Jeremias und Otto Michel
Herausgegeben von
Martin Hengel und Otfried Hofius

64

Meinen Eltern
Wilma und Georg Feldmeier

Vorwort

Bei der vorliegenden Untersuchung handelt es sich um die leicht überarbeitete Fassung meiner 1991 von der Evangelisch-Theologischen Fakultät der Universität Tübingen angenommenen Habilitationsschrift.

Dank schulde ich zahlreichen Personen, die mir mit Rat und Tat zur Seite standen. An erster Stelle sei hier Prof. Dr. Drs. h.c. Martin Hengel genannt, der meine Arbeit immer mit lebhaftestem Interesse begleitet hat. Hilfreich waren die vielen Gespräche mit Kolleginnen und Kollegen, in denen ich meine Überlegungen zur Diskussion stellen konnte und wertvolle Anregungen empfing. Als wichtigste seien genannt: Dr. Rudolf Abraham Bitter, Pfr. Hermann Geyer, Pfrin. Dr. habil. Jutta Hausmann, Pfr. Dr. Ulrich Heckel, Pfr. Dr. Wolfgang Kraus, Prof. Dr. Hermann Lichtenberger, Pfr. Peter Marinkovic, Prof. Dr. Hans Schmoll sowie meine Frau.

Die Mühen des Korrekturlesens sowie der Registeranfertigung haben Sabine Geyer, Bernhard Mutschler und Matthias Kopp mit mir geteilt. Der Einstieg in die fremde Welt des Computers wäre mir nicht möglich gewesen ohne die tatkräftige Hilfe von Frau Andrea Siebert. Die Bibliothek der Augustana-Hochschule mit ihrem Leiter Dr. Wolfgang Krämer war bei der Beschaffung von Literatur außerordentlich hilfsbereit. All ihnen sei hier gedankt. Ohne ihre Hilfe hätte die Arbeit nicht in dieser relativ kurzen Zeit abgeschlossen werden können.

Ich danke dem Mohr-Verlag für seine vorzügliche Betreuung beim Druck der Arbeit sowie dem Landeskirchenrat der Evangelischen Kirche in Bayern für seinen großzügigen Zuschuß zur Erstellung dieses Manuskripts.

Koblenz, im Mai 1992   R.F.

Inhaltsverzeichnis

2. Teil
»An die erwählten Fremden in der Zerstreuung« – Selbstverständnis und Weltverhältnis der christlichen Gemeinde nach dem 1. Petrusbrief.

Hinführung

(1) Der 1. Petrusbrief hat als erste christliche Schrift die Glaubenden unmittelbar als Fremde bezeichnet. Auch wenn er dabei auf alttestamentliche, jüdische und – zumindest mittelbar – auch auf pagane Traditionen zurückgreift, so stellt er doch, soweit das noch feststellbar ist, die erste Schrift dar, in der die Fremdlingsmetapher zu einer zentralen Selbstbezeichnung wird[1]. Damit hat er im Christentum eine nicht unbedeutende Wirkungsgeschichte entfaltet[2].

Die Gewöhnung daran eben aufgrund dieser Wirkungsgeschichte darf jedoch nicht darüber hinwegtäuschen, daß eine solche Selbstbezeichnung durchaus ungewöhnlich ist. Denn der Begriff des Fremden ist zunächst ein Fremdurteil. Er wird von einer Gruppe verwendet, die damit diejenigen ausgrenzt, die an ihr keinen Anteil haben (oder keinen Anteil haben sollen)[3].

Dabei sind zwei Aspekte zu unterscheiden, die der deutsche Begriff des Fremden umfaßt: Zum einen gibt es den schlechthin Fremdartigen, der draußen ist und zu dem kaum mehr als äußerliche Beziehungen bestehen. Daneben gibt es aber auch den Fremden in der eigenen Mitte, der zwar gerade dadurch gekennzeichnet ist, daß er nicht voll dazugehört[4], der aber andererseits – gerade durch die Abgrenzung von ihm – auch das Selbstverständnis einer Gemeinschaft prägen kann. Sowohl im Griechischen wie im Hebräischen werden beide Aspekte auch terminologisch klar unterschieden[5].

---

[1] Am ehesten wäre noch Philo von Alexandrien in dieser Hinsicht mit dem 1 Petr vergleichbar (su §4,3). Doch abgesehen davon, daß bei Philo das Fremdlingsprädikat auf den Weisen bezogen wird und so nur in Verbindung mit dem Begriff des Weisen zu einer indirekten Selbstbezeichnung wird, kann man wohl nicht sagen, daß die Kategorie der Fremde auch für Philo in gleicher Weise für sein Selbstverständnis zentral ist, wie dies im 1 Petr der Fall ist (su §9.1).

[2] Su Anhang 3.

[3] Vgl FASCHER: Fremder 307: Der Begriff des Fremden ist »wesenhaft soziologisch«.

[4] Vgl NOTHNAGEL: Fremde 6f: »Entscheidendes Kriterium, das die Formation dieser unterschiedlichen Klassen von Fremdheit gewährleistet, ist Formation eines Gegensatzes zwischen Drinnen und Draußen. Denn die Bildung einer sprachlich-ethnischen oder räumlichen Entität weist denjenigen Sozialfiguren, die sich innerhalb dieses Zusammenhangs befinden, einen anderen Stellenwert zu als denjenigen, die dieser Entität äußerlich bleiben«.

[5] Derjenige Fremde, der schlechthin außen steht, zu dem als zu dem ganz anderen zumindest keine innere Beziehung besteht, wird im Griechischen vor allem mit dem Begriff βάρβα-ρος bezeichnet. Durch diese Unterscheidung zwischen Griechen und Barbaren wird geradezu eine Zweiteilung der Welt vorgenommen (vgl BASLEZ: L'étranger 183ff). Auch ξένος und ἀλλότριος bezeichnen eher den ganz Fremden. Im Hebräischen sind es die Begriffe זר und נכרי, die den gänzlich Fremden bezeichnen (zum Einzelnen su §3,1). Auf der anderen Seite

Die Skala der Empfindungen gegenüber dem Fremden reicht von Abwehr und Feindseligkeit über Verachtung, Gleichgültigkeit bis hin zu Neugier, Faszination, ja Nachahmung des anderen und Fremden. Denn Begegnung mit dem Fremden stellt Selbstverständliches in Frage und kann so zur Krise führen, sie kann aber auch Innovation bedeuten (wobei sich beides keineswegs ausschließt). Entsprechend kann der Fremde ebenso als der bedrohende andere, der Unpassende und Böse empfunden werden wie als der Bote einer anderen Welt, der neue Horizonte eröffnet. Nicht selten dürften die Empfindungen gegenüber dem Fremden aus beidem gemischt sein, und es hängt zum einen von dem jeweiligen Zustand der Gesellschaft und ihren Erfahrungen mit Fremden ab, welcher Aspekt jeweils dominiert[6]. Zum andern hängt dies aber auch daran, mit welcher Art »Fremdem« man es zu tun hat: In den Beziehungen zum »inneren Fremden«[7], der unter den gleichen Bedingungen wie man selbst anders lebt, denkt und handelt, sind im allgemeinen die negativen Einstellungen vorherrschend (vom Versuch der Vereinnahmung über die Ausgrenzung als minderwertig bis zum Sündenbockmechanismus).

In jedem Fall[8] gilt, daß im Begriff der Fremde das Gegenüber in erster Linie aus der Perspektive einer Ab- und Ausgrenzung in den Blick kommt, einer Negation des Vertrauten, des Akzeptierten und häufig auch des Gleichwertigen. Was aber bedeutet es nun, wenn eine Gruppe sich eine solche Fremdbezeichnung, eine solche von außen gesetzte Distanz, die immer auch eine Ausgrenzung impliziert, so zu eigen macht, daß diese Negation zum konstitutiven Moment der eigenen Identität wird, wie dies bei der Selbstbezeichnung als Fremde der Fall ist[9]? Was führt dazu, daß sich Menschen selbst als Fremde bezeichnen? Und welches Verhältnis zu sich selbst und zur Mitwelt wird damit ausgedrückt?

(2) Den dadurch aufgeworfenen Fragen soll hier im Blick auf den Situationsbezug dieser Metapher in doppelter Weise nachgegangen werden. Zum einen ist zu prüfen, welche Bedingungen zu einem derartigen Selbstverständnis füh-

---

stehen diejenigen, die zwar nicht im Vollsinn dazugehören, die jedoch als Außenseiter bzw als ethnische, religiöse und/oder soziale Randgruppe in irgendeiner Weise in das bestehende Gefüge der Gesellschaft integriert sind (im Griechischen etwa πάροικος und μέτοικος vgl § 1; im Hebräischen גר und תושב vgl § 3,1). Zu letzterem gehören auch diejenigen Fremden, die – wie im mer es um ihren Stand oder ihre Herkunft bestellt ist – sich nur für kurze Zeit aus meist eindeutigen Gründen an einem bestimmten Ort aufhalten (im Griechischen ἐπιδημοῦντες bzw παρεπιδημοῦντες/παρεπίδημοι su § 1).

6 Ein Beispiel dafür ist etwa der Begriff »Ausländer«, der im Deutschen erst in den letzten Jahren eine deutlich negative Bedeutung gewonnen hat.

7 FORTES: Strangers 229ff unterscheidet einleuchtend zwischen »internal strangers« und »external strangers«.

8 Der 1 Petr knüpft terminologisch an letzteres an, und darauf konzentriert sich auch die folgende Untersuchung.

9 Dies wird noch dadurch verschärft, daß nach antiker Vorstellung eben nur der Bürger (und nicht der Fremde) ein freier Mensch mit seinen Rechten (und damit erst im Vollsinn Mensch) ist.

ren oder dieses doch begünstigen. Daneben aber und vor allem ist zu klären, welches Selbstverständnis und Weltverhältnis mit dieser Selbstbezeichnung auf den Begriff gebracht bzw bei den Adressaten dieses Schreibens intendiert wird. Denn gegenüber der (auch aufgrund einer bestimmten Wirkungsgeschichte) naheliegenden Vermutung, daß die Kategorie der Fremde die so Bezeichneten – typisch sektenhaft – aus dem Gegensatz zur Gesellschaft definieren und so auf die Abgrenzung von dieser fixieren soll, kennzeichnet den 1 Petr eine (im Vergleich zu anderen Schriften, die in einer vergleichbaren Situation verfaßt sind) bemerkenswerte Offenheit gegenüber der Mitwelt. Die Arbeit wird deutlich machen, daß dies nicht zuletzt mit der Anrede der Christen als Fremde zusammenhängt. Sie wird aufzeigen, wie der 1 Petr den durch ihre gesellschaftliche Randexistenz angefochtenen Gemeinden durch die Kategorie der Fremde ein neues Selbstverständnis und Weltverhältnis erschließt. Dies scheint mir nicht zuletzt auch für die heutige Kirche von Interesse zu sein, die sich – zumindest in Mitteleuropa – zunehmend als Kirche auf dem Weg in die Minderheit erfährt.

(3) Die Untersuchung ist zweigeteilt. Ein erster Hauptteil beschäftigt sich mit dem traditionsgeschichtlichen Hintergrund der Selbstbezeichnung als Fremde. Dabei wird zunächst gefragt, was die im 1 Petr verwendeten Begriffe πάροικος und παρεπίδημος genau bedeuten: welche Art von Fremde damit gemeint ist und was antike Hörer bzw Leser mit diesen Begriffen verbanden (§ 1). Nach dieser Klärung des Assoziationshorizontes der Begriffe soll untersucht werden, wo, warum und wie diese Selbstbezeichnung in der paganen Literatur (§ 2), im AT (§ 3), im Frühjudentum (§ 4) und im NT (§ 5) aufgenommen wird und wie sich diese Texte zueinander verhalten. Dabei soll – soweit möglich – auch gefragt werden, welchen Bezug diese Selbstbezeichnung in den behandelten Texten zu bestimmten gesellschaftlichen und historischen Bedingungen hat. Ein letzter Paragraph (§ 6) soll dann die Abhängigkeit wie die Eigenständigkeit des 1 Petr bei dem Gebrauch dieser Metapher aufzeigen.

Letzteres bereitet den zweiten Hauptteil vor, der die Bedeutung der Kategorie der Fremde für das Selbstverständnis und Weltverhältnis der christlichen Gemeinden gemäß dem 1 Petr untersucht. Bezogen auf das Thema der Fremde wird in einem ersten Unterabschnitt (§ 7) zunächst die Situation dargestellt, auf die der 1 Petr Bezug nimmt und mit der er sich auseinandersetzt, um dann in einem zweiten Abschnitt (§ 8) die Art und Weise aufzuzeigen, wie er diese Situation theologisch beurteilt und in ihr auf seine Adressaten Einfluß nimmt, also seine Theologie und Strategie. Den Abschluß bildet dann die Darstellung dessen, wie der 1 Petr in einer Situation bedrängter Minderheitsexistenz auch mit Hilfe der Kategorie der Fremde seinen angefochtenen Adressaten christliches Selbstverständnis und Weltverhältnis erschließt.

Die Untersuchung wird abgerundet durch drei Anhänge. Der erste nimmt Stellung zu Einleitungsfragen. Der zweite setzt sich mit der vielbeachteten Deutung des 1 Petr durch J. Elliott auseinander. Im letzten Anhang sind einige

Beobachtungen zur Wirkungsgeschichte der Kategorie der Fremde zusammen-
gestellt.

Weggelassen wurde ein Exkurs zum Verständnis der Fremde in der Gnosis,
da keinerlei Beziehungen des 1 Petr zur Gnosis erkennbar sind. Erwähnenswert ist nur, daß das gnostische Verständnis der Fremde als Ausdruck der Entweltlichung zwar die Wirkungsgeschichte und damit das Verständnis dieser Kategorie zum Teil bis heute nachhaltig geprägt hat, daß dies aber, wie sich zeigen wird, gerade nichts mit dem 1 Petr zu tun hat.

1. Teil

»...als Beisassen und Fremde...«
– Der Traditionshintergrund der Metaphern ΠΑΡΟΙΚΟΣ und ΠΑΡΕΠΙΔΗΜΟΣ

Zum Vorgehen

(1) Wenn der 1 Petr seine Adressaten als παρεπίδημοι und πάροικοι bezeichnet, so bedient er sich dabei zumindest im zweiten Fall eines Begriffes, der in der antiken Welt zunächst auch einen rechtlichen, politischen und sozialen Sachverhalt bezeichnen kann, wenngleich der Versuch, die damit angesprochene Schicht rechtlich und sozial eindeutig einzugrenzen, sich schon aufgrund der komplizierten Rechtsverhältnisse im römischen Reich[1] als sehr schwierig, wenn nicht als unmöglich erweist. Hinzu kommt die geschichtliche Entwicklung in der Kaiserzeit, in der die Paroikie zurücktritt, möglicherweise sogar ganz verschwindet[2]. Nun ist es im Zusammenhang dieser Arbeit auch nicht nötig, sich in allen Einzelheiten mit diesen rechtlichen und sozialen Fragen auseinanderzusetzen, da der 1 Petr die Begriffe παρεπίδημοι und πάροικοι zweifellos der biblisch-jüdischen Tradition entnommen hat[3] und beide zudem eindeutig metaphorisch gebraucht. Hier soll so weit als möglich geklärt werden, welche Konnotationen diese Begriffe zur Zeit des 1 Petr hatten, wel-

---

[1] Rechtlich gesehen war das römische Reich weitgehend ein Flickenteppich von Stadtrepubliken, deren Verfassungen im einzelnen selbst in einem begrenzten Gebiet wie Kleinasien, an das der 1 Petr gerichtet ist, ganz unterschiedlich waren. Hinzu kommt als weitere Schwierigkeit, daß es durch die relativ häufige Verleihung des römischen Bürgerrechtes neben dem lokalen Bürgerrecht in immer stärkerem Maße auch das römische gab (vgl Fascher: Fremder 330ff). Während das lokale Bürgerrecht meist relativ wenigen vorbehalten war, war es für Rom bezeichnend, daß es die Zahl seiner Bürger – wenn auch in der Abstufung von lateinischem und römischem Bürgerrecht – stark vermehrte (etwa durch die Bestimmung, daß der Freigelassene eines römischen Bürgers selbst römischer Bürger wurde). Auf diese Weise vermochte Rom die Umwandlung von einem Stadtstaat in einen Territorialstaat zu vollziehen, und gerade in Kleinasien lebten die meisten römischen Bürger außerhalb Italiens.

[2] Su § 1,2.1.

[3] Der Versuch von Elliott, Home, dies zu bestreiten und stattdessen diese beiden termini unmittelbar auf die sozialen Gegebenheiten in der Gemeinde zu beziehen, kann in keiner Weise überzeugen; vgl dazu die Auseinandersetzung mit Elliott in Anhang 2.

che Assoziationen – auch rechtlicher und sozialer Art[4] – bei den Hörern und Lesern des Briefes vermutlich allein durch die Verwendung der Worte ausgelöst wurden. Zu diesem Zweck soll im ersten Paragraphen vor allem die Verwendung und Bedeutung beider Begriffe als nomina propria sowohl in alttestamentlichen und jüdischen Schriften wie in der paganen Literatur des Hellenismus und der frühen Kaiserzeit (vor allem vom zweiten vorchristlichen bis zum zweiten nachchristlichen Jahrhundert) untersucht werden. Mit der Bedeutung des in 1 Petr 1,17 verwendeten, im Profangriechischen nicht belegten Derivates παροικία sowie mit dem in 1 Petr 1,1 begegnenden Terminus diasporO befaßt sich jeweils ein weiterer Unterabschnitt.

(2) Gelegentlich wird in der paganen Literatur, vor allem in der Philosophie, metaphorisch die Existenz des Menschen in dieser Welt als kurzer Aufenthalt und Wandel in der Fremde bezeichnet. Dieser metaphorische Gebrauch, seine Bedeutung und die damit verbundenen Vorstellungen sollen im folgenden Paragraphen untersucht werden. Teilweise werden dabei auch verwandte Vorstellungen berücksichtigt, soweit zu vermuten ist, daß sie diesen Sprachgebrauch vorbereitet oder mitgeprägt haben. Dies kann im Rahmen dieser Untersuchung nur in eingeschränktem Umfang geschehen. Im Vordergrund steht die Frage, was in der paganen Literatur mit diesen Aussagen verbunden wurde und ob bzw inwieweit und wie die Rede von der Fremdlingschaft der Christen im 1 Petr von hier – zumindest mittelbar – beeinflußt ist.

(3) Mit seiner Anrede der Christen als Fremdlinge und Beisassen knüpft der 1 Petr fraglos an alttestamentliche Texte an. Die alttestamentliche Tradition soll deshalb im dritten Paragraphen untersucht werden. Da sich der 1 Petr nur über die LXX auf das AT zurückbezieht[5], folglich die verschiedenen Schichten und Überlieferungsstufen für ihn keine Bedeutung haben, genügt hier ein Überblick[6]. Wenn dabei dennoch, soweit das im Rahmen dieser Arbeit möglich ist, auch auf überlieferungsgeschichtliche Fragen eingegangen wird, so soll damit aufgewiesen werden, unter welchen Bedingungen diese Selbstbezeichnung aufgenommen wurde, welches also ihr Erfahrungsbezug ist. Auf Besonderheiten des Sprachgebrauchs der LXX und deren Ursachen wird in einem zweiten Unterabschnitt eingegangen.

(4) Der nächste Abschnitt gilt dann den Traditionen des Judentums. Zu klären wird sein, warum in den meisten jüdischen Schriften das Thema der Fremde nicht zur Selbstbezeichnung aufgenommen wird, es aber in Qumran und – in ganz anderer Weise und noch weit häufiger – bei Philo begegnet. Bei letzterem findet sich der Bezug zum Thema der Fremde sogar relativ häufig, und es

---

[4] Es geht dabei noch nicht um die theologischen Implikationen dieser Begriffe in der alttestamentlichen und jüdischen Tradition, die in zwei eigenen Paragraphen behandelt werden.

[5] Wie der 1 Petr ja auch sonst, etwa durch die Anrede als παρεπίδημοι διασπορᾶς (1 Petr 1,1) zu erkennen gibt, daß er an die Traditionen des Diasporajudentums anknüpft.

[6] Eine detailliertere Untersuchung der atl Tradition im Blick auf diese Frage (besonders im Blick auf die religiösen, zeitgeschichtlichen und gesellschaftlichen Erfahrungsbezüge dieser Kategorie in den einzelnen Schriften) fehlt bis jetzt und wäre zweifellos interessant.

werden auch die entsprechenden, aus der LXX entnommenen Begriffe immer wieder zum Gegenstand eigener, stark philosophisch geprägter Überlegungen gemacht. Das ist um so bemerkenswerter, als das Thema der Fremde bis dahin (sowohl in der paganen wie in der alttestamentlichen Tradition) nur selten begegnet und aufs Ganze gesehen eine deutlich untergeordnete Rolle spielt. Philo bzw das Diasporajudentum stellt so in der Bedeutung, die dem Thema der Fremdlingsschaft zukommt, die unmittelbarste Parallele zum 1 Petr dar.

(5) Eine Übersicht über das Phänomen der Fremde im NT beschließt die Erhellung des traditionsgeschichtlichen Hintergrundes.

(6) Der letze Paragraph dieses zweiten Hauptteiles bezieht die Ergebnisse der Traditionsgeschichte auf den 1 Petr. Er macht deutlich, welche Traditionen die Rede von der Fremdlingsschaft der Christen im 1 Petr geprägt haben und in welcher Weise sie das getan haben bzw wo und wie sich der 1 Petr auch von der Tradition unterscheidet.

§ 1 Der Assoziationshorizont der beiden Termini πάροικος und παρεπίδημος und ihrer Derivate im biblischen, jüdischen und paganen Schrifttum

1. παρεπίδημος

1.1 Häufigkeit

Der für den 1 Petr schon durch seine zweimalige Verwendung an entscheidender Stelle[1] als bedeutsam ausgewiesene Begriff παρεπίδημος begegnet *sowohl im biblisch-jüdischen wie im paganen Schrifttum ausgesprochen selten.*

In der *LXX* wird das Wort nur zweimal parallel zu πάροικος verwendet (Gen 23,4; ψ 38,13 [Ps 39,13]), bei *Aquila, Symmachus und Theodotion* ist es gar nicht überliefert. Im *NT* findet sich das Wort nur noch einmal in Hebr 11,13 – und auch hier nur als Parallelbegriff (zu ξένος). *Josephus* verwendet es gar nicht; *Philo* nur einmal – und das als Zitat von Gen 23,4 (Conf Ling 79). Das Verb παρεπιδημεῖν wird von Philo zweimal gebraucht. In der gesamten *pseudepigraphischen Literatur* begegnet das Verb nur einmal im Aristeasbrief (ep Ar 110,3). Ähnlich ist der Befund in der *paganen Literatur:* In den Schriften vom zweiten vorchristlichen bis zum zweiten nachchristlichen Jahrhundert, soweit ich sie erschließen konnte, begegnete das Substantiv παρεπίδημος ausgesprochen selten[2]. Dazu kommen noch einige weitere Belege aus dem dritten vorchristlichen Jahrhundert, zwei Papyri[3] und ein Fragment des Historikers Kallixeinos von Rhodos[4]. Etwas häufiger kommt dort das Verb παρεπιδημεῖν vor[5]. Auch wenn diese Auflistung keine Vollständigkeit beanspruchen kann, bestätigt sie doch die Seltenheit dieses Begriffs.

1.2 παρεπίδημος im biblischen Schrifftum

Die Selbstbezeichnung der Christen als παρεπίδημοι knüpft, wie bereits erwähnt, an die LXX an. Den damit aufgenommenen Traditionen ist der übernächste Paragraph gewidmet. Hier geht es nur um eine Wortfeldanalyse, um den Sprachgebrauch und das Spektrum der Konnotationen der Wortfamilie παρεπιδημεῖν.

---

[1] Su § 9,1.

[2] Polyb 32,6,4,3; Athen Deipnosophistae 5,25,10 (196a); Athen Deipnosophistae [epit.] 2",1",71,11.

[3] PZen.Col. II,72; PPetr 3p.7,15.

[4] FGH IIIC/1, fr 627 F2.

[5] Su § 1,3.

In *Gen 23,4* impliziert die Selbstvorstellung Abrahams als πάροικος καὶ παρεπίδημος, daß er keinen Landbesitz (hier für ein Grab) hat und auch nicht hierhergehört – es ist vorausgesetzt, daß Abraham nach dem Begräbnis weiterzieht.

Übertragen begegnet dann diese Vorstellung im Zusammenhang mit einer Fremdheitsaussage häufiger im AT, um auch für die im Lande Wohnenden die Unverfügbarkeit dieser Lebensgrundlage und damit deren bleibende Abhängigkeit von Gott auszudrücken[6]. Dieser Gedanke steht vermutlich auch hinter ψ 38,13 (Ps 39,13)[7], wo die Bitte zu Gott durch den Hinweis des Beters begründet wird, daß er vor Gott ein πάροικος sei und ein παρεπίδημος wie alle seine Väter.

Der *Hebräerbrief* nimmt die Terminologie von Gen 23,4 auf und spiritualisiert sie, wenn er 11,13 von Abraham und den anderen Erzvätern sagt, daß sie ξένοι καὶ παρεπίδημοι ἐπὶ τῆς γῆς waren und damit meint, daß sie κατὰ πίστιν lebten und starben (Hebr 11,13), dh im Bezug auf Gottes noch ausstehende Zukunft, in Erwartung der Stadt, zu der sie wahrhaft gehören sollten (Hebr 11,10 vgl 13,14), auf der Suche nach der eigentlichen πατρίς (Hebr 11,14). Deutlich ist der Gegenbegriff hier die (Heimat-)Stadt im Sinne einer endgültigen Zugehörigkeit (su § 5,3).

Der Hebr berührt sich hier eng mit *Aussagen Philos,* in denen dieser das Verb παρεπιδημεῖν gebraucht: So heißt es Agric 65, daß für die Seele des Weisen der Himmel das Vaterland bzw die Vaterstadt (πατρίς) sei, die Erde aber Fremde, weshalb nur die Weisheit sein eigenes Haus sei, der Körper dagegen ein Fremdes, wo seine Seele sich nur als Gast (παρεπιδημεῖν) aufhalte. Ähnlich wird in Conf Ling 76 das παρεπιδημεῖν dem κατοικεῖν der Törichten und Lasterhaften entgegengesetzt, die fälschlicherweise hier wie in einer πατρίς wohnen. Der Begriff bezeichnet also auch hier das Verhalten des Weisen, der sich in dieser Welt nicht endgültig heimisch macht. (Für beide Texte ist es im übrigen nicht nur bezeichnend, daß παρεπιδημεῖν parallel zu παροικεῖν verwendet wird, ohne daß ein Bedeutungsunterschied erkennbar wird, sondern auch, daß – wie im Hebr – das Fremdsein mit ξένος wiedergegeben wird, das hier der Gegenbegriff zu πατρίς und damit ein Parallelbegriff zur Wortfamilie παρεπιδημεῖν ist).

In *ep Ar 110,3* bezeichnet das Verb die in einer bestimmten Situation auf zwanzig Tage beschränkte Verweildauer der (nicht zur Stadt gehörenden) Landbevölkerung in Alexandrien.

Überall wird – wenn auch zumeist metaphorisch[8] – mit dem Begriff *die Negation eines bestimmten gesellschaftlichen und rechtlichen Status ausgedrückt.* Im AT ist dies auf den Landbesitz und den davon abhängigen Stand bezogen. Bei Philo und im Hebr begegnet παρεπίδημος bzw παρεπιδημεῖν in expliziter Verbindung mit πατρίς »Vaterstadt«, also mit einem Begriff, der eine gesellschaftliche und rechtliche Zugehörigkeit im Horizont hellenistischen Denkens beschreibt[9]. Letzteres stellt mit seiner Orientierung am Stadtstaat eine Akzentverschiebung gegenüber den am Land orientierten alttestamentlichen Stellen dar, ohne daß dadurch sich die Bedeutung grundlegend ge-

---

6 Su § 3,1.3.

7 Vgl Kraus 455.

8 Eine Ausnahme bildet neben ep Ar 110,3 nur Gen 23 – und auch hier ist fraglich, inwieweit Abraham bewußt als der Fremde und somit als Identifikationsfigur dargestellt wurde (su § 3,1.2)).

9 Die Erwähnung der πόλις im Hebr unterstreicht dies noch (11,10–16;13,14; vgl 12,22).

ändert hätte. An den Stellen, an denen das Wort in seinem eigentlichen Sinn gebraucht wird, wird zudem deutlich, daß nur an eine *begrenzte Verweildauer* gedacht ist.

Hüten muß man sich im Zusammenhang sämtlicher antiken Aussagen vor den romantischen Konnotationen, den der Begriff Heimat im Deutschen – im übrigen erst seit gut hundert Jahren[10] – hat. Die πατρίς ist ›Heimat‹ nur für Vollbürger, sie ist ein rechtlicher und sozialer Begriff, der Stand, Rechte und Pflichten regelt und den Bürger streng gegen andere Schichten abgrenzt.

Im biblischen Kontext wird παρεπίδημος nur im Zusammenhang mit einem anderen, geläufigeren Begriff als Hendiadyoin verwendet[11]. Das ungebräuchliche Wort scheint nur dazu zu dienen, im Blick auf Abraham bzw ganz Israel den weitgehend auf den Proselyten festgelegten Begriff des προσήλυτος zu vermeiden. Da nun sowohl Philo wie der Hebräerbrief in ihrer Terminologie von der LXX beeinflußt sind, taugt das oben Festgestellte nur in eingeschränktem Maße zur Klärung der Frage nach der genauen Wortbedeutung und den Konnotationen dieses Begriffs. Deshalb soll nun auch das Wortfeld im paganen Kontext betrachtet werden. Dabei werden auch das ebenfalls seltene παρεπιδημία sowie das geläufigere Verb παρεπιδημεῖν mitberücksichtigt, die sich beide weder in der LXX noch im NT finden.

1.3 παρεπίδημος κτλ im paganen Schrifttum

Durchweg wird im paganen Schrifttum παρεπιδημεῖν κτλ *von Fremden ausgesagt.* Wie schon bei Philo und im Hebr ist der Wortstamm auch hier nicht selten explizit mit ξένος verbunden[12]; aber auch an den anderen Stellen

---

10 Das Deutsche Wörterbuch von JACOB und WILHELM GRIMM definiert »Heimat« als 1. Land bzw. Landstrich, in dem man geboren ist, 2. Geburtsort oder ständiger Wohnort, 3. das elterliche Haus oder Besitztum (Bd 10, 865f; vgl auch JENS: Heimat 89–91: »*Heimat* – das war bis zur Mitte des neunzehnten Jahrhunderts ein nüchternes Wort ... Geburts- und Wohnort, Herkunftsland und elterliches Haus: Polizei und Bürgermeisteramt, staatliche Hoheitsdiener und Notare hatten mitzureden, wenn es um Heimat ging... Heimat, dies zeigt der historische Rückblick, war einmal ein strenges Wort; da wurde gezählt und geprüft und gerechnet... Die Heimat mit Quelle und Wald hingegen, mit dem Mütterlein und den Trachten, der alten Linde und den rauschenden Bächlein: die Sonntagsheimat war eine Erfindung von Bürgern, die sich inmitten einer von wenigen Kapitalisten und vielen Industriearbeitern bestimmten Welt ein Refugium zu sichern trachteten, mit dessen Hilfe sie die Bedrohung von oben und unten, durch die Konzerne hier und die Proleten dort, zu kompensieren versuchten: Heimat als verklärtes Gestern, heile Welt und Relikt ständestaatlicher Ordnung im Zeitalter der Verstädterung, Industrialisierung, Vermassung«.

11 Das trifft besonders für πάροικος zu (su). Was ξένος anlangt, so begegnet es zwar erst wieder in frühchristlichen Schriften (vor allem Diognetbrief 5, 5 vgl Herm s 50,1; 50,6) als positive Selbstbezeichnung (Eph 2,12.19 bringt damit gerade den durch die Bekehrung von den Christen überwundenen Zustand auf den Begriff), ist jedoch sonst ein auch im biblischen Schrifttum geläufiges Wort.

12 Vgl Polyb 13,8,3,3; 26,1a,1,4; Diod S 4,18,1; 4,27,3; 4,67,4; 29,32,1; Plut Tim. 38,2; Athen 5,21(193d); 10,52(439a); 13,42(579a); 13,44(581a).

sind die Subjekte, von denen dieses παρεπιδημεῖν ausgesagt wird, in anderer
Weise, etwa durch die Bezeichnung ihrer Herkunft[13], durch ihren Namen[14], ihren Beruf[15] oder durch die Angaben zur Situation[16] eindeutig als Fremde iden-
tifizierbar. Sehr häufig sind es Reisende, die sich irgendwo – zumeist nicht für
allzulange Zeit – aufhalten.

Nur selten wird explizit gesagt, daß ein mit παρεπιδημεῖν bezeichneter Aufenthalt
längere Zeit dauert[17], wobei allerdings auch hier deutlich von einem begrenzten Aufenthalt die Rede ist. Mehrmals scheint an Leute gedacht, die in einer anderen Stadt bzw einem anderen Land zumindest eine Zeitlang wohnen[18]. Im allgemeinen werden jedoch
Leute als παρεπίδημοι oä bezeichnet, die aus verschiedenen Gründen gerade in einer
fremden Stadt bzw in einem fremden Land sich niederließen oder auf der Durchreise
sind[19]. Eine ägyptische Anklageschrift unterscheidet sogar explizit zweimal zwischen
παρεπιδημοῦντες ξένοι und κατοικοῦντες ξένοι[20], was geradezu den Eindruck von
schichtenspezifischen termini technici macht[21] und nochmals unterstreicht, daß παρεπιδημεῖν gerade der Gegensatz zum endgültigen Ansiedeln (κατοικεῖν) ist[22]. Ähnlich wird Polyb 30,4,10 zwischen »τοῖς ... παρεπιδημοῦσιν« und »τοῖς οἴκοι μένου-
σιν« unterschieden.

Allen Stellen gemeinsam ist, daß die Wortfamilie einen (meist kürzeren)
*Aufenthalt von Menschen an einem Ort bezeichnet, an dem sie nicht beheima-
tet sind und auch nicht dauerhaft ansässig zu werden beabsichtigen*[23]. In die-

---

[13] PPetr 3 p.7,15; PZen.Col. II,72; Polyb 27,6,3,4; 32,6,4.6 uö; Diod S 1,83,8; 9,25,1;
13,27,3; 19,61,1; Plut De Herodoti malignitate 871f.

[14] Polyb 10,26,5,1; Diod S 10,6,2; Plut Eum. 1,1.

[15] Diod S 32,15,3; Plut Quaest Conv 665b.

[16] Polyb 4,4,1f; 13,8,3,3; 22,13,6 uö; Diod S 1,4,3; 4,67,4; 9,25,1; Plut Praec Ger Reip
811b; Athen 5,25(196a); 12,54(538c).

[17] Vgl Polyb 33,15,2,1; Diod S 1,4,3.

[18] Vgl Diod S 13,27,3; 19,61,1. Wenn PPetr 3 p.7,15 in einem Testament die Schuld eines
παρεπίδημος vererbt wird, so ist zu vermuten, daß auch dieser längere Zeit an dem bezeichneten Ort lebt. In PZen.Col. II,72 bezeichnet der von Apollonios, dem Dioiketes des Ptolemai-
os II von 260–246 mit verschiedenen Aufgaben betreute Zenon (in einer Anklageschrift gegen einen Bürger aus Akanthopolis) sich selbst als einen »Fremden aus Kaunos« (Καύνιος
παρεπίδημος).

[19] Vgl Polyb 4,4,1f; 10,26,5,1; 13,8,3,3; 22,13,6; Diod S 1,83,8; 4,18,1; 4,27,3; 4,67,4;
9,25,1 uö; bei Athen 5,25(196a) und 12,54(538c) übersetzt GULICK (LCL) das παρεπίδημοι
bzw παρεπιδημοῦντες mit »tourists«; vgl weiter Plut Tim 38,2; Eum. 1,1 uö; ebenso ep Ar
110,3.

[20] Urkunden der Ptolemäerzeit II Nr 196,13f.19f (116 v Chr).

[21] Vgl HOMMEL: Metoikoi 1414f.

[22] Vgl SPICQ: Notes 669: »Parmi les étrangers (ξένοι...) dans une ville d'Egypte ou de Grèce, on distingue des autochtones les κατοικοῦντες (cf. les πάροικοι *Ex.* XII,45; *Lév.*
XXII,10), les *résidants,* qui ont obtenu le droit de domicile, et les παρεπίδημοι, *les pérégri-
nants,* étrangers qui ne font que passer dans la cité, sans s'y établir; ils n'y restent, par exem-
ple, que le temps d'y débarquer une cargaison ou de régler une affaire. Ni les uns ni les autres
n'ont le droit de citoyenneté, mais les seconds ne sont que de passage, leur séjour est temporai-
re«.

[23] Ähnlich auch MOULTON/MILLIGAN: Vokabulary 493: »...›a sojourner‹ or ›a stranger‹
settled in a particular district only for a time«; STEPHANUS: Thesaurus VII, Sp490: »Qui pere-

sem Zusammenhang ist weiter festzuhalten, daß der Begriff (in Verbindung mit ξένος) zwar auch in einem schichtenspezifischen Sinn verwendet werden kann, im allgemeinen jedoch neutral gebraucht wird: In einer ihm fremden Stadt bzw einem fremden Land kann jeder ein παρεπίδημος bzw παρεπιδημήσας sein – das Spektrum reicht vom König[24] bzw Königssohn[25] über Gesandte[26], Philosophen[27] und Reisende bis hin zu Menschen, die explizit der übelsten Sorte zugerechnet werden[28].

2. πάροικος κτλ

2.1 Die pagane Literatur

(1) Lexikalisch ist die Bedeutung von πάροικος nicht eindeutig. Bei der Untersuchung dieses Begriffes wird gerne übersehen, daß in der überwiegenden Mehrzahl der Fälle die Wortfamilie einfach die Bewohner, die Ansiedlung oder die Nachbarn bezeichnet[29], und daß nicht wenige griechische und hellenistische Schriftsteller die Wortfamilie ausschließlich in diesem Sinne gebrauchen. Das ist sicher nicht die Bedeutung, die dieser Begriff im 1 Petr hat, aber dieser Befund nötigt doch zu verstärkter Zurückhaltung gegenüber einer zu einlinigen Deutung dessen, was angeblich vom antiken Hörer mit diesem Begriff verbunden wurde.

Neben dieser Bedeutung kann nun aber πάροικος, wie bereits erwähnt, auch einen *rechtlichen Terminus* darstellen. Interessant ist in diesem Zusammenhang ein Bericht von Diodorus Siculus über eine Belagerung der Stadt Rhodos. Offensichtlich um genügend Kämpfer verlegen bietet die Stadt »den in der Stadt wohnenden Paröken und Fremden« an, auf ihrer Seite mitzukämpfen[30]. Hier werden also offensichtlich neben den Bürgern noch zwei weitere Schichten von Bewohnern der Stadt unterschieden: Paröken und Fremde (und 20,84,3 nennt dann noch neben den bereits Erwähnten als vierte Schicht, die auch zum Kampf herangezogen wird, die Sklaven). Ähnlich

---

gre advenit«; LIDDELL/SCOTT 1337: »sojourning in a strange place«; BAUER/ALAND: Wörterbuch 1264: »(für kurze Zeit) an einem fremden Ort weilend, sich als Fremdling aufhaltend«; SPICQ: Notes 670: »...un bref séjour hors du domicile habituel«.

24 Plut Eum. 1,1K; Polyb 10,26,5,1.

25 Polyb 22,20,4,2.

26 Polyb 4,4,1f; 22,13,6; 28,19,2,2; Diod S 1,83,8; Athen 12,54(538c).

27 Plut Quaest Conv 665b; Diod S 10,6,2.

28 Polyb 26,1a,1,4; 26,1,3,2; Diod 29,32,1; Athen 5,21; 10,52.

29 Vgl Arist. Rhet 1395a; De mirabilibus auscultationibus 837a; Dio C 75,5,4 (im Zusammenhang der Epitome von Buch 76); Diod S 3,23,1 (bis); 12,60,5; 13,3,3; 14,12,2; 14,91,1; 14,116,1; Hdt 4,180; 7,235; Luc VH 1,35; DMort. 3,1; Cat. 16,3; Polyb 3,42,2f; 3,68,1,1; Plut Arat. 50,3; Lib Educ 4a; Alex Fort Vir 328f; Vit Dec Orat 835b; Strabo 1,1,10; 1,2,24 (ter); 4,1,1; 4,2,2; 4,3,4; 4,4,3; 7,7,4; 9,2,18; 11,7,1; 11,9,2; 15,1,33; Dio Chrys 23,27(40,27); 47,13(64,13) uö.

30 20,84,2: »τῶν δ' ἐν τῇ πόλει κατοικούντων παροίκων καὶ ξένων δόντες ἐξουσίαν τοῖς βουλομένοις συναγωνίζεσθαι.«

scheint es sich mit den ξένοι παροικοῦντες zu verhalten, die nach Diod S 13,47,4 neben den Bürgern zu bestimmten Arbeiten herangezogen werden konnten[31].

Man hat in der Vergangenheit daraus häufig den Schluß gezogen, es handle sich um einen terminus technicus, der mit relativer Eindeutigkeit eine Schicht mit bestimmten Rechten und Pflichten bezeichne, entsprechend den attischen Metöken (wenn nicht sogar damit identisch). Dies aber stellt eine unzulässige Generalisierung einiger Aussagen dar.

Typisch für die bisherige Meinung ist der Artikel von Schaefer[32]. Schaefer kommt zu dem Ergebnis, daß die Paroikie eine Bevölkerungsschicht sei, »die nicht dem Vollbürgertum zugerechnet wird, aber auch nicht zu den Fremden gehört, sondern zwischen diesen beiden Gegensätzen in der Mitte steht. Das Bedeutsamste am Wesen der Paroikie ist, daß sie von dem einzelnen Staat als Institution anerkannt wird. Man wird unter die Paroiken der einzelnen Gemeinden aufgenommen, sei es, daß man als Fremder sich nach mehr oder weniger langer Anwesenheit darum beworben hat, sei es, daß der Staat Sklaven, Freigelassenen und anderen minderberechtigten Bevölkerungsklassen die Zugehörigkeit zur Paroikie gewährt, um diese zu verpflichten«[33]. Damit sei auch bereits ein weiterer wesentlicher Gesichtspunkt genannt: Die Aufnahme in die Paroikie (die im wesentlichen der griechischen Metoikie entspräche[34]) gewähre zwar begrenzte Rechte, verpflichte aber auch im Gegenzug den Aufgenommenen zu Pflichten gegenüber der ihn aufnehmenden Stadt. Was die Zusammensetzung der Gruppe der peregrini/πάροικοι anlange, so rekrutiere sich die Paroikie zum Teil aus »freigelassenen Sklaven und verwandten Bevölkerungsschichten des eigenen Gemeinwesens«[35]; vor allem aber konnten diejenigen Paroiken werden, »die keinem griechischen Gemeinwesen als Bürger angehörten, also jene fluktuierende Schicht von Deklassierten, Heimatlosen und Fremden, zum Teil sogar barbarischer Herkunft, die man zu allen Zeiten griechischer Geschichte in vielen Staaten anzunehmen hat«[36].

In jüngster Zeit (1987) hat Ph. Gauthier diese Deutung, die in der exegetischen Literatur nicht selten rezipiert wurde[37], einer grundlegenden Kritik unterzogen[38]. Eingangs betont Gauthier, daß schon angesichts der großen Lücken in der Bezeugung grundsätzlich Vorsicht vor den bislang üblichen Generalisierungen angebracht sei[39]. Darüber hinaus macht Gauthier weiter deutlich, daß auch die Stadtstrukturen im einzelnen derart unterschiedlich seien, daß keineswegs überall von einem ähnlichen Aufbau ausgegangen werden könne: so finde sich etwa keineswegs immer die Dreiteilung der Schichten

---

31 Diese Wortbedeutung klingt vermutlich bei Dio Chrys 29,12(46,12) noch nach, wenn er in einer Verteidigungsrede vor den Bürgern seiner Vaterstadt Prusa diesen vorwirft, ihr Verhalten drohe so zu werden, daß man es für besser halten müsse, als Flüchtling und ohne Bürgerrecht in der Fremde zu wohnen (»...πολὺ γὰρ κρεῖττον φυγάδα εἶναι καὶ παροικεῖν ἐπὶ ξένης...«).
32 Schaefer: Art Paroikoi Sp 1695–1707.
33 Schaefer: Paroikoi 1698; vgl auch Schmidt: πάροικος κτλ 840f.
34 Schaefer: Paroikoi 1699.
35 Schaefer: Paroikoi 1701.
36 Schaefer: Paroikoi 1701.
37 Vgl vor allem Elliott: Home passim; Mercado: Language 8ff.
38 Métèques 23–46.
39 Gauthier: Métèques 23.

in Bürger, Metöken und Sklaven[40]. Richteten sich diese Ausführungen auch gegen das
geläufige Verständnis der Metoikie, so geht es Gauthier im weiteren auch darum, Paröken und Metöken als etwas keineswegs immer Identisches zu unterscheiden. Gerade in
Griechenland und den Inseln – so Gauthier – sei es nicht möglich, eine einheitliche Aussage über die Paröken zu machen: »le statut (et la situation) de ces périèques était très
variable selon les cas«[41]. Ganz anders sind die Verhältnisse in Kleinasien, in der Cyre-
naika und im Westen, wo die Griechen kolonialisierten. Hier, besonders in Kleinasien,
scheint in der hellenistischen Zeit mit diesem Begriff eine Schicht von »Nachbarn« bezeichnet worden zu sein, die – mehr oder weniger abhängig – mit ihren begrenzten
Rechten und Pflichten in etwa den Metöken entspricht[42]. Im Unterschied jedoch zu den
als Handwerker, Kaufleute oder ähnliches in der Stadt lebenden Metöken sind die mehr
oder weniger weit von der Stadt entfernt lebenden, wohl der einheimischen Bevölkerung entstammenden Paröken auch nicht vom Grundbesitz ausgeschlossen; nicht selten betreiben sie Landwirtschaft[43]. Zwar läßt sich beobachten, wie im 3. und 2. Jahrhundert in einigen Städten die Begriffe πάροικος und μέτοικος zu Äquivalenten werden[44]. Das ist jedoch nicht überall so[45] – vor allem besteht ein entscheidender Unterschied darin, daß die Paröken in den griechischen Kolonien – anders als die Metöken –
nicht selten im Laufe der Zeit in die Städte integriert wurden oder eine eigene Stadt und
Bürgerschaft bildeten[46]. Daraus erklärt sich wohl auch die auffällige Abnahme der entsprechenden Belege für πάροικος in der späteren Zeit, die schon Schaefer bemerkt hatte[47]und die anhand einzelner Beispiele Gauthier nochmals unterstrichen hat[48].

Dies alles sind, wie Gauthier betont, nur Vermutungen, die mehr Fragen offen lassen als sie beantworten[49]. Dennoch zeigt sich hier deutlich, daß nicht
unmittelbar eine klar definierbare soziale Schicht als Hintergrund der Selbstbezeichnung πάροικοι angenommen werden kann, wie Elliott meint[50]; ja, es
ist nicht sicher, inwieweit zu dieser Zeit πάροικος den Hörern des 1 Petr überhaupt noch als stadtrechtliche Kategorie im engeren Sinn geläufig war. Man
wird daher aufgrund der paganen Belege nicht mehr sagen können als dies,

---

40 GAUTHIER: Métèques 30: »Dans nombre de cités, la tripartition citoyens-métèques-es-
claves ou bien n'est pas attestée, ou bien ne permet pas de rendre compte de l'organisation de
la communauté ni des rapports qu'entretenaient mutuellement les principales catégories sta-
tuaires«.
41 GAUTHIER: Métèques 31.
42 GAUTHIER: Métèques 32 spricht in diesem Zusammenhang von einer »évolution propre
aux cités coloniales«.
43 Vgl GAUTHIER: Métèques 35: »Le statut d'étranger résident, qu'il fût appelé *métoikos*
ou d'un autre terme, était naturellement adapté à la vie urbaine. Exclus de la propriété fon-
cière, les métèques étaient en majorité des artisans et des commerçants, qui vivaient en ville.
En revanche, *paroikoi* et *périoikoi* demeuraient en principe (d'après leur statut) assez loin du
centre urbain; ils exploitaient leurs terres et dépendaient plus ou moins étroitement de la cité,
tout en se voyant reconnus collectivement tels droits, usages ou particularismes«.
44 GAUTHIER: Métèques 35.
45 Vgl GAUTHIER: Métèques 35ff.
46 GAUTHIER: Métèques 37f.
47 SCHAEFER: Paroikoi 1707.
48 GAUTHIER: Métèques 34: »ils ont été absorbés, semble-t-il, dans le moule de la *polis*«.
49 GAUTHIER: Métèques 37.
50 HOME 24ff; vgl auch MERCADO: Language Summary 2.

daß mit dem Begriff πάροικος ein Nicht-Bürger bezeichnet wird – wie immer es genau um dessen Stellung bestimmt ist[51]. Näheres ist von der Wortbedeutung allein her nicht auszumachen, wie die Ausführungen von Gauthier gezeigt haben[52].

Für die genauere Beantwortung der Frage, was die Adressaten des 1 Petr vermutlich mit diesem Wort assoziiert haben, kann aber das Bisherige ergänzt werden durch einen Blick auf die LXX (und am Rande auch auf die frühjüdische Literatur). Dies vermag weitere Konnotationen deutlich zu machen, die besonders für einen Christen der damaligen Zeit mit diesem Begriff verbunden waren, da dieser auch als Heidenchrist oft schon vor seiner Bekehrung zum Umfeld der Diasporasynagoge gehört hatte, zumindest aber seit seiner Bekehrung durch die LXX als die Heilige Schrift geprägt wurde.

2.2 πάροικος in der LXX (und in der frühjüdischen Literatur)

(1) Insgesamt findet sich πάροικος 33mal in der LXX[53], also ungleich häufiger als παρεπίδημος. Es fällt auf, daß es in deutlichem Gegensatz zur paganen Literatur nur selten den Nachbarn bezeichnet[54]. An einigen wenigen Stellen scheint es einfach den Ausländer zu meinen, auch wenn dies nicht ganz eindeutig ist[55]. Dagegen bezeichnet πάροικος *in der Mehrzahl der Fälle den rechtlich, politisch, sozial und religiös Untergeordneten.* Zum einen ist es der Fremde, der in Israel ansässig wurde. Daß hier der πάροικος mehrmals in ei-

---

51 Vergleichbar sind in manchem die römischen *peregrini.* Diese waren in der Frühzeit zwar als frei anerkannt, hatten aber nur sehr eingeschränkte Rechte. Sie konnten ihre Situation dadurch verbessern, daß sie in ein Klientelverhältnis eintraten oder ihnen *commercium* und *connubium* verliehen wurden. Ursprünglich galt, daß der *peregrinus,* »von der römischen Bürgerordnung aus gesehen, ebenso rechtlos [ist] wie der Sklave; denn die römische Bürgerordnung leitet eine Freiheit nur aus dem Bürgerrecht ab« (KASER: Privatrecht 1,28). Gemildert wurde diese Verordnung von Anfang an durch die Möglichkeit, sich unter die Schutzgewalt eines Bürgers (oder einer *gens)* zu begeben (Klientelvertrag). Die Ausweitung des römischen Reiches und die Bundesverhältnisse mit anderen Staaten führten dann aber im Laufe der Zeit dazu, daß man den Fremden eine gewisse Rechtsfähigkeit zuerkannte. Zwischen den *peregrini* wurde zunehmend differenziert (vgl KASER: Privatrecht 1,281f). Vor allem wurde der Geltungsbereich der römischen Bürgerordnung auf gewisse *peregrini* durch die Verleihung des *commercium* (vor allem beschränkte Rechtsgemeinschaft auf dem Gebiet des Verkehrsrechts) und des *connubium* (Möglichkeit, eine von der römischen Bürgerordnung anerkannte Ehe einzugehen) ausgeweitet (vgl KASER: Privatrecht 1,35f), wodurch dieser in seiner Rechtsstellung wohl in etwa dem πάροικος entsprach.

52 Auch die überwiegend neutrale Verwendung dieses Begriffes für den Nachbarn verbietet es, ihn allzu eindeutig auf eine bestimmte juristische und soziale Bedeutung festzulegen.

53 11mal ist πάροικος die Übersetzung von גר, 10mal von תושב (davon 8mal in Lev 25), ja einmal von גוי, שכן und גור. 3mal findet sich der Begriff in den mit dem MT parallelen Teilen ohne hebräisches Äquivalent, 6mal in den Apokryphen.

54 LXX Jer 29,18 (49,18) (Übersetzung von שכן); vgl Bar 4,9.14.24.

55 2 Sam 1,13; 1 Chr 5,10; Zeph 2,5.

nem Atemzug mit dem Taglöhner (μισϑωτός) genannt wird[56], gibt schon Auskunft über seine Stellung. Noch deutlicher wird das dort, wo auf Israels eigene Fremdlingsexistenz Bezug genommen wird. Wenn etwa Gen 15,13 Abraham gesagt wird, daß seine Nachkommen Fremde sein werden, so wird dies dahingehend ausgeführt, daß man sie plagt und zu dienen zwingt, und daß sie nicht im eigenen Land sind. Vor allem letzteres kehrt immer wieder, und dies scheint für den πάροικος bezeichnend zu sein: *Er hat kein eigenes Land, er wohnt und lebt im fremden Land*[57]. So kann auch übertragen vom »Fremdsein im Land« gesprochen werden[58], und die metaphorische Verwendung dieses Begriffs wird in Lev 25,23 ausdrücklich damit begründet, daß das Land nicht den Israeliten gehört, sondern Gott[59]. Mit diesem Begriff sind also in erster Linie *negative Assoziationen verbunden*. Das zeigt sich auch daran, daß die metaphorische Selbstbezeichnung als Fremde *als Ausdruck der menschlichen Nichtigkeit* verstanden wird (ψ 38,13 [Ps 39,13] vgl 1 Chr 29,15).

Ein beredtes Zeugnis über die rechtlose und abhängige Stellung eines πάροικος findet sich in der Warnung vor dem bitteren Los einer Fremdlingsexistenz in Sir 29,23–28: »An wenig und an viel laß dir genug sein, und einen Tadel wegen der Fremde[60] wirst du nicht hören. Ein schlechtes Leben ist es, wenn einer von Wohnung zu Wohnung ziehen muß, und dort, wo du als Fremdling wohnst (οὗ παροικήσεις), kannst du den Mund nicht auftun. Du wirst zu essen[61] und zu trinken geben einem Undankbaren, und zu dem allen wirst du bittere Worte hören müssen. ›Komm herbei, Fremdling (πάροικε), decke den Tisch, und wenn du etwas hast, sättige mich! Geh hinaus, Fremdling (πάροικε), aus der ehrenvollen Umgebung, mein Bruder ist als Gast zu mir gekommen, ich benötige das Haus!‹ Schwer zu ertragen ist dies für einen Menschen, der Verstand hat, die Zurechtweisung als Fremder und die Schmähung als Gläubiger«[62].

(2) Von Philo abgesehen, der in anderem Zusammenhang noch eigens zu würdigen ist (§ 4,3), spielt der Begriff in der frühjüdischen Literatur keine große Rolle. Wenn er jedoch aufgenommen wird, dann häufig in dem eben darge-

---

56 Vgl Ex 12,45; Lev 25,6.40; Jdt 4,10.

57 Vgl Gen 23,4; Ex 2,22; 18,3.

58 ψ 118,19 (Ps 119,19); Jer 14,8.

59 Ähnlich betont David 1 Chr 29,15, daß die Israeliten Fremde seien, da alles von Gott komme (1 Chr 29,14).

60 Es ist wohl nicht richtig, wenn Sauer hier παροικία mit »Wohnung« übersetzt. Nicht nur, daß im folgenden Vers οἰκία als »Wohnung« begegnet; vor allem spricht gegen diese Übersetzung, daß παροικία κτλ in der Bedeutung »Fremder« in den folgenden Versen das Leitwort ist (ähnlich die Jerusalemer Bibel, deren weiterer Übersetzung des Verses 23 ich mich jedoch nicht anschließen kann). Inkonsequenterweise übersetzt Sauer dann in V 28 das (zu ὀνειδισμὸς δανειστοῦ parallele) ἐπιτίμησις παροικίας mit »Zurechtweisung als Fremder«.

61 Wörtl.: zu herbergen (ξενιεῖς).

62 Die Übersetzung folgt bis auf die andere Wiedergabe von παροικία der Ausgabe von Sauer.

stellten Sinn. So sind es für Josephus[63] πάροικοι, die von David (Ant 7,335) und Salomo (Ant 8,59) als Hilfskräfte für den Tempelbau requiriert werden. Und Philo weiß bei dem Gebrauch der Metapher noch genau um ihre sozialen Implikationen: So kann er diesen Begriff bei Gelegenheit sowohl gegen den übergeordneten (πολίτης) wie gegen den untergeordneten (φυγάς) klar abgrenzen[64].

3. *παροικία*

Das vom Adjektiv πάροικος abgeleitete Substantiv παροικία kommt nur im biblischen (und darauf basierend im jüdischen und christlichen) Sprachgebrauch vor[65]. Der Doppelbedeutung von πάροικος und παροικεῖν[66] entsprechend kann damit zum einen ganz allgemein eine Gruppe von Menschen, eine Nachbarschaft, Sippe oder Gemeinde bezeichnet werden, wenngleich diese Bedeutung in der LXX wie in der intertestamentarischen Literatur nur am Rande begegnet[67].

---

63 Vermutlich will Josephus hier wie Philo den von der LXX gebrauchten Begriff προσήλυτος (vgl 1 Chr 22,2) vermeiden, da dieser seinen paganen Lesern nicht verständlich ist.

64 Vgl Cher 121: ...μόνος κυρίως ὁ θεὸς πολίτης ἐστί, πάροικον δὲ καὶ ἐπήλυτον τὸ γενητὸν ἅπαν...δωρεὰ δὲ ἀποχρῶσα σοφοῖς ἀνδράσι πρὸς τὸν μόνον πολίτην θεὸν ἀντεξετασθεῖσιν, ἐπηλύτων καί παροίκων λαβεῖν τάξιν, ἐπειδὴ τῶν ἀφρόνων ἔπηλυς μὲν ἢ πάροικος ἁπλῶς οὐδεὶς ἐν τῇ τοῦ θεοῦ πόλει γίνεται, φυγὰς δὲ πάντως ἀνευρίσκεται.

65 SCHMIDT: πάροικος κτλ 841.

66 Παροικεῖν bedeutet zum einen »(daneben) wohnen, bewohnen«, zum andern »als Fremder (be)wohnen« (vgl LIDDELL-SCOTT: Lexicon 1341; BAUER/ALAND: Wörterbuch, Sp 1269f).

67 In LXX Sir 16,8 (Sir 16,9) heißt es (im Zusammenhang einer Aufzählung über das Verderben der Gottlosen), daß Gott auch nicht die παροικία Λοτ verschont habe. Παροικία meint hier deutlich die Mitbewohner von Sodom und Gomorra und wird deshalb auch mit »Stadt« (Jerusalemer Bibel) oder »Mitbürger« (Üs Sauer) wiedergegeben. Hier ist allerdings zu fragen, ob möglicherweise im Begriff mitschwingt, daß Lot in dieser Stadt ein Fremder war und auch von seinen Mitbürgern explizit als solcher bezeichnet wird (Gen 19,9). LXX Sir 41,5 (Sir 41,8) formuliert als Sentenz: »Schändliche Kinder werden die Kinder der Sünder, und diejenigen, die verkehren mit den παροικίαις ἀσεβῶν«. Die Jerusalemer Bibel übersetzt hier παροικία mit »Häuser«, Sauer mit »Sippe«. In jedem Fall ist hier eine Gemeinschaft von Leuten gemeint. So kann dann sogar παροικία in der Bedeutung ›Wohnsitz‹ (Jerusalemer Bibel) bzw ›Besitz‹ (Üs Sauer) in Sir 44,6 (vl B) κατοικία ersetzen. In ψ 54,16 (Ps 55,16) haben die Übersetzer der LXX das im Masoretischen Text nur noch einmal begegnende Wort מגורה »Getreidegrube«, »Vorratskammer« (KBL 516f; ebenso GESENIUS: Handwörterbuch 397) offensichtlich von גור abgeleitet und mit παροικία übersetzt. In dieser Übersetzung scheint παροικία die Bedeutung »Versammlung« zu haben. PsSal 17,16ff beschreibt die Flucht und Zerstreuung derer, »die da liebten die Versammlungen der Frommen [=Pharisäer?]« (17,16) und nicht am allgemeinen Unrecht teilgenommen haben. Sie flohen in die Wüste, »und kostbar war in den Augen der παροικία eine Seele, die gerettet wurde« (17,17 Üs Holm-Nielsen). Bemerkenswert ist, daß hier erstmals eine Gemeinschaft von Personen, die um ihres Glaubens willen verfolgt wird und fliehen muß, als παροικία bezeichnet wird (vgl RYLE/JAMES: Psalms 134f). Allerdings wird man dies nicht überbewerten dürfen – da in LXX Sir 16,8; 41,5

Weit gebräuchlicher ist die zweite Bedeutung ›Aufenthalt (des Nichtbürgers) am fremden Ort‹, ›Exil‹, ›Verbannung‹, dann überhaupt die ›Fremde‹. Als παροικία wird das babylonische Exil bezeichnet[68], der Aufenthalt in Ägypten, und zwar sowohl der des ganzen Volkes Israel[69] wie der der Diasporajuden[70]. So kann παροικία ganz allgemein das Leben in der Fremde bezeichnen[71] und damit auch zur Metapher für die Existenz des Glaubenden werden[72].

Deutlich wird in der Mehrzahl der Fälle mit παροικία ein längerer Aufenthalt in einem fremden Land in einer Position minderen Rechts bezeichnet. Παροικία kann dabei geradezu zur Bezeichnung bestimmter Abschnitte in der Geschichte Israels werden, so daß es den Anschein hat, als würde damit (nicht selten im Rückblick) eine bestimmte Epoche auf den Begriff gebracht[73]. Wie πάροικος hat auch παροικία soziale Konnotationen, wie besonders deutlich in LXX Sir 29,23ff (Sir 29,30ff) zu sehen ist[74]. Dennoch steht bei diesem Begriff weniger die Zugehörigkeit zu einer bestimmten Schicht im Vordergrund; vor allem sind es *die Erfahrungen von Vertriebensein und Entfremdung* (auch im Gegensatz zu einer gottlosen Umwelt) und im Zusammenhang damit relativ häufig auch die der *Anfeindung und Gefährdung,* die mit der mit παροικία ausgedrückten Fremde zusammengebracht werden[75].

In diesem Zusammenhang sind auch noch einige Stellen interessant, an denen die LXX aufgrund eines Mißverständnisses ein hebräisches Wort mit παροικία wieder-

---

(Sir 16,9; 41,8) und wohl auch in ψ 54,16 (Ps 55,16) παροικία eine Gruppe von Menschen oder einen Wohnsitz ohne expliziten Bezug zum Thema der Fremde bezeichnen. Vermutlich muß man daher auch hier zurückhaltend sein und das Wort mit Holm-Nielsen einfach als ›Landflüchtige‹ übersetzen. In jedem Fall wird in PsSal 17 nicht positiv von der Fremde gesprochen, sondern der Psalm fährt fort mit der Weissagung der Unterwerfung der Heidenvölker (vgl 17,30) und der Reinigung des Landes von allen Fremden und Ausländern (17,28).

68 1 Esr 5,7; 2 Esr 8,35 vgl 2 Esr 1,4.

69 Weish 19,10.

70 SirProl 34; 3 Makk 6,36; 7,19.

71 So gibt die LXX in ψ 119,5 (Ps 120,5) die Ortsangabe Mesek – zweifellos für den Beter ein fremder, feindlicher Ort – mit παροικία wieder und verstärkt dies noch in Vers 6 durch die Übersetzung des שׁכן mit παροικεῖν.
In diesen Zusammenhang gehört wohl auch Jdt 5,9, wo Abrahams frühere Wohnstätte als παροικία bezeichnet wird. Wie unten (§ 4,1) gezeigt wird, unterscheidet die Rede des Achior in Jdt 5 grundsätzlich zwischen dem Aufenthalt Israels bzw seiner Vorväter außerhalb des gelobten Landes, der als παροικεῖν bezeichnet wird (Jdt 5,7.8.10 vgl 5,18), und dem Aufenthalt im Land, der ein κατοικεῖν sei (Jdt 5,9.16 vgl 5,19).

72 So etwa in ψ 118,54 (Ps 119,54); zur metaphorischen Deutung vgl KRAUS 1001f.

73 φ 119,5 (Ps 120,5); Weish 19,10; Jdt 5,9; 3 Makk 6,36; 7,19.

74 Dort begegnet auch zweimal παροικία, und zwar in den bezeichnenden Verbindungen »Vorwurf des Fremdseins« (ὀνειδισμὸς παροικίας LXX Sir 29,23 [Sir 29,30]) bzw »Zurechtweisung wegen des Fremdseins« (ἐπιτίμησις παροικίας LXX Sir 29,28 [Sir 29,35]).

75 So etwa in ψ 118,54 (Ps 119,54), wo die Aussage der Fremde im Zusammenhang mit Feindbedrängnis (vgl 22f.42.51.61 uö), einer gottlosen Umwelt (21.53.69f) und Leiden (28.81ff) steht (vgl weiter ψ 119,5 [Ps 120,5]; 3 Makk 6,36; 7,19; LXX Sir 29,23–28 [Sir 29,30–35]).

gibt: So preist in ψ 33,5 (Ps 34,5) der Beter Gott, der »mich errettete aus aller meiner Furcht«. Dieses letzte Wort מגור[76] wurde von den Übersetzern[77] anscheinend mit מגור »Aufenthaltsort«, »Schutzbürgerschaft«[78] verwechselt und deshalb mit παροικία übersetzt. Möglicherweise wurde in Klgl 2,22 מגור ›Furcht‹, ›Schrecken‹[79] mit dem aus den gleichen Radikalen bestehenden מגור ›Aufenthalt in der Fremde‹ verwechselt, falls es nicht überhaupt den Wohnort[80] (in der Fremde?) bedeutet. Auf eine Verlesung von ד zu ר dürfte Hab 3,16 zurückzuführen sein, wo גוד ›feindlich angreifen‹[81] offensichtlich mit גור verwechselt wurde. So wird aus dem »Volk, das uns angreift«, auf dessen Bedrängnis der Prophet wartet, ein λαὸς παροικίας μου. Auch wenn es sich an diesen Stellen um Verwechslungen bzw Mißverständnisse handeln sollte, so ist es doch in allen drei Fällen bezeichnend, daß diese Übersetzung für die damaligen Leser offensichtlich einen Sinn ergab. Anders formuliert: Die Kategorie der Fremde konnte den Platz einnehmen, den im Hebräischen die Worte Furcht, Schrecken und Angriff hatten – falls sie diese Bedeutung nicht schon von Anfang an mitbrachte[82]. Das unterstreicht nochmals deutlich die vorwiegend negativen Konnotationen dieses Begriffs.

Dieser Befund wird im wesentlichen auch durch die Parallelbegriffe παροικεσία und παροίκησις bestätigt. Ersteres bezeichnet das babylonische Exil in Entgegensetzung zum Land Israel (Sach 9,12 diff MT; Ez 20,38), letzteres charakterisiert zweimal näher das Land, zu dem Abraham bzw Jakob und Esau (noch) nicht gehören (Gen 28,4; 36,7). Einmal ist mit παροίκησις die Nachbarschaft gemeint (Sir 21,28).

4. δίασπορά

Mehr am Rande soll hier noch auf δίασπορά eingegangen werden, ein Begriff, der in der LXX die Exilsituation des unter die Heiden zerstreuten Gottesvolkes wiedergibt[83], wobei es auffälligerweise nie als Übersetzung von גלות

---

76 »Schreck«, »Grauen« (KBL 516 vgl GESENIUS: Handwörterbuch 397 ›Gegenstand der Furcht‹; Derivat von גור III ›sich fürchten‹ KBL 177; GESENIUS/MEYER/DONNER: Handwörterbuch 208).

77 So B und S; anders A: ϑλῖψις.

78 KBL 516.

79 GESENIUS: Handwörterbuch 396f.

80 KBL 516.

81 GESENIUS/MEYER/DONNER: Handwörterbuch 205.

82 Möglicherweise gehen die verschiedenen Bedeutungen von גור auch auf eine gemeinsame Wurzel zurück; vgl KELLERMANN: גור Sp 980: »Bei einer Untersuchung der Wurzel גור I ›als Fremdling weilen‹ ist die Frage von Wichtigkeit, ob גור II = Nebenform zu גרה ›angreifen‹ und גור III = Nebenform zu יגר ›sich fürchten‹ homonyme selbständige Wurzeln sind, oder ob eventuell ein ursprünglicher Zusammenhang festzustellen ist, so daß nur von Spezialisierungen der gleichen Wurzel zu reden ist. Da im Altertum ›fremd sein‹ und ›feind sein‹ nur zwei verschiedene Erscheinungsformen der gleichen Person sein können, wird man die Möglichkeit einräumen, daß akk. gerû ›feindlich sein‹...als Etymon zu hebr. גור gelten kann«.

83 Interessanterweise wird in Jdt 5, in jenem Abriß der jüdischen Geschichte durch den ›Assyrer‹ Achior, dieser Begriff für das das babylonische Exil verwendet, während zuvor in jener Rede eine Existenz außerhalb des Landes mit παροικεῖν wiedergegeben wurde (5,7:

verwendet wird, das nach 70 zum terminus technicus für den Verlust des Landes und das Leben in der Fremde wurde[84]. Dabei kann διασπορά sowohl die Zerstreuung als solche[85] wie auch die Gesamtheit der Zerstreuten bezeichnen[86]. Auch dieser Begriff ist möglicherweise eine Wortbildung der LXX, da der Terminus bis auf eine Ausnahme[87] nur in jüdischer und christlicher Literatur begegnet. In vielem dem Begriff παροικία entsprechend liegt der Schwerpunkt bei διασπορά auf der Beziehung der zerstreuten jüdischen Gemeinschaft zum Mutterland, während παροικία den Aspekt der (vorläufigen) Beziehung zur Umgebung in den Vordergrund rückt[88].

Das Christentum knüpft an diese Erfahrung der Minderheitenexistenz des jüdischen Gottesvolkes an. Deutlich wird dadurch auch in Jak 1,1 (durch den Verweis auf die zwölf Stämme) die Christenheit als das wahre Israel angesprochen. Diese explizite Übertragung des Gottesvolkgedankens findet sich in 1 Petr 1,1 zwar nicht, sie dürfte aber auch hier im Hintergrund stehen, wie die Anwendung alttestamentlicher Würdeprädikate (vor allem auch der Gottesvolkvorstellung) in 1 Petr 2, 4–10 zeigt. Διασπορά nimmt so Bezug auf die konkrete Vorfindlichkeit der Gemeinden und stellt diese in einen Zusammenhang mit den Erfahrungen Israels[89]. Zugleich aber unterstreicht es wohl die – bereits durch die Anrede als ἐκλεκτοὶ παρεπίδημοι angesprochene – Sonderstellung der Gemeinde als des erwählten Gottesvolkes.

5. Zusammenfassung

(1) In der paganen Literatur ist πάροικος zumeist der Nachbar, wobei der Begriff dann auch den Nichtbürger bezeichnen kann, den Angehörigen einer *abhängigen Gruppe oder Schicht*. Während diese letztere Bedeutung dem Begriff πάροικος in der paganen Literatur erst in zweiter Linie zukommt, ist sie in der alttestamentlichen (und jüdischen) Literatur die vorherrschende. Deshalb kann sowohl für den Absender wie für die Adressaten des 1 Petr vermutet werden, daß ihnen das Wort in diesem Sinn vertraut war[90].

Mesopotamien, 5,10: Ägypten). Möglicherweise wollte man es vermeiden, nach der einmal erfolgten Inbesitznahme des Landes den Begriff der Fremde nochmals auf Israel anzuwenden.

[84] Vgl SÄNGER: διασπορά 749.

[85] Dtn 28,25; 30,4; Jer 41,17.

[86] Jes 49,6; ψ 146,2 (Ps 146,2); 2 Makk 1,27; PsSal 8,28; vgl SÄNGER: διασπορά 749.

[87] Plut SuavVivEpic 27(1105a) vgl ROTHENBERG: διασπορά 372.

[88] Vgl RYLE/JAMES: Psalms 134f.

[89] Auch wenn die theologische Dimension dieser Begrifflichkeit nicht zu übersehen ist, sollte man sich doch hier wie an anderer Stelle im 1 Petr davor hüten, den Bezug zur Erfahrung zu unterschätzen, wie dies etwa SÄNGER: διασπορά 750 tut: Für ihn »transzendiert« der Begriff »die konkrete geschichtliche Situation der hier Angesprochenen« und wird zum Ausdruck dafür, »daß nicht die Erde die Heimat des Christen ist, sondern die himmlische Welt«.

[90] Dabei ist allerdings zu beachten, daß in der neutestamentlichen Tradition, wie besonders der Hebr zeigt, diese Begriffe und die damit verbundenen Vorstellungen weitgehend spiritualisiert wurden. Das scheint auch im 1 Petr der Fall zu sein, wenn er den biblischen Gegenbegriff zur Fremde, die κληρονομία (נחלה) als ein himmlisches Erbe bestimmt, dessen Über-

Der Begriff παροικία, der nur in der alttestamentlichen und der davon abhängigen Literatur vorkommt, entbehrt ebenfalls nicht der sozialen und rechtlichen Konnotationen; allerdings sind in den Texten damit mehr noch die Assoziationen Exil, Leben in der Fremde, Bedrängnis verbunden.

Dagegen steht bei dem sehr viel selteneren παρεπίδημος und wurzelverwandten Begriffen nur die konkrete Nichtzugehörigkeit im Vordergrund. Es bezeichnet vorwiegend einen *vorläufigen, provisorischen Aufenthalt* meist ohne die Absicht und bisweilen auch ohne das Recht dauerhaften Wohnens und steht so strenggenommen in einer gewissen Spannung zu dem Bedeutungsgehalt von πάροικος. Allerdings konnte bereits die LXX beide Begriffe als Hendiadyoin zusammenstellen, und der 1 Petr ist ihr hier gefolgt. Sofern mit der Bezeichnung als παρεπίδημος auch die Zugehörigkeit zur Bürgerschaft bzw zur πατρίς verneint wird, kann der Begriff auch soziale und politische Implikationen enthalten. Diese Bedeutung kommt zwar nicht dem Wort selbst zu, sie scheint jedoch in der biblischen Tradition deutlicher als in der paganen damit verbunden zu sein.

Bemerkenswert ist nun, daß der 1 Petr – in deutlichem Unterschied zum AT wie zu Philo – mit παρεπίδημος ein ungebräuchliches Wort zweimal an entscheidender Stelle verwendet. Deutlich ist, daß das, was der 1 Petr mit Fremde meint, vor allem von diesem Begriff her zu bestimmen ist. Und hier ist aufgrund der Beobachtungen zur Verwendung und Bedeutung beider Begriffe zu sagen, daß die Bevorzugung von παρεπίδημος den vorläufigen Charakter der christlichen Existenz unterstreicht. Die Selbstbezeichnung παρεπίδημος legt weniger als – das nur einmal parallel zu παρεπίδημος gebrauchte – πάροικος auf eine bleibende Zugehörigkeit zur Gesellschaft und eine Bindung an diese (als »Nachbarschaft«) fest.

(2) Es ist also, um auf die in der Hinführung aufgeworfenen Fragen zurückzukommen, der »innere Fremde«, der mit den Begriffen πάροικος und παρεπίδημος gemeint ist. Und es dominieren sowohl in der paganen wie in der biblischen Tradition negative Konnotationen: Da in der antiken Gesellschaft nur der Bürger Mensch im Vollsinn ist, bleibt *der vom Bürgerrecht ausgeschlossene Fremde* – wie immer sein Stand im einzelnen aussieht – *gesellschaftlich und rechtlich ein Mensch zweiter Klasse*[91].

Dies äußert sich auch darin, daß der Fremde zumeist keinen Anteil an der politischen Macht hat. Unabhängig von der Bedeutung der Begriffe im einzelnen ist dem Fremden, dem πάροικος, wie natürlich erst recht dem παρεπίδημος, im allgemeinen jede politische Betätigung strikt untersagt.

Das ist nicht nur in Athen und im frühen Griechenland so[92], sondern bleibt – trotz größerer Durchlässigkeit der Schichten und zunehmender Abstufungen der verschiede-

---

weltlichkeit durch die drei, mit α-privativum gebildeten Attribute noch unterstrichen wird (1,4).

91 Vgl ALFÖLDY: Sozialgeschichte 98.

92 Vgl FASCHER: Fremder Sp 317.

nen Grade von ›Fremde‹[93] – im Grunde auch in hellenistischer Zeit[94] und im Imperium Romanum[95] so. Unmißverständlich formuliert Cicero: »Die Pflicht des Paröken wie des Fremden aber ist es, nichts außer seinen eigenen Geschäften zu betreiben, sich nicht in die Angelegenheiten der anderen einzumischen und *sich auf gar keinen Fall um die Angelegenheiten des fremden Staates zu kümmern*«[96].

Die Selbstbezeichnung als πάροικοι καὶ παρεπίδημοι *impliziert* also – zumal dann, wenn sie zur zentralen Selbstbezeichnung wird – in jeder Hinsicht auch *eine deutliche Distanz zur Gesellschaft, zu ihren Werten und Idealen, aber auch zu ihren Institutionen und zu ihrer Politik.*

---

[93] Zu den vielfältigen Unterschieden in der rechtlichen, sozialen und politischen Stellung der verschiedenen ›Fremden‹ im Imperium Romanum vgl FASCHER: Fremder Sp 324ff; KASER: Privatrecht 1,279–281.

[94] Vgl BASLEZ: L'étranger 354: »C'est que la qualité de citoyen reste fondée sur le partage exclusif des droits politiques... L'étranger se définit toujours comme le non-citoyen«. Das gilt vor allem für die großen Städte, die für Zuwanderer eine starke Anziehung ausübten. Ausnahmen gab es eher in kleinen Städten, die stärker auf die Fremden angewiesen waren vgl FASCHER: Fremder Sp 318f.

[95] Vgl KÜBLER: Peregrinus Sp 644.

[96] Cic Off 1,125,1–3: »Peregrini autem atque incolae officium est nihil praeter suum negotium agere, nihil de alio anquirere minimeque esse in aliena re publica curiosum«. In Or 1,249 sind für Cicero »peregrini et advenae« (=πάροικοι καὶ παρεπίδημοι vgl STEPHANUS: Thesaurus VII, Sp 533) die Gegenbegriffe zu »patria«.

§2 Fremde als Metapher für die menschliche Existenz in paganer Tradition

1. Zur Herkunft dieser Vorstellungen

In paganen, v.a. religiösen oder philosophischen Texten begegnet nicht selten die Aussage, daß das menschliche Leben nicht einfach mit seinem Weg zwischen Geburt und Tod identisch ist. Vielmehr sei das unmittelbare Dasein von seiner eigentlichen Bestimmung entfremdet. Diese Vorstellung hat sich in verschiedenen Bildern verdichtet, von denen das vom Körper als ›Kerker‹ der Seele wohl das geläufigste ist (σῶμα - σῆμα)[1]. Im Hintergrund steht die Vorstellung von der Seelenwanderung, die ihre Wurzel wohl im Volksglauben hat[2], im besonderen aber in der orphischen und pythagoreischen Tradition ausgeprägt wurde[3].

Rohde charakterisiert die pythagoreische Seelenlehre folgendermaßen: »Die Seele des Menschen, hier wieder ganz als der Doppelgänger des sichtbaren Leibes und seiner Kräfte gefasst, ist ein dämonisch unsterbliches Wesen, aus Götterhöhe einst herabgestürzt und zur Strafe in die ›Verwahrung‹ des Leibes eingeschlossen. Sie hat zum Leibe keine innere Beziehung ... Sie ist in das natürliche Leben verstrickt, aber als in eine ihr fremde Welt, in der sie sich als geschlossenes Einzelwesen unvermindert erhält, aus der sie für sich allein sich ablöst, um neue und immer neue Verbindungen einzugehn. Wie sie überweltlichen Ursprunges ist, so wird sie auch, aus den Banden des Naturlebens befreit, zu einem übernatürlichen Geisterdasein einst zurückkehren können«[4].

Dieser Tradition dürfte sich wohl auch das Bild, daß das Leben ein kurzer Aufenthalt in der Fremde sei[5], sowie überhaupt die Vorstellung von der Fremdlingsexistenz der Seele in dieser Welt verdanken.

---

[1] DIETERICH: Nekyia 90; diese und ähnliche Vorstellungen finden sich bei Plato (Phaed 62b.83f Gorg 493a; vgl weiter Crat 400c uö), lassen sich aber auch schon in früherer Zeit nachweisen (vgl SCHWEIZER: σῶμα 1026ff) und wurden auch in der hellenistischen und kaiserzeitlichen Philosophie rezipiert (vgl COURCELLE: Grab 456ff).

[2] Vgl NILSSON: Geschichte I,694f.

[3] Vgl NILSSON: Geschichte I,696ff.

[4] ROHDE: Psyche 2,161.166. (ROHDE spricht sogar [ebd 167] von einer »Pilgerschaft« der Seele durch die verschiedenen Leiber, ohne allerdings für dieses Bild einen Beleg nennen zu können). Diese Seelenlehre gibt nach ROHDE »nur die Phantasmen alter volksthümlicher Psychologie wieder, in der Steigerung und umgestaltenden Ausführung, die sie durch Theologen und Reinigungspriester, zuletzt durch die Orphiker erfahren hatte« (Psyche 2,167). Zur Vorstellung der Seelenwanderung bei Pythagoras vgl auch BURKERT: Weisheit 98–142.

[5] Vgl HERSHBELL: Axiochus 56.

2. παρεπιδημία τίς ἐστιν ὁ βίος - »Fremde« und verwandte Metaphern als Bilder für die Begrenztheit und Flüchtigkeit menschlicher Existenz

Wiederholt begegnet in der antiken Literatur das Bild vom Leben als einer παρεπιδημία bzw παρεπιδαμία, eines kurzen Aufenthaltes (in der Fremde). Das Folgende soll klären, was damit verbunden wurde.

Eine auch sprachlich nahe Parallele zu den biblischen Formulierungen findet sich in einer Sentenz in dem *pseudoplatonischen*[6] *Dialog Axiochos,* wo es heißt, daß das Leben »ein kurzer Aufenthalt (in der Fremde)« sei[7]. Der Axiochus, eine vermutlich im ersten vorchristlichen Jahrhundert[8] entstandene Schrift stellt eine eigenartige Mischung der verschiedenen philosophischen Anschauungen dar. Geprägt von platonischen und epikureischen Gedanken hat sie auch kynische und stoische[9] (und darüber hinaus möglicherweise auch orphische und pythagoreische[10]) Vorstellungen aufgenommen und ist so ein typisches synkretistisches Spätprodukt: »Il est donc assez vraisemblable que *l'Axiochos* fut écrit à cette époque de syncrétisme qui a précédé l'ère chrétienne«[11]. Ihr Thema sind die Fragen der Vergänglichkeit und des Todes, die sie in der literarischen Form einer Consolatio[12] behandelt. Beginnend als Erzählung berichtet hier Sokrates, wie er von Kleinias gebeten wird, an das Bett seines Vaters zu kommen, der durch einen plötzlichen Unfall getroffen, plötzlich vor dem nahenden Tode zurückschreckt, obgleich er diesen bisher nicht fürchtete. Die Form des Berichtes wird bald aufgegeben zugunsten eines unmittelbaren Dialogs zwischen Sokrates und Axiochus, der im wesentlichen in zwei Gesprächsgängen verläuft[13]. In der ersten Runde argumentiert Sokrates zunächst, daß der Tod nicht zu fürchten sei, da zum einen der von Axiochus beklagte Verlust der Freuden des Lebens ihn als unempfindlich gewordenen Toten gar nicht mehr berühren könne - er selbst würde vielmehr, als unsterbliche Seele, »zu der ihr angemessenen heimischen Stätte« gelangen (365d-366b; Üs Müller); zum andern bestehe angesichts der endlosen Leiden des Lebens gar kein Grund, sich an dieses zu hängen (366d-369b), und endlich könne der Tod die Lebenden gar nichts angehen, da dieser nicht sei, solange sie existierten, und diese nicht mehr da seien, wenn der Tod einträte (369b–c). Diese zum Teil dem Epikureismus entlehnten Argumente machen jedoch auf Axiochus nicht den gewünschten Eindruck; er tut sie als »eitle(s), für die Ohren der Jünglinge herausgeputze(s) Geschwätz« ab (369d Üs Müller). Darauf verläßt Sokrates

---

6 Bereits in der Antike wurde die Verfasserschaft durch Plato angezweifelt (Diog L III,62). Eine ausführliche Diskussion der Verfasserschaft findet sich bei CHEVALIER: l'Axiochos 11–42.

7 παρεπιδημία τίς ἐστιν ὁ βίος (365b).

8 Vgl CHEVALIER: l'Axiochos 114: »...n'est guère antérieur au 1er siècle av. J.C...«; ebenso SOUILHÉ: Platon 135; HERSHBELL: Axiochus 20f (2.–1. Jahrhundert).

9 Ausführliche Darstellungen bei CHEVALIER: l'Axiochos 66–85 und ALFONSI: L'Assioco 247–275.

10 Vgl HERSHBELL: Axiochus 1.

11 SOUILHÉ: Platon 135; vgl HERSHBELL: Axiochus 21. Beide halten den Autor für einen Platoniker (SOUILHÉ: Platon 135: »un académicien...plus rhéteur que philosophe«; vgl HERSHBELL: Axiochus 18).

12 SOUILHÉ: Platon 119–123; HERSHBELL: Axiochus 19f vgl CHEVALIER: l'Axiochos 77ff.

13 Diese einleuchtende Gliederung hat SOUILHÉ: Platon 117–119 herausgearbeitet.

diese Argumentation zugunsten einer zweiten, bislang nur am Beginn des Gesprächs einmal angedeuteten Beweisführung, die aus den großen menschlichen Leistungen auf das Vorhandensein eines göttlichen Geistes in der Seele[14] und daraus wiederum auf die Erwartung einer glücklichen Unsterblichkeit schließt (370c–d). Ein geheimnisvoller alter Mythos[15] vom Gericht in der Unterwelt und der darauf folgenden Belohnung oder Bestrafung der Toten aufgrund ihrer Taten bekräftigt diese Hoffnung zum Abschluß nochmals (371). Nun erst ist Axiochus beruhigt, ja, statt den Tod zu fürchten, liebt er ihn nun (372). Zum Auftakt seiner Argumentation aber, als erste Reaktion auf die Klagen des Axiochus, zitiert Sokrates ein Sprichwort, das allen bekannt sei und von allen im Munde geführt werde: παρεπιδημία τίς ἐστιν ὁ βίος, weshalb man vernünftigerweise dem Bestimmten entgegengehen müsse (365b). Bemerkenswert ist, daß jenes Wort παρεπιδημία τίς ἐστιν ὁ βίος *als ein allgemein bekanntes und von allen gebrauchtes Sprichwort eingeführt wird.* Dabei ist nun allerdings nicht eindeutig, was genau mit der Aussage gemeint ist, daß das Leben »ein kurzer Aufenthalt (in der Fremde)« ist. Impliziert dies auch den Gedanken der Zugehörigkeit zu einer anderen Welt? Was das Sprichwort allein[16] anlangt, so ist eine Entscheidung nicht möglich; die Allgemeinheit der Aussage über »das Leben« deutet vielleicht eher darauf hin, daß damit nur seine Flüchtigkeit und Vergänglichkeit ausgedrückt werden soll[17]. Auch im Zusammenhang des Dialogs ist nicht erkennbar, daß diese Sentenz noch eine weitere Bedeutung hätte. Zwar ist zu sehen, daß hinter dem Axiochus eine dualistische Weltanschauung steht, die zudem das erste Mal im Anschluß an dieses Sprichwort entfaltet wird. Dort geht Sokrates ausführlich auf den Gedanken der eigentlichen Existenz des Menschen und der himmlischen Heimat seiner Seele ein[18], er stellt also gewissermaßen das positive Gegenstück zu der zuvor geschilderten Vergänglichkeit des Lebens dar. Es ist gut möglich, daß hier die Vorstellung vom Menschen als »Gast auf Erden« anklingt[19]. Dennoch ist es auffallend und verdient festgehalten zu werden, daß der doch naheliegende Zusammenhang zur Metapher der Fremde hier zumindest nicht explizit hergestellt wird.

Fast gleichlautend ist eine Formulierung in einem bei Stobäus (IV 44,81) zitierten Fragment aus einer wohl *pseudepigraphischen*[20] *Schrift des Pythagoreers Hipparch,*

---

14 370c: τι θεῖον ὄντως ἐνῆν πνεῦμα τῇ ψυχῇ.

15 Typischerweise hat Sokrates diesen Mythos von dem persischen Magier Gobryas, dessen Großvater auf der Insel Delos auf ehernen Tafeln davon las, die aus dem sagenhaften Land der Hyperboräer dahin gebracht worden waren (371a).

16 Die Anknüpfung an eine allgemeine Volksweisheit als Gesprächsanfang ist nicht ungeschickt. Es scheint mir aber nicht wahrscheinlich, daß es sich um eine Erfindung des Verfassers handelt. Man kann schlecht ein Wort als allbekanntes Sprichwort einführen, das niemandem als solches bekannt ist.

17 MÜLLER scheint dieser Meinung zu sein, wenn er παρεπιδημία hier mit »kurzer Einkehr« übersetzt; näher an der Wortbedeutung bleiben SOUILHÉ: Platon 138 (»un court exil«) und HERSHBELL: Axiochus 31 (»brief stay in a foreign land«), ohne jedoch anzugeben, was der Gedanke der Fremde hier impliziert.

18 365e–366b: Der Mensch sei in Wahrheit Seele, zu seinem Nachteil von der Natur mit dem Zeltdach des Leibes umgeben und in den sterblichen Körper eingekerkert. Ziel des Lebens sei es, daß »die Seele zu der ihr angemessenen heimischen Stätte gelangt« (τῆς ψυχῆς εἰς τὸν οἰκεῖον ἱδρυθείσης τόπον). Daher sehnt sich die Seele »nach dem himmlischen ihr verwandten Äther«, weshalb der Tod als »die Befreiung vom Leben der Übergang von etwas Üblem zu etwas Gutem ist« (Üs Müller).

19 Vgl dazu auch Theiler: Poseidonios II Erläuterungen 249.

20 Vgl LAMMERT: Art Hipparchos Sp 1665f.

Περὶ εὐθυμίας. Angesichts der im Verhältnis zur gesamten Zeit extremen Kürze des menschlichen Lebens sei es für den Menschen das beste, so Pseudo-Hipparch, seine Lebenszeit »als einen kurzen Aufenthalt (in der Fremde)« (οἱονεί τινα παρεπιδαμίαν) mit Gleichmut/Heiterkeit (ἐπ' εὐθυμίαι) zu verbringen[21]. Wie im Axiochus wird hier - wenn auch ausdrücklich als Vergleich gekennzeichnet - das »sehr kurze Leben« der Menschen mit einem kurzen Aufenthalt in der Fremde gleichgesetzt. Auf dem Hintergrund der pythagoreischen Unsterblichkeitslehre mag damit auch die Zugehörigkeit zu einer anderen Welt gemeint sein. Explizit gesagt wird dies jedoch nicht. Denn auch hier geht das Folgende wieder auf das Verhältnis Seele-Leib ein, ohne daß der Vergleich des Lebens mit einem kurzen Aufenthalt in der Fremde dort noch irgendeine Rolle spielte.

Eine verwandte Aussage findet sich in *Marc Aurels »Wege zu sich Selbst«*, wenn er dort sagt, daß das ganze Leben der Aufenthalt eines Fremden, eine ξένου ἐπιδημία (II,17), sei. Ein zentrales Thema dieser Schrift ist die Nichtigkeit und Vergänglichkeit alles dessen, worauf Menschen ihre Hoffnungen und Befürchtungen richten. Der Fluß der Zeit, in dem nichts Bestand hat[22], ist eine immer wiederkehrende Metapher. Die Philosophie leitet dazu an, ohne Selbsttäuschung dieser Wahrheit in Natur und Geschichte ins Auge zu sehen, ein Blick, der alle hochfahrenden Pläne ad absurdum führt[23]. Ziel dieser Erkenntnis ist die gelassene und furchtlose, ja getroste[24] Einfügung in den Lauf der Natur, verbunden mit der Aufgabe rechten Handelns in der kurzen Spanne der zugemessenen Zeit[25]. Genau in diese Absicht fügt sich auch die Aussage Marc Aurels ein: »alles Körperliche ist ein Fluß, alles Seelische ein Traum und Wahn, das Leben Krieg und Aufenthalt eines Fremden, der Nachruf Vergessenheit« (II,17 Üs Theiler)[26]. Marc Aurel folgert daraus, daß nur die Philosophie Halt gewähren kann, weil sie die Auflösung aller Dinge (und so auch die eigene Auflösung) als einen naturgemäßen und damit guten Vorgang verstehen lehrt und so auch den eigenen Tod »mit Herzensfrieden« erwarten läßt (ebd). Bei Marc Aurel begegnet die Metapher von der ξένου ἐπιδημία im Zusammenhang mit den anderen Aussagen, um die Flüchtigkeit und Nichtigkeit irdischer Existenz auszudrücken. Irgendwelche weitergehenden Deutungen nimmt er nicht vor. Möglicherweise hängt dies damit zusammen, daß Marc Aurel nicht an eine individuelle Unsterblichkeit glaubt[27]. Auch kommt es dem Philosophenkaiser - hier altstoischer Tradition folgend - darauf an, durch die Philosophie Freiheit zu erlangen und so am Ende des Le-

---

[21] Der ganze Passus lautet: ὡς πρὸς τὸν ξύμπαντα αἰῶνα ἐξετάζοντι βραχύτατον ἔχοντες οἱ ἄνθρωποι τὸν τᾶς ζωᾶς χρόνον, κάλλιστον ἐν τῶι βίωι οἱονεί τινα παρεπιδαμίαν ποιησοῦνται ἐπ' εὐθυμίαι καταβιώσαντες (Diels-Kranz II, 228).

[22] Vgl IV,43: »Die Zeit ist ein Fluß, ein ungestümer Strom, der alles fortreißt. Jegliches Ding, nachdem es kaum zum Vorschein gekommen, ist auch schon wieder fortgerissen, ein anderes wird herbeigetragen, aber auch das wird bald verschwinden« (Üs Wittstock).

[23] Vgl II,4.17; III,10.14; IV, 17.35.48.50 VI,15 uö. Alles Menschliche erscheint so »als ein Rauch, ein wahres Nichts« (X,31).

[24] Vgl X,34: »Wer von den Grundsätzen der Wahrheit durchdrungen ist, für den ist auch der kürzeste, selbst allbekannte Ausspruch genügend, um ihn an ein getrostes, furchtloses Wesen zu mahnen: ›Es verweht der Wind zu Erde die Blätter ... So ist der Menschen Geschlecht‹« (Üs Wittstock).

[25] Vgl VI,7: »Darin suche deine ganze Freude und Befriedigung, immer Gottes eingedenk von einer gemeinnützigen Tat zu einer anderen fortzuschreiten« (Üs Wittstock).

[26] πάντα τὰ μὲν τοῦ σώματος ποταμός, τὰ δὲ τῆς ψυχῆς ὄνειρος καὶ τῦφος, ὁ δὲ βίος πόλεμος καὶ ξένου ἐπιδημία, ἡ δὲ ὑστεροφημία λήθη.

[27] Zwar hat des Menschen Seele Anteil am ewigen Göttlichen, aber dies hat nach Marc Aurel keine individuelle Unsterblichkeit zur Folge (vgl CORTASSA: Marco Aurelio 437).

bens die Entfremdung zur Welt zu überwinden und in ihr heimisch zu werden[28]. Endlich ist zu sehen, daß die Metapher der Fremde als Ausdruck des Selbstverständnisses und Weltverhältnisses für Marc Aurel einen eindeutig negativen Klang zu haben scheint. So verwendet er in 4,29 die Begriffe ξένος, ξένος κόσμου und φυγάς parallel zu den anderen negativen Bezeichnungen wie »Blinder«, »Bettler« und »Abszeß der Welt«, um damit von ihm abgelehnte Einstellungen und Verhaltensweisen zu kennzeichnen[29].

An allen genannten Stellen wird mit der Metapher der Fremde bzw des kurzen Aufenthaltes in der Fremde *die Kürze des menschlichen Lebens, seine Flüchtigkeit und Begrenztheit zum Ausdruck gebracht*. Die relative Häufigkeit, mit der diese Aussage begegnet, bestätigt die Aussage des Axiochus, daß es sich hier offensichtlich um ein geläufiges Bild handelt.

Nun ist ›Fremde‹ ja ein dialektischer Begriff, der den Gedanken nahelegt, daß der hier Fremde anderswo seine Heimat hat. Es kann daher durchaus vermutet werden, daß diese Vorstellung an der einen oder anderen Stelle auch vorausgesetzt ist, zumal die Überzeugung von einer himmlischen Zugehörigkeit der Seele ja den Autoren vertraut ist und zum Teil auch von ihnen geteilt wird. Besonders gilt dies für den Axiochus. Dennoch bleibt festzuhalten, daß in keinem der vorgestellten Texte eine entsprechende Ausdeutung der Metapher begegnet.

3. »Ein Fremder und Vorübereilender« – die philosophische Deutung der Fremde

(1) Daneben finden sich jedoch auch Texte, in denen die Metapher der Fremde explizit ausgedeutet wird. Dies muß nicht immer im positiven Sinn geschehen: So ist für Sophokles[30] die vorübergehende Beisassenschaft der Seele in

---

28 Vgl XII,1: »Wenn du nun, sobald du einmal am Ausgang des Lebens stehst, alles übrige zurücklässest und nur dein Leitvermögen (τὸ ἡγεμονικόν σου) und das Göttliche in dir ehrst und keine Furcht davor hast, einmal dein Leben zu beenden, sondern davor, nie mit dem naturgemäßen Leben (τό...κατὰ φύσιν ζῆν) anzufangen, wirst du ein Mensch sein, würdig der Welt, die dich gezeugt hat, *und wirst aufhören, ein Fremder im Vaterland* (ξένος...τῆς πατρίδος) *zu sein* und als unerwartet anzustaunen, was täglich geschieht, und von dem und dem abhängig zu sein« (Üs Theiler; Hervorhebungen von mir).

29 Ähnliches zeigt sich auch bei *Plotin*. In Auseinandersetzung mit der Weltverneinung der Gnosis wird deren Zentralbegriff der Fremde (παροίκησις) von ihm – wohl wegen der darin implizierten Ablehnung des κόσμος – in einem Zusammenhang mit anderen gnostischen Grundlagen (ὑποστάσεις) negativ beurteilt (Enn II,9,6,1). Zwar betont auch Plotin, daß die unsterbliche Seele die Gemeinschaft mit dem Körper fliehen müsse (Enn II,9,6), ja, daß sie gefesselt sei (Enn II,9,7), und an diesem Punkt bekundet Plotin auch eine gewisse Zustimmung zu den Vorstellungen der Gnosis: Sie täten recht daran (καλῶς ποιοῦσιν), den platonischen Gedanken aufzunehmen, daß die Seele unsterblich sei und die Gemeinschaft mit dem Körper fliehen müsse (τὸ τὴν ψυχὴν δεῖν φεύγειν τὴν πρὸς τὸ σῶμα ὁμιλίαν Enn II,9,6,35–43). Insgesamt aber erscheint ihm die Gnosis als Entartung ursprünglich richtiger Gedanken der griechischen Philosophie (Enn II,9,6,6ff), und der Begriff der Fremde wird auch – bezeichnenderweise – von Plotin selbst im Zusammenhang seiner weiteren Ausführungen über die Seele nicht aufgenommen.

30 Soph Ant 890.

der Oberwelt, die ἄνω μετοικία die glücklichere Periode. Ähnliches findet sich bei Horaz, wenn er in der Ode 2,3,27f vom Tod als dem aeternum exilium spricht. Heimat ist hier diese Welt und das Leben auf ihr. Ähnlich negativ äußert sich Hadrian in einem seiner letzten Gedichte, in dem er als Sterbender seine »reizende, umherschweifende kleine Seele« als Gast und Begleiter des Körpers anspricht und sie fragt, an welche bleichen, rauhen und dürftigen Orte ohne Freuden sie nun sich begeben wird:

> »Animula vagula blandula
> hospes comesque corporis,
> quae nunc abibis in loca
> pallidula rigida nudula?
> nec ut soles dabis iocos!«[31].

Deutlich häufiger wird jedoch - verstärkt, wenn auch nicht ausschließlich in späterer Zeit[32] - diese Vorstellung positiv verstanden.

Dabei ist schwer zu sagen, in welchem Verhältnis diese Deutung zu der oben beschriebenen Verwendung der Metapher vom Leben als kurzem Aufenthalt in der Fremde steht. Möglicherweise ist die Rede von der anderen Herkunft der Seele sogar der Ursprung des Bildes, das dann zu einer bloßen Metapher für die Kürze des Lebens verblaßt sein könnte. In jedem Fall zeigt sich, daß *zwischen beiden Aussagekreisen Übergänge* stattfinden können und daß hierbei auch die in der Metapher der Fremde angelegten Möglichkeiten, die Erfahrung der Fremdheit mit der positiven Aussage einer anderen Zugehörigkeit zu verbinden, genutzt werden.

(2) Der Sache nach begegnet die Vorstellung einer Fremdlingsexistenz des Menschen bereits bei den *Vorsokratikern* und läßt sich als Motiv vereinzelt auch in der Philosophie der klassischen Zeit finden. Dabei steht dieses Motiv in engem Zusammenhang mit der oben schon erwähnten Vorstellung, daß der Leib das Gefängnis oder das Grab der Seele sei. So sagt etwa Heraklit, daß Leben und Tod sowohl bei unserem Leben als auch beim Sterben zusammen existierten und führt dies dahingehend aus, daß während des Lebens unsere Seelen tot seien und in uns begraben, daß aber mit dem Tod die Seele wieder auflebe und neu existiere[33].

---

[31] Script Hist Aug: Hadrian 25,9.

[32] Der bei Empedokles greifbare orphisch-pythagoreische Hintergrund dieser Vorstellung (hinter dem möglicherweise noch ältere Elemente des Volksglaubens stehen), zeigt, daß es sich hier um eine alte Überzeugung handelt. Von daher muß der Versuch STÄHLINS kritisch gesehen werden, die andere, positivere Deutung der Metapher der Fremde als Ausdruck der Zugehörigkeit zu einer oberen, himmlischen Welt nur als spätes Produkt einer geistesgeschichtlichen Entwicklung zu erklären (STÄHLIN ξένος κτλ 25: »Die Seele tritt in wesenhaften Gegensatz zum Leibe, und ihre Heimat rückt nach oben, in die noetische Welt«).

[33] Bei Sext Emp Pyrrhonism 3,230: ὁ δὲ Ἡράκλειτός φησιν ὅτι καὶ τὸ ζῆν καὶ τὸ ἀποθανεῖν καὶ ἐν τῷ ζῆν ἡμᾶς ἐστι καὶ ἐν τῷ τεθνάναι. ὅτε μὲν γὰρ ἡμεῖς ζῶμεν, τὰς ψυχὰς ἡμῶν τεθνάναι καὶ ἐν ἡμῖν τεθάφθαι, ὅτε δὲ ἡμεῖς ἀποθνήσκομεν, τὰς ψυχὰς ἀναβιοῦν καὶ ζῆν.

Noch deutlicher und auch im Blick auf die Wirkungsgeschichte hinsichtlich der Metapher der Fremde wichtiger ist die Sicht des *Empedokles,* der von Pythagoras beeinflußt ist[34]. In mythischen Bildern beschreibt dieser das Dasein der sterblichen Wesen als eine durch eine Urschuld bedingte Seelenwanderung[35], die ein Umherschweifen »fernab von den Seligen« sei (Fr 115,6)[36]. Dabei bezeichnet er sich auch selbst ausdrücklich als φυγὰς θεόθεν καὶ ἀλήτης[37]. Die Übersetzung dieses Ausdrucks von Diels-Kranz mit »ein von Gott Gebannter und Irrender« gibt die Bedeutung von φυγάς als »Flüchtling, Verbannter, Exilierter«[38] nur ungenau wieder. Vor allem durch die Parallelität mit dem Begriff ἀλήτης »Wanderer, Vagabund«[39] wird hier deutlich die irdische Existenz metaphorisch als ein Unterwegs- und Umgetriebensein[40] in einer feindlichen[41], weil ihrem Wesen fremden, Umgebung[42] bezeichnet. Besser übersetzt Zuntz mit »a vagrant, banished from the Gods«[43]. Unterstrichen wird dies auch durch die Aussage, daß der hier Umherirrende[44] eigentlich zu einer anderen, besseren Welt der Götter gehört[45]. Auch andere Fragmente, in denen etwa die Geburt als Abstieg an einen ungewohnten Ort und als Hinauswurf aus einem weit besseren Stand beklagt wird[46], zeigen, wie geläufig Empedokles diese Vorstellung ist. Bei Empedokles sind diese Aussagen zunächst einmal

---

34 Nach Diogenes Laertius 8,54 war er ein Schüler des Pythagoras.

35 Deutlich sagt das Fr 115,7; vgl auch Fr 117: »Denn ich wurde bereits einmal Knabe, Mädchen, Pflanze, Vogel, und flutentauchender stummer Fisch« (Üs Diels/Kranz). Empedokles spricht allerdings nicht von der Seele, sondern vom »Daimon«. Eine ausführlichere Darstellung der Vorstellung der Seelenwanderung bei Empedokles gibt ALT: Einige Fragen 385–411.

36 Die Verbindung zu der oben skizzierten pythagoreischen Tradition ist nicht zu übersehen!

37 Diels-Kranz: Fragmente I, 357f (Fr 115).

38 Vgl LIDDELL-SCOTT: Lexicon 1959.

39 Vgl LIDDELL-SCOTT: Lexicon 64.

40 Vgl Wright: Empedocles 275: »...the sense is that E. is one of the wanderers estranged from the gods now (but he expects soon to return)«.

41 Vgl seine Beschreibung der »mühseligen Pfade des Lebens« der sterblichen Geschöpfe: »Denn der Luft Macht jagt sie zum Meere, das Meer speit sie auf den Erdboden aus, die Erde zu den Strahlen der leuchtenden...Sonne, und diese wirft sie in die Wirbel der Luft. Einer nimmt sie vom andern auf, *es hassen sie aber alle*« (Hervorhebung von mir).

42 Das »Hassen« der Elemente unterstreicht die wesensmäßige Andersartigkeit des »Daimon« vgl. KAHN: Religion 19: »The heterogeneous character of the daimon is confirmed not only by the description of his body as an ›alien garment‹, but also by the attitude of Air, Sea, Earth, and Sun, who receive the exile only to cast him out again, since ›they hate him one and all‹«.

43 ZUNTZ: Persephone 252.

44 Zum Problem der Individualität dieses »Daimons« siehe WRIGHT: Empedocles 275; ALT: Einige Fragen 391f.

45 Vgl ZUNTZ: Persephone 253: »from there [sc von der Heimat der Urseele] it is exiled into the foreign and inimical world of the elements...and to that realm it strives to return«.

46 Vgl die Klage in Fr 118: »*Bei der Geburt* weinte und jammerte ich, als ich den ungewohnten Ort erblickte«; ähnlich das freilich stärker ergänzte Fr. 119 »Aus welchem Range, aus welcher Größe des Glücks *herausgeworfen, weile ich auf Erden!*«

klagender Ausdruck für seine schicksalhaft gefallene Existenz[47], der allerdings auch einen positiveren Aspekt implizieren kann.

Ein solcher positiver Aspekt findet sich eindeutig auch in einer Äußerung des in etwa
zeitgleichen Anaxagoras (ca 500-428 vChr) - falls diese von Diogenes Laertius im dritten nachchristlichen Jahrhundert überlieferte Tradition nicht späteren Ursprunges ist.
Anaxagoras wird wegen seiner zurückgezogenen Lebensweise vorwurfsvoll gefragt, ob
er denn kein Herz für sein Vaterland habe. Darauf Anaxagoras:»›Laß es gut sein; nichts
liegt mir mehr am Herzen als mein Vaterland‹, wobei er auf den Himmel wies«[48]. Hier
begegnet zwar nicht der Begriff der Fremde, wohl aber wird eine himmlische πατρίς
der irdischen entgegengesetzt - eine Aussage, die gerade im jüdisch-christlichen Bereich häufig unmittelbar mit der Fremde verbunden, ja als deren Begründung verstanden wird.

Nur am Rande begegnen solche Vorstellungen in der Philosophie der klassischen und frühen nachklassischen Zeit.

Eine Andeutung findet sich bei *Plato* im Phaidon. Sokrates legt dort dar, daß der Tod
nicht zu fürchten sei, da sich die Seele vom Körper trenne und so »aus den Fesseln des
Leibes erlöst« werde (67d). In diesem Zusammenhang vergleicht er auch sein Sterben
mit einer ἀποδημία, einer *Wanderung in ein anderes Land* (67c) - ein Bild, das er auch
zuvor (61e) schon einmal gebraucht hat.
In Divin 1,25,53 bezieht sich Cicero auf eine verlorengegangene Schrift des *Aristoteles, Περὶ ψυχῆς*. Berichtet wird von Eudemus, einem Freund des Aristoteles, dem im
Traum einiges vorausgesagt wurde, unter anderem auch die Heimkehr nach fünf Jahren.
Alles Vorhergesagte erfüllt sich, nur zum Zeitpunkt der angesagten Heimkehr stirbt Eudemus. Dies nun wurde nach Cicero so interpretiert, daß das Verlassen des Körpers die
Heimkehr der Seele bedeute[49]. Der Zusammenhang läßt vermuten, daß sich jenes »est
interpretatum« auf die Interpretation des Aristoteles bezieht.

(3) Da der Großteil der Schriften der hellenistischen Philosophie verlorengegangen ist, lassen sich auch für diese Zeit kaum zuverlässige Aussagen über
die Aufnahme und Bedeutung des Motivs von der Fremdlingschaft des Menschen bzw seines eigentlichen Selbst machen. Immerhin fehlt dieses Motiv
auch in den uns erhaltenen Resten nicht ganz, wie ein bei Sextus Empiricus er-

---

[47] Zwar kennt Empedokles auch eine Erlösung aus diesem Kreislauf durch die Vergöttli-
chung des Menschen, aber dieser Gedanke wird mit der Fremde nicht verbunden.
[48] Bei Diog L 2,3,7: »ἐμοὶ γὰρ καὶ σφόδρα μέλει τῆς πατρίδος«, δείξας τὸν οὐρανόν
(Üs Apelt).
[49] »...ex quo ita illud somnium est interpretatum, ut, cum animus Eudemi e corpore exces-
serit, tum domum revertisse videatur«.
[50] Sextus Empiricus: Against the Logicians I, 127ff (= Theiler F 353) referiert die Philosophie Heraklits. Diese stoisch gefärbte Wiedergabe ist inzwischen als ein (geringfügig überar-
beitetes) Poseidoniosfragment erkannt (vgl dazu Theiler: Poseidonios II Erläuterungen
248). Die den Menschen umgreifende Wirklichkeit sei – so die Meinung Heraklits nach dieser Darstellung – rational und vernünftig (Sext Emp 127): τὸ περιέχον ἡμᾶς λογικόν τε ὂν
καὶ φρενῆρες). Im wachen Zustand habe der Mensch an diesem θεῖος λόγος Anteil, indem
er durch seine Sinnesorgane »wie durch Fenster« herausschaue, dadurch die Verbindung mit
dem περιέχον herstelle und so »mit der vernünftigen Kraft bekleidet werde« (130: λογικὴν

haltenes Poseidoniosfragment zeigt[50]. Die Vermutung, daß derartige Vorstellungen in hellenistischer Zeit nicht ganz unbekannt waren, wird dadurch bestärkt, daß in der Literatur der folgenden Zeit sich nun häufiger Texte finden, in denen die Bilder der Fremde sowie entsprechende Synonyme (z.B. das irdische Leben als Herberge) und Antonyme (z.B. die himmlische Heimat) aufgenommen und ausgeführt werden[51]. Stärker aber als bei Empedokles werden hier nun mit diesen Metaphern nicht nur die negativen Daseinserfahrungen auf den Begriff gebracht, sondern diese Erfahrungen auch – im Zusammenhang der jeweiligen Philosophie - einer positiven Deutung zugänglich gemacht.

In seinen Ausführungen über das Greisenalter läßt *Cicero* seinen *Cato* am Ende des Gespräches sagen: »Aus diesem Leben gehe ich weg wie aus einem Gasthaus, nicht wie aus einem Haus; denn nur zum Verweilen hat uns die Natur ein Absteigequartier gegeben, nicht zum Wohnen«[52]. Dieser Bezeichnung der irdischen Existenz als *hospitium* – letzteres möglicherweise die direkte Übersetzung von παρεπιδημία - folgt unmittelbar der Preis jenes »herrlichen Tages«, wenn er »aus diesem Getümmel und diesem Wirrwarr« herausgegangen »zu jenem Kreis und jener Zusammenkunft der göttlichen Seelen« gelangt. Deutlich sind hier die Vorläufigkeit der irdischen Existenz und die Hoffnung auf eine andere Welt durch die Begrifflichkeit vom Leben als einem vorläufigen Aufenthalt in einem Gasthaus verbunden.

Noch deutlicher begegnet diese Vorstellung in den *Gesprächen in Tusculum*. Auch hier wird im Dialog die Frage nach der Bedeutung des Todes und dem Geschick der menschlichen Seele verhandelt. Der führende Gesprächspartner referiert die Ansichten der verschiedenen Philosophen zu dieser Frage und teilt diese abschließend in solche ein, die von einer Auflösung der Seele ausgehen, und in solche, die »hoffen lassen« (spem adferunt), weil sie davon ausgehen, daß die Seelen nach dem Verlassen des Körpers »in den Himmel gleichwie in ihre Heimat gelangen«[53]. Vor allem Plato wird als Gewährsmann für diese Haltung in Anspruch genommen. Ausführlich wird im Folgenden

---

ἐνδύεται δύναμιν). Jener Anteil am vernünftigen περιέχον aber sei, so die Heraklitinterpretation des Poseidonios, ein Fremder in unseren Körpern (130: ἡ ἐπιξενωθεῖσα τοῖς ἡμετέροις σώμασιν ἀπὸ τοῦ περιέχοντος μοῖρα). Diese Aussage steht in einer gewissen Spannung zum Monismus der alten Stoa, eine Spannung, die auch sonst im Werk des Poseidonios begegnet (vgl dazu NILSSON: Geschichte II,264f: seine »Lehre kommt dem Dualismus, der Erlösung aus dem Irdischen ... entgegen«; zur Vorstellung vom Leib als Behausung der Seele vgl auch REINHARDT: Art Poseidonios 780ff).

51 Inwieweit die verschiedenen Schriftsteller bewußt an Empedokles anknüpfen, kann nicht überall mehr festgestellt werden. Möglicherweise ist diese Anschauung auch von anderen, uns verlorengegangenen Schriften aus dem Bereich der Orphik und des Pythagoreismus abhängig. Immerhin zeigt Plutarch, der in De exilio 607c–d mehrere Zeilen aus Fragment 115 zitiert und seine eigenen Ausführungen daran anschließt (su), daß die entsprechenden Aussagen des Empedokles bekannt waren.

52 Cic De Senectute 84: »...et ex vita ita discedo tamquam ex hospitio, non tamquam e domo; commorandi enim natura divorsorium nobis, non habitandi dedit«.

53 Tusc 1,24: »...in caelum quasi in domicilium suum pervenire«.

jene letzte Ansicht begründet, um ihr dann explizit zuzustimmen: »Was mich betrifft, so scheint mir, wenn ich die Natur der Seele überdenke, die Frage viel schwieriger und dunkler, in welcher Weise die Seele im Körper sei, also *in einer fremden Behausung,* als die andere Frage, wie sie ist, wenn sie frei ist und *in den offenen Himmel, also sozusagen in ihre Heimat kommt*«[54].

Ähnliche Aussagen finden sich auch im *Somnium Scipionis,* dem berühmten Anhang zu *De re publica.* Cicero läßt Scipio dort von einem Traum berichten, in dem ihm Africanus erschien und ihm nicht nur seine künftigen Erfolge voraussagte, sondern ihn auch zum treuen Dienst am Vaterland ermahnte. Denn wer sich um das Vaterland verdient gemacht hat - so die Begründung - der habe einen besonderen Platz im Himmel, wo er sich ewigen glücklichen Lebens erfreue (Rep 6,13). So seien auch Scipios Vater und andere im Himmel lebendig, nachdem sie dem Gefängnis des Körpers entflohen seien (Rep 14). Nun erscheint auch sein Vater Paulus und belehrt ihn weiter über die Seele, ihre Aufgabe auf der Erde und ihren künftigen Platz im Himmel. Unter anderem betont er, daß das Leben im Dienst am Vaterland der Weg zum Himmel sei[55]. Dieser Himmel wird im Folgenden auch als »ewiges Haus« bezeichnet (Rep 6,23). Nach weiteren ausführlichen Belehrungen über die Welt und die Ordnung des Universums wird am Ende nochmals dem Verteidiger des Vaterlandes die Rückkehr in den Himmel als seinem eigentlichen Zuhause *(sedes et domus sua)* zugesagt (Rep 6,29)[56].

Die bei Cicero überlieferte, vermutlich aber ältere Antithese von *domus* und *hospitium*[57] *im Blick auf die Zugehörigkeit des Menschen findet sich auch bei Seneca.* Dieser führt sie sowohl im Blick auf das Fremdsein wie im Blick auf die Zugehörigkeit zu einer anderen Heimat noch weiter aus.

Im 120. Brief seiner *Briefe an Lucilius,* in denen er die stoische Tugendlehre abhandelt (in den sogenannten Epistulae morales), beschreibt Seneca den »vollkommenen Mann« (120,10ff). Ein entscheidendes Kennzeichen dieses Menschen ist es nach Seneca, daß er niemals sein Schicksal beklagt oder verflucht (120,12f). So ist seine Seele vollkommen, und nichts ist über ihr außer dem Sinn Gottes selbst, aus welchem ein Teil in sein sterbliches Herz »herabfloß«[58]. Nirgends nun, so fährt Seneca fort, ist dieses Herz göttlicher, als wenn

---

54 Tusc 1,51: »mihi quidem naturam animi intuenti multo difficilior occurrit cogitatio, multo obscurior, qualis animus in corpore sit tamquam alienae domi, quam qualis, cum exierit et in liberum caelum quasi domum suam venerit« Üs GIGON; Hervorhebung von mir. Bereits Tusc 1,43 spricht vom Himmel als dem »natürlichen Wohnsitz« (naturalis sedes) der Seele.

55 Rep 6,16: »Ea vita via est in caelum«.

56 Interessant für die Wirkungsgeschichte dieser Gedanken ist die Kommentierung des Somnium Scipionis durch den Neuplatoniker Macrobius (ca 400 nChr), in der mit dem Gedanken der überirdischen Herkunft der Seele auch der ihrer Fremdheit hier verbunden wird: Die animi der Menschen – so die Interpretation einer Passage aus Ciceros Somnium Scipionis – seien nicht hier auf Erden entstanden, »sed sicut solem in terris esse dicere solemus, cuius radius advenit et recedit, ita animorum origo caelestis est, sed lege temporalis hospitalitatis hic exulat« (Somn.Scip. 1,21,34).

57 Möglicherweise handelt es sich hierbei um eine stoische communis opinio; vgl MEISTER: De Axiocho 87 A 2.

58 120,14: »Habebat perfectum animum et ad summum sui adductum, supra quam nihil est nisi mens dei, ex quo pars et in hoc pectus mortale defluxit«.

es seine Sterblichkeit bedenkt und erkennt, daß *sein Körper nicht ein Heim ist, sondern eine Herberge, und zwar eine Herberge für sehr kurze Zeit*[59]. Ausdrücklich wird hinzugefügt, daß die Seele von einem höheren Ort (ab altiore sede) herabgekommen sei und deshalb den Auszug aus dieser Enge nicht fürchte[60]. Das Elend der irdischen Existenz, das Seneca im Folgenden eingehend beschreibt, kommentiert er mit der Bemerkung: »Das widerfährt ganz allgemein Menschen, *die in der Fremde hausen*«[61]. Dem wird das menschliche Verhalten, das trotz des unausweichlich nahenden Todes Pläne für die Ewigkeit macht, als unsinnig und blind entgegengestellt (120,17f). Daraus zieht Seneca dann auch ethische Konsequenzen: Eingedenk der eigenen besseren Natur wird die »große Seele« sich tugendhaft verhalten, aber keines der Dinge, die sie umgeben, für das Ihre halten, sondern sie als Leihgabe benützen, als *»ein Fremder und Vorübereilender«*[62]. Seneca nimmt hier die alte stoische Unterscheidung von τὸ ἀλλότριον und τὸ ἴδιον so auf, daß er sie zu einem Gegensatz von Geist und Körper verschärft[63] und diesen Gegensatz dann auch auf das Selbstverständnis des Weisen in seiner Welt bezieht. So kommt es in diesem Zusammenhang - in Verbindung mit dem Verweis auf eine »bessere Natur« und damit auch auf eine andere Zugehörigkeit des »hier auf den Posten ge-

---

59 120, 14f: »Quod numquam magis divinum est, quam ubi mortalitatem suam cogitat et scit in hoc natum hominem, ut vita defungeretur, nec domum esse hoc corpus, sed hospitium, et quidem breve hospitium, quod reliquendum est, ubi te gravem esse hospiti videas«.

60 120,15. Diese Vorstellung findet sich bei Seneca häufiger; vgl etwa die Aussage über die menschliche mens in Ad Helviam 6,7: »Non est ex terreno et gravi concreta corpore, ex illo caelesti spiritu descendit«. Dieses Wissen um die himmlische Herkunft seines Geistes und seiner Seele verhindert es, daß der Mensch ganz zur Ruhe kommt (6,7: »caelestium autem natura semper in motu est«), und dieses Wissen tröstet Seneca dann auch in seiner eigenen Verbannung: »...er verläßt die Erde und steigt zum Kosmos auf, in dem die Stoa die ursprüngliche Heimat des menschlichen animus erkennt; er bereitet damit ein Thema vor, in dem er als Stoiker gerade während der Verbannungszeit selbst größten Trost gefunden hat« (MEINEL: Seneca 85). Seneca nimmt hier, wie MEINEL gezeigt hat, Gedanken der älteren und mittleren Stoa auf: »Seneca hat sich bei seiner Aussage über Abstammung und Wesen der Seele nicht an einen bestimmten Stoiker vor ihm angeschlossen (Invenio, qui dicant), sondern hat die einheitliche Lehre konsequent fortgesetzt und so der Seele göttlichen Charakter zuerkannt« (ebd 85). An anderen Stellen sagt Seneca explizit, daß die Seele wieder zu den höchsten Regionen aufsteige, wenngleich seine Äußerungen hier nicht frei von Widersprüchen sind (vgl ebd 156ff).

61 »Hoc evenire solet in alieno habitantibus« (120,16 Üs Rosenbach; Hervorhebung von mir).

62 Ep 120,18: »Ideo magnus animus conscius sibi melioris naturae dat quidem operam ut in hac statione qua positus est, honeste se atque industrie gerat, ceterum nihil horum, quae circa sunt, suum iudicat, sed ut commodatis utitur, peregrinus et properans«.

63 Besonders deutlich ist dies in Ad Helviam 11,7: »Corpusculum hoc, custodia et vinculum animi, huc atque illuc iactatur; in hoc supplicia, in hoc latrocinia, in hoc morbi exercentur. Animus quidem ipse sacer et aeternus est et cui non possit inici manus«. MEINEL: Seneca 154 kommentiert diese Stelle: »Alle Versuche, den altstoischen Monismus an dieser Stelle retten zu wollen, scheitern ... Geist und Körper sind für Seneca zwei völlig verschiedene, klar zu trennende, auseinanderstrebende, aber doch im Körper zu Lebzeiten aneinandergekettete Einheiten«. Die Ursache für diese Wende sei der Einfluß Platons auf die Lehre der mittleren Stoa.

stellten« großen Geistes (animus magnus) - dann erstmals zu einer *direkten me-taphorischen Bezeichnung des Weisen als peregrinus, als Fremder ohne Bür-gerrecht*[64]. Zugleich leitete Seneca aus dieser Fremdlingsschaft unmittelbar den Anspruch der Distanz zu allem Irdischen ab[65]. *Seneca deutet also diese Vorfindlichkeit im Sinne der stoischen Moral paränetisch aus,* wobei diese - hier durchaus einer langen philosophischen Tradition verpflichtet - *auch einen soteriologischen Aspekt* hat[66].

Ähnliche Aussagen finden sich bei Seneca auch sonst in jenen Briefen: So bezeichnet er im 31. Brief den allein über der Vergänglichkeit stehenden, stoisch geprägten Geist als einen Gott, der in einem menschlichen Körper zu Gast ist[67]. Im 102. Brief betont der Philosoph, daß das Verweilen im sterbli-chen Leib nur das Vorspiel zu einem besseren und längeren Leben sei[68], wie dieser Leib nur als Einrichtung eines Gasthauses zu sehen sei, von dem aus man weitergehen müsse[69]. Daraus zieht auch hier Seneca die *Folgerung,* daß man so weit als möglich *dem Genuß sich zu entziehen habe und - als ein Fremdling - auf Höheres und Erhabeneres sinnen solle«,* beschlossen mit der Vision der herrlichen Zukunft in unvorstellbarem göttlichen Licht[70].

---

64 Vgl KÜBLER: Peregrinus Sp 639: »Der Gegenbegriff zu *p.* ist *civis«.*

65 Die Aussagen Senecas zu diesem Thema sind allerdings nicht ganz einheitlich. An ande-rer Stelle betont er, daß der Weise – gut stoisch – auch der wahre Kosmopolit sei. Ihm ist, wie Seneca im Anschluß an Marcellus sagt, jeder Ort ein Vaterland (Ad Helviam 9,7), ihm ist nichts in der Welt fremd (vgl Ad Helviam 8,5: » ...nullum inveniri exilium intra mundum pot-est; nihil enim, quod intra mundum est, alienum homini est«).

66 Neu scheint bei Seneca nur die explizite Verbindung mit dem Bild der Fremde zu sein. Daß die Erkenntnis der göttlichen Herkunft der Seele auch die Verpflichtung zu einem dieser Herkunft entsprechenden Lebenswandel als Voraussetzung der Erlösung nach sich zieht, ha-ben vor Seneca schon andere wie etwa Pythagoras (vgl ROHDE: Psyche 2, 163ff) oder Plato (ebd 285ff) betont: »Rein werden, sich ablösen von dem Uebel, sterben schon in dieser Zeit-lichkeit, das sind die immer wiederholten Mahnungen, die der Philosoph (sc. Plato) an die un-sterbliche Seele richtet; ein durchaus negirendes Verhalten fordert auch hier, ihrem innersten Wesen entsprechend, die asketische Moral von ihr. Zwar soll diese Verneinung der Welt nur hinüberleiten zu höchst positivem Verhalten. Die Katharsis eröffnet nur den Zugang zur Philo-sophie selbst, die das allein Positive, allein unbedingt und in wahrer Bedeutung Seiende, al-lein in völlig hellem Verständniss als bleibendes Gut von der Vernunft zu Ergreifende zu errei-chen, mit ihm ganz zu verschmelzen lehrt...So ist die Abwendung vom Sinnlichen und Ver-gänglichen zugleich und ohne Uebergang eine Hinwendung zum Ewigen und Göttlichen. Die Flucht vor dem Diesseits ist in sich schon ein Ergreifen des Jenseitigen, ein Aehnlichwerden mit dem Göttlichen« (ebd 2,288f).

67 Ep 31,11: »Quaerendum est quod non fiat in dies peius, quoi non possit obstari. Quid hoc est? Animus, sed hic rectus, bonus, magnus: *quid aliud voces hunc quam deum in corpo-re humano hospitantem?«* (Hervorhebungen von mir).

68 Ep 102,23: »Per has mortalis aevi moras illi meliori vitae longiorique proluditur«.

69 Ep 102,24: »Quicquid circa te iacet rerum, tamquam hospitalis loci sarcinam specta: transeundum est«.

70 Ep 102,28: »Hinc nunc quoque tu quantum potes subvola voluptatique, nisi quae neces-sariis usque cohaerebit, alienus iam hinc altius aliquid subliand miusque meditare: aliquando na-turae tibi arcana retegentur, discutietur ista caligo et lux undique clara percutiet te«. Das Fol-gende führt diese wunderbare Zukunft noch breiter aus. Eine verwandte Aussage begegnet etwa auch in ep 41,5.

Daß Seneca mit diesen Vorstellungen in der jüngeren Stoa keine Ausnahme darstellt, zeigt *Epiktet*. Wie Seneca nimmt er die stoische Grundunterscheidung vom Eigenen und Fremden auf und rät bei der Suche nach dem wahren Guten, nicht außen umherzuirren und *nicht das Fremde als das Eigene zu begehren*[71]. Bei ihm finden sich dann auch zumindest Andeutungen einer Ausdeutung im Blick auf das Sein in der Fremde und eine andere Heimat: In Diss 1,9 behandelt er die möglichen Konsequenzen der Einsicht, daß die Menschen Verwandte der Götter sind. Der dabei naheliegenden Frage, ob es dann nicht besser sei, gleich das Leben zu beenden und dorthin zu gehen, woher man gekommen ist[72], hält er entgegen, daß man an dem Platz bleiben müsse, an den Gott den Menschen gestellt hat. Und er fügt noch eigens hinzu, daß diese Zeit des Lebens in dieser Behausung (χρόνος οὗτος ὁ τῆς οἰκήσεως) doch nur kurz sei. Auch wenn der Begriff der Fremde hier nicht explizit aufgenommen ist, so steht dahinter doch eine damit verwandte Vorstellung vom Leben als einem kurzzeitigen Aufenthalt des Menschen an einem Ort, an dem er nicht endgültig beheimatet ist.

Am Ende seiner an einen Exilierten gerichteten Schrift über das Exil zeigt *Plutarch* auf, daß das Exil nicht nur nichts Schändliches ist (De Exilo 607a–c), sondern daß das Exil in Wahrheit die Grundstruktur des menschlichen Daseins sei (De Exilo 607d–f). Plutarch zitiert hier aus dem Fr 115 von Empedokles und bestätigt es mit der Feststellung, daß *»wir alle hier Ausländer sind und Fremde und Flüchtlinge«* (πάντας ... μετανάστας ἐνταῦ θα καὶ ξένους καὶ φυγάδας ἡμᾶς ὄντας). Plutarch schließt sich an Empedokles an, wobei er dessen Worte frei wiedergibt[73] und dabei schon durch die Wortwahl den Aspekt der Fremde deutlich verstärkt[74]. Im Folgenden wird dies von Plutarch noch weiter ausgeführt: Da die Seele nicht vom Körper komme, sondern »von anderswo hierher gekommen sei«[75], sei es ganz wahr (ἀληθέστατον) zu sagen, daß sie in den Körper eingekerkert sei, wie schon Plato gesagt habe, ja daß die *Seele hier im Exil* sei und herumirre (φεύγει καὶ πλανᾶται). Wegen dieser ihrer himmlischen Herkunft leide sie auch hier, sie *fühle sich in der Fremde* (ξενοπαθεῖ). Daraus folgert nun Plutarch, daß kein Platz der Erde für den Menschen wirklich Heimat sei und deshalb auch kein Exil das Glück zerstören könne, sowenig wie es das mit Tugend und Weisheit tun könne. Der (vorsichtige) Ausblick auf den Mythos vom Geschick der Seelen schließt diese Schrift. Auch hier findet sich wieder der klare Zusammenhang von Erfahrungen der Fremdheit und der positiv gedeuteten Fremde, ebenfalls verbunden mit einer ethischen Grundaussage.

Zumindest am Rande verdient noch eine weitere Stelle Aufmerksamkeit. Mit beißendem Spott macht *Lukian* in seiner Vitarum Auctio, dem »Verkauf der philosophischen Sekten« die verschiedenen philosophischen Schulen lächerlich. Die Götter Jupiter und

---

[71] Vgl Epict Diss 3,22,38: ... εὕρετε ἂν αὐτὸ (sc. τὸ ἀγαθόν) ἐν ὑμῖν ὂν οὐδ᾽ ἂν ἔξω ἐπλάζεσθε οὐδ᾽ ἂν ἐζητεῖτε τὰ ἀλλότρια ὡς ἴδια.

[72] Diss 1,9,14: ἄφες ἡμᾶς ἀπελθεῖν ὅθεν ἐληλύθαμεν...

[73] Es paßt gut zu den anderen schon aufgeführten Aussagen und ist wohl bezeichnend für diese Zeit, wie hier Empedokles im Sinne einer eklektischen, vor allem aus stoischen und platonischen Ideen gespeisten Philosophie und Lebensdeutung ausgelegt wird.

[74] Der Begriff des μετανάστης kommt dem παρεπίδημος des 1 Petr sehr nahe.

[75] De Exilo 607d: »...τῆς δὲ ψυχῆς ἀλλαχόθεν ἡκούσης δεῦρο...«

vor allem Merkur bieten die verschiedenen Philosophen zum Verkauf an, wobei diese sich dabei selbst mehr oder minder erfolgreich anpreisen. Dabei findet auch eine Unterhaltung zwischen dem Käufer und Sokrates statt. Sokrates, der sich sofort als Päderast und Weiser in Liebesdingen (σοφὸς τὰ ἐρωτικά) vorstellt, versucht den Kaufmann zu überreden, ihm seinen schönen Sohn zu überlassen, da er nur die Seele liebe, selbst wenn er mit dem Knaben unter einer Decke liege (Vit Auct 15). Im Verlauf des Gesprächs fragt der Kaufmann dann Sokrates auch nach dessen Lebensweise. Darauf nun gibt Sokrates eine ungewöhnliche Antwort:»Ich lebe in einer Stadt, die ich mir selbst gemacht habe, und ich benütze eine *fremde Verfassung* und gebrauche meine eigenen Gesetze«[76]. Das ganze ist natürlich Satire, die ihre Pointe darin hat, daß Sokrates im Folgenden dem staunenden Kaufmann eröffnet, wie man mit Hilfe dieser anderen, selbstgebildeten Welt und den eigenen Gesetzen sich ungeniert der hiesigen Welt bedienen kann (weshalb Sokrates dann auch - im Unterschied zu manch anderem Philosophen - gleich zu einem schönen Preis Merkur abgekauft wird). Für unseren Zusammenhang ist wichtig, daß Lukian hier ja die Erscheinung der philosophischen Schulen seiner Zeit, also des zweiten nachchristlichen Jahrhunderts lächerlich macht und sich hier bei aller Verzerrung doch so weit als möglich an den ›Originalton‹ der jeweils karikierten philosophischen Schule hält. Daher ist zu überlegen, ob es sich nicht bei diesem Wort, das sich ja so nicht bei Plato findet[77], um eine Deutung der platonischen Philosophie durch Anhänger der Akademie handeln könnte. Und da wäre es doch bemerkenswert, daß der Sokrates des Lukian bei der Selbstvorstellung seiner Philosophie von einer eigenen Stadt sprechen kann (die ja nicht von dieser Welt ist), ja von einer πολιτεία ξένη mit eigenen Gesetzen. Das würde nochmals unterstreichen, daß gerade in der hier interessierenden Zeit auch im paganen Bereich die Existenz des Menschen (bzw Weisen) in der Welt mit Kategorien philosophisch gedeutet wurde, die sich nicht unwesentlich mit den jüdischen und neutestamentlichen Aussagen über das himmlische Bürgerrecht und die Fremdlingsexistenz des Menschen berühren.

4. Zusammenfassung

Die Metapher der Fremde und verwandte Vorstellungen begegnen gelegentlich in der antiken Literatur. Die damit verbundenen Vorstellungen sind nicht einheitlich. Verbreitet ist eine wohl sprichwörtliche Sentenz, die das Leben wegen seiner Begrenztheit, Flüchtigkeit und Vergänglichkeit als einen kurzen Aufenthalt in der Fremde bezeichnet. Der Zusammenhang mit der komplementären Vorstellung einer anderen Beheimatung des Menschen bzw seiner Seele wird hier explizit nicht hergestellt. Es ist durchaus wahrscheinlich, daß an der einen oder anderen Stelle eine derartige Vorstellung angesprochen sein soll; nachweisen läßt sich dies jedoch nicht.

---

[76] Luc Vit Auct 17: »Οἰκῶ μὲν ἐμαυτῷ τινα πόλιν ἀναπλάσας, χρῶμαι δὲ πολιτείᾳ ξένῳ καὶ νόμους νομίζω τοὺς ἐμούς«. Das Bild von der eigenen Stadt der philosophischen Tugend und ihrem Bürgerrecht wird von Lukian auch – wiederum satirisch – im Hermot 22ff breit ausgeführt.

[77] Anklänge an die πολιτεία und die νόμοι sind freilich nicht zu überhören.

Daneben begegnet aber auch eine Rede von der Fremdlingsexistenz des Menschen, die im Zusammenhang damit explizit von der Zugehörigkeit seines eigentlichen Selbst zu einer anderen, besseren Welt spricht. Das deutet sich bereits bei Empedokles an, wenn er im Zusammenhang mit der durch eine Urschuld ausgelösten Seelenwanderung sich selbst als »Flüchtling und Vagabund nach göttlicher Bestimmung« (φυγὰς θεόθεν καὶ ἀλήτης) bezeichnet, wobei allerdings in erster Linie der negative Aspekt, das Verhängnis der Wanderung durch verschiedene Gestalten, assoziiert wird.

Vor allem die Philosophen der hellenistisch-römischen Zeit *nützen die in der Metapher der Fremde angelegte Offenheit, um die Erfahrungen existentieller Entborgenheit auf den Begriff zu bringen und sie zugleich einer positiven Deutung zugänglich zu machen.* Die damit zur Sprache gebrachten Erfahrungen der Endlichkeit werden hier als Kehrseite der Zugehörigkeit der Seele zu einer höheren Welt gedeutet. In diesem Zusammenhang wird dann vor allem bei Seneca und bei Plutarch der Mensch bzw der Weise *explizit als Fremder bezeichnet* (alienus und peregrinus bzw ξένος und φυγάς). Dabei wird *diese Metapher auch im Zusammenhang der Begründung einer - letztlich soteriologisch ausgerichteten - Ethik verwendet.*

Auffällig ist auch, daß das Thema der Fremde vor allem in späterer Zeit, in der Literatur der ausgehenden Republik und der Kaiserzeit, begegnet[78]. Das läßt vermuten, daß es dafür allgemeine Ursachen gibt, zumal in dieser Zeit auch das Thema der philosophischen Abhandlungen erstaunlich häufig um die Frage kreist, wie der Mensch (allein und in sich) den Tod und sein ungewisses Schicksal bewältigen könne. Solches Streben nach einem festen Halt im eigenen Inneren ist wohl die Reaktion auf den Verlust bergender Strukturen und die Unsicherheit der Existenz, die sich im Lebenslauf eines Cicero oder eines Seneca ja auch widerspiegeln (und auch Plutarchs Schrift ist an einen Exilierten adressiert). Diese Erfahrungen massiver Entborgenheit werden dabei mit dem Begriff der Fremde auf den Begriff gebracht und dadurch gewissermaßen religionsphilosophisch verortet.

Auf's Ganze gesehen spielt jedoch der Gedanke der Fremdlingsexistenz des Menschen in der gesamten antiken Literatur nur eine vergleichsweise geringe Rolle; die Fremdlingsschaft ist neben der Vorstellung vom Leib als Kerker, vom Grab etc nur eines der Bilder[79], mit dem vor allem die pythagoreische und platonische Tradition das menschliche Leben beschreibt. Bemerkenswert ist auch, daß selbst dort, wo die Fremde betont wird, es nicht selten das erklärte Ziel ist, von innerer Abhängigkeit von der Welt frei zu werden, um so von einer höheren, logosgemäßen Warte aus wieder ein neues Verhältnis zu dieser Welt zu erlangen, gewissermaßen zum wahren Kosmopoliten befreit zu wer-

---

[78] Dabei ist allerdings zu bedenken, daß die philosophische Literatur seit Aristoteles fast ganz verlorengegangen ist, so daß für diese Zeit keine gesicherten Aussagen gemacht werden können.

[79] Andere Bilder wie etwa das vom Leib als Kerker waren weit gebräuchlicher.

den (vgl Seneca, Marc Aurel). So bleibt selbst hier die Kategorie der Fremde ambivalent; sie drückt eine Nichtzugehörigkeit aus, die nicht selten durch die Schuld bzw den Irrtum des Menschen bedingt ist, der sich gegen seine eigentliche Bestimmung an diese Welt ausliefert und so seine Selbstbestimmung verliert, sich und der Welt fremd wird[80].

Aus alledem dürfte klar geworden sein, daß eine direkte Abhängigkeit des 1 Petr von diesen paganen Vorstellungen nicht wahrscheinlich ist, zumal sich dieses Schreiben, wie noch gezeigt wird, auf den Sprachgebrauch der LXX zurückbezieht. Dennoch ist die Tatsache, daß solche Vorstellungen auch in paganen Traditionen verbreitet sind, als ein mitprägender Faktor zu berücksichtigen, zumal die direktesten Parallelen auffälligerweise aus der Zeit des 1 Petr bzw aus der Zeit kurz davor stammen. Dabei ist es weniger wahrscheinlich, daß der Verfasser des 1 Petr unmittelbar von den vorgestellten paganen Traditionen beeinflußt ist. Naheliegender ist der Weg indirekter Beeinflussung durch das Diasporajudentum, vor allem in der Gestalt Philos. Der übernächste Paragraph wird zeigen, daß Philos Ausführungen zum Thema der Fremde, auch wenn sie durchweg im Kontext der Exegese der Tora gemacht werden, in manchem deutliche Entsprechungen zu der eben skizzierten Tradition aufweisen. Diese Vorstellungen dürften dann auch auf das frühe Christentum eingewirkt haben[81].

---

[80] In anderer Weise bestätigt dies nochmals eine Stelle bei Philodemus, dem führenden Epikureer des ersten vorchristlichen Jahrhunderts. »Fremde im Leben« (τὸν ἀνϑρώπινον βίον παρῳκηκότες) sind für ihn diejenigen, die in diesem kurzen und ungewissen Leben Pläne für lange Zeit machen (Mort 38). Die Pointe ist hier allerdings nicht der Verlust der vernünftigen Selbstbestimmung, sondern das Versäumen des Augenblicks.

[81] Su § 6,2.

§3 παρεπίδημος und πάροικος als theologische Metaphern in der alttestamentlichen Tradition

Neben der griechischen und hellenistischen Philosophie kann auch das Alte Testament Menschen metaphorisch als Fremde bezeichnen. Eine Abhängigkeit von der paganen Tradition ist so gut wie ausgeschlossen, zumal die in Frage kommenden Texte zu einem Großteil deutlich älter sind als die Mehrzahl der paganen Parallelen.

Die entsprechenden hebräischen Begriffe sind גר und תושב, die dort, wo sie als Hendiadyoin gebraucht werden, von der LXX zweimal mit dem in 1 Petr 2,11 verwendeten Begriffspaar πάροικος καὶ παρεπίδημος wiedergegeben werden[1]. Dies weist schon darauf hin, daß der 1 Petr die Anrede seiner Adressaten als παρεπίδημοι (1 Petr 1,1) bzw als πάροικοι καὶ παρεπίδημοι (1 Petr 2,11) der alttestamentlichen Tradition (bzw der Tradition der LXX) entnommen hat[2].

1. Die hebräische Bibel

1.1 Die Fremden in Israel

(1) Wie in der Hinführung bereits erwähnt sind auch im AT zwei Arten von Fremden zu unterscheiden: Die einen, auf die in unserem Zusammenhang nicht weiter eingegangen werden muß, sind diejenigen, die als Aggressoren oder als im kultischen oder sittlichen Sinne Außenstehende[3], bzw als (durchreisende, sich nicht dem Jahwe-Glauben öffnende, in jedem Fall nicht dazugehörige) Ausländer[4], nicht oder nur wenig in die Ordnung des Gottesvolkes inte-

---

[1] Gen 23,4; ψ 38,13 (Ps 39,13). Nur an diesen Stellen findet sich in der LXX der Terminus παρεπίδημος. An der dritten Stelle, in 1 Chr 29,15 wird (parallel zu גר = πάροικος) תושב mit παροικῶν übersetzt, während das sonst für גר fast durchweg übliche προσήλυτος nur einmal in Lev 25,23 parallel zu πάροικος von Israel gebraucht wird. προσήλυτος käme auch – als terminus technicus für den zum Judentum bekehrten Heiden – als christliche Selbstbezeichnung nicht in Frage.

[2] Vgl vor allem Gen 23,4; ψ 38,13 (Ps 39,13). Die Abhängigkeit von der LXX kann kaum bestritten werden, zumal der 1 Petr auch die anderen Epitheta der Gemeinde eindeutig alttestamentlich-jüdischer Tradition entnommen hat (vgl vor allem 2,9f). Der Versuch von ELLIOTT: Home passim, diese Abhängigkeit zu bestreiten, kann in keiner Weise überzeugen. Zur Auseinandersetzung mit ELLIOTT siehe Anhang 2.

[3] Das umschreibt etwa זר (LXX meist ἀλλότριος oder ἀλλογενής) vgl SNIJDERS: זור/זר 556ff.

[4] נכרי (LXX meist ἀλλότριος, auch ξένος) vgl LANG/RINGGREN: Art. נכר 454ff.

griert werden. Bei ihnen, zu denen man kaum Beziehung aufnahm, muß nicht selten die Assoziation »fremdartig, unpassend, feindlich« mitgehört werden[5], auch wenn vor allem am Königshof zeitweise nicht wenige derartige Fremde lebten[6].

(2) Anders verhält es sich mit jenen Fremden, die mit den Begriffen גר und תושב bezeichnet werden, wobei beide Begriffe – wie immer sie sich genau zueinander verhalten[7] – im wesentlichen das Gleiche bezeichnen[8]: Es handelt sich um den *Schutzbürger* oder *Beisassen*[9], der – mit seinen eingeschränkten Rechten und Pflichten – rechtlich zwischen dem Eingeborenen und dem gänzlich Fremden steht[10].

Insgesamt findet sich der Begriff גר im MT 92 mal. Dabei ist bemerkenswert, daß dieser Begriff zwar »schon seit früher Zeit verwendet wird ..., daß er aber erst gegen Ende des Staates Juda ... oder nach dem Exil häufiger auftaucht«[11]. Sehr viel seltener ist תושב, das nur 14mal begegnet[12].

Im Unterschied zum durchreisenden Fremden, dem zwar Gastfreundschaft gebührt, von dem man aber etwa Zinsen nehmen darf (vgl Dtn 23,21), steht der גר unter Gottes besonderem Schutz.

»Wegen ihrer nicht leichten sozialen Stellung gehörten die *gerim* mit den Witwen und Waisen zusammen zu den sogenannten ›personae miserabiles‹, die gerade als solche den besonderen göttlichen Schutz für sich hatten. Das 5. Buch Mose (10,18) nennt Jahwe als den, ›der der Waise und der Witwe Recht schafft und den Fremdling liebhat, so dass er ihm Brot und Kleidung gibt‹. Schon alte Rechtssätze warnen davor, einen Fremdling zu bedrücken (2 Mose 22,20; 23,9). Was hier als Warnung erscheint, gewinnt später die Gestalt des Gebotes: ›du sollst ihn (den *ger*) lieben wie dich selbst‹ (3 Mose

---

5 Vgl Schmidt: Stellung 277.

6 Vgl Stamm: Fremde 51–53.

7 Die genaue Bedeutung und Abgrenzung beider termini scheint bis heute umstritten zu sein vgl Schmidt: Stellung 279.

8 Es besteht weitgehend Einigkeit darüber, daß zwischen beiden kein großer Unterschied besteht; vgl Martin-Achard: גור 410: »Neben dem *ger* erscheint häufig der *toshab* ›Beisasse‹ ..., von dem besonders in nachexilischen priesterschriftlichen Texten die Rede ist ... Dessen soziale Stellung ist vergleichbar, wenn nicht identisch mit derjenigen des *ger*.« Für die Bedeutung der Termini in späterer Zeit vgl. Schürer: History 3,169ff.

9 Die Ursachen dafür, daß Menschen zu גרים werden, sind vor allem Hunger, Krieg, Blutschuld und individuelle Not (vgl Kellermann: גור 984; Crüsemann: Fremdenliebe 15–17).

10 Dabei verschiebt sich die Bedeutung von גר hin zum Proselyten, wie auch die Übersetzung des Wortes in der LXX deutlich zeigt, die גר mit πάροικος oder προσήλυτος wiedergibt, während sie תושב nur mit πάροικος (bzw παρεπίδημος) übersetzt; vgl Kellermann: גור 983f: »Während in der Frühzeit Israels der גר seiner Rechtsposition nach dem Metöken Griechenlands vergleichbar ist, wobei, z.T. durch bestimmte historische Ereignisse bedingt, mit גר der unter Israel lebende Kanaanäer oder der Flüchtling aus dem besiegten Nordreich bezeichnet wird, entwickelt sich der Begriff immer mehr – unter dem Vorzeichen der religiösen Integration – hin zum Proselyten, d.h. zum Nichtisraeliten, der dem Jahweglauben anhängt«.

11 Martin-Achard: גור 410.

12 Davon finden sich allein sieben Belege in Lev 25. Insgesamt viermal steht תושב parallel zu גר.

19,34, vgl 5 Mose 10,19). Die schon früh verlangte Rücksichtnahme auf den *ger* verstärkte sich im 5. Buch Mose und in weiteren gesetzlichen Ordnungen«[13].

Der גר ist also ursprünglich ganz durch seinen untergeordneten rechtlichen und sozialen Status bestimmt; dieser ändert sich jedoch dadurch, daß sich zunehmend eine religiöse Haltung zu dem Fremden durchsetzte[14], die auch für seine soziale und rechtliche Stellung einen immer stärkeren Schutz durch die göttlichen Gebote nach sich zog[15]. Im Gegenzug wurde vom גר dann allerdings auch zunehmend[16] verlangt, an dem religiösen Leben Israels teilzunehmen und sich seinen Geboten zu unterwerfen. Wie der Israelit darf der גר etwa kein Blut trinken (Lev 17,10), soll am Sühnefasten teilnehmen (Lev 16,29), die Sabbatruhe halten (Ex 20,10; 23,12; Dtn 5,14). Wie der Israelit verunreinigt sich der Fremdling an Totem und muß sich an die Reinheitsvorschriften halten (Num 19,10ff; Lev 17,15f). Er kann Opfer darbringen wie ein Israelit (Num 15,14f) und wird durch die Sühneriten gereinigt (Num 15,26). Umgekehrt wird auch der גר mit dem Tode bestraft, wenn er fremden Göttern Opfer darbringt (Lev 17,8f). Ja, der גר soll nach dem Deuteronomium mit den Israeliten das ganze Gottesgesetz hören und es halten (Dtn 31,12), er wird sogar einbezogen in Gottes Bund[17]. Durch diese Rechte und Pflichten aber wird der גר »immer mehr zum Glied der israelitischen Rechts- und Kultusgemeinde«[18].

Mit diesem Schutz des Fremden steht Israel in seiner Umwelt nicht allein[19]; doch hat dieser Schutz, der im Gebot der Feindesliebe gipfelt[20], im Alten Testament eine »grundlegendere Bedeutung«[21], die dadurch bedingt ist, daß Israel als Volk sich seiner eigenen Fremde in Ägypten erinnert (bzw von Gott immer wieder daran erinnert wird). Diese Erinnerung an die eigene Fremdlingsschaft verbietet es, den Fremden nur von außen zu sehen und ihn dadurch auszugrenzen. Die eigene Geschichte verlangte von den Israeliten auch eine – zumindest bedingte – Identifikation mit den in ihrer Mitte lebenden Fremden. Dies kann so weit gehen, daß sich das Volk bzw der einzelne Gläubige (nicht zuletzt aufgrund erneuter Fremdheitserfahrungen) selbst im eigenen Lande als Fremdling verstehen kann.

---

13 STAMM: Fremde 53f vgl KELLERMANN: גור 983ff. Einen Überblick über die rechtliche Stellung der *gerim* gibt AMUSIN: Gerim.

14 Vgl dazu die Darlegungen von KUHN: προσήλυτος 729f.

15 Vgl BOECKER: Recht 159.178.

16 Unterschiede, ja Gegensätze zwischen einzelnen Geboten (vgl Lev 17,15f mit Dtn 14,21) zeigen, daß die Fremdengesetzgebung nicht immer gleich war.

17 Dtn 29,10f vgl FASCHER: Fremder 313.

18 STAMM: Fremde 54; vgl KELLERMANN: גור 988; SPINA: Israelites 323. Wenn STAMM dies allerdings dahingehend ausführt, daß sich der גר nun »kaum mehr vom Proselyten des hellenistischen Judentums unterschied« (Fremde 54), so argumentiert er falsch: Die LXX übernimmt hier eine Entwicklung, die sich schon im Masoretischen Text zeigt, nicht umgekehrt.

19 Dies hat STAMM: Fremde passim gezeigt.

20 Lev 19,33f begründet dies mit Israels Vergangenheit in Ägypten, Dtn 10,18f mit Gottes Liebe zum Fremden.

21 STAMM: Fremde 58.

1.2 Erzväter, Ägypten, Babylon – Israels eigene Fremdlingsexistenz und deren Deutung

(1) Die beiden Begriffe גר und תושב können, wie gesagt, auch auf das Volk bzw auf einzelne Glaubende bezogen werden. Am markantesten ist das Fremdsein der *Erzväter* betont. Die Heilsgeschichte beginnt ja damit, daß Abraham von Gott »aus seinem Vaterland und aus seiner Verwandtschaft und aus seines Vaters Haus« herausgerufen wird (Gen 12,1). Und wie er selbst – durch den Gehorsam gegenüber Gottes Befehl und das Vertrauen auf seine Verheißung! – zum Fremden wird, so sind auch seine Nachkommen Fremde gewesen in dem ihnen verheißenen Land[22]. Der Verweis auf das Fremdsein der Väter begegnet in ganz verschiedenen Schriften[23]. Dahinter steckt wohl auch historische Erinnerung[24] – der Anlaß zu solcher Erinnerung aber ist in den geschichtlichen Erfahrungen Israels zu suchen.

(2) Da ist zuerst die Erinnerung an *Israels*[25] *Fremdlingsschaft in Ägypten*[26] zu nennen. Die Herausführung aus dem »Sklavenhaus« Ägypten ist nach dem Zeugnis des Alten Testaments der Anfang der Existenz »Israels«, die Erinnerung an Gottes Rettungshandeln wurde zum Grundbekenntnis des Gottesvolkes, mit dem auch alle Gebote begründet werden: »Ich bin der Herr dein Gott, der dich aus Ägyptenland, aus der Knechtschaft geführt hat«[27]. Die allgemeine Rede von der Knechtschaft in Ägypten wird – vor allem bei den Geboten zum Schutz der Fremden – dahingehend konkretisiert, daß auch Israel dort in der Fremde leben mußte: »Wenn ein Fremdling bei euch wohnt in eurem Lande, den sollt ihr nicht bedrücken. Er soll bei euch wohnen wie ein Einheimischer unter euch, und du sollst ihn lieben wie dich selbst; *denn ihr seid Fremdlinge gewesen* in Ägyptenland. Ich bin der Herr, euer Gott«[28] (Hervorhebung von

---

[22] Vgl Gen 12,10; 17,8; 19,9; 20,1;21,23.34; 23,4; 26,3; 28,4;32,5; 35,27; 36,7; 37,1; 47,4; Ex 6,4; Ps 105,12 uö.

[23] So 1 Chr 29,15; Ps 39,13; 105,12; vgl auch Dtn 26,5.

[24] Das vertritt etwa nachdrücklich SPINA: Israelites 322f. SPINAS Versuch, die Fremde vor allem als soziale und politische Gegenbewegung zu interpretieren, mutet im Blick auf die Texte gewaltsam an. Hinzu kommt eine fehlerhafte Auswertung der Quellen – so, wenn er etwa mehrmals (322.329) behauptet, daß das babylonische Exil nur ein einziges Mal als Fremde bezeichnet worden sei.

[25] Wie immer diese Größe »Israel« historisch in Ägypten zu bestimmen ist – das spätere Volk hat sich mit der dortigen Geschichte identifiziert.

[26] So heißt es schon in der Verheißung an Abraham in der Vorschau auf Ägypten: Gen 15,13: καὶ ἐρρέθη πρὸς Αβραμ Γινώσκων γνώσῳ ὅτι πάροικον (גר) ἔσται τὸ σπέρμα σου ἐν γῇ οὐκ ἰδίᾳ. Im Geschick des Mose spiegelt sich die Fremdheit nochmals: Er muß selbst aus dieser ›Fremde‹ noch einmal in ein fremdes Land fliehen, um von dort dann zur Befreiung seines Volkes gesandt zu werden. So nennt er seinen Sohn Gerson, »denn ein Fremder bin ich im fremden Land« (Ex 2,22; 18,3). Und in Dtn 26,5 wird ebenfalls die Zeit in Ägypten unter den Begriff der Fremde gestellt.

[27] Ex 20,2 vgl Lev 25,55; Dtn 5,6; 16,12.

[28] Lev 19,33f vgl Ex 22,20; 23,9; Lev 19,34; Dtn 10,19; Dtn 23,8. Diese Verweise finden sich also ebenso im Bundesbuch wie im Heiligkeitsgesetz und im Deuteronomium.

mir). *Die eigene Fremdlingsvergangenheit bleibt also in gewisser Weise immer präsent,* gerade in der Erinnerung daran, daß die Herausführung aus diesem Zustand der Abhängigkeit und das Leben im eigenen Land sich der Tat Gottes verdanken[29]. Mit anderen Worten: Israel weiß darum, daß es sich in seiner Existenz als Volk nicht sich selbst verdankt, daß es nicht autochthon ist. Dabei können durchaus gewisse Ereignisse diese Rückbesinnung befördert haben: So scheint etwa der Flüchtlingsstrom aus dem Norden nach der Eroberung durch die Assyrer (722) im besonderen der Anlaß für solche Erinnerungen und Ermahnungen gewesen zu sein[30].

(3) Wenngleich die deutliche Mehrzahl der Belege Israel vor seiner Besiedlung Kanaans als גרים bezeichnet, so kann doch wiederum das *babylonische Exil* (unter anderem[31]) auch als μετοικεσία (7mal) sowie als παροικία[32] bezeichnet werden. Dieses Exil war also erneut ein Anlaß, sich mit dem Thema der Fremde auch im Blick auf die eigene Existenz auseinanderzusetzen. Das gilt zum einen im Blick auf das Verhältnis zu den Fremden. Wie gesehen kann im Deuteronomium und in der Priesterschrift das Verhältnis zu den Fremden ganz im Lichte der (neuentdeckten) eigenen Fremdheit betrachtet und begründet werden. Zugleich aber, und das war die vordringlichere Aufgabe, mußten das eigene Fremdsein und dessen Folgen mit dem eigenen Selbstverständnis vermittelt werden, wenn man daran nicht selbst zerbrechen wollte. Denn zerbrochen war das, was bisher die nationale und religiöse Einheit garantierte. »Das Babylonische Exil wird vom Alten Testament verstanden als das radikale Ende aller früheren Formen und Gestalten, in denen sich das Leben Israels abspielte«[33]. Die zuhöchst gefährdete Identität[34] verlangt nach Vergewisserung und im Zusammenhang damit auch nach einer erneuten Vergegenwärtigung der Tradition. Dabei nun spielten die *Erzvätergeschichten* eine entscheidende Rolle[35]. Auf das Fremdsein der Erzväter rekurriert die priesterschriftliche Theologie, indem sie Abraham (Gen 17,8; 23,4), Jakob (Gen 28,4), Isaak (Gen 35,27; 37,1), Jakob und Esau (Gen 36,7) sowie die Patriarchen insgesamt (Ex 6,4) als גרים bezeichnet, wobei diese Fremdlingsexistenz mehrmals explizit mit der Landverheißung ver-

---

29 Vgl das betonte »Denn du sollst davon denken, daß du Knecht in Ägypten gewesen bist und Jahwe, dein Gott, dich von dort erlöst hat« in Dtn 24,18. Auch Paulus beginnt Apg 13,16ff seine Rede in der Synagoge mit der Erinnerung daran, daß »der Gott dieses Volkes Israel unsere Väter erwählt hat und das Volk in der Fremde in Ägypten (ἐν τῇ παροικίᾳ ἐν γῇ Αἰγύπτου) erhöht hat«.

30 SCHREINER: Fremde 136f; ähnlich KELLERMANN: גור 985f; GÖRG: Fremdsein 204.

31 Andere Begriffe sind αἰχμαλωσία (21mal); ἀποικία (19mal); ἀποικησία (7mal); ἀποικισμός (2mal).

32 1 Esr 5,7; 2 Esr 8,35 vgl 2 Esr 1,4.

33 MOSIS: Exil 59.

34 Vgl die Hoffnungslosigkeit, die sich etwa im Bild von den Totengebeinen Ez 37 spiegelt und die daraus resultierenden Assimilationswünsche (Ez 20,32).

35 Daneben ist es vor allem die Exodustradition, die »zum Ursymbol der Heimkehr« wurde (TALMON: »Exil« 37).

bunden wird (Gen 17,8; 28,4; Ex 6,4). Die Priesterschrift stellt also programmatisch »die Zeit der Väter unter den Begriff der ›Fremdlingsschaft‹«[36], um so in ihrer Situation[37] *die bedrückende Zeit der Fremde eben auch als Leben unter Gottes Verheißung* verstehbar zu machen – ein Zusammenhang, der auch im NT wieder aufgenommen wird[38]. In die gleiche Richtung geht auch das sog. »kleine geschichtliche Credo« (Dtn 26,5ff), was besonders interessant ist, wenn es sich dabei, wie heute zumeist angenommen wird, um einen deuteronomistischen Text handelt[39], also ebenfalls um ein Zeugnis aus dieser späteren Zeit. Möglicherweise steht hinter dieser Betonung der Fremde bei den Erzvätern zugleich eine kritische Rückbesinnung auf die eigenen Ursprünge und die Lebensweisen der Vergangenheit, in der Israel sich bildete, und daraus resultierend eine Abgrenzung gegen ein sich an den Standards der Umgebung orientierendes Selbstverständnis[40], wie dies dann deutlich bei »radikalen« Gruppen der Fall ist.

Die Erzväter werden so gewissermaßen zum Gleichnis gläubiger Existenz[41], der auch und gerade in der ›Fremde‹ Gottes Verheißungen gelten. »Die ›Väter‹ versinnbildlichen demnach unter der ihnen zugewiesenen Modalität ihres Aufenthaltes die Trägerschaft von Zukunftsperspektiven, womit das *Ger*–sein auch zum Vorzeichen des Kommenden wird. Mit dem Blick auf die ›Väter‹ kann Israel seine absolute Verwiesenheit auf den Existenz gewährenden Gott ins Bewußtsein rufen: ›Ein umherziehender Aramäer war mein Vater ...‹(Dtn 26,5)«[42]. So bieten sie sowohl für das Volk wie für den einzelnen Gläubigen eine Möglichkeit der Identifikation und damit der eigenen Identitätsge-

---

36 SCHREINER: Fremde 140. Nach SCHREINER unterscheidet sich P damit deutlich etwa von den früheren Erzählschichten:»Ein Zeichen dafür, daß die Patriarchen sich als Fremdlinge empfunden hätten oder daß ihr Aufenthalt in Kanaan ihnen problematisch erschienen wäre, ist in dieser alten Erzählschicht (J) nicht zu erkennen« (ebd 135). Diese Formulierung ist allerdings insofern etwas unscharf, als auch in den alten Pentateuchquellen die Erzväter als גרים bezeichnet werden (vgl KELLERMANN: גור 986).

37 KAISER: Einleitung 93ff datiert P in das 5.Jh und erwägt auch eine Entstehung in der babylonischen Diaspora.

38 Vor allem in Hebr 11; dazu su §5,3.

39 Eine Zusammenfassung der Diskussion findet sich bei PREUSS: Deuteronomium 145f.

40 Vgl GÖRG: Fremdsein 211:»Im *Ger*-sein vor allem Abrahams, Isaaks und Jakobs dürfte demnach auch ein Kontrastbild zur etablierten Nationalität zum Vorschein kommen, eine Alternative zur Statussymbolik des zentralistisch geführten Systems, des selbstbewußten Herrscherhauses. In den ›Vätern‹ ereignet sich das ›andere‹ Israel, dessen Flexibilität unter der beweglichen und bewegenden Fürsorge Jahwes ein Garant seines Überlebens ist. Neben den Erzählungen zur Urgeschichte und zur Volkwerdung Israels (Exodus) wird darum auch der Komplex der Vätertraditionen in den Schichten mit je eigener Akzentsetzung zu einem Spiegelbild, das Israel sich selbst vorhält, um sein Fremdsein in der Gegenwart je neu zu entdekken«.

41 VAN SETERS hat gezeigt, daß die Abrahamserzählungen, gerade auch was die Schilderung von Abrahams Fremde betrifft, aus einer weit späteren Perspektive verfaßt sind (Abraham 16f).

42 GÖRG: Fremdsein 211.

winnung[43]. Es spricht einiges dafür, daß dies wohl auch den metaphorischen Gebrauch beider Begriffe vorbereitet hat[44], zumal sich an zwei zentralen Stellen explizit der Verweis auf die Väter findet (1 Chr 29,15; Ps 39,13 vgl auch Dtn 26,5).

1.3 ›Fremdling‹ als metaphorische Selbstbezeichnung des Volkes bzw einzelner Frommer.

Ob diese Neuerzählung der Vätergeschichten nur beabsichtigte, die Israeliten der Treue Gottes zu seinen Zusagen zu versichern und so in ihrer Hoffnung auf Rückkehr zu vergewissern[45], oder ob in diesen Texten die Fremdlingsschaft auch an sich selbst als etwas Positives gesehen wurde, kann hier nicht entschieden werden. In jedem Fall fällt auf, daß *nach der Rückkehr aus dem Exil diese Kategorie – auf den einzelnen Frommen oder auf ganz Israel bezogen – in übertragener Bedeutung wiederkehrt, und zwar als Bezeichnung eines Grundzustandes der Existenz vor Gott.* Auch das hat *seinen Grund wohl in der nachexilischen Situation:* »Man kehrt nach 538 teilweise zurück ins alte Land, aber diese Rückkehr ist eine Rückkehr in eine Diaspora, ist eine Rückkehr in eine neue Fremde«[46]. Die bergende Einheit von natürlicher Volksgemeinschaft und Glaubensgemeinschaft war nicht mehr ohne weiteres gegeben[47], der zweite Tempel, dem die Bundeslade fehlt, vermochte den ersten nicht restlos zu ersetzen[48], das Land ist nach dem Verlust der Eigenstaatlichkeit weit mehr noch ein Spielball fremder Mächte und ist ihrem Einfluß unterworfen[49]. Zwar beanspruchen gera-

---

43 Bei P zeigt es sich auch daran, daß die Landverheißung gegenüber der Mehrungsverheißung zurücktritt, vgl WESTERMANN 316: »Israel lebt allein vom Wirken seines Gottes; in seinem Geschichtswirken aber ist die Gabe des Landes und die Vertreibung aus dem Land möglich ... Unbedingt lebenswichtig ist allein, daß Gott an seinem Volk – auch dem aus seinem Land vertriebenen Volk – festhält ... So hat P ... zur Gegenwart seines Volkes gesprochen«. In diesen Zusammenhang gehört nach WESTERMANN auch das bei P betonte Fremdsein Abrahams: »Es ist damit nicht nur der Kontrast zwischen der Zeit gemeint, in der Abraham als Fremdling in Kannan wanderte, und der Zeit, in der Israel in diesem Land wohnte, in dem ihnen verheißenen und verliehenen Land, sondern P spricht damit zugleich in die Gegenwart seiner Generation, um sie daran zu erinnern, daß Fremdlingsschaft immer eine offene Möglichkeit für Israel bleibt« (ebd 316f).
44 Dafür spricht vor allem 1 Chr 29,15; Ps 39,13; vgl damit etwa die Vorstellung Abrahams in Gen 23,4!
45 So SCHREINER: Fremde 140.
46 MOSIS: Exil 65f.
47 Vgl MOSIS: Exil 67ff. Zu den verschiedenen Konzeptionen, die aus diesem Auseinandertreten folgten vgl HAUSMANN: Rest 237ff. HAUSMANN zeigt allerdings auch, daß man in den nachexilischen Konzeptionen vom »Rest« nicht einfach zwischen Nation und Kultgemeinde trennen kann, da beides immer zusammengehört. Allerdings verlagern sich in der nachexilischen Situation die Akzente (ebd 246).
48 Dieses Bewußtsein blieb im Judentum bis in späte Zeit lebendig vgl s Bar 68,5f.
49 MOSIS: Exil 64f spricht davon, daß nun »die wiedererlangte einstige Heimat selbst als eine Art Diaspora« erlebt wurde. »Judäa ist hoffnungslos und nicht nur in staatsrechtlichem

de die Rückkehrer, die wahren Bewohner Judäas zu sein – aber ein Text wie Neh 9,36f belegt das Gefühl, im eigenen Land nicht mehr bzw noch nicht wieder zu Hause zu sein. »Das babylonische Exil führt also dazu, daß das nachexilische Israel als Minderheit, und oft als geringgeschätzte und benachteiligte Minderheit lebt, und dies in Judäa und außerhalb, und daß es sich selbst als Diasporavolk versteht«[50]. Typisch hierfür sind Klagen wie Ps 73[51], in denen der einzelne Fromme von einer Umgebung angefochten wird, die nach Gott nicht mehr fragt. Das Erstaunliche ist, daß Israel an diesen negativen Erfahrungen nicht zerbrach, sondern *diese Fremdheitserfahrung theologisch zu deuten und so in sein Selbstverständnis und Gottesverhältnis zu integrieren vermochte.* Zum Ausdruck kommt dies unter anderem in der Selbstbezeichnung als »Fremdlinge und Beisassen«, die nun übertragen auch auf die Israeliten im Lande bezogen wird.

In *Lev 25,23,* im Zusammenhang der Bestimmungen über das Jobeljahr (Lev 25,8–55)[52], findet sich das Verbot, das Land zu verkaufen. Dieses wird von Gott mit den Worten begründet: »Denn das Land ist mein, und ihr seid Fremdlinge und Beisassen bei mir«. Betont wird, daß die Israeliten – im Gegensatz zum Selbstverständnis ihrer Umgebung – nicht autochthon sind[53], daß es (wie ja in all den Bestimmungen zum Jobeljahr deutlich wird) keine Landnahme, sondern nur Landgabe gibt[54]. Und über dieses Land als Gottes Gabe kann nicht beliebig verfügt werden. Gerade im Land als ihrer Lebensgrundlage sind sie ab-

---

Sinn ›Provinz‹, zunächst vielleicht nicht einmal als Provinz selbständig, sondern Teil einer anderen Provinz des persischen Weltreichs. Das bleibt sich im wesentlichen gleich, als die Perser durch die Griechen, durch Alexander den Großen und die Ptolemäer und Seleukiden abgelöst wurden, und das bleibt so unter den Römern, die von etwa 200 v.Chr. an dieses Gebiet immer mehr in ihre Gewalt bringen, bis dann der Zerstörung des zweiten Tempels und die Niederschlagung des ersten und zweiten jüdischen Aufstands den Juden in Palästina jede staatliche Selbständigkeit nehmen«. Diese Gesamtdarstellung ist sicher zu schematisch – die Zeit der Makkabäer und die Hasmonäerzeit waren nicht nur Zeiten relativer Selbständigkeit, sondern auch einer relativ großen Expansion und Ausdehnung. Besonders die Frühzeit der Makkabäer wurde als Befreiung erfahren, in der sich das jüdische Volk gegen allzu massive Überfremdungen erfolgreich zur Wehr setzen konnte. Dennoch vollzog sich auch hier die Geschichte im Schatten der Großmächte, und es war nur eine Frage der Zeit, bis Israel wieder ganz abhängig wurde. Insofern ist MOSIS – mit Einschränkungen – zuzustimmen.

[50] MOSIS: Exil 66; vgl THOMA: Exilserfahrungen 81: »Schon in frühjüdischer ... Zeit war es im Judentum eine Selbstverständlichkeit, daß man auch in der Heimat exiliert, verbannt sein konnte: wenn man in Not und Isolierung war oder wenn man unter Verfolgung und Krieg zu leiden hatte. Man wird der hebräisch-jüdischen Denk- und Ausdrucksweise nicht gerecht, wenn man von bloßer allegorischer Verwendung des Exilsbegriffs spricht, wenn dieser z.B. im Zusammenhang mit der seleukidischen Verfolgung (ca. 170–ca.160 v.Chr.) auftaucht«.

[51] Zur Datierung vgl KRAUS 667: »Der Psalm ist in verhältnismäßig späte Zeit anzusetzen«.

[52] Bei diesem jeweils siebten Sabbatjahr (dh jedes 49.Jahr) geht es um die Wiederherstellung der ursprünglichen Besitzverhältnisse durch Jahwe als den eigentlichen Herrn des Landes vgl NOTH 161ff.

[53] Vgl VON RAD: Theologie I,38f.

[54] Vgl VEERKAMP: Ökonomie 14.

hängig von dem Gott, der es geben und nehmen und wiedergeben kann. Bei der Begründung dieses für das AT zentralen[55] Grundsatzes »und ihr seid Fremdlinge und Beisassen bei mir« dürfte es sich vermutlich um einen aus der Exilszeit stammenden Zusatz[56] handeln, der dies nun auch im Blick auf den Status der Adressaten auf den Begriff bringt. Dies aber ist nicht nur als Beschränkung der Verfügungsgewalt zu verstehen. Die alleinige Abhängigkeit von Gott, der nimmt und gibt, befreit auch von der Fixierung auf das Land als alleinige Existenzgrundlage und macht gerade so offen für ein Selbstverständnis, das sich nicht nur vom Landbesitz abhängig macht[57].

Markanter noch ist diese Feststellung der Fremdlingsschaft im Zusammenhang des großen[58] Dankgebetes Davids für die Spenden zum Tempelbau *1 Chr 29,10ff* – also in spätpersischer bzw. frühhellenistischer Zeit[59]. Dieser Tempelbau scheint ja nach dem Prozeß der Landnahme und der im Königtum deutlich zutage tretenden Akkulturation des Volkes an seine kanaanäische Mitwelt nun auch die Seßhaftwerdung seines Gottes zu besiegeln. Gerade hier aber betont das Gebet, daß es sich bei diesem Tempelbau und seinen Voraussetzungen letztlich nicht um Israels eigene Leistung handelt, sondern um Gottes Gabe. Begründet wird dies damit, daß sich Israel vor Jahwe im Status von גרים und תושבים befindet. »Denn was bin ich?« – so David in diesem Gebet 1 Chr 29,14ff – »Was ist mein Volk, daß wir freiwillig so viel zu geben vermochten? Von dir ist alles gekommen, von deiner Hand haben wir dir's gegeben. *Denn (כי) wir sind Fremdlinge und Gäste vor dir wie unsere Väter alle.* Unser Leben auf Erden ist wie ein Schatten und es gibt keine Sicherheit[60]« (Hervorhebung von mir). Hier wird nochmals ganz deutlich gemacht, daß Israel (auch angesichts seiner Endlichkeit und Begrenztheit) nichts aus sich selbst ist, sondern alles der Zuwendung seines Gottes verdankt – eine Aussage, die möglicherweise auch mit den Erfahrungen der hinter der Chronik stehenden Kreise zu tun hat, daß Gott sich auch von seinem Tempel und seinem Volk abwenden kann[61], daß also der Bau des Gotteshauses weder Israels Existenz garantiert noch die

---

[55] Nach BOECKER: Recht 77 könnte man Lev 25,23 »die Magna Charta des alttestamentlichen Bodenrechts nennen«.

[56] NOTH 165 hält V 23b für eine wahrscheinlich zusätzliche Erklärung; für die ganzen Bestimmungen nimmt er an, daß diese (als Überarbeitung älterer Ordnungen) in der Exilszeit ihre jetzige Gestalt erhielten (ebd 162).

[57] Dies würde auch gut zu der von NOTH vermuteten exilischen Herkunft dieses Zusatzes passen. Diese Überzeugung macht die erstaunliche Tatsache etwas verständlicher, daß Israel nicht mit dem Zerbrechen seiner Eigenstaatlichkeit und der Exilierung vor allem seiner Oberschicht unterging.

[58] Für das chronistische Geschichtswerk ist diese Vorbereitung für den Tempelbau der Höhepunkt der Regierung Davids, vgl WILLIAMSON 185.

[59] GALLING datierte die Entstehung der Chronik auf den »Ausgang des 3.Jahrhunderts« (GALLING 17). Neuerdings wird die Chronik wieder etwas früher datiert, vgl WILLIAMSON 16: »A dating within the Persian period is much more likely«.

[60] Zur Übersetzung von מקוה vgl KÖHLER/BAUMGARTNER: Lexikon 592.

[61] Vgl Ez 11,22–25, wo berichtet wird, wie Gott selbst Jerusalem und den Tempel verläßt und in die Fremde geht.

Unverfügbarkeit Gottes aufhebt. Zugleich aber wird die Fremdheitsaussage un-mittelbar verbunden mit der Einsicht in die Begrenztheit, Hinfälligkeit und Ver-gänglichkeit der menschlichen Existenz – eine Einsicht, die wohl weisheitlich ist und die die spätere Verbindung der alttestamentlichen Aussagen zur Fremde mit denen der paganen Tradition in gewisser Weise vorbereitet, vielleicht sogar erst ermöglicht.

Das Entscheidende an diesem Gebet ist, daß die Fremde als *Fremde »vor dir«* formuliert wird, und das heißt vor dem Gott, der ein über alles erhabener Herrscher ist und in dessen Hand allein es steht, jemanden groß zu machen (1 Chr 29,11f). So wird die eigene ›Fremde‹, das Nicht-Verfügen über das eigene Leben und dessen Grundlagen eingebunden in das Verhältnis des abhängigen Menschen zu dem Herrn der Welt[62]. *Die Fremdheitserfahrung wird so in das Gottesverhältnis integriert* und dadurch ergänzt durch ihre Kehrseite, die An-gewiesenheit auf Gott. Damit wird die Fremdlingsschaft in ihrer Negativität re-lativiert, ja sogar *zu einem bedingt positiven Wert*. So ist es in diesem Text mög-lich, die an sich ganz negative Fremde positiv als ›schlechthinnige Abhängig-keit‹ von Gott zu fassen. Dieser Aspekt der gemeinsamen Abhängigkeit von der göttlichen Macht verbindet dann auch Epochen, die im Blick auf menschli-che Macht grundverschieden sind – wie hier die Zeit Davids und die des chroni-stischen Geschichtswerks[63]. Durch die Aufnahme der Fremdlingsmetapher wird also der sicher auch zur Zeit der Chronik schmerzhaft empfundene Unter-schied zwischen der Größe des davidischen Reiches und der Bedeutungslosig-keit der persischen bzw. frühhellenistischen Provinz coram deo relativiert.

Der Gedanke der Fremdlingsschaft Israels in dieser übertragenen Form wird dann auch *in den Gebeten der Psalmen* aufgenommen. In *Ps 39,13*[64] begrün-det die Fremdlingsschaft die Bitte um Gottes Zuwendung: »Höre mein Gebet, Herr, und vernimm mein Schreien, schweige nicht zu meinen Tränen; *denn ein Beisasse bin ich bei dir, ein Fremdling wie alle meine Väter«* (Hervorhebung

---

[62] Dieser Transzendenz Gottes entspricht die Ausweitung der Aussage in V 15b zu einer Bestimmung über die menschliche Existenz überhaupt, ohne daß diese allerdings gelöst wür-de von dem Gegenüber zu dem persönlichen Gott.

[63] Vgl WILLIAMSON 185: »The thought of the prayer, too, is transparent, and indeed it is one of its great strengths. Its main themes stand out clearly and, as is appropriate at this point in the composition, draw together ideas which have been developed more fully elsewhere, and whose relevance to the Chronicler's own readers has already been noticed. Whereas they might well have despaired of ever seeing a return to such days as David's, it is made clear to them that theologically speaking their situation has much in common with his, both because they worship the same God, in whose hands remain *power* and *the kingdom* (Vv.11–12) and because the nature of man as a *stranger* and *sojourner ... on the earth* (V.15) is not altered even by the wealth and security which had been granted to David« (Hervorhebung von mir). Diese Aussage von WILLIAMSON ist allerdings dahingehend zu präzisieren, daß in diesem Text trotz seiner weisheitlichen Tendenz nicht einfach allgemein von der Natur des Menschen gesprochen wird, sondern von denen, die zu Gottes Volk gehören, und der Text sagt auch nicht explizit, daß die Menschen Fremde *auf Erden* seien.

[64] Nach KRAUS 453 gibt es zwar keine festen Anhaltspunkte für die Datierung des Psalms; die weisheitlichen Traditionen deuten jedoch auf eine relativ späte Entstehungszeit hin.

von mir). Der Nachsatz[65] »Laß ab von mir, daß ich mich erquicke, ehe ich dahinfahre und nicht mehr bin« zeigt wie in 1 Chron den engen Zusammenhang von Fremde und menschlicher Nichtigkeit und Vergänglichkeit – auch dies wohl typisch für den Einfluß später Weisheit[66]. Dabei treten in diesem Psalm die negativen Konnotationen dieser Selbstbezeichnung am deutlichsten zutage – dennoch aber kann dies vor Gott als Begründung der Bitte zur Sprache gebracht werden: So wie die Fremdlinge – zusammen mit den Witwen und Waisen – als besonders schutzbedürftig gelten und deshalb auch immer wieder als unter Gottes besonderem Schutz stehend[67] beschrieben (und so den Israeliten anempfohlen) werden, so begründet nun die eigene elende Situation die Bitte dergestalt, daß Gott nun gewissermaßen in die Pflicht genommen wird.

Auffällig sind die Übereinstimmungen zwischen den Formulierungen in 1 Chr 29,15 und Ps 39,13. Der jeweils mit כי eingeleitete Begründungssatz betont unter Verweis auf die Väter mit einem Hendiadyoin die eigene Fremdlingsexistenz. Formelhaft wird hier eine Grundbefindlichkeit der Glaubenden vor ihrem Gott mit der Kategorie der Fremde auf den Begriff gebracht, und zwar durch eine Identifikation mit den Vätern. Dadurch können die Beter sich in eine Geschichte hineinstellen, die ebenso vom Fremdsein wie von Gottes Hilfe in dieser Fremde geprägt war.

Zum ersten Mal bezieht in Ps 39 ein einzelner das Prädikat der Fremde auf sich, allerdings ausdrücklich als Teil eines größeren Ganzen (»wie meine Väter alle«). Noch weiter geht der wohl ebenfalls relativ späte *Ps 119*[68], in dem sich das Ich[69] des Beters (Ps 119,19 vgl V 54) als ein Fremder auf der Erde bzw im Land[70] bezeichnet[71]. »Ein Fremder bin ich im Lande« – damit begründet dort (V 19) der Psalmist seine Bitte um Gottes gute Nähe in seinem Gesetz, und V 54 preist Gottes Gebote als bergende Macht: »Deine Gebote sind mein Lied im Hause, in dem ich Fremdling bin«. Erstmals ist es hier explizit nicht mehr das Haus, die Sippe oder das Land, das Heimat gewährt oder gewähren soll (letzte-

---

65 Zur Spannung zwischen der Bitte um Gebetserhörung und Nicht-Schweigen Gottes in V 13 und der um Gottes Abwendung in V 14 vgl Kraus 455. Beidesmal aber begründet das Elend des Beters die Bitte.

66 Vgl Kraus 453.

67 Zahlreich sind die Schutzbestimmungen bezüglich des Fremdlings, dessen Gleichstellung vor Gott betont wird (vgl Num 15,15; Ez 47,22f). Ausdrücklich wird mehrmals im Zusammenhang der Aussagen über Gott von ihm gesagt, daß er den Fremdling liebt und behütet (vgl Dtn 10,18; ψ 145,9 [Ps 146,9]).

68 Nach Kraus 1000 ist die Entstehung des Psalms in dem Zeitraum zwischen der Veröffentlichung des Deuteronomiums und Jesus Sirach anzusetzen.

69 Hier bezeichnet sich zweimal ein Einzelner als Fremder. Allerdings ist auch dieses »Ich« des Beters hier wohl als ein inklusives Ich zu verstehen, das die Gemeinschaft aller Gesetzestreuen einschließt (vgl den Auftakt des Psalms Vv 1–4).

70 Umstritten ist, wie ארץ hier zu übersetzen ist. Zwar bezeichnet ארץ im AT zumeist ein bestimmtes Land, so daß hier wohl Israel gemeint wäre; es gibt aber auch gute Günde, hier allgemein mit Erde zu übersetzen (vgl Deissler: Psalm 119,111f).

71 Nach Kraus 1006 gehört überhaupt »... die *peregrinatio*« zu den bestimmenden Themen des Ps 119.

res ist sogar der Ort der Fremdheitserfahrung), sondern eine »geistige« Größe, die Gebote Gottes.

Ein interessanter Sonderfall sind die *Rechabiten*. Israels Geschichte ist ja über weite Strecken auch geprägt von einem Antagonismus: Auf der einen Seite steht die Bemühung, im Kreis der Kulturnationen Einzug zu halten und bei den Nachbarn anerkannt zu werden. Auf der anderen Seite gibt es einen – von Propheten[72], aber auch anderen Kreisen getragenen[73] – Widerstand gegen solche Assimilationsbemühungen, da gerade hierin »eine Gefahr fundamentaler Entfremdung in Gestalt der Auflösung stammesethischer Maßstäbe und vor allem einer Infragestellung des überlieferten Gottesglaubens entdeckt wurde«[74]. Zu letzterem gehören offensichtlich auch die Rechabiten. Als Anhänger eines radikalen Jahweglaubens[75] halten sie bewußt an der nomadischen Lebensweise fest (Leben in Zelten, keine festen Siedlungen, keinen Anbau des Landes, kein Wein) und betonen so gegen die Anpassung und Aushöhlung des Glaubens im Kulturland ihr Anderssein[76]. Explizit beziehen sich Mitglieder dieser Stammesgruppe auf ein Gelübde zurück und bezeichnen sich als Fremde (גרים) im Lande[77]. Das Leben als Fremde im Lande ist ihnen religiöse Verpflichtung. Wie immer es im einzelnen um die Beziehung zu anderen jüdischen Gruppen bestellt ist[78] – es ist nicht zu übersehen, daß hier Querverbindungen zu anderen radikalen jüdischen Bewegungen wie auch zu besonderen Einzelpersonen[79] bestehen. Mit anderen Worten: Die Rechabiten, die zur Zeit der frühen Christenheit noch bekannt waren, deren Tradition vermutlich in bestimmten Kreisen noch tradiert wurde[80], die vielleicht sogar selbst noch exi-

---

72 Es ist bezeichnend, daß nach Hos 12,10 der Lebensvollzug des wieder zu Gott umgekehrten »Ephraim« dadurch gekennzeichnet ist, daß es wieder wie in der Wüstenzeit in Zelten wohnt.

73 Möglicherweise ist das auch der Sinn der Bemerkung, daß der Levit, der ja keinen Anteil am Land hat, in den Städten Israels ein גר sei (Dtn 18,6).

74 Görg: Fremdsein 201.

75 So von Rad: Theologie I,77f. 2 Kön 10,15ff zeigt, wie Jonadab ben Rachab Jehus blutige Revolution, die sich auch gegen die Baalsverehrung richtet, durch seine Fahrt auf Jehus Wagen rechtfertigt und so unterstützt (vgl Kittel: Rechabiter 481f).

76 Vgl Wallis: Rechab 1559: Die Rechabiten verpönten die Gaben des Kulturlandes, »da ihre Früchte offenbar die Wurzeln des Abfalls vom Gott des Wüstenzugs in sich bargen«.

77 Jer 35,7fin. Die LXX (dort 42,7) übergeht dies, indem sie mit διατρίβετε übersetzt. Im Gegensatz zur LXX geben jedoch sowohl Symmachus wie Aquila den Aspekt der Fremde in ihren Übersetzungen wieder (παροικεῖτε bzw προσήλυτοι).

78 Nicht wenige glauben an eine Verbindung zu den Nasiräern und ähnlichen Gruppen (vgl Kittel: Rechabiter 481f; Bright: Jeremiah 191). Andere sehen auch die Nähe, betonen aber, daß eine Abhängigkeit nicht nachweisbar sei (vgl Nötscher: Rechabiter 1155) und daß die individuelle Askese der Nasiräer von der Stammesverpflichtung der Rechabiter zu unterscheiden sei (Alt: Rechabiter 1736).

79 So etwa Johannes der Täufer und Bannus, der Lehrer des Josephus, die ihrerseits wohl nasiräisch geprägt sind (vgl Böcher: Johannes 172f).

80 Bedeutendstes Zeugnis dafür wäre die »Geschichte der Rechabiten« (oder Apokalypse bzw Leben des Zosimus), eine christliche Schrift, die aber nach Charlesworth in ihrem Grundbestand vermutlich eine (mehrmals überarbeitete) jüdische Schrift darstellt, deren älteste

stierten[81], gehören zu einer immer wieder sich zu Wort meldenden Bewegung im Judentum[82], die gegen die Überfremdung des Jahweglaubens durch Akkulturation protestierten, indem sie gewissermaßen *ein alternatives Israelverständnis lebten*[83] (Wüstenideal). Es ist bemerkenswert, daß gerade in Qumran, das in manchem Entsprechungen zu den Rechabiten aufweist, das Motiv der Fremde als Ausdruck einer asketischen, elitären und kritisch gegen die bestehenden Institutionen gerichteten Lebensweise wieder begegnet[84]. (Und es ist wohl auch kein Zufall, daß diese Tradition dann im christlichen Raum bei den Anachoreten wieder in ganz ähnlicher Weise aufgenommen wird[85]). *In radikalen Kreisen wird also die Fremde auch im Lande als Idealzustand gelebt,* wobei *diese Selbstbezeichnung einen elitären, gesellschafts- und kulturkritischen Unterton bekommt.*

2. Der Sprachgebrauch der LXX

In der LXX wird גר meist mit προσήλυτος wiedergegeben[86], dem terminus technicus für den zum Judentum übergetretenen Heiden. Dieser technische Gebrauch kann zwar nicht überall in der LXX vorausgesetzt werden[87]; wohl aber spiegelt dieser nur in der jüdischen (und christlichen) Literatur vorkommende[88] Begriff, der sich als Äquivalent von גר durchgesetzt hat[89], wider, daß sich der Akzent von der sozialen Stellung ganz auf die religiöse verlagert hat[90]. Seltener findet sich πάροικος[91], das den Nichtbürger bezeichnet[92]. תושב wird dagegen vorwiegend mit πάροικος übersetzt[93]; zweimal wird es mit παρ-

---

Schicht möglicherweise aus der Zeit vor 70 stammt (CHARLESWORTH: The Pseudepigrapha and Modern Research 224–226 vgl Charlesworth: Rechabites 1).

81 Euseb (Hist Eccl II,23,17f) zitiert einen Bericht des Hegesipp über das Martyrium des Herrenbruders Jakobus, demzufolge auch ein Priester aus dem Hause Rechab, der ausdrücklich als Nachkomme der Rechabiten bezeichnet wird, sich gegen die Hinrichtung des Herrenbruders Jakobus wendet.

82 Ob sie diese Bewegung maßgeblich geprägt haben oder ob sie hier nur ein Teil eines weit breiteren Stromes sind, kann hier nicht entschieden werden.

83 Von daher scheint es mir fraglich, ob man diese Bewegung so abtun kann, wie dies etwa THOMPSON: Jeremiah 617 tut: »They were thus reactionaries whose Yahwism had fossilized at the nomadic stage«. Dieser »fossilierte« Glaube hat im Laufe der Geschichte doch erstaunliche Potenzen entfaltet.

84 Su §4,2.

85 Die »History of the Rechabites« wurde in Kreisen der Anachoreten überarbeitet und überliefert.

86 71mal von insgesamt 85mal.

87 Vgl BERTHOLET: Stellung 260.

88 Vgl KUHN: προσήλυτος 728.

89 Vgl MERCADO: Language 30.

90 Vgl KUHN: προσήλυτος 731.

91 11mal.

92 So §1.2

93 10mal von insgesamt 14mal; je 1mal mit παροικεῖν bzw κατοικεῖν.

ἐπίδημος wiedergegeben, ein verhältnismäßig seltenes Wort, das in der LXX nur an diesen beiden Stellen[94] begegnet und vor allem den Fremdling bezeichnet, der sich nur für kurze Zeit an einem Ort aufhält[95].

Deutlich bezieht die LXX zahlreiche atl Aussagen über den Fremdling (vor allem auch Aussagen über seine Rechte und Pflichten sowie die Schutzbestimmungen) auf den Proselyten – durchaus in Fortsetzung einer atl Entwicklungslinie. Dagegen begegnet προσήλυτος (auch dort, wo im hebräischen Text גר steht) nicht im Zusammenhang der Aussagen über das Fremdsein der Erzväter, und auch auf den einzelnen Frommen wird der Begriff nicht angewendet. Nur in wenigen Ausnahmefällen wird προσήλυτος auf das ganze Volk bezogen[96]. Ansonsten begegnet in diesen Zusammenhängen zumeist πάροικος κτλ, zweimal auch παρεπίδημος, wobei, wie schon gesagt, sowohl in Gen 23,4 wie in ψ 38,13 (Ps 39,13) beide Begriffe wie in 1 Petr 2,11 parallel gebraucht werden. Die Übersetzung von גר mit πάροικος dort, wo es sich um Israel (bzw den einzelnen Gläubigen) handelt, läuft folglich auf eine Bedeutungsverschiebung des Begriffes auch gegenüber dem hebräischen Text hinaus, insofern nun der Begriff πάροικος »received emphasis as the characteristic of Israel's or the believer's situation in the world«[97] – ein Bezug, der mit גר noch nicht so gegeben war. Das gilt dann, wie der 1 Petr unterstreicht, auch für παρεπίδημος[98], wenngleich der Zusammenhang hier wegen der wenigen Belege nicht so auffällig ist.

3. Zusammenfassung: Der Vergleich mit paganen Traditionen

Wie in der paganen Tradition besteht auch im AT eine Beziehung zwischen der Verwendung der Kategorie der Fremde und der Begrenztheit des menschlichen Lebens.

Diese durchaus bemerkenswerte Parallele zwischen dem AT und der paganen Literatur (und hier vor allem der hellenistischen und römischen Philosophie) darf allerdings nicht über die doch erheblichen Unterschiede in beider Rede von der Fremde hinwegtäuschen.

Bereits formal fällt auf, daß im AT *diese Metapher im Zusammenhang eines Dialogs Gott-Mensch verwendet wird,* also an einem Ort, an dem Lebenserfahrung und Sinndeutung in besonders intensiver Weise zur Sprache kommen bzw vor Gott zur Sprache gebracht werden. Zumeist geschieht dies im Gebet;

---

[94] Gen 23,4; ψ 38,13 (Ps 39,13).

[95] So 1.1.

[96] Nur einmal – in Lev 25,23 – begegnet προσήλυτος (parallel zu πάροικος) als Selbstbezeichnung der Israeliten. Insgesamt viermal (Ex 22,20; 23,9; Lev 19,34; Dtn 10,19) heißt es von den Israeliten, daß sie προσήλυτοι in Ägypten waren. Diese Aussage begründet jedoch die (vorausgehenden) Bestimmungen zum Schutz der gegenwärtig in Israel lebenden προσήλυτοι, ist also begrifflich davon abhängig. Die Fremdlingsschaft in Ägypten wird sonst mit πάροικος κτλ ausgedrückt.

[97] Bitter: Vreemdelingschap 186.

[98] Vgl Spicq: Notes II,671: »Les Septante ont donné à ce terme une acception religieuse«.

einmal spricht Gott selbst die Israeliten als Fremde und Beisassen an, einmal – bei den Rechabiten – begegnet diese Selbstbezeichnung im Zusammenhang einer auf ein Gelübde zurückgehenden Stammesverpflichtung. Dies unterstreicht den *fundamental relationalen Charakter* der Fremde im AT, die eben Fremde *vor Gott* ist[99], während sie in der paganen Literatur durch die Konzentration des Menschen auf sich, auf das, was im Gegensatz zu einem vergänglichen Körper sein eigentliches Selbst ausmacht, begründet wird.

Dieser Unterschied läßt sich auch noch inhaltlich präzisieren: Die im Begriff der Fremde sich ausdrückende Begrenztheit des menschlichen Lebens wird im AT immer in Beziehung gesetzt zu dem diesem Leben seine Grenze setzenden Gott. *Fremde bezieht sich im AT also auf die personale Unterscheidung zwischen Gott und den von ihm abhängigen, endlichen Menschen*[100], *während sie in paganen Traditionen in der Selbstunterscheidung des Menschen zwischen seiner Herkunft und seinem eigentlichen Wesen einerseits und seiner mit der äußeren Wirklichkeit verflochtenen, negativ beurteilten leiblichen Existenz andererseits begründet ist.* Entsprechend liegt die Betonung dann im AT auch nicht auf dem Gegensatz von Geist und Leib und auch nicht in erster Linie auf dem Gegensatz zwischen menschlicher Endlichkeit und göttlicher Unendlichkeit, sondern auf der Unterscheidung von Leben empfangendem Menschen und Leben gewährendem Gott. Darin liegt dann auch ein Moment der Freiheit beschlossen: Die Fremde vor dem transzendenten Gott und die Abhängigkeit von diesem impliziert zugleich einen neuen Fluchtpunkt der Existenz, macht die eigene Identität nicht mehr unmittelbar abhängig von Landbesitz und staatlicher Eigenständigkeit. So kann dann im AT auch – weit eindeutiger als in paganen Traditionen – die negative Kategorie der Fremdlingsschaft durch die Integrierung in den Gottesbezug umgeprägt und als eine (zumindest bedingt) *positive Selbstbezeichnung* aufgenommen werden. Allerdings zeigte sich innerhalb der alttestamentlichen Tradition unter dem Einfluß der späten Weisheit eine Tendenz zur Universalisierung und zugleich zur Individualisierung der Fremdheitsaussagen, die auch den Gegensatz von Gottes Transzendenz und menschlicher Zeitlichkeit miteinbezog und so die im Folgenden dargestellte Synthese beider Traditionen im hellenistischen Diasporajudentum zumindest mit vorbereitet hat.

Daneben kann dann *in radikalen Kreisen,* die sich der Wüstentradition verpflichtet wissen, die Kategorie der Fremde zur programmatischen Selbstbezeichnung werden, *die elitär und gesellschaftskritisch zum Ausdruck eines nur Gott verpflichteten Andersseins wird.*

Die oben dargestellte Verschiedenheit bedingt dann auch noch weitere Unterschiede: Im AT ist es immer der ganze Mensch, von dem dieses Fremdsein

---

99 Es kann hier nicht entschieden werden, inwieweit diese positive und personale Deutung der Fremde auch durch Israels Heilsgeschichte bedingt ist, dh durch den Zusammenhang von eigener Fremdlingsexistenz und Gottes Rettungshandeln.

100 So wird auch bis auf eine Ausnahme (Ps 119,19) kein Ort der Fremde angegeben; diese wird vielmehr relational als Fremde vor Gott bestimmt (vgl ψ 38,13 [Ps 39,13]; 1 Chr 29,15).

ausgesagt wird; es kennt nicht die Unterscheidung zwischen begrenztem irdi-schem Leben und der anderswo beheimateten Seele. Ebenso findet sich im AT im Gegensatz zur hellenistisch-römischen Philosophie keine Abwertung der ›Welt‹ als Ort der Uneigentlichkeit. Und endlich ist es im AT auch nicht primär der einzelne, der sich als fremd ansieht, sondern es sind die Glaubenden als Ge-meinschaft, die ›vor Gott‹ Fremdlinge und Beisassen sind[101].

---

[101] Das gilt auch dort noch, wo sich auch im AT in der späteren Zeit die oben dargestellte Individualisierung durchsetzt. Auch in den späten Psalmen ist der Einzelne, der sich als Frem-der versteht, Teil des Gottesvolkes bzw der Gemeinde.

§4 Die Kategorie der Fremde im Frühjudentum

1. Die Vermeidung der positiven Aufnahme der Fremdlingsmetapher in der apokryphen und pseudepigraphischen Literatur

Die intertestamentarische Literatur setzt sich an einigen Stellen mit dem Problem der Fremdheitserfahrung auseinander. »Wenn aber die Welt um unseretwillen geschaffen wurde, warum besitzen wir unsere Welt nicht als Erbe« – so die anklagende Frage 4 Esr 6,59 (vgl 5,27f), die die Anfechtung über das Mißverhältnis zwischen dem aus der Erwählung abgeleiteten Anspruch und der Realität zur Sprache bringt und als Antwort den Verweis auf die himmlische Stadt erhält (4 Esr 7,1ff)[1].

Die positive Aufnahme der Selbstbezeichnung Israels bzw des einzelnen Glaubenden als Fremder aber findet sich, soweit ich das feststellen konnte, *weder in den Apokryphen noch in der pseudepigraphischen Literatur.*

Im Test XII L 11,2 wird davon gesprochen, daß Levi ein Sohn namens Gersom geboren wird, dessen Etymologie mit dem Dasein in der Fremde zusammengebracht wird[2]. Es zielt jedoch auch hier alles auf die Überwindung dieses Zustandes ab: In der kurz darauf folgenden Ermahnung wird dem, der das Gesetz Gottes kennt, gerade verheißen, daß er kein Fremder ist, wohin er auch geht[3], und die damit verbundene Weisheit gewährt auch in fremder Erde Heimat[4].

Aufschluß über den Grund für diese Zurückhaltung geben jüdische Selbstzeugnisse wie etwa die Rede des Achior in Jdt 5,5–21 (LXX). Dieser aus der Makkabäerzeit stammende[5], bemerkenswert anachronistische[6] Abriß der jüdi-

---

[1] In ähnlicher Weise geht der wenig später am Beginn des 2.Jahrhunderts entstandene syr Bar (vgl Klijn 114) in dem Brief an die Exulanten (s Bar 78ff) mit diesem Problem um: Die Gefangenschaft wird als Gottes Gericht gedeutet, dem dann allerdings ein um so schlimmeres Gericht über die jetzt triumphierenden Heiden folgt. Bezeichnend für die Einstellung des Judentums dieser Zeit ist wohl die Antwort syr Bar 85,3: »... wir verließen unser Land, und Zion ist uns weggenommen. Nichts haben wir jetzt mehr, nur den (All-)mächtigen noch und sein Gesetz« (Üs Klijn).

[2] Wo immer diese Fremde auch anzusiedeln ist – zu den verschiedenen textkritischen Varianten vgl De Jonge: Patriarchs 38.

[3] Test XII L 13,3: οὐκ ἔσται ξένος ὅπου ὑπάγει.

[4] Test XII L 13,8: ὅτι γενήσεται αὐτῷ αὐτή ... καὶ ἐπὶ γῆς ἀλλοτρίας πατρίς.

[5] Vgl JENNI: Judithbuch Sp 1001.

[6] Nach Jdt 1,1ff handelt es sich bei dem (dann fehlgeschlagenen) Feldzug des Holophernes um ein Unternehmen zur Regierungszeit des »Assyrerkönigs« Nebukadnezar. Jdt 5,18 aber blickt auf die (durch Nebukadnezar erfolgte) Eroberung Jerusalems und die Zerstörung des Tempels zurück, 5,19 setzt die Rückkehr nach Jerusalem und zum Tempel voraus.

schen Geschichte spiegelt deutlich jüdisches Selbstverständnis[7]. Auffällig ist,
wie durchweg das Wohnen Israels bzw seiner Ahnen außerhalb des verheißenen Landes als ein Leben im Stand der Beisassenschaft bezeichnet wird: im
Land der Chaldäer (5,6), in Mesopotamien (5,7) und in Ägypten (5,10). Von
diesem παροικεῖν im fremden Land hebt sich das – im bewußten Gegensatz
dazu – als κατοικεῖν bezeichnete Wohnen *im* Land ab, das (insgesamt dreimal!) betont als ein erfolgreiches Inbesitznehmen dargestellt wird: Schon die
Erzväter zogen aus der Fremde aus und siedelten im Land Kanaan[8] und wurden dort reich (Jdt 5,9), und das Gleiche wiederholt sich nach dem Auszug aus
Ägypten (5,15) wie nach der Rückkehr aus dem Exil[9]. Ganz bewußt wird also
hier *das Wohnen im Lande als der Zustand erfüllter Verheißung der Fremdlingsexistenz entgegengesetzt.* Das schließt ein, daß Israel in seinem eigenen
Land eben kein Beisasse, sondern von Gott ausgezeichneter Vollbürger ist. Dieser Zusammenhang ist so eng, daß selbst die in der Genesis häufig betonte
Fremdlingsschaft der Erzväter verdrängt und der Text entsprechend korrigiert
wird. Von daher ist es verständlich, daß man kaum die positive Aufnahme der
alttestamentlichen Selbstbezeichnung »Fremde und Beisassen« erwarten kann.

Diese hier exemplarisch zum Ausdruck kommende Einstellung, die sich
deutlich an dem gemeinantiken Ideal des Vollbürgers orientiert, ist für weite
Teile des Judentums der hellenistischen Zeit typisch: Im »Lob der Väter« bei
Jesus Sirach fehlt das Motiv der Fremde ganz; stattdessen wird der den Vätern
verheißene bzw übergebene Erbbesitz hervorgehoben (Sir 44,21.23). Auch im
pseudophilonischen Liber Antiquitatum wird bei den Erzvätern nur die Verheißung des Landes und ihr Wohnen in diesem hervorgehoben. Im 2.Makkabäer-
buch wird Jerusalem bzw Israel als πατρίς bezeichnet[10]; entsprechend sind die
Juden Bürger und Mitbürger[11]. Dasselbe betont auch Josephus in Contra Apionem – das Gesetz ist gar die »beste Verfassung«, das Judentum eine θεοκρα-
τία als politische Einheit (Ap 2,164f). Immer wieder zeigt sich sein Interesse,
die Gleichrangigkeit der Juden mit anderen auch in der Diaspora zu betonen[12].

---

[7]   Achior gibt hier eine Geschichtsbetrachtung wieder, die an das deuteronomistische Geschichtswerk erinnert; vgl Jdt 5,18f: »Als sie aber vom Weg abwichen, den er (sc Gott) ihnen
bestimmt hatte, wurden sie durch sehr viele Kriege auf sehr lange Zeit vernichtet.... Jetzt aber,
da sie sich wieder zu ihrem Gott bekehrt haben, sind sie aus der Zerstreuung heraufgekom-
men, wohin sie zerstreut waren. Sie haben Jerusalem wieder besetzt, wo sich ihr Heiligtum befindet...«. Nicht zufällig wird Achior dann auch nach seiner Rede von den Assyrern ausgesto-
ßen, von den Israeliten aber begeistert aufgenommen (Jdt 6).

[8]   Jdt 5,9: »καὶ εἶπεν ὁ θεὸς αὐτῶν ἐξελθεῖν ἐκ τῆς παροικίας αὐτῶν καὶ πορευθῆναι
εἰς γῆν Χανααν, καὶ κατῴκησαν ἐκεῖ...«

[9]   Jdt 5,19: »...ἀνέβησαν ἐκ τῆς διασπορᾶς ... καὶ κατέσχον τὴν Ιερουσαλημ ... καὶ
κατῳκίσθησαν ἐν τῇ ὀρεινῇ...« Dabei wird bezeichnenderweise die Begrifflichkeit der
Fremde im Blick auf das babylonische Exil nicht mehr verwendet, sondern jetzt wird von der
διασπορά gesprochen – implizit wird also doch noch einmal zwischen der Zeit vor und nach
der Landnahme unterschieden.

[10]   2 Makk 8,21; 13,10.14; 14,18 vgl 4,1; 5,8.9.15; 8,33; 13,3.

[11]   2 Makk 9,19 vgl 4,5.50; 5,6.8.23; 14,8; 15,30

[12]   Vgl besonders Ap II,38ff; weiter Ant 16,59: Die Juden sind (hier in Jonien) ἐγγενεῖς.

Nicht zufällig unterschlägt daher auch Josephus das Fremdsein Abrahams und betont stattdessen, daß dieser *im Land wohnte, es seinen Nachkommen hinter-ließ*[13] *und es besaß*[14]. In seinem Bemühen, die Vollbürgerschaft der Juden auf-zuzeigen, betont Josephus sogar, Claudius habe den Juden das alexandrinische Bürgerrecht bestätigt[15], was doch zumindest mißverständlich formuliert ist[16]. Entsprechend hat Josephus gewiß keinerlei Neigung, die genannten termini im Sinne einer Selbstbezeichnung aufzunehmen[17]. Diese Haltung scheint sich bis in die rabbinische Literatur hinein fortzusetzen[18], die ganz vom Land her denkt und argumentiert[19]. Anders ist das dort, wo man entweder vom Land entfernt wohnte oder sich von diesem bewußt entfernte.

2. Die Aufnahme der Vorstellung von der Fremdlingsexistenz im ›radikalen‹ Judentum von Qumran

Wenn auch eine direkte Abhängigkeit der Essener von den Rechabiten nicht nachweisbar ist[20], so gehören doch beide Gruppen zu einer »radika-len« Strömung im Judentum, radikal in dem Sinn, daß sie sich kritisch von der Mehrheit des Volkes absetzte und einen anderen, ihrer Meinung nach

---

13 Ant 1,154: »... ἐν ᾗ (sc im Land Kanaan) κατῴκησε καὶ τοῖς ἀπογόνοις κατέλιπε«.

14 Ant 1,157: »... κατὰ βούλησιν καὶ βοήθειαν τοῦ θεοῦ τὴν Χαναναίαν ἔσχε γῆν«.

15 Ant 19,280ff.

16 In dem erhaltenen Schreiben des Claudius (CPJ 153,88ff) wird eine bürgerliche Gleich-berechtigung ausdrücklich ausgeschlossen. Umstritten ist, ob es sich in Ant 19 um eine be-wußte Fälschung des Josephus handelt (so etwa CONZELMANN: Heiden 13; dort auch weitere Vertreter dieser Ansicht). Weit zurückhaltender urteilt etwa SMALLWOOD: Jews 229: »Jose-phus... does not distinguish, possibly through ignorance, between the juridical and popular senses of the term ›Alexandrian‹, and in some places uses it of the Jews in such a way as to im-ply, deliberately or unconciously, that they were Alexandrians in the juridical sense«. KASHER: Jews 262ff unterscheidet zwischen den Bürgern Alexandrias und den jüdischen πο-λῖται (als Mitglieder des jüdischen πολίτευμα). Von daher beurteilt er die Aussagen des Jose-phus weit positiver, wenngleich er ebenfalls zugibt, daß Josephus begrifflich hier nicht ganz scharf formuliert: »Admittedly, calling the Jews ›Alexandrian *politai*‹ may be misleading, but probably unintentionally so. It does not seem likely that Josephus would have wanted to misin-form his readers« (275; zur Bedeutung von ἰσοπολιτεία bei Josephus vgl 281ff). Wie immer in dieser Frage genau zu entscheiden ist – deutlich ist in jedem Fall das Interesse des Jose-phus, die Stellung der Juden nur nach ihrer positiven Seite hin darzustellen. Die Darstellung des Josephus ist so zumindest tendenziös, wenn nicht irreführend (vgl HENGEL: Juden 84f).

17 In seinem ganzen Werk begegnet πάροικος insgesamt nur dreimal, zweimal in Abhän-gigkeit von der Sprache der LXX, einmal in einem zitierten Brief. In allen Fällen wird πάροι-κος nur in seiner eigentlichen Bedeutung für den Beisassen gebraucht. Josephus weiß natür-lich um die Fremdheit der Juden in der antiken Gesellschaft, aber wo er darauf zu sprechen kommt, versucht er sie zu rechtfertigen und sie paganem Denken verständlich zu machen, etwa durch das allen gemeinsame Streben nach dem Guten (so etwa Ant 16,174ff vgl SEVEN-STER: Roots 116).

18 Bezeichnenderweise führt StrB III,762f keine Parallelen zu 1 Petr 1,1; 1,17 und 2,11 an.

19 Das gilt besonders für die palästinische Tradition vgl STEMBERGER: Bedeutung 176ff.

20 So §3,1.3.

gottgemäßeren Lebensstil praktizierte, der von der Erwartung auf Gottes endzeitliches Eingreifen bestimmt sich in manchem wieder – wie auch an anderer Stelle in der prophetischen Tradition – an die Wüstentradition anlehnte[21]. Und wie bei den Rechabiten wird auch in den Schriften von Qumran auf die Fremde im Zusammenhang mit der eigenen Existenzweise Bezug genommen. Die Gemeinde lebt im Exil, wie schon pHab 11,6 anzudeuten scheint[22]. In der Sektenregel (1 QS VIII,13ff) wird unter Berufung auf Jes 40,3 der Auszug in die Wüste geradezu als Vorbereitung der Heilszeit geboten: Die Anhänger der Gemeinde »sollen sich absondern von dem Wohnsitz der Männer des Frevels, um in die Wüste zu gehen, dort den Weg des Herrn zu bahnen« (1 QS VIII,13 Üs Maier). Nach der Kriegsrolle sind die Frommen der Gemeinschaft am Toten Meer als das wahre endzeitliche Israel die »Verbannten der Wüste«, die auf ihre Rückkehr warten (1 QM I,2)[23]. Hier, in der adverbiellen Näherbestimmung der ›Söhne Levis und der Söhne Judas und und der Söhne Benjamins‹ als »Verbannte der Wüste«, als גולת המדבר (1 QM I,2 vgl I,3)[24] ist eine dem 1 Petr entsprechende Selbstbezeichnung als »Fremde« angedeutet.

Am aufschlußreichsten von allen Texten[25] sind zwei Passagen in der sog Damaskusschrift, die bereits durch einen – wahrscheinlich symbolischen –

---

[21] Vgl Gaster: Scriptures 5: »When they leave the cities and villages and repair to the desert, they picture themselves as going out into the wilderness to receive a new Covenant ... Its (sc der Gemeinschaft) sojourn in the forbidding desert is portrayed as exile in ›the wilderness of Damascus‹, thereby dramatizing it as the fulfillment of the prophet Amos' prediction that God would cause His people to ›go into exile beyond Damascus‹ (Amos 5,27).« Diesen Zusammenhang betont auch Carmignac: Règle 5 angesichts der qumranischen Selbstbezeichnung (su) als »Verbannte der Wüste« in 1 QM 1,2: »Cette allusion à l'exil et au désert rejoint toute une spiritualité de ›l'exil‹ développée par certains prophètes ... Notre auteur semble bien partager ces perspectives et entrevoir, même sous la domination de Bélial (1,8), une renaissance spirituelle qui s'accomplira dans la solitude et qui préparera la victoire définitive de Dieu et de son peuple«; vgl weiter DUPONT-SOMMER: Guerre 28; CROSS: Bibliothek 83f. Zu einem möglichen Zusammenhang mit 1 Makk 2,29 vgl Carmignac/ Guilbert: Textes 91.

[22] Zum Verständnis der (auf den Lehrer der Gerechtigkeit bezogenen) Aussage vgl JEREMIAS: Lehrer 49f. Zum Bezug auf Qumran vgl Maier: Texte II,149; weiter Carmignac/ Cothenet/ Lignée: Textes 113. Anders übersetzt ELLIGER: Studien 212, der dies גלותו mit »ihn bloßzustellen« wiedergibt; vgl jedoch BROWNLEE: Habakuk 182ff (der auch die Diskussion zu dieser Stelle zusammenfaßt).

[23] Zum Bezug dieses Textes auf die Gemeinde von Qumran vgl Maier: Texte II,112f. Dieser Bezug ist nicht ganz unumstritten – VAN DER PLOEG erwägt aufgrund von 1 QM 1,3 auch noch, daß dieser Ausdruck die Diaspora bezeichnen könnte (Rouleau 58f). Erwägenswert ist die Auslegung von DAVIES: 1QM 115, der den Ausdruck »Verbannte der Wüste« auf die Gemeinschaft von Qumran bezieht, dagegen die Aussage von 1 QM 1,3 (die aus der »Wüste der Völker« zurückgekehrten Söhne des Lichts) auf Leute aus der Diaspora, deren Anschluß von den Qumranleuten erwartet werde.

[24] Auf den Zusammenhang zu 1 QS VIII,13 weist VAN DER PLOEG: Règle 394 hin.

[25] Angedeutet findet es sich auch in 1 QH V,7ff. In diesem – eher persönlich gehaltenen – Danklied beschreibt der Lehrer der Gerechtigkeit, wie ihn Gottes Auftrag gerade bei seinem »Fremdlingsaufenthalt« (mitten unter den rächenden Scharen Gottes) trifft (vgl JEREMIAS: Lehrer 221f; LICHTENBERGER: Menschenbild 61–66).

Gebrauch des Namens Damaskus (vgl CD VI,5) auf die Existenz der Gemeinde im Exil hinweist[26]. Dort wird ein Derivat von גר aufgenommen, um den Zustand der Gemeinde zu beschreiben. Interessant ist jeweils der Gesamtzusammenhang: In CD IIIf wird dem Israel, das in die Irre ging[27], die Gemeinschaft derer entgegengestellt, die Gottes Gebote halten. Ihnen baute Gott »ein festes Haus in Israel, wie noch keines gestanden hat seit ehedem bis jetzt« (CD III,19f Üs Lohse), womit wie an anderen Stellen eine Tempelbezeichnung auf die Gemeinde übertragen ist[28]. Diese Gemeinde hat Gott »zum ewigen Leben (bestimmt) und alle Herrlichkeit Adams ist ihrer« (CD III,20 Üs Maier). Diese Zusage wird bekräftigt durch ein Zitat aus Ez 44,15, in dem »die Priester und die Leviten und die Söhne Zadoqs« gegenüber dem abgefallenen Volk für ihre Treue des Opferdienstes gewürdigt werden (CD III,21;IV,1). Dabei wird dieses Wort auf die Gemeinschaft gedeutet: »Die Priester sind *die Umkehrenden Israels (שבי ישראל), die aus dem Land Juda ausgezogen sind;* (und die Leviten sind die,) welche sich ihnen angeschlossen haben. Und die Söhne Zadoqs sind die *Erwählten Israels, die bei Namen Gerufenen,* die am Ende der Tage auftreten werden«[29]. Der folgende Vers ist nicht mehr ganz erhalten; deutlich ist jedoch erkennbar, daß die Erwählung verbunden wird mit der gegenwärtigen Situation, die von Drangsal bestimmt ist (CD IV,5) und die als *Jahre ihrer Verbannung (שני התגוררם* CD IV,5f) bezeichnet wird. Im Gegenzug zu dieser Zusage an die Gemeinschaft wird dann im Folgenden Israel das Gericht angekündigt und dies mit seiner Verderbnis begründet, ehe dem in CD VI,2ff wieder die neue Gemeinschaft gegenübergestellt wird. Eingedenk des Bundes mit den Vorfahren hat Gott »einsichtige Männer aus Aaron und Weise aus Israel« erweckt, die »den Bunnen gruben«, wie es im Anklang an Num 21,18 heißt. Diese zunächst rätselhafte Anspielung wird dann wieder ausgelegt: »Der Brunnen, das ist das Gesetz, und die ihn gegraben haben, das *sind die Bekehrten Israels, die aus dem Lande Juda ausgezogen sind und im Lande von Damaskus in der Fremde weilten (ויגורו בארץ דמשק),* die Gott alle Fürsten genannt hat« (CD VI,4–6 Üs Lohse; Hervorhebungen von mir).

Bewußt werden also hier die Mitglieder der essenischen Gemeinschaft als diejenigen bezeichnet, die von Israel umgekehrt sind (שבי ישראל IV,2; VI,5). Dem werden in IV,3f noch weitere Erwählungsprädikate hinzugefügt. Ausdrücklich wird beidesmal in Verbindung mit dieser Umkehr (und Abkehr von

---

[26] Vgl MAIER: Texte II,49f; Gaster: Scriptures 5. Zur Diskussion, ob Damaskus mit Qumran zu identifizieren sei vgl Yadin: Scroll 257. Gegen ein symbolisches Verständnis wendet sich etwa IWRY: Migration passim.

[27] CD III,10–12 spricht von den schuldig gewordenen »Ersten, die in den Bund eingetreten sind, und wurden dem Schwert ausgeliefert, weil sie den Bund Gottes verlassen und ihren eigenen Willen erwählt hatten und nach der Verstocktheit ihres Herzens trachteten, daß jeder seinen Willen tat« (Üs Lohse).

[28] Vgl LICHTENBERGER: Menschenbild 152.

[29] CD IV,2–4 Üs Lohse; Hervorhebungen von mir.

Israel) betont, daß sie aus dem Land Juda ausgezogen sind und nun in der Fremde leben[30]. *Für die Gemeinschaft von Qumran besteht also eine eindeutige*
Verbindung zwischen ihrer Erwählung, der Umkehr zu Gottes Gesetz und
dem Auszug aus dem Land, der die Existenz in der Fremde zur Folge hat. In
CD XIX,33f wird sogar vom »neuen Bund im Land Damaskus« gesprochen.
Dennoch wird eine direkte Selbstbezeichnung als Fremde höchstens angedeutet (vgl 1 QM 1,2), jedoch nicht ausgeführt. Dies geschieht nur – nahezu zur
gleichen Zeit – im hellenistischen Judentum, vor allem bei Philo von Alexandrien, dort allerdings in ganz anderer Ausprägung.

3. Die philosophische Deutung der alttestamentlichen
Fremdlingsmetapher im hellenistischen Diasporajudentum (Philo)

3.1 Der Weise als Fremder in dieser Welt

Gleich auf den ersten Blick fällt auf, daß im Vergleich mit der bisher behandelten Literatur das Thema der Fremde bei Philo ungewöhnlich häufig begegnet. Schon dies macht ihn für den Vergleich mit dem 1 Petr interessant, zumal
der 1 Petr ja bereits in der Anrede seiner Adressaten als παρεπίδημοι διασπορᾶς eine Anknüpfung an den Sprachgebrauch des Diasporajudentums zu erkennen gibt. Hinzu kommt, daß Philo als einziger die atl Rede von der Fremde
nicht nur bei jeder Gelegenheit, die ihm die Texte bieten, positiv aufnimmt[31],
sondern daß er die Fremdlingsexistenz sogar als die einzige Daseinsform behaupten kann, die dem wahren Weisen auf dieser Erde angemessen ist, und daher diesen auch direkt als Fremden bezeichnen kann.

Philo bezieht den Gedanken der Fremdlingsschaft auf die Existenz des Weisen. Anhand des Begriffes πάροικος entfaltet er ihn – im Zusammenhang seiner allegorischen Bibelauslegung[32] – in dreifacher Hinsicht[33]:

(1) Zum einen – und das ist bei ihm seltener der Fall – wird der Weise als Fremder, als πάροικος *Gott gegenübergestellt,* der der einzige wahre Vollbürger
(μόνος κυρίως πολίτης) ist (Cher 121), womit Philo in diesem Zusammenhang

---

[30] Vgl GOPPELT 82: »Die Gemeinde von Qumran versteht sich demnach als das heilige
Volk Gottes, das im Exil, in der Fremde und in der Wüste weilt und sich auf die nahe endzeitliche Heimführung rüstet«. GOPPELT bewertet jedoch diese Parallelen zwischen den Qumran-
schriften und dem 1 Petr im Blick auf das Selbstverständnis als Fremde zu hoch, wenn er behauptet, daß diese Tradition, »speziell in der Gestalt, wie sie im 1 Petr begegnet, im Selbstverständnis der essenischen Sondergemeinden präformiert« sei. Das Folgende wird zeigen, daß
das Verhältnis des 1 Petr zur Tradition weit komplexer ist und solche einlinigen Ableitungen
verbietet.

[31] So nützt er in seinen Quaest in Gn jede Gelegenheit, die sich vom Text her bietet, zu einem mehr oder weniger ausführlichen Exkurs über die Fremdlingsschaft des Weisen.

[32] Im Zusammenhang der Allegorie verwendet Philo πάροικος immer metaphorisch, während er mit diesem Terminus an einigen anderen Stellen auch den Nachbarn bezeichnen kann.

[33] Einen guten Überblick gibt BITTER: Vreemdelingschap 186–191. Ein Schwerpunkt der
Untersuchung hier ist der Bezug der philonischen Ausführungen zur Situation der Juden in
Ägypten, den Bitter überhaupt nicht berücksichtigt.

Gottes Unabhängigkeit zum Ausdruck bringt[34]. Die Ausführungen dazu berühren sich trotz der zum Teil philosophischen Färbung und Ausrichtung in vielem mit der alttestamentlichen Rede von der Fremdlingsschaft der Glaubenden: Die ganze Welt ist von Gott geschaffen und abhängig[35], und so hat sich auch der Mensch seine Lebensgrundlage nicht selbst geschaffen, sondern er kam in die Welt wie in eine fremde Stadt und ist so auch vor Gott ein ἐπήλυτος καὶ πάροικος (Cher 120f). Indem der Weise sich eben dies genügen läßt und alles auf Gott hinordnet, vollzieht er sein wahres Sein in Abhängigkeit von Gott und wird so, was er ist: eben ein ἐπήλυτος καὶ πάροικος (Cher 121). Insofern er nun aber damit seinem Wesen vor Gott entspricht, bedeutet diese Stellung des Weisen gegenüber den anderen Menschen eine klare Auszeichnung, da letztere »in der Stadt Gottes« nicht einmal Paröken, sondern nur Flüchtlinge (φυγάδες) sind[36].

(2) Eine *zweite* Ausdeutung bezieht sich *auf die Ausbildung in den enzyklopädischen Wissenschaften* als Vorbereitung des Wissens um Gott. Dieses hat seinen Wert, kann aber auch sich verselbständigen und dadurch das wahre Wissen um Gott verhindern. Die Beziehung zwischen der enzyklopädischen Wissenschaft und dem wahren Wissen um Gott ist für Philo in dem Verhältnis von Hagar und Sarah symbolisiert. Veranlaßt dürfte diese Auslegung durch Philos Etymologie des Namens Hagar sein, den er mit παροίκησις übersetzt. So wie Hagar die Dienerin Sarahs war, so die enzyklopädische Ausbildung im Blick auf das Wissen um Gott. Daher darf der Mensch, der zu Gott kommen will, sich nur eine begrenzte Zeit auf dieses Wissen konzentrieren (vgl Leg All 3,244; Congr 22f; Sacr AC 43f).

(3) Die bei Philo häufigste und für uns auch interessanteste Vorstellung – meist ohne Bezug zu den anderen[37] – ist eine *dritte,* weit mehr an die platonische und stoische Philosophie anknüpfende Auslegung des Fremdlingsgedankens, die *das Verhältnis des (weisen) Menschen zu seiner irdischen Existenz* betrifft. Die biblischen Aussagen werden zumeist auf dem Hintergrund eines kosmologischen Dualismus zwischen der geistigen und der sinnlichen Welt ausgelegt. Während die törichten und ungerechten Menschen in dieser sinnlichen Welt Heimat suchen, weiß der Weise, daß er bzw seine Seele in dieser Welt bzw in seinem Körper ein Fremdling ist, der eigentlich zur himmlischen Heimat gehört[38]. Die Zuspitzung auf den Gegensatz Seele-Leib zeigt schon,

---

34 Vgl vor allem Cher 123.

35 Cher 119 vgl Quaest in Gn III,10.

36 Cher 121: »...μόνος κυρίως ὁ θεὸς πολίτης ἐστί, πάροικον δὲ καὶ ἐπήλυτον τὸ γενητὸν ἅπαν... δωρεὰ δὲ ἀποχρῶσα σοφοῖς ἀνδράσι πρὸς τὸν μόνον πολίτην θεὸν ἀντεξετασθεῖσιν, ἐπηλύτων καὶ παροίκων λαβεῖν τάξιν, ἐπειδὴ τῶν ἀφρόνων ἔπηλυς μὲν ἢ πάροικος ἁπλῶς οὐδεὶς ἐν τῇ τοῦ θεοῦ πόλει γίνεται, φυγὰς δὲ πάντως ἀνευρίσκεται«.

37 Ein Ausnahme bildet etwa Quaest in Gn III,10, wo die erste und die dritte Erklärung aneinandergereiht werden, wobei allerdings das Interesse Philos sich ganz auf die letztere, die dualistische Ausdeutung und deren ethische Konsequenzen konzentriert.

38 Agric 65: »τῷ γὰρ ὄντι πᾶσα ψυχὴ σοφοῦ πατρίδα μὲν οὐρανόν, ξένην δὲ γῆν ἔλαχε, καὶ νομίζει τὸν μὲν σοφίας οἶκον ἴδιον, τὸν δὲ σώματος ὀθνεῖον, ᾧ καὶ παρεπιδημεῖν οἴεται« vgl Sobr 68; Rer Div Her 267; Som I,41–45; Leg All III,244 uö.

daß es Philo wesentlich auch auf die paränetischen Konsequenzen ankommt, die er im Sinne seiner stoischen Ethik daraus folgert: Fremd zu sein in dieser Welt impliziert die Aufgabe, sich hier nicht heimisch zu machen[39], sondern über den Körper zu herrschen[40] und vor allem alles Trachten auf die Heimkehr zum väterlichen Land zu richten[41], dh auf die Tugend[42]. Die Beziehungen zur Stoa, wie diese oben vorgestellt wurde, sind hier unverkennbar. Dabei ist jedoch bemerkenswert, daß sich Philo im Blick auf die Unterscheidung von Geist und Materie an der zeitgenössischen Philosophie orientiert, während das von ihm dann formulierte Ziel des Strebens des Weisen die philosophisch interpretierten alttestamentlichen und jüdischen Heilsgüter sind.

Die wohl ausführlichste Ausführung zu diesem Thema findet sich Conf Ling 75–82. Dieser Abschnitt soll daher hier im Zusammenhang vorgestellt werden. Dort, im Zusammenhang der Deutung der Turmbauerzählung kommt Philo zu dem Vers Gen 11,2: »sie zogen vom Aufgange (der Sonne) her und fanden eine Ebene im Lande Senaar und ließen sich daselbst nieder« (Conf Ling 60). Das Wort κατοικῆσαι ist ihm Anlaß zu einem Exkurs, der mit der Gegenüberstellung zwischen denen, die sich in den Freveltaten niederlassen, und den οἱ κατὰ Μωυσῆν σοφοί beginnt, wobei die letzteren sogleich dadurch näher bestimmt werden, daß sie hier auf der Erde nur unterwegs und in der Fremde sind, am himmlischen Ort aber ihre Heimat haben[43]. Philo greift nun auf Abraham zurück und interpretiert dessen Aussage »ein Beisasse und Zugewanderter bin ich unter euch« (Gen 23,4) im Sinne einer radikalen Entgegensetzung zweier Existenzweisen: Während die einen »Leichenhüter und Haushalter des Sterblichen« sind, αὐτόχθονες, »die Staub und Schutt mehr als die Seele« ehren, ist Abraham einer, der »vom toten Leben und der Gruft aufstand«[44]. Das wird im Folgenden paränetisch ausgedeutet, gipfelnd in der Forderung, nun dieses Fremdsein als Weiser auch als bewußte Abwendung von allem Leiblichen zu vollziehen[45], sich nicht der Leidenschaft auszuliefern[46]. Seine wahre πατρίς aber findet der Weise in den νοηταῖς ἀρεταῖς, die Philo sofort und unmittelbar mit Gottes Worten (und das heißt ja mit dem Gesetz des Mose) gleich-

---

39 Rer Div Her 267;
40 Vgl Quaest in Gn III,48; Agric 63; Rer Div Her 274 uö.
41 Vgl Som I,45; Agric 64ff uö. Vgl Lukian: Hermotimus 22ff.
42 Leg All III,244f; Rer Div Her 267–274; Congr 22ff uö.
43 Conf Ling 78: »...πατρίδα μὲν τὸν οὐράνιον χῶρον ἐν ᾧ πολιτεύονται, ξένην δὲ τὸν περίγειον ἐν ᾧ παρῴκησαν νομίζονται«. Der Gegensatz wird nochmals unterstrichen durch eine Gegenüberstellung zwischem dem Kolonisten, für den die andere Stadt an Stelle der Mutterstadt (μητρόπολις) zur Heimat wird, und dem Reisenden, der wieder zu der Stadt zurückkehren will, die ihn ausgesandt hat.
44 Conf Ling 79 (Üs Stein).
45 Conf Ling 82: »διαφερόντως οὐ μόνον ξένην τὴν ἐν σώματι μονὴν ὡς οἱ μέτοικοι νομίζων ἀλλὰ καὶ ἀλλοτριώσεως ἀξίαν οὐκ ἔμπαλιν οἰκειώσεως ὑπολαμβάνων«.
46 Conf Ling 81.

setzt[47]. Bemerkenswert ist auch, wie unmittelbar Philo mit dem Gedanken der Fremde immer wieder den einer anderen πατρίς oder πόλις (vgl Cher 120) verbinden kann.

3.2 Der Hintergrund der philonischen Ausführungen: Die Bewältigung der gesellschaftlichen Fremdheitserfahrungen der Juden in Ägypten

Es ist deutlich, daß Philo die alttestamentlichen Aussagen im Horizont der platonischen und stoischen Philosophie deutet[48]. Man kann daher Philo ganz in diesem Sinne auslegen[49]. Die Fremdlingsschaft, so wie sie Philo vor allem im Begriff πάροικος κτλ deutet, scheint sich dabei zumindest virtuell auf jeden Menschen zu beziehen; sie stellte also ein allgemeinmenschliches Phänomen dar und hätte nichts mit der Aussonderung und Erwählung des jüdischen Volkes zu tun. Anders ausgedrückt: Es würde sich bei jenen Aussagen Philos lediglich um die anthropologische Kehrseite seines kosmologischen Dualismus handeln, die prima facie mit der Situation der Juden in Ägypten nichts zu tun hat.

Näheres Zusehen nötigt allerdings zu einer differenzierteren Sichtweise. Zunächst muß einmal grundsätzlich festgehalten werden, daß Philo als Jude die Erfahrung der Fremdheit des Gottesvolkes in seiner Umwelt aufgrund von dessen exklusiver religiöser Bindung sehr wohl kennt und daß er dieses Problem auch theologisch reflektiert hat. Dabei berühren sich seine Ausführungen in manchem mit denen des 1 Petr[50]. Wenngleich Andeutungen im Blick auf die

---

[47] Conf Ling 81: »... κατοικεῖ δ᾽ ὡς ἐν πατρίδι νοηταῖς ἀρεταῖς, ἃς λαλεῖ ὁ θεὸς ἀδια- φορούσας λόγων θείων«.

[48] Der Nachweis einer direkten Abhängigkeit bei der Ausdeutung der Fremde ist hier nicht gelungen. Seneca, bei dem sich die auffälligsten Parallelen zu Philo finden, kommt als Quelle wohl kaum in Betracht.

[49] Dies tun etwa K.L. und M.A. SCHMIDT: πάροικος κτλ 847.

[50] In Spec Leg IV,176ff legt Philo Dtn 10,17f aus:»Denn der Herr, euer Gott, ist der Gott aller Götter, und der Herr über alle Herren ... der die Person nicht ansieht und kein Geschenk nimmt, und schafft Recht den Waisen und Witwen und hat die Fremdlinge lieb...«. Philo geht zunächst auf den Fremdling ein, worunter er, gemäß der Übersetzung der LXX, den Proselyten versteht. Dieser, so Philo Spec Leg IV,178, bedürfe der Zuwendung Gottes, da er als ein *Wanderer zur Wahrheit* (μεταναστὰς εἰς ἀλήθειαν) und als *einer, der sich zum besseren Heim* (wörtl: Kolonie) *aufmacht* (στειλάμενος τὴν καλὴν ἀποικίαν), sich von den Mythen seiner Väter und Vorfahren losgesagt habe (vgl 1 Petr 1,18; 4,3f) und entsprechend sich die eigene Verwandtschaft, seine natürlichen Verbündeten, zu Feinden gemacht habe. Die Entsprechungen auch zu den Erfahrungen der im 1 Petr angesprochenen bekehrten Heidenchristen sind nicht zu übersehen. Philo geht nun auf den Waisen und die Witwe ein (ebd), um dann in einer überraschenden Wendung fortzufahren, daß *das gesamte Geschlecht der Juden im Vergleich mit den anderen Völkern eine Waise sei,* da auch ihnen, die unter außerordentlichen Gesetzen lebten, niemand beistünde; vielmehr die Strenge dieser Gesetze, die dem allgemeinen Vergnügungsstreben zuwiderliefen, auf Ablehnung stieße (ebd IV,179). Hier wird also auch die Erwählung und Bindung an den einen Gott bzw an sein Gebot als Grund für die Existenz des Ausgestoßenen und Abgelehnten gesehen. In einer sehr bezeichnenden Weise wird

Fremde auch in diesem Zusammenhang nicht ganz fehlen[51], so werden sie zumindest nicht direkt ausgesprochen. Philo vermeidet es in diesem Zusammenhang, die Kategorien πάροικος und παρεπίδημος auf die jüdische Existenz anzuwenden. Statt ihrer ist es in Spec Leg IV,176ff die Verlassenheit, der Waisenstatus, mit dem er das Anderssein und Ausgegrenztsein der von Gott Ausgesonderten in der Gesellschaft auf den Begriff bringt. Dieses Vermeiden der an sich naheliegenden Begrifflichkeit[52] könnte damit zusammenhängen, daß es das Bestreben des gesamten Diasporajudentums (und im besonderen das der Juden in Ägypten) war, die ἰσοπολιτεία, die volle bürgerliche Gleichberechtigung zu erreichen und von daher ihre Zugehörigkeit zu dem jeweiligen Land zu betonen[53].

Dennoch hat auch die philosophisch geprägte Rede von der Fremde mehr mit der Situation Philos zu tun, als es zunächst den Anschein hat. Interessant ist ja schon, daß die philosophischen Aussagen über die Fremdlingsschaft des Weisen in der materiellen Welt *durchweg im Zusammenhang einer Auslegung der Tora* gemacht werden (und von Philo auch als deren Auslegung verstanden werden). Weiter fällt auf, daß Philo diese allgemeinen philosophischen Aussagen *häufig unmittelbar mit der Lebensweise jüdischer Gestalten verbinden* kann. Im Gegensatz dazu gibt gerade Ägypten nicht selten den Archetyp für die entgegengesetzte Lebensweise ab[54], was doch auf sehr konkrete Erfahrungen bzw Vorurteile schließen läßt, auf die Philo bei Gelegenheit auch direkt zu sprechen kommt[55]. So verteidigen sich nach Philo die Erzväter gegen die vorwurfsvolle Frage, warum sie denn nach Ägypten,»dem Land des Körpers und der Leidenschaften« kämen, mit dem Hinweis, daß sie hier nicht seßhaft würden, sondern nur als Fremde lebten[56].

---

nun auch von Philo dieser besondere und negative Status zum Ausgangspunkt von Hoffnung und Erwählungsstolz: Wie Mose lehre, so Philo ebd IV,180f, sei es gerade dieser Zustand der ὀρφανία und ἐρημία, der das Erbarmen des Weltherren hervorrufe, der sie aus der ganzen menschlichen Rasse ausgesondert habe als seine Erstlingsgabe (οἶά τις ἀπαρχὴ τῷ ποιητῇ καὶ πατρί), um heilbringende Frucht zu bringen. Auch dieses letztere erinnert in vielem an 1 Petr, für den gerade das erwählungsbedingte Leiden Anlaß zu Hoffnung und Freude wird, weil es die Verheißung der Nähe und Zuwendung Gottes birgt.

[51] Vgl Spec Leg I,51f, wo Philo vom Proselyten sagt, daß er neben den Freunden und den Verwandten auch *sein Vaterland* (πατρίς) verlasse und sich dem *neuen, gottliebenden Staat* (... καινῇ καὶ φιλοθέῳ πολιτείᾳ ...) anschließe.

[52] In Jos 254 läßt Philo den greisen Isaak von den Gefahren sprechen, die das Leben in der Fremde (ξενιτεία) mit sich bringe, besonders in einem Land wie Ägypten (in dem ja Philo auch lebt), das nichts vom wahren Gott weiß.

[53] Zu den jüdischen Bestrebungen nach Gleichberechtigung mit der griechischen Kultur selbst im eigenen Land vgl HENGEL: Judentum 130ff. Vgl DELLING: Diasporasituation 65: »Die Diaspora ist nicht Fremde; dementsprechend legt Jos ant 16,59 Nachdruck darauf, daß die Judenschaft ... ihre Zugehörigkeit zu den im Wohnland Einheimischen nachweisen kann«. Auch Philo tut dies bei Gelegenheit (vgl Flacc 46).

[54] Ägypten ist die σώματος καὶ παθῶν χώρα (Agric 64), ja es kann sogar in der allegorischen Ausdeutung direkt als Sinnbild für πάθος verstanden werden (Conf Ling 81). Ebenso sind die Ägypter »das den Leib liebende Volk« (Conf Ling 70); vgl weiter Jos 254 uö.

[55] Vgl Leg Gaj 162ff.

[56] ...παροικεῖν, οὐ κατοικεῖν ἤλθομεν (Agric 64). Es ist zu überlegen, ob Philo damit implizit auch der Darstellung des Exodus bei Manetho widerspricht, daß die Juden Hyksos sei-

Bruchlos geht diese Aussage über in die allgemeine, daß die Heimat des Weisen allein der Himmel sei und die Erde fremd, daß nur das Haus der Weisheit sein eigen, das des Körpers aber ausländisch sei, er selbst sich folglich als Fremden sehe[57]. Überhaupt *sind die großen Gestalten der jüdischen Vergangenheit als exemplarisch Weise dargestellt*[58]. Philo kann sogar, wie oben gesehen, von den οἱ κατὰ Μωυσῆν σοφοί sprechen, also die mosaische Tora ganz selbstverständlich zum Maßstab der Weisheit machen[59]. Umgekehrt identifiziert er das Leben dieser jüdischen Gestalten[60] bzw das mosaische Gesetz überhaupt[61] mit dem philosophischen Ethos, wie er auch den jüdischen Glauben als Philosophie bezeichnet[62], da Philosophie in der wahren Gotteserkenntnis besteht und dieser wahre Gott ist für ihn allein der Gott der Tora. Selbst die Befreiung des Weisen bzw seiner Seele von der Gefangenschaft im Körper wird mit der jüdischen Erwartung eines Endgerichts durch den σωτήρ verbunden[63]. Bei allen diesen Texten hat Philo also eindeutig den Juden vor Augen, wenn er vom Weisen spricht (zumindest den gebildeten Juden, wie er selbst einer ist).

Dazu aber paßt es, daß er dann auch die Isolation und Ausgrenzung der Juden durch ihre Umgebung damit begründen kann, daß *die jüdischen Gesetze*

---

en, die vermischt mit Leprakranken und anderen Elenden eine Revolte unternommen und aus Ägypten vertrieben worden seien (vgl Jos Ap I,73ff.227ff). Diese Anschuldigungen, gegen die sich Josephus zur Wehr setzen muß, dürfte vermutlich auch in der antijüdischen Polemik der Alexandriner eine Rolle gespielt haben. Dafür spricht nicht zuletzt die Tatsache, daß Tacitus (hist 2,3ff) und Kelsos (Cels 3,5.7) in der antijüdischen Polemik ähnliche Behauptungen wiederhohlen.

[57] Vgl Agric 65.

[58] So werden etwa in Conf Ling 79–82 Abraham, Jakob und Mose als die sich von den übrigen Sterblichen unterscheidenden, wahren Fremdlinge und Weisen geschildert, die nicht in der Leidenschaft und dem sichtbaren Sein, sondern in der unsichtbaren und körperlosen Vernunft leben. In Quaest in Gn IV,74 wird die Selbstaussage Abrahams von Gen 23,4 sofort auf die »wise soul« bezogen, die »like an immigrant and sojourner in this mortal body« lebe (Üs Marcus).

[59] Conf Ling 77; vgl Quaest in Gn IV,59: In einer allegorischen Auslegung zu den Namen in Gen 20,1 heißt es im Zusammenhang mit dem Fremdsein des weisen und tugendhaften Mannes, daß dieser durch die heiligen Gesetze ernährt werde (»nourished by the sacred laws«). Dabei denkt Philo eindeutig an die Tora, wie der Kontext zeigt.

[60] Ebenso werden diese jüdischen Gestalten den philosophischen Idealen entsprechend dargestellt. So betont Philo in seinem Buch über Abraham, daß die großen Gestalten der Genesis die eigentlichen Urbilder der Gesetze sind (Abr 3f). Dieser »vollkommene Lebenswandel« aber wird sofort – gut stoisch – als ein Leben nach den Ordnungen der Natur gedeutet (Abr 5f).

[61] In Op Mund begründet Philo den Beginn des mosaischen Gesetzes mit der Weltschöpfung mit dessen universeller Bedeutung und deutet dieses dabei im Sinn des stoischen Naturrechts: »Dieser Anfang ist, wie ich sagte, höchst bewunderungswürdig, da er die Weltschöpfung schildert, um gleichsam anzudeuten, daß sowohl die Welt mit dem Gesetze als auch das Gesetz mit der Welt im Einklang steht und daß der gesetzestreue Mann ohne weiteres ein Weltbürger ist, da er seine Handlungsweise nach dem Willen der Natur regelt, nach dem auch die ganze Welt gelenkt wird« (Op Mund 3 Üs Cohn).

[62] Vgl Leg Gaj 156. Dagegen findet sich bezeichnenderweise an all diesen Stellen, die mit der Fremdlingsschaft zu tun haben, über andere Weise kein Wort.

[63] Quaest in Gn III,10.

zur höchsten Tugend erziehen, während die anderen Menschen sich lieber ge-
henlassen und daher diese ablehnen[64]. Ja, Philo geht so weit, die gesamte – typisch jüdische – *Absonderung von anderen Menschen* (die Hauptursache für
den antiken Judenhaß) *als Kennzeichen des wahren Weisen* auszugeben: »For
truly the lover of wisdom does not dwell, or go about, with any vain or empty
things, even though he has grown together with them, (but) is far removed from
them in thought. Wherefore the wise man is truly and properly said *not to sail, or
journey, or be a fellow-citizen, or live, with the foolish man,* since the sovereign
and ruling mind does not unite, or mix, with anything else«[65]. Und hinter der Stimme derer, die Philo gegen den Weisen auftreten läßt, um seine Anpassung zu verlangen, sind mit bemerkenswerter Deutlichkeit die Anfragen und Anschuldigungen der (alexandrinischen[66]) Mitbürger gegen die Juden zu vernehmen, die sich
nicht zuletzt auch über die jüdische Anmaßung erregen, nach eigenen Gesetzen
über das Tun und Lassen der anderen Menschen zu urteilen: »Those, who gather
to make war on the soul, workers of evil and impurity, shamelessly choose a lea-
der and teacher, saying, ›O thou, dost thou not wish to come to us who are – are we
not? – inhabitants and countrymen? Thou art in need of our ways and shouldst
emulate the ways of our country. For our territory is licentiousness, and our law
and lawful will is sensual pleasure[67]. And now that we have permitted thee to live
in freedom as a sojourner, dost thou dare to resist and rebel? And whereas thou
shouldst be quiet, dost thou judge and decide matters, saying that these things are
bad, and others better, that these are good, virtuous and honourable, and those are
evil, disreputable and dishonourable, changing some into virtue, and applying the
measure of evil to nature of others?‹«[68].

Diese Deutung paßt auch ganz gut zur Situation der Juden in Ägypten zur
Zeit Philos. Zwar sind die Juden schichtenmäßig nicht festlegbar[69]. Entschei-

---

[64] Vgl Spec Leg IV,179; diese Aussagen werden ebd 181f auf das gegenwärtige Verhalten
der Juden bezogen.

[65] Quaest in Gn IV,74 (Üs Marcus; Hervorhebung von mir); im griechischen Fragment
(Suppl II,220) kommt diese Abgrenzung noch deutlicher heraus: ...οὔτε συμπλεῖν οὔτε συμ-
πολιτεύεσθαι οὔτε συζῆν λέγεται.

[66] Philo hat ja die alexandrinischen Pogrome erlebt – sie waren der Anlaß für seine Delega-
tion zu Caligula.

[67] Vgl dazu die Aussagen Philos über Ägypten als Land des Leibes und der Begierden
(Agric 64; ähnlich Conf 70.81; Jos 254 uö).

[68] Quaest in Gen IV,39. Wie kaum ein Text zeigt dieser auch den unüberwindlichen Graben zwischen den Juden und ihren Mitbürgern und spiegelt so vielleicht auch das Ende der
von der ägyptischen Judenschaft so lange gehegten Integrationsträume. Der Ton bei Philo ist
weit pessimistischer als etwa der des zwei Jahrhunderte zuvor verfaßten Aristeasbriefes. Was
die indirekte Redeweise Philos anlangt, so ist auch zu überlegen, ob Philo sich nicht auch aus
naheliegenden politischen Gründen gescheut hat, den Gegensatz zu Ägypten noch deutlicher
zu betonen.

[69] Vgl SMALLWOOD: Jews 222f. Es gab auch einige Juden, die alexandrinisches Bürgerrecht hatten, darunter wohl auch der Bruder Philos (vgl ebd 227); dies dürfte jedoch nur eine
hellenisierte Minderheit gewesen sein, zumal die mit dem Bürgerrecht gegebenen Verpflichtungen für einen orthodoxen Juden aus Glaubensgründen nicht ganz einfach zu erfüllen

dend aber war, daß die Judenschaft in Alexandria als Ganze ein πολίτευμα bildete, »a recognized, formally constituted corporation of aliens enjoying the right of domicile in a foreign city and forming a separate, semiautonomous civic body«[70]. Dies bedeutet zwar eine eindeutige Privilegierung gegenüber der rechtlosen autochthonen Bevölkerung, jedoch eine ebenso deutliche Zurückstufung gegenüber der griechischen Bürgerschaft[71]. In dieser Situation versuchten die Juden immer wieder eine Verbesserung ihres Standes zu erreichen, wobei allerdings gerade zu Philos Zeit aufgrund des seit der Eroberung Ägyptens durch die Römer ständig wachsenden Antisemitismus die Juden zunehmend auf den Widerstand der Bürger Alexandrias stießen, bis die Spannungen sich im Jahr 38 in einem Pogrom entluden. Für unsere Untersuchung sind im Zusammenhang mit diesen Ereignissen zwei Dinge besonders interessant. Zum einen ist bemerkenswert, daß der Präfekt Flaccus, nachdem er unter den Einfluß der alexandrinischen Nationalisten geraten war, in einer Proklamation kurz vor dem Ausbruch der eigentlichen Unruhen die Juden ausdrücklich als »Fremde und Ausländer« bezeichnet[72], eine herabwürdigende[73] Anrede, die als Angriff auf ihren Status als πολίτευμα verstanden werden mußte[74] und gut zu der von ihm geduldeten und sogar geförderten Beschneidung der jüdischen Rechte paßt[75]. Vor allem aber zeigt diese Anrede, wie *die Juden zur Zeit Philos* (vor allem unter Caligula) durch den Einfluß nationalistischer alexandrinischer Kreise *mit dem Begriff der Fremde ausgegrenzt werden konnten,* ein Vorgang, der exemplarische Bedeutung hat[76]. Dieser Antisemitismus bleibt gerade in Ägypten immer gegenwärtig[77], auch wenn in der Fol-

---

waren (vgl SMALLWOOD: Jews 234f; KASHER: Jews 280). Etwas anders scheint dies beim römischen Bürgerrecht gewesen zu sein. Was Philo selbst betrifft, »there is no evidence that he was a Roman citizen, although in view of his family and his own lofty status, he probably was« (KASHER: Jews 88). Doch unabhängig von seiner sicher gehobenen persönlichen Stellung hatte Philo als Jude teil an der immer schärfer betriebenen Ablehnung und Ausgrenzung seines Volkes durch die alexandrinischen Nationalisten: Er leitet die Gesandtschaft an Caligula und war auch schon früher politisch tätig.

[70] SMALLWOOD: Jews 225.

[71] Umstritten ist die genaue gesellschaftliche Stellung der alexandrinischen Juden. SMALLWOOD: Jews 230 setzt sie mit dem Stand der Metöken gleich (»Their status vis-à-vis the Greeks was that of metics, aliens with the right of domicile«), während KASHER sie etwas höher ansiedelt, zwischen Metöken und Bürgern (KASHER: Jews 239ff vgl 357).

[72] Philo Flacc 54: ξένοι καὶ ἐπήλυδες.

[73] Nach Flacc 172 bekennt Flaccus in seiner Reue vor Gott, daß er den Juden ihr angestammtes Recht bestritten habe und sie *der Schande und Fremdheit* geschmäht habe: (ὠνείδισά ποτε ἀτιμίαν καὶ ξενιτείαν αὐτοῖς ἐπιτίμοις οὖσι κατοίκοις«).

[74] So sieht es auch Philo, der diese Bezeichnung in einen Zusammenhang mit der Aufhebung der jüdischen πολιτεία, der väterlichen Gesetze und politischen Rechte stellt (Flacc 53).

[75] Vgl SMALLWOOD: Jews 237ff.

[76] Vgl KASHER: Jews 356: »The Greek *Polis* in Alexandria aspired to establish within the city a single *politeia,* based on one kinship *(syngeneia)* linked to the municipal cult. It consequently hoped to abolish the Jewish *politeia* and sought to designate the Jews as ›foreigners‹ or at most ›permanent residents‹ *(metoikoi).*«

[77] Nach Jos Ap 1,70 sind von allen Völkern die Ägypter den Juden am feindlichsten gesonnen.

gezeit die bisherigen[78] jüdischen Rechte von Claudius wieder bestätigt werden – freilich mit der betonten Einschränkung, daß die Juden in Alexandria ἐν
ἀλλοτρίᾳ πόλει seien[79]. Interessant ist aber auch, daß Claudius in einem wenig später veröffentlichten Rundschreiben, in dem er die Rechte der Juden
nochmals ausdrücklich bestätigt, von diesen wiederum verlangt, sich auf die eigenen Gesetze zu konzentrieren und darauf zu verzichten, andere Kulte ver-
ächtlich zu behandeln[80]. Dies wiederum paßt gut zu den Stimmen, wie sie oben
den ›Gegnern des Weisen‹ zugeschrieben wurden und zeigt die polemische
Selbstabgrenzung der Juden von ihrer Umgebung und ihr Überlegenheitsbe-
wußtsein, das seinerseits nicht wenig zu der Entfremdung zwischen ihnen und
der alexandrinischen Bevölkerung beigetragen haben dürfte.

Es zeigt sich also, daß sich die beiden scheinbar so klar getrennten Themen-
bereiche des platonisch-kosmologischen Dualismus zwischen dem λόγος und
der Sinnenwelt und dem darauf basierenden psychologischen Dualismus zwischen der Seele (des Weisen) und der Körperlichkeit auf der einen Seite und
der gesellschaftlichen Entfremdung zwischen Juden und ihrer Umgebung auf
der anderen Seite in den einzelnen Texten immer wieder überschneiden, ja sich
aufs engste verbinden und identisch zu werden scheinen. Die bei Philo erstaunlich häufigen allgemeinen Aussagen über das Fremdsein des Weisen dürften
also *in einem nicht unerheblichen Maße durch die konkreten Fremdheitserfahrungen des in Ägypten lebenden Juden Philo veranlaßt* sein. Dabei ist nochmals zu betonen, daß hier nicht einfach eine Not zur Tugend gemacht wird. Die
entscheidende Behinderung der Juden bestand in ihrer freiwilligen Treue zum
Glauben der Väter, der die völlige Integrierung in die ägyptische Oberschicht
ausschloß. Die glänzende Karriere von Philos Neffe Tiberius Alexander zeigt,
welche Möglichkeiten gerade einem gebildeten Juden offenstanden, wenn er
sich vom Judentum löste. Von daher war die Versuchung groß, jenen Hemm-
schuh abzustreifen. In Auseinandersetzung damit betont Philo den Wert des jüdischen Glaubens, indem er ihn mit der Weisheit identifiziert, um dadurch zugleich die Ausgrenzung der Juden elitär zu deuten.

Zusammenfassend ist zu sagen: Die bemerkenswert häufige Aufnahme der
alttestamentlichen Aussagen ist situationsbedingt und hat die Funktion, die pro-
blematische Stellung der Juden in der Gesellschaft so zu begründen, daß seine
hellenistisch-jüdischen Zeitgenossen den gesellschaftlichen Mangel theologisch als Auszeichnung verstehen konnten. *Was Philo also in der Situation gesellschaftlicher Entfremdung intendiert, ist die Vermittlung eines anderen Bezugssystems, in dem die Werthierarchie neu definiert und so die eigene Situa-*

---

[78] Diese Rechte werden jedoch auch nicht in der – zumindest von einem Teil der Juden –
gewünschten Form erweitert.

[79] CPJ 153,95. Der Versuch von Kasher: Jews 325f, dies nur als Ausdruck des kaiserlichen Besitzanspruchs über Alexandria zu verstehen, überzeugt nicht, zumal diese Formulierung im Zusammenhang mit der Aufforderung an die Juden steht, sich nicht in die Angelegenheiten der anderen einzumischen.

[80] Vgl Jos Ant XIX,290.

tion neu beurteilt wird. Geradezu beispielhaft dafür ist der schon vorgestellte Text Cher 121, in dem die sozial-politische Werthierarchie durch die religiöse überlagert, ja außer Kraft gesetzt wird: Diejenigen, die nach den gesellschaftlichen Maßstäben Vollbürger sind, werden hier zu Flüchtlingen. Mit ihnen verglichen ist der zweitrangige Stand des πάροικος, der in etwa der Stellung der Juden entspricht, geradezu eine Auszeichnung.

Zugleich kann Philo mit dieser religiösen Werthierarchie auch *die Ethik begründen*. Fremdlingsexistenz als Kehrseite der Zugehörigkeit zu Gott impliziert, sich nicht den Werten dieser Welt auszuliefern. Dies aber setzt Philo mit der Treue zum Gottesgesetz gleich. Die *Fremde* hat so wesentlich auch *eine paränetische Dimension*.

3.3 Philos Deutung im Zusammenhang des Frühjudentums

Philo stellt mit seinen Aussagen zur Fremdlingsschaft zweifellos eine Ausnahme in der uns erhalten gebliebenen Literatur dar. Dennoch ist Philo im Zusammenhang des Frühjudentums kein erratischer Block, sondern steht auch in seiner Ausdeutung der Fremdlingsmetapher in einem gewissen Zusammenhang mit dem Judentum seiner Zeit.

Das ist wohl auch umgekehrt die Voraussetzung für eine Verbreitung der entsprechenden Gedanken im Diasporajudentum, ohne die gewisse auffällige Gemeinsamkeiten Philos mit den neutestamentlichen Texten (und gegen die übrige Literatur) mE nicht zu erklären sind[81]. Folgende Stränge führen zu Philo:
– Wenn Philo – wenn auch nur implizit – den Juden als den wahren Weisen darstellt, so ist dies wahrscheinlich auch begünstigt durch das vor allem in der frühhellenistischen Zeit (seit Hekataios von Abdera) begegnende Urteil hellenistischer Geschichtsschreiber über die Juden, diese seien ein Volk von »Philosophen«[82]. Das Judentum hat sich dann diese Einschätzung zu eigen gemacht, wobei es allerdings diesen Gedanken im Zusammenhang mit seinem Erwählungsbewußtsein als besonderen, wenn nicht gar exklusiven Anteil an der Weisheit des einen, wahren Gottes interpretierte. Am auffälligsten und vielleicht

---

[81] Bei allen Unterschieden bestehen doch auch bemerkenswerte Beziehungen des 1 Petr, aber auch des Hebr zu gewissen Gedanken Philos im Blick auf die Deutung der Fremdlingsschaft (su). Das legt nahe, daß Philos Gedanken im hellenistischen Judentum verbreitet waren und so auch auf das Christentum eingewirkt haben. Dabei kann nicht aufgewiesen werden, wie diese Vermittlung im einzelnen zustande kam, ja es kann nicht einmal sicher gesagt werden, daß es ausschließlich Philos Gedanken sind, die hier auf die neutestamentlichen Schriftsteller eingewirkt haben. Möglich wäre natürlich auch, daß alle unabhängig voneinander aus einer unbekannten anderen Quelle schöpfen. Doch wie dem auch sei: Die Übereinstimmungen zwischen Philo und der neutestamentlichen Briefliteratur lassen sich nur durch eine gemeinsame traditionsgeschichtliche Wurzel erklären, die durch das Diasporajudentum überliefert wurde.

[82] Weitere Belege und die Gründe für dieses Urteil bei HENGEL: Judentum 464–473.

auch zum ersten Mal[83] geschieht dies in Sir 24,1–22 vor allem Vv 3–12. Dort beschreibt die personifizierte Weisheit, wie sie – die Ewige, aus dem Munde Gottes Hervorgegangene – die ganze Erde erfüllt hat. Ihren Wohnort aber hat sie auf Gottes Befehl in Israel genommen: »In der Stadt, die er in gleicher Weise liebt, ließ er mich ruhen, und in Jerusalem liegt mein Machtbereich. Und ich schlug Wurzeln in einem gepriesenen Volke, im Anteil des Herrn, dem seines Erbbesitzes« (24,11f; Üs Sauer). Dieser Gedanke wurde auch in anderen Texten aufgenommen[84]. *Er hat das Bild des Weisen als eines Gottesfürchtigen und das Gesetz Liebenden geprägt*[85] *und war wohl so eine Voraussetzung für die philonische Identifizierung des Juden mit dem wahren Weisen*[86].

– Dieser Weise ist umgekehrt aber wieder der andere, der Fremde. Dies wird etwa Weish 2,15 angedeutet, wenn die Feinde des Gerechten sagen: »... sein Leben ist den anderen ungleich, und seine Pfade sind fremdartig« (Üs Georgi). Dieser Gerechte (=Jude) nun wird an anderer Stelle wieder mit dem Weisen identifiziert (4,16f vgl 3,11; 6,9ff)[87].

– In *gewisser Weise stellt äth Hen 42* eine Fortführung beider Gedankenreihen dar. Dort wird geschildert, wie die auf Erden nicht aufgenommene Weisheit in den Himmel zurückkehrt, während die willkommen geheißene Ungerechtigkeit sich unter den Menschen niederläßt. Es wird angenommen, daß es sich hier um einen Weisheitsmythos handelt, der sich auch in anderen jüdischen Schriften findet[88] und sekundär in den Zusammenhang des astronomischen Buches des äth Hen hineingeraten ist[89]. Doch wie immer es um die Herkunft dieses Textes bestellt ist – die Entgegensetzung von Weisheit und Ungerechtigkeit verrät jüdische Bearbeitung[90] und macht deutlich, daß die Ausführungen von äth Hen 42 wohl bewußt hinzugefügt wurden und zu dem Vorherigen dazugehören sollen. Denn in dem Abschnitt unmittelbar vorher geht es

---

[83]   Vgl Hengel: Judentum 290.

[84]   In Bar 3,9–4,4 wird die prinzipielle Unzugänglichkeit und Verborgenheit der Weisheit ihrer Entsendung an Israel kontrastiert (vgl Wilckens: σοφία 509). Eingebunden ist dies dort in einen Bußruf: Israel ist ›im Feindesland und siecht dahin in der Fremde‹ (3,10), weil es »den Quell der Weisheit verlassen« hat (3,12 Üs Gunneweg). Daher soll es umkehren und ›lernen, wo Einsicht ist‹ (3,14).

[85]   Vgl Sir 33 [36],1–3; weiter etwa 4 Makk, der zentrale Begriffe jüdisch ›umtauft‹ wie »Isaaksvernunft«.

[86]   Die Überzeugung, daß die Juden eine besondere Beziehung zur Weisheit besäßen, findet sich auch bei Josephus, wenn dieser die *Tora* universalistisch interpretiert (vgl Ap II,154ff). Nicht zufällig begegnet in diesem Zusammenhang auch die Behauptung, die großen Philosophen der Griechen hätten von Mose gelernt (Ap II,168).

[87]   Eine weitere bemerkenswerte Parallele zu Philo ist die Tatsache, daß in der Weisheit Salomos der Gegensatz zwischen dem einzelnen Weisen und dem einzelnen Toren, der den ersten Teil dieser Schrift bestimmt, im zweiten Teil abgelöst wird von dem Gegensatz zwischen dem Gottesvolk und Kanaan bzw vor allem zwischen Israel und Ägypten!

[88]   Wilckens: σοφία 508f; nicht alle von Wilckens dort angeführten Texte belegen diese These vgl Hengel: Judentum 290 A 340.

[89]   So Wilckens: σοφία 508; Hengel: Judentum 375 A 585.

[90]   Wilckens: σοφία 509.

um die von Gott vorgenommene Scheidung der Geister der Gerechten von den Geistern der Ungerechten (41). Sieht man, daß im weiteren Kontext der Bilderreden die Gerechten (die zugleich auch als die Erwählten bezeichnet werden[91] und daher weitgehend oder ganz mit dem jüdischen Volk oder doch mit den Gottesfürchtigen unter diesem identisch sind[92]) ihren Platz im Himmel haben (äth Hen 39), so fällt doch auf, daß offensichtlich durch Kapitel 42 die Gerechten der auf Erden heimatlosen Weisheit parallelisiert werden, während umgekehrt die Sünder mit der auf Erden gern aufgenommenen und hier fest wohnenden Ungerechtigkeit zusammengebracht werden. Es scheint, als sei hier (möglicherweise erst durch einen späteren Interpolator) bewußt ein Zusammenhang hergestellt zwischen Gottes Erwählten und der auf Erden heimatlosen, himmlischen Weisheit auf der einen sowie den Sündern und der hier heimischen Ungerechtigkeit auf der anderen Seite. Dieser Zusammenhang von Weisheit und Fremde hebt sich von anderen Aussagen ab (vgl Test XII L 13,3.8) und kommt nahe an Philo heran. Das bestätigt, daß Philo mit dem, was er am Thema der Fremde ausführt, Gedanken fortführt und Vorstellungen präzisiert, die sich zumindest in Ansätzen auch sonst im Judentum seiner Zeit finden.

– Der oben dargestellte jüdische Hintergrund der Ausführungen Philos und das von ihm weitergeführte jüdische Erbe sind noch in einer Richtung zu ergänzen, die es erst verständlich macht, warum Philo gerade auch in der frühchristlichen Theologie ein solcher Einfluß beschieden war[93]. Zwar ist Philo deutlich von der paganen Philosophie beeinflußt: Im Anschluß an Plato hat er ein dualistisches Weltbild, und seine Hoffnung richtet sich auf die wahre Welt, die von der sinnlich wahrnehmbaren unterschieden ist. Auch der Gedanke der Heimkehr der Seele in die himmlische Heimat, aus der sie herabgekommen ist (vgl Conf Ling 78) ist gänzlich unbiblisch. Ebenso ist seine Ethik, wie gezeigt, stoisch geprägt. Zu beachten ist jedoch, daß Philo seinem Selbstverständnis nach mit Hilfe der allegorischen Methode die biblische Wahrheit zur Sprache bringt[94]. Es geht ihm darum, genuin biblische Gedanken im Gewand dieses

---

[91] Vgl äth Hen 38f.

[92] Vgl äth Hen 56f, wo der Kampf gegen die Erwählten und Gerechten (vom Osten, bei den Medern und Persern ausgehend!) der Gerechten Land zerstört, aber an ihrer Stadt scheitert – ein wohl eindeutiger Hinweis auf Israel bzw Jerusalem. Auch sonst ist alles – von den Namen der Engel bis zum Trishagion vor Gottes Thron – »israelitisch« geprägt.

[93] Beredtes Zeugnis davon gibt die Tatsache, daß die »Biblia Patristica« Philo einen eigenen Supplementband widmet! Diese christliche Rezeption steht in einem bemerkenswerten Gegensatz zur jüdischen. AMIR: Gestalt 3 stellt fest: »...in der Kontinuität des jüdischen Geschichtsgedächtnisses hat die Gestalt Philos nicht die geringsten Spuren hinterlassen. Während die christlichen Kirchenväter tiefgehende Anregungen von ihm bekommen haben und ihn in ihren Werken häufig auch mit Namen zitieren, haben die Rabbinen nicht einmal seinen Namen gekannt«.

[94] Vgl AMIR: Gestalt 14: »Philon sucht bewußtermaßen nicht nach einer griechisch-jüdischen Synthese, sondern strebt nach der religiösen Wahrheit«. So sieht er auch keinen Gegensatz zwischen dem jüdischen Glauben und der Philosophie: »Sein Mose ist selbst Philosoph, wenn auch allen anderen Philosophen von vornherein überlegen, da er unter Gottes Eingebung philosophiert«.

Denkens zur Sprache zu bringen und so zu vermitteln. Bei dieser Synthese wird nun aber nicht nur das AT hellenisiert – es findet im Gegenzug auch eine Judaisierung bzw Biblisierung der übernommenen Vorstellungen statt. Bezeichnend dafür ist etwa Op Mund 69–71. Dort bedient er sich bei der Auslegung des Gedankens der Gottesebenbildlichkeit genuin platonischer Vorstellungen und beschreibt den Seelenaufstieg bis hin zur Schau der Ideen. Doch ist diese ihm gerade nicht das höchste; vielmehr fährt Philo über Plato hinaus fort: »...und erfüllt von anderer Sehnsucht und besserem Verlangen, wird er durch dies zum höchsten Gipfel des rein Geistigen emporgetragen und glaubt bis zum ›Großkönige‹ selbst vorzudringen« (Üs Cohn). Ähnliches läßt sich bei Philos Soteriologie beobachten: Der Mensch ist hier nicht auf sich allein geworfen, sondern hat bei seinem Ringen um Erlösung den (persönlichen) Gott an seiner Seite, der ihm hilft und ihn befreit (vgl Som I 179.181).

Dieser Vorgang zeigt sich im Blick auf die Metapher der Fremde, die ihr Ziel gerade in der Anerkennung Gottes als des Herrn der Welt und im Bezug des Weisen zu ihm hat – also in einer, genuin biblischen Vorstellung[95]. Daran knüpft ein zweiter, ebenso bedeutsamer Unterschied an: Bei allen Sätzen über den Weisen als Fremden in der Welt, die ihn mit der zeitgenössischen Philosophie verbinden, vergißt doch Philo andererseits nicht, daß die Fremde durch den Gehorsam gegen Gottes Gesetz und damit letztlich durch die Erwählung und die Zugehörigkeit zum Gottesvolk bedingt ist. Auch daran knüpfen die ntl Aussagen an.

4. Zusammenfassung

Eine positive Aufnahme der alttestamentlichen Fremdlingskategorie findet sich bezeichnenderweise nur *bei den Gruppen des Judentums, die außerhalb des Landes leben oder* – zumindest mit ihrem Zentrum[96] – *das Kulturland verlassen haben, wobei der geographische und der theologische Aspekt zusammengehören:* Zum einen ist es das »radikale« palästinische Judentum, die aus dem Land Israel in die Wüste hinausgezogene Gemeinschaft von Qumran, die diese Begrifflichkeit auf ihre Existenz als Gemeinde im Exil anwendet, jedoch sich selbst nicht direkt als die Fremden bezeichnet. Zum anderen ist es das stark hellenistisch geprägte Diasporajudentum, vor allem in der Gestalt Philos, das die alttestamentliche Fremdlingsmetapher auffällig häufig aufnimmt und neu deutet. Beide Male

---

[95]   Vgl BITTER: Vreemdelingschap 190: »Through the stoic and platonic terminology the reader recognizes the ideas from the Bible. This world remains God's Creation. God ist the One goal of everything and everything and all knowledge derives from Him. In order to achieve his destiny man must be converted to Him. To him who has given everything, man can only give one thing in return: Gratitude. This is how we should interpret the fact that the wise man is called πάροικος in relation to his earthly existence«.

[96]   Essener lebten zwar auch in allen Städten des Landes, aber der Auszug ihres Zentrums in die Wüste war wohl Ausdruck ihrer »geistigen Emigration« aus der Menge des – in ihren Augen verderbten – Volkes, das »ursprüngliche ›Exil in der Wüste‹« (CROSS: Bibliothek 87).

sind es Gruppen, die wegen ihres Glaubens in ihrer Umgebung Außenseiter waren. Sie nehmen die alttestamentliche Kategorie der Fremde auf, um durch sie ihre eigene Sonderexistenz theologisch zu begründen.

Inhaltlich geschieht dies auf sehr verschiedene Weise: Während die Gemeinschaft von Qumran an jüdischen Radikalismus anknüpft und als heiliger, eschatologischer Rest die Fremde als Idealzustand gegen die Existenzweise des abtrünnigen Israel lebt, synthetisiert Philo alttestamentliche und pagane philosophische Vorstellungen.

Doch unbeschadet dieser ganz erheblichen Unterschiede weisen beide *bemerkenswerte Übereinstimmungen* auf: Neben der *dualistischen Weltanschauung,* die bei beiden im Hintergrund steht, ist ihnen auch gemeinsam, daß die Fremdlingsexistenz *in einem elitären Sinn* als Kehrseite einer allen anderen überlegenen Lebensweise verstanden wird, die ihren Grund in der Zugehörigkeit zu Gottes Volk hat. In Qumran wird dieser elitäre Aspekt vor allem durch die Verbindung mit der Erwählung unterstrichen, bei Philo durch den exklusiven Bezug zur Weisheit. Damit aber ist immer auch ein *gesellschaftskritischer Aspekt* verbunden: Bei den Essenern ist in erster Linie das Gegenüber zu Jerusalem bestimmend (und darüber hinaus zu allen »Söhnen der Finsternis«, also zur ganzen Welt), bei Philo die Abgrenzung von Ägypten (und damit dann auch von jeder Lebensweise, die sich nicht dem jüdischen Gesetz unterstellt). Damit hängt als letztes zusammen, daß bei beiden die Vorstellung von Israel als Stammesgemeinschaft zurücktritt und die Vorstellung einer Glaubensgemeinschaft (unter Betonung der Bekehrung bzw Umkehr) in den Vordergrund tritt: In Qumran als Abkehr von der *massa perditionis* des übrigen Volkes, bei Philo in seiner Ablehnung einer bloßen Nationalreligion und in einem Verständnis der Gemeinde, in der gerade der Proselyt zum Vorbild wird[97].

Die auf den ersten Blick unerwarteten Übereinstimmungen zwischen so extrem verschiedenen Richtungen wie den radikal-eschatologischen, in einer Art von geistigem Exodus in der Wüste lebenden Essenern auf der einen und dem so gar nicht eschatologischen, der Oberschicht angehörenden Religionsphilosophen Philo auf der anderen Seite finden eine gewisse Bestätigung durch die Tatsache, daß Philo in den Essenern und verwandten Gruppierungen[98], die ihre Verwandtschaft verlassen und unter Verzicht auf zivilisatorische Errungenschaften ein sehr einfaches Leben führen, eine Verkörperung des wahren jüdischen Lebens sehen kann.

---

[97] Zu Philos Gemeindekonzeption vgl AMIR: Gestalt 26f: »Die Gemeinde soll keine Stammesgemeinschaft, sondern eine Glaubensgemeinschaft sein. Denken wir diese gedankliche Linie zu Ende, hört Israel auf, ein Volk zu sein, und wird zu einem Glaubensbund.« Philo hat diesen Gedanken zwar nicht zu Ende gedacht, aber er kam mit dieser Abkehr vom ethnischen Moment dem Christentum entgegen.

[98] Geradezu enthusiastisch preist Philo die Essener in Omn Prob Lib 75ff. Philos zweite Schrift über die Essener ist nur noch bei Euseb in Fragmenten erhalten; die Bezugnahme darauf in Vit Cont 1 läßt jedoch erkennen, welche hohe Meinung er von ihnen hat. Das bestätigt indirekt auch die erhaltene Schrift über die Therapeuten (Vit Cont), deren (nach Philo im Unterschied zu den Essenern mehr contemplative) Lebensweise er ebenfalls als Vorbild preist.

Dies alles zeigt, daß es im Judentum dieser Zeit entsprechende Traditionen gab, die von der Sektengemeinschaft von Qumran bis zum philosophisch geprägten Disporajudentum Ägyptens lebendig waren und an die das Neue Testament anknüpfen konnte.

§ 5 Das Thema der Fremde im Neuen Testament[1]

1. Überblick und Vorgehen

(1) Man kann, wie dies bisweilen auch geschieht, nahezu das ganze Neue Testament aus der Perspektive der Kategorie der Fremde zu deuten versuchen[2]. Möglich ist dies aufgrund des eschatologischen Selbstverständnisses, das in allen neutestamentlichen Schriften bestimmend ist und das eine Distanz zur vertrauten Lebenswelt zur Folge hat, wie sie auch in der Kategorie der Fremde impliziert ist.

So ist es nach dem Zeugnis der Evangelien Jesus Christus selbst, der durch seine Gottesbeziehung und seinen Auftrag aus allen vertrauten Bindungen der

---

[1] Der folgende Abschnitt beschränkt sich auf die neutestamentliche Literatur; die fast gleichzeitig mit den späten Schriften des NT einsetzende – jedoch dem 1 Petr gegenüber mit großer Wahrscheinlichkeit spätere – frühchristliche Literatur wird im Anhang 3 berücksichtigt.

[2] Vgl LAMPE: »Fremdsein« 58ff; für LAMPE ist bereits Jesu ganzes Leben eine »Fremdexistenz« als »Vor-wegnahme dessen, was die Gesellschaft als ganze einmal werden sollte: eine sich unter Gottes Herrschaft versöhnende, die aus der unermesslichen Liebe dieses Gottes lebt. Der im gesellschaftlichen Status quo Fremde verkörpert so fragmentarisch das Ziel, zu dem hin er die Gesellschaft bewegen möchte. Fremdsein bedeutet insofern einen Vorgriff, es hat *proleptischen* (vorgreifenden) Charakter. Es antizipiert ein Stück weit erwünschte Zukunft der Gesellschaft und erweist sich so als eine *eschatologische* Existenz« (»Fremdsein« 59). Im folgenden (»Fremdsein« 60–62) behandelt LAMPE unter dem Aspekt der Fremdlingsexistenz das Selbstverständnis des frühen Christentums, wobei er interessanterweise weder auf den 1.Petrusbrief noch auf den Hebräerbrief eingeht. Für LAMPE bilden vielmehr die Apokalypse und die johanneischen Christen das eine Extrem der Fremde im Sinne völliger Weltverneinung, die »vollständige Weltförmigkeit« vieler Christen »der zweiten und dritten Generation« das andere, während Paulus dazwischen den goldenen Mittelweg weist. Nüchterner urteilt FASCHER: Fremder 338f, der allerdings ebenso wie LAMPE das Leben Jesu wie das seiner Nachfolger mit der Kategorie der Fremde deutet; vgl FASCHER: Fremder 338, wo er unter der Überschrift »Jesus u. die Seinen als F. (sc Fremde)« – mit einer allerdings fragwürdigen Auslegung des Verbs σκηνόω – feststellt: »Wenn der fleischgewordene Logos in die Welt kam u. hier ›zeltete‹ (Joh. 1,14), mag man fragen: wohnte er als Gast unter uns, der wieder Abschied nahm? Die Frage ist m.E. zu bejahen. Die Welt ist des Logos wahre Heimat nicht, obwohl sie sein Eigentum ist (Joh. 1,11). Er ist gekommen, denen, die ›nicht aus der Welt sind‹, die Stätte zu bereiten. Das besagen die Abschiedsreden Joh. 14/6, ebenso wie 17,9f.24. Wenn das letzte Wort des Sterbenden ›es ist vollbracht‹ lautet, kann er hier (d.h. auf der Welt) sein ›Zelt‹ wieder abbrechen, nachdem er sein Werk getan hat ... Rückkehr zum Vater bedeutet, daß die ›Welt‹ nicht seine Heimat ist, u. wenn die ›Seinen‹ dort sein sollen, wo er ist, kann die Welt auch nicht ihre Heimat sein«. Ähnlich KAMPLING: Fremde 218–221; STÄHLIN: ξένος 27ff. Die Problematik solcher Deutungen wird im Folgenden gezeigt.

Verwandtschaft[3] und Vaterstadt[4] herausgelöst wird, der als Menschensohn ›nicht hat, wo er sein Haupt hinlegen kann‹[5] und dessen Leben – zumindest nach der Darstellung des ältesten Evangeliums – in völliger Verlassenheit zerbricht, unverstanden, verraten und verleugnet selbst von den engsten Vertrauten. Er kam zwar in sein Eigentum, gehört also eigentlich zuhöchst dazu – aber die Seinen nahmen ihn nicht auf, er wurde hinausgestoßen und getötet: diese ›Zusammenfassung‹ der Passion in der allegorisierten Parabel[6] von den bösen Weingärtnern (vgl Mk 12,1–9 par) wird im Johannesprolog (Joh 1,11) geradezu zum Vorzeichen, unter dem der ganze Weg des Inkarnierten steht und aus dem sich auch der Haß der ›Welt‹[7] erklärt. Analog klingt die Dimension der Fremdheit des Gottessohnes in dieser Welt in den Vorgeschichten der synoptischen Seitenreferenten zumindest an[8]. Dahinter aber steht der Gegensatz zwischen Gott und Welt: Die »feindselige Entfremdung zwischen Gott und Mensch ist die Charakteristik des Weltzustands vor Christus. Eben darum aber kommt er als der Gott in einzigartiger Weise Zugehörige selbst als ein Fremder in die Welt«[9].

An diesem Weg Jesu haben auch alle teil, die ihm nachfolgen[10]. Bereits Jesu

---

[3] Nur im Markusevangelium ist die anstößige Szene überliefert, daß Jesu eigene Familie ihn für verrückt erklärt und sich seiner zu bemächtigen sucht (Mk 3,21). Analog dazu – die umstrittene Frage, ob sich zumindest Mk 3,21 und 3,31–35 aufeinander beziehen, kann hier unerörtert bleiben – sagt sich Jesus von allen familiären Banden los (Mk 3,33) und stellt diesen provokativ die ›neue Familie‹ derer entgegen, die Gottes Willen tun (Mk 3,34f).

[4] Es ist gerade die frühere Vertrautheit, die nun in Nazareth Befremden und Ablehnung provoziert (Mk 6,1–6a par).

[5] Mt 8,20 par Lk 9,58. Die Vermutung von BULTMANN: Tradition 27.102, daß hier ein Spruch profaner Volksweisheit von der Heimatlosigkeit des Menschen erst sekundär auf Jesus übertragen wurde, nachdcm fälschlicherweise ›Menschensohn‹ für ein ursprüngliches ›der Mensch‹ eingesetzt wurde, überzeugt nicht (zur Deutung vgl HENGEL: Nachfolge 59f). Doch wie immer die Überlieferungsgeschichte dieses Wortes aus der Q-Tradition auch aussieht – bezeichnend ist, daß in den Evangelien nun der Menschensohn als der Heimatlose par excellence erscheint. Lukas verstärkt dies noch, indem er diese Worte an den Beginn seines großen Reiseberichtes (9,51–19,27) stellt, also im Zusammenhang des Weges Jesu und der Nachfolge das Motiv der Wanderung mit dem der Heimatlosigkeit und der Herauslösung aus allem Vertrauten (vgl den ganzen Zusammenhang 9,57–62) verbindet.

[6] Vgl dazu HENGEL: Gleichnis 25.

[7] Joh 7,7; 15,18; vgl 3,20; 15,23ff; 17,14.

[8] So verschieden beide Vorgeschichten sind, so ist ihnen doch gemeinsam, daß das neugeborene Kind nicht von denen aufgenommen wird, zu denen es als der Messias und König Israels (Mt 1,21ff; 2,2.6; Lk 2,10f.30.34) eigentlich gehört. So sind es ausländische Magier, die als einzige im Matthäusevangelium dem Gottessohn huldigen (Mt 2,1–12). Im eigenen Land droht dem Kind schon von Anfang an der Tod (Mt 2,16–18), es muß in die Fremde nach Ägypten fliehen (Mt 2,13–15). Im Lukasevangelium wird Jesus auf einer erzwungenen Wanderung geboren, in einem Stall zudem, da kein Platz in der Herberge war (Lk 2,1–7). Ganz im Gegensatz zu seiner universalen Bedeutung (vgl Lk 2,10f) erfolgt die Proklamation des Gottessohnes nur vor den Hirten, Außenseitern der Gesellschaft (Lk 2,9f).

[9] STÄHLIN: ξένος 28.

[10] Vgl HENGEL: Nachfolge 80: »Nachfolge bedeutet ... zunächst die uneingeschränkte *Schicksalgemeinschaft,* die auch Entbehrungen und Leiden im Gefolge des Meisters nicht scheut.«

Umkehrruf (vgl Mk 1,15 par) machte den Bruch mit dem Bisherigen ja zur Voraussetzung der Teilhabe an Gottes Heil, und entsprechend werden die Jünger durch Jesu Ruf aus allen familiären und gesellschaftlichen Bindungen herausgelöst, wie es die Nachfolgeworte und entsprechende Beispielerzählungen zeigen[11]. Die Jünger sind zwar in die Welt gesandt, sie sind aber nicht von dieser Welt und deshalb von ihr gehaßt – so formuliert es der johanneische Christus innerhalb des die Abschiedsreden abschließenden »hohenpriesterlichen Gebetes« (Joh 17,14–18), ja er spricht sogar von der Erwählung aus der Welt (Joh 15,19b).

»Mit dem Gläubigwerden findet also eine Übersiedlung aus der Gottesfremde in die Gottesnähe statt ... Aber das bedeutet zugleich auch einen ›Umzug‹ aus der Welt in die Weltfremde: fortan besteht das Verhältnis gegenseitiger Fremdheit und Befremdung zwischen den Christen und der Welt. Das ist J 3,8 wohl durch den Vergleich mit dem πνεῦμα angedeutet: unbekannt nach Herkunft und Ziel sind die Geistgeborenen wie Christus selbst. Darin, daß sie infolge ihres ἄνωθεν γεννηθῆναι (J 3,3) im Unterschied zu den Weltmenschen (vgl 1 J 4,5) nicht ἐκ τοῦ κόσμου, sondern wie Christus ἐκ τοῦ θεοῦ sind (vgl J 15,19; 17,14.16), liegt das Geheimnis ihrer Fremdheit«[12].

Die Gemeinde ist hier die *Gegenwelt* – in ihrer Mitte herrscht die Liebe (vgl Joh 15,9–17), während außen in der Welt der Haß regiert (vgl Joh 15,18ff) So verheißt Jesus auch den Seinen, daß er ihnen die Wohnungen in seines Vaters Haus bereiten wird (Joh 14,2 vgl 14,23). Was sich hier zeigt, ist die sich verstärkende Fremdheitserfahrung der Christen in einer Zeit, in der die Kirche als eine vom Judentum getrennte Größe der ganzen Wucht der gesellschaftlichen Ablehnung und – als deren Folge – dann zum Teil auch der staatlichen Ablehnung ausgesetzt ist. Das führt hier zum Rückzug in die eigene Gemeinschaft und die Hoffnung auf die himmlische Welt. Die christliche Gemeinde erlebt sich als eine Ausgestoßene, die auf eine andere Welt wartet, in der sie zu Hause sein kann, wie besonders in der *Apokalypse des Johannes* deutlich wird.

Die Johannesapokalypse ist gerichtet an Gemeinden, die – zwischen zwei Fronten geraten[13] – äußerlich von Nachstellungen und Verfolgungen[14] bis hin zum Mar-

---

[11] Vgl vor allem Mt 8,21f par Lk 9,59f; Lk 9,61f; Mt 10,37 par Lk 14,26f; Mt 19,29; Mk 10,28 par. Das Wort von der Unbehaustheit des Menschensohnes ist zu einem gesprochen, der mit Jesus gehen will (Mt 8,19f par Lk 9,57f). Am Ende der Aussendungsrede Mt 10,34ff wird die Entzweiung mit den eigenen Hausgenossen als Folge der Nachfolge prophezeit. Um Jesu Namen willen werden seine Jünger gehaßt (Mk 13,13 par); sie erfahren dieselbe Ablehnung wie ihr Meister, weil sie nicht ἐκ τοῦ κόσμου sind (Joh 15,18f; 17,14). Nachfolge ist wesentlich Kreuzesnachfolge, und wenn Jesus in diesem Zusammenhang davon spricht, daß sein Leben zugrunderichtet, wer es bewahren will, daß es aber rettet, wer es um seinetwillen dahingibt (Mk 8,34; Mt 10,39; 16,25; Lk 9,24; vgl. Joh 12,25), so wird hier das Leben in der Nachfolge antithetisch der natürlichen Existenz des Menschen aus dieser und in dieser Welt entgegengesetzt.

[12] STÄHLIN: ξένος 29.

[13] Das Judentum hat die Christen bereits aus der Synagoge ausgeschlossen und verfolgt sie (vgl 2,9f); mit Rom kommen die Christen wegen des Kaiserkultes in Konflikt (Offb 13.17).

[14] Vgl 2,9f.13.

[15] 2,13; weiter 6,9; 17,6; 18,24; vgl auch 11,7ff; 13,7.

tyrium[15] bedroht und innerlich durch Ermüdung und Gleichgültigkeit[16], ja Abfall[17] und Absterben[18] gefährdet sind. Dies macht sie auch so anfällig für häretische Strömungen, vor denen das Schreiben immer wieder warnt[19]. In dieser Situation will sie zugleich trösten und mahnen: Der Blick auf die im Himmel schon beschlossene Zukunft, auf den schon vollendeten Sieg Gottes über die Mächte der Finsternis soll den Gemeinden Kraft und Zuversicht geben, sie aber auch zu Treue und zum Ausharren anhalten. Die Apokalypse hat dabei verschiedene Traditionen und Bilder aufgenommen. Besonders für unseren Zusammenhang interessant ist das ›Selbstportrait‹ der Gemeinde in Offb 12[20]. Dort wird beschrieben, wie eine Frau nach der Geburt des göttlichen Kindes vor den Nachstellungen des Drachens in die Wüste fliehen muß (12,6) und auch dort noch verfolgt, aber gerettet wird (12,13ff). Der Text ist literarisch nicht einheitlich und deutlich durch Benutzung verschiedener Vorlagen zustande gekommen, deren ursprüngliche Bedeutung nur vermutet werden kann[21]. Klar erkennbar ist, daß dieses Bild hier aufgenommen ist, um damit die Erfahrungen der christlichen Gemeinden in symbolischer Verdichtung wiederzugeben. Möglicherweise liegt hier sogar eine allegorische Anspielung auf bestimmte Ereignisse vor[22].

In dieser, etwa zur Zeit des 1 Petr oder etwas später verfaßten Schrift[23] wird also wie im 1 Petr die Fremdheitserfahrung der christlichen Gemeinde zur Sprache gebracht[24]. Das in diesem Zusammenhang verwendete Bild vom Ausgestoßensein aus dem bewohnbaren Land und der Flucht in die Wüste spiegelt deutlich die Erfahrungen der Entfremdung von der Mitwelt[25]. Positiv ent-

---

[16] Vgl 3,15ff; auch die Stellen, wo Gemeinden gelobt werden, weil sie nicht müde wurden und treu geblieben sind, zeigen diese Gefährdung an.

[17] Vgl 2,4f.

[18] Vgl 3,1f.

[19] Vgl 2,2.6.9.14f.20ff; 3,9.

[20] Vgl KRAFT 170f: »Die Verfolgung des Weibes durch den Drachen folgt nicht logisch oder kausal aus seinem vergeblichen Versuch, des neugeborenen Messias habhaft zu werden, und folgt auch nicht aus dem himmlischen Kampf. Sie ist vielmehr Deutung der Situation, in der sich die Gemeinde befindet ... Das Weib ist die Personifikation der Gemeinde«. Bei unterschiedlicher Deutung im einzelnen wird doch die ekklesiologische Bedeutung der Frau wie die Tatsache, daß der Mythos Erfahrungen der Gemeinde wiedergibt, anerkannt (vgl BÖCHER: Johannesapokalypse 75).

[21] Vgl die Ausführungen von BOUSSET 346–358. Wie immer man sich im Blick auf die Vorlagen entscheidet (vgl die Zusammenstellung bei BÖCHER: Johannesapokalypse 68–76) – die Spannungen des Textes und das literarkritische Problem sind hier klar dargestellt.

[22] Vgl BOUSSET 346: »Der vom Himmel gestürzte Drache rüstet sich zum neuen Kampf. Er verfolgt nunmehr das Weib, d.h. im Sinne des Apokalyptikers das wahre Israel oder die Gemeinde der Gläubigen. Er hätte sie fast verderbt, aber in wunderbarer Flucht hat sich die (judenchristliche) Gemeinde gerettet, und nunmehr wendet der Drache sich der Verfolgung der übrigen vom Samen des Weibes, d.h. der Gläubigen (Heidenchristen) in der weiten Welt zu«; ähnlich, wenngleich vorsichtiger KRAFT 170f.

[23] Zumeist wird aufgrund der in der Apokalypse angesprochenen Verfolgungen angenommen, daß diese gegen Ende der Regierungszeit Domitians abgefaßt wurde. Zur Datierung des 1 Petr zwischen 70 und 90 su Anhang 1.

[24] Vgl auch die Aufnahme des Stichwortes διασπορά in Jak 1,1, das wie 1 Petr 1,1 an die jüdische Erfahrung der Minderheitsexistenz anknüpft (so § 1,4).

[25] In Hebr 11 ist die Fremdlingsexistenz der Gläubigen (vgl vor allem 11,9.13) mit dem Umherirren in der Wüste (11,38) in einen Zusammenhang gebracht.

spricht dem die *Hoffnung auf das himmlische Jerusalem,* das bei Gott schon aufbewahrt am Ende der Zeit auf die Erde herabkommt (Offb 3,12; 21,2.10) und die böse Gegenmacht[26] Rom, die »Hure Babylon« besiegt und so die irdischen Verhältnisse durch Gottes ganze Gegenwart umwandelt[27].

(2) Trotz dieser in allen neutestamentlichen Schriften sichtbaren Fremdheit der christlichen Gemeinden in der Gesellschaft erscheint mir eine Deutung des ganzen Neuen Testaments durch die in den meisten Schriften selbst nicht aufgenommene Kategorie der Fremde *nicht unproblematisch.* In jedem Fall berücksichtigt ein solches Verfahren nicht in angemessener Weise, daß diese für christliches Selbstverständnis bedeutsam gewordene *Selbstbezeichnung der Christen als Fremdlinge explizit im NT eher am Rande und relativ spät begegnet, sich dann aber nachhaltig im 2.Jahrhundert durchsetzt.* Man kann nun aber nicht einfach voraussetzen, daß das, was nicht in einer entsprechenden Weise auf den Begriff gebracht ist, in dieser Weise begriffen ist bzw begriffen werden soll. Die Gefahr ist zum einen, daß hier durch eine von außen eingetragene Kategorie die neutestamentlichen Schriften in unangemessener Weise vereinheitlicht werden[28], zum andern, daß dadurch auch die Fremdlingsmetapher ihrer spezifischen Bedeutung beraubt wird[29]. Daher erscheint es angemessener, den oben angeführten Grundtenor der neutestamentlichen Aussagen zwar zu berücksichtigen, andererseits jedoch zum näheren Vergleich nur diejenigen Stellen heranzuziehen, die auch im Bild bzw Begriff das Thema der Fremde anklingen lassen (§ 5,2) bzw dieses direkt aufnehmen (§ 5,3).

---

[26] Böcher: Kirche 51–53 hat gezeigt, wie sich die beiden Städte Jerusalem und Rom in der Apokalypse bis in Einzelheiten hinein antithetisch entsprechen.

[27] Auf die politische Dimension des keineswegs nur symbolisch gemeinten himmlischen Jerusalem in der Apokalypse hat Böcher: Kirche 48 hingewiesen.

[28] Das gilt besonders dann, wenn man mit Hilfe dieser Kategorie den Weg Jesu und seiner Anhänger romantisierend verklärt, wie dies etwa Lampe: »Fremdsein« 58f tut, wenn er im Blick auf Jesus und seine Nachfolger von den »heimatlosen Wanderer(n) Palästinas« und von »vogelfreie(r) Wanderexistenz« spricht – ohne darüber Rechenschaft abzulegen, was etwa mit »vogelfrei« gemeint sein soll (so ohne weiteres konnte Jesus ja nicht beseitigt werden, wie die Evangelien zeigen). Lampe begründet diese Darstellung mit einer entsprechenden Übersicht über das ganze Evangelium, die ebenfalls nicht frei von Klischees ist: »Das Christentum beruft sich auf den, der von zuhause davongegangen war. Er streifte heimatlos durch Palästina ... selbst seinem ehemaligen Zuhause war er fremd geworden (Mk 6,4). Jesus und seine Anhänger waren – soziologisch betrachtet – eine Schar Entwurzelter am Rande der palästinischen Gesellschaft ... Vogelfrei, barfuß, ohne Geld im Gürtel, ohne Proviant für den nächsten Tag zogen sie durchs Land, Fremde, oftmals abgelehnt ... bar aller sozialen Sicherungen – aber voller Vertrauen auf einen unermeßlich liebenden Gott, der für die Vögel unter dem Himmel und die Lilien auf dem Felde sorgt und deshalb auch ihnen zufallen läßt, was sie täglich brauchen, um zu leben« (ebd 58).

[29] Dies ist bei den meisten Ausführungen zum Thema der Fremde die Gefahr. Besonders auffällig ist auch hier die Untersuchung von Lampe, die, wie schon erwähnt, bei der Behandlung des Themas der Fremde im NT weder auf den Hebr noch auf den 1 Petr eingeht!

2. Die Anklänge an das Thema der Fremde bei Paulus und im deuteropaulinischen Epheserbrief

Es gibt bei Paulus Aussagen, die zwar nicht direkt von den Christen als den Fremden sprechen, die jedoch das dahinterstehende Selbstverständnis durch Synonyme und Antonyme zur Sprache bringen, die zu der Fremdlingsmetapher eine besondere Nähe aufweisen und es daher nahelegen, zumindest am Rande auch auf diese Texte einzugehen.

Die wichtigste Stelle in diesem Zusammenhang ist *Phil 3,20,* wo Paulus von dem himmlischen Bürgerrecht der Glaubenden spricht. Wie immer die Einheit des Philipperbriefes zu beurteilen ist[30] – der Zusammenhang des hier interessierenden Textabschnittes 3,2–3,21 wird nicht bestritten. Dieser Abschnitt ist bestimmt von einer Auseinandersetzung mit (judenchristlichen) Gegnern des Paulus, die offensichtlich der Meinung waren, die Vollkommenheit ihrer Existenz bereits erreicht zu haben, denn »nur so erklärt sich die wiederholte eindringliche Feststellung des Apostels, daß er nicht glaubt, es schon erreicht zu haben oder vollendet zu sein (Vv 12ff)«[31]. Paulus betont demgegenüber am eigenen Beispiel, daß die »Vollkommenheit«[32] der Christen gerade darin besteht, daß sie noch nicht am Ziel sind, daß sie ›sich ausstrecken‹ und dem ›Siegespreis der himmlischen Berufung nachjagen‹[33]. An die Aufforderung, ihn nachzuahmen (Phil 3,17) schließt Paulus eine äußerst scharfe Auseinandersetzung mit seinen Gegnern an, die er unter anderem als ›Feinde des Kreuzes Christi‹ bezeichnet (Phil 3,18f). Die Auseinandersetzung gipfelt in dem Vorwurf, daß das Denken der Gegner auf Irdisches gerichtet sei (3,19fin: οἱ τὰ ἐπίγεια φρονοῦντες). Dem nun wird in Phil 3,20 – mit ἡμῶν γάρ eingeleitet – antithetisch die Aussage entgegengesetzt, daß der Christen πολίτευμα ἐν οὐρανοῖς ὑπάρχει[34]. Die Kehrseite der Unvollkommenheit der jetzigen Existenz, das, was ihre eigentliche Vollkommenheit ausmacht, ist also dies, daß die Christen ganz auf das Kommen Jesu Christi ausgerichtet sind. Es ist ihre eschatologische Existenz, die sie zu Bürgern der zukünftigen Herrschaft macht. Dies aber

---

[30] Neben den Verfechtern der Einheitlichkeit des Briefes (vgl LOHMEYER 5f; EGGER 49; MICHAELIS 6; KÜMMEL: Einleitung 293) gibt es solche, die eine Zweiteilung in »Gefangenschaftsbrief« 1,1–3,1a; 4,2–7.10–13 und »Kampfbrief« 3,1b–4,1.8f vertreten (vgl GNILKA 10; ähnlich FRIEDRICH 126) bzw eine Dreiteilung mit 4,10–20 bzw 23 als »Dankbrief« (vgl SCHMITHALS: Paulus 58; SCHENK 236; G.BARTH 11; VIELHAUER: Literatur 162).

[31] GNILKA 214; er kennzeichnet diese Haltung als »Vollkommenheitsenthusiasmus«.

[32] In V 15a nimmt Paulus – vermutlich ironisch (vgl GNILKA 200f) – das Stichwort der Vollkommenheit nun positiv auf (vgl dagegen V 12).

[33] Die entscheidenden Stichworte für diese eschatologische Ausrichtung der Existenz sind die Verben διώκω (3,12.14), καταλαμβάνω (3,12; negiert 3,13) und ἐπεκτείνω (3,13), deren Inhalt als τὰ ἔμπροσθεν (3,13), als σκοπός und βραβεῖον τῆς ἄνω κλήσεως (3,14) bezeichnet wird.

[34] Phil 3,20; zur umstrittenen Übersetzung von πολίτευμα siehe vor allem ALAND: Kirche 186ff; vgl weiter 1 Kor 15,49, wo Paulus dem Bild des irdischen Menschen, das wir getragen haben, das Bild des himmlischen entgegensetzt, das wir tragen werden.

wird von Paulus in betont politischer Sprache[35] als Zugehörigkeit zu einem himmlischen πολίτευμα, zu einem eigenen Staatswesen[36] auf den Begriff gebracht. Vielleicht ist dies durch die Eigenart Philippis als Militärkolonie mit italischem Recht bedingt, deren Einwohner größtenteils römische Bürger waren (vgl Apg 16,21)[37]. Durch den Bezug auf das Bürgerrecht vermag Paulus gerade den verpflichtenden, die ganze jetzige Wirklichkeit bestimmenden Charakter der himmlischen ›Staatszugehörigkeit‹ deutlich zu machen[38]. Der Apostel nennt hier also sozusagen das positive Pendant zur Fremdlingsexistenz, das letztere sachlich impliziert[39]. Entsprechend werden auch von Philo[40] und im Hebräerbrief[41] beide Vorstellungen und sogar die entsprechende Begrifflichkeit unmittelbar miteinander verbunden, ein Vorgang, der sich im frühen Christentum fortsetzt[42].

Phil 3,20 steht bei Paulus nicht isoliert. Verwandt mit dieser Aussage ist *Gal 4,26,* wo Paulus das himmlische Jerusalem als Mutter der Gemeinde bezeichnet. Ebenfalls in Auseinandersetzung mit judenchristlichen Gegnern, diesmal in Abwehr eines judaisierenden Christentums, betont Paulus, daß die Christen

---

[35] Vgl SPICQ: Notes II, 710ff. Auffällig ist in diesem Zusammenhang auch das Hapaxlegomenon πολιτεύεσθε in Phil 1,27, auf dessen politische Bedeutung außer SPICQ etwa auch GNILKA hinweist, der betont, daß hier nicht der Staat, sondern die Religion als die entscheidende Grundlage behauptet wird: »Paulus hat das Wort πολιτεύεσθε bewußt gewählt, um die Philipper an die neue Basis der Gemeinschaft, die sie durch das Evangelium in der Gemeinde gewonnen haben, zu erinnern. Als zu einer neuen Gemeinschaft Zusammengeschlossene sollen sie sich entsprechend verhalten. Nicht an das Verhältnis der Ortsgemeinde zu anderen Ortsgemeinden ist gedacht, sondern an ihr Verhalten als Gemeinde in der heidnischen Umgebung« (98).

[36] Vgl STRATHMANN: πόλις 535: Paulus beschreibt damit die »Zugehörigkeit zum himmlischen Reiche Christi«, dem die Christen »sozusagen staatsrechtlich angehören«. Gegen den (auch von STRATHMANN unternommenen) Versuch, trotz dieser Wortbedeutung die politischen Implikationen dieser Begrifflichkeit zu bestreiten, wendet sich überzeugend ALAND: Kirche 186ff; vgl weiter SPICQ: Notes II, 710ff.

[37] Vgl SCHMIDT: Art Philippoi Sp 2233f.

[38] Vgl FRIEDRICH 166: »Wie der römische Soldat, auch wenn er fern von Rom angesiedelt ist, nie vergißt, daß er Römer ist, so sollen die Christen nie vergessen, wo sie zu Hause sind«.

[39] Die Begriffe πολίτευμα und ἐκκλησία sind »dem politischen Leben der Polis entnommen. Verchristlicht werden sie in ausgesprochenem Gegensatz zu diesem heidnischen politischen Leben verwandt« (SCHÄFKE: Widerstand 562). Die Wahl dieser ›politischen‹ Begrifflichkeit dokumentiert klar die *»Entfremdung von der heidnischen Umwelt«* (ebd 562; Hervorhebung von mir).

[40] Vgl Conf Ling 78f.

[41] Hebr 11,9f.13–16.

[42] Vgl ROLDANUS: Références 41: »Le πολίτευμα ἐν οὐρανοῖς de Ph 3,20 est souvent cité dans la proximité immédiate des allusions à *1 Pierre* ou à *He* 11,9–16«. Im Folgenden gibt ROLDANUS dafür zahlreiche Belege. Nach SCHÄFKE: Widerstand 563f führt hier eine Linie von Phil 3,20 über den Hebräerbrief bis zu dem – geradezu zu einem Topos der Märtyrerakten gewordenen – Verhalten des Diakons Sanctus von Vienne, der keinerlei Auskunft über seine weltlichen Verhältnisse gibt. »Er praktiziert die Fremdheit des Christen und nennt weder den Namen seines Volkes oder seiner Stadt noch sagt er, ob er Sklave oder Freier sei, er gibt nur zur Antwort, er sei Christ« (ebd 563; im Folgenden gibt SCHÄFKE weitere Beispiele).

zu jenem ἄνω 'Ιηρουσαλήμ gehören, dem freien, und deshalb wie Isaak Kinder der Verheißung sind (Gal 4,28) und das heißt frei vom Gesetz (Gal 4,31). Auch hier liegt die Betonung auf der schon gegenwärtigen Zugehörigkeit zur himmlischen Stadt[43].

Beidesmal bedient sich also Paulus einer politischen Begrifflichkeit, um den endzeitlichen Charakter der Gemeinde, ihren bereits jetzt ihr ganzes Leben bestimmenden Bezug zu Gottes Zukunft auszudrücken. Zu beachten ist jedoch, daß Paulus, obgleich er bei Gelegenheit die Entfremdung der Christen von ihrer Umgebung anspricht und sich damit auseinandersetzt[44], die Kategorie der Fremde in diesen Zusammenhängen nicht aufnimmt. Zwar kann er sich in *2 Kor 5*[45] an diese Kategorie anlehnen, um die gegenwärtige Existenz des Glaubenden ἐν τῷ σώματι als eine zu kennzeichnen, die fern von Gott ist (2 Kor 5,6: ἐκδημοῦμεν ἀπὸ τοῦ κυρίου vgl 5,8), doch wird diese Bestimmung gerade nicht auf die Existenz der Gemeinde in der Welt übertragen. *Den Gedanken der himmlischen Staatsbürgerschaft der Christen entfaltet Paulus nur nach seiner positiven Seite hin.* Der wohl deuteropaulinische *Epheserbrief*[46] ist ihm darin gefolgt[47], wenn er – vor allem an der in der Gemeinde durch Christi Versöhnungswerk ermöglichten Überwindung der Feindschaft zwischen Heiden und Juden interessiert[48] – aus der jetzigen Zugehörigkeit der ehemaligen Heiden zur πολιτεία τοῦ 'Ισραήλ (vgl 2,12) sogar unmittelbar folgert, daß die

---

[43] Vgl BECKER 57: »Alles Interesse ruht darauf, himmlisches Jerusalem und christliche Kirche zu verbinden. Das geschieht über den Begriff der Mutterschaft ... Versteckt kommt darin zum Ausdruck, daß die jetzige Gemeinde schon endzeitlichen Charakter hat«.

[44] Mehrmals macht Paulus deutlich, daß die christliche Gemeinde von der Gesellschaft, in der sie lebt, abgelehnt wird. Bereits der älteste Brief, das Schreiben an die Thessalonicher betont ausdrücklich, daß in dieser Hinsicht Heidenchristen und Judenchristen das Gleiche zu erdulden hätten (1 Thess 2,14), und 1 Kor 4,11–13 faßt diese bedrängenden Erfahrungen in einem kurzen Peristasenkatalog (ähnlich 2 Kor 6,9f; vgl CONZELMANN 108) zusammen: »Bis zur Stunde hungern und dürsten wir, gehen in Lumpen, werden mit Fäusten geschlagen und sind heimatlos (ἀστατοῦμεν) ... wir werden beschimpft und segnen, wir werden verfolgt und halten stand; wir werden geschmäht und trösten. Wir sind sozusagen der Abschaum der Welt geworden, verstoßen von allen bis heute«. Diese Erfahrungen hat der Apostel auch immer wieder im Blick auf die eigene Person gemacht (vgl 2 Kor 11,24ff, wo er von fünfmaliger jüdischer Geißelung und dreimaliger Auspeitschung durch die Römer berichtet und die κίνδυνοι ἐκ γένους den κίνδυνοι ἐξ ἐθνῶν parallelisiert). Sie schlagen sich dann auch in den paulinischen Aussagen über die christliche Existenz sowie über das Wesen der christlichen Gemeinde nieder. Die Erwählten sollen sich dieser Welt nicht gemein machen (so 2 Kor 6,14ff, wobei die paulinische Verfasserschaft dieser Verse umstritten ist), sollen sie vielmehr nur gebrauchen, »als gebrauchten sie sie nicht« (1 Kor 7,31).
Das wird aufgenommen in den Deuteropaulinen, wenn etwa Kol 2,20 die Christen tadelt, weil sie sich Vorschriften machen ließen ὡς ζῶντες ἐν κόσμῳ und sie daher auffordert, nach dem, »was droben ist«, zu streben 3,1ff.

[45] Im Anschluß an einen Peristasenkatalog und ebenfalls in Auseinandersetzung mit Gegnern, die sein Apostolat nicht zuletzt aufgrund der Niedrigkeit seines Auftretens angreifen.

[46] Vgl SCHNACKENBURG 20ff.

[47] Zum Zusammenhang mit Paulus vgl SCHNACKENBURG 109.122f.

[48] Vgl STUHLMACHER: Versöhnung 242–244.

Glaubenden als συμπολῖται τῶν ἁγίων καὶ οἰκεῖοι τοῦ θεοῦ nun keine ξένοι καὶ πάροικοι mehr sind (2,19)! So kann festgestellt werden, daß die erwähnten paulinischen Aussagen zwar die Vorstellung der Zugehörigkeit zu einem anderen, eben dem himmlischen Staatswesen wiedergeben, womit natürlich eine Distanz zur Gesellschaft und ihrer politischen, rechtlichen und sozialen Verfaßtheit impliziert ist[49]. Dies kommt den ntl Aussagen zur Fremde nahe.
Dennoch ist gegen den auch in Kommentaren zum 1 Petr gern gemachten Versuch, beides in eins zu setzen[50], zu betonen, daß das Spezifische der Rede von
der Fremde eben darin besteht, daß sie nicht wie Paulus diese himmlische Zugehörigkeit in erster Linie positiv ausführt, sondern negativ im Blick auf eine
Nichtzugehörigkeit. Zu beachten ist weiter, daß Paulus auf dieses Thema ja jeweils nur dann zu sprechen kommt, wenn er durch Gegner in den Gemeinden
herausgefordert wird[51], und daß er sich dann auch keiner einheitlichen Terminologie bedient. Bei Paulus ist die Stellung der Christen in der Gesellschaft
kein eigenes Thema. Das dürfte doch auch damit zusammenhängen, daß das
Bedürfnis nach einer eigenen Reflexion über den Fremdlingsstand der Christen in ihrer Gesellschaft doch eher für eine spätere Zeit charakteristisch ist, in
der die (nun schon länger währende) Beziehung der Christen zu der Gesellschaft und die damit verbundenen äußeren und inneren Probleme einer Deutung bedurften.

3. Die Fremdlingsexistenz der alttestamentlichen Zeugen
   im Hebräerbrief

(1) Neben dem 1 Petr ist es der Hebräerbrief, der im NT am deutlichsten
vom Fremdsein der Gläubigen spricht. Wenngleich auch hier nur indirekt, vermittelt über die Existenz der alttestamentlichen »Zeugen«, spielt doch im
11.Kapitel das Thema der Fremde eine hervorgehobene Rolle. Daher soll diese
Schrift hier etwas ausführlicher vorgestellt werden, um Ort, Funktion und Situationsbezug dieser Fremdheitsaussagen, die im NT die deutlichste Parallele
zum 1 Petr darstellen, besser zu verstehen.

---

[49] ALAND: Kirche 196ff weist dafür auch noch auf 1 Kor 6,1–11 hin, wo Paulus die Inan-
spruchnahme staatlicher Gerichte bei Rechtsstreitigkeiten unter Christen ablehnt. »Hier wird
das Selbstbewußtsein der frühen Christen im Verständnis des Paulus deutlich. Zwar existie-
ren die staatlichen Instanzen, aber sie gehen den Christen nicht nur nichts an, sondern sie befinden sich auch auf einem Niveau, das weit unter seinem und dem der Gemeinde liegt – die
Christen gehören eben einem anderen πολίτευμα an« (197).

[50] Typisch hierfür ist etwa REUSS 93: »Als ›Fremdlinge‹ wohnen sie hier auf Erden, in der
›Zerstreuung‹ unter den übrigen Menschen, da ihre wirkliche Heimat der Himmel ist, dessen
Bürgerrecht sie besitzen Phil 3,20; Hebr 12,22f; 13,14« (vgl weiter BEARE 75.135; BEST 70;
CRANFIELD 14.53; KNOPF 29; KÜHL 62f; MOUNCE 8f und andere).

[51] Phil und 2 Kor haben in gleicher Weise eine antienthusiastische Stoßrichtung. Als theologisches Problem thematisieren sie nicht die christliche Existenz in der Welt, sondern die Bewältigung des Leidens durch die Glaubenden in der Gemeinschaft mit dem leidenden Christus.

Der sogenannte Hebräerbrief[52] ist literarisch ein »Zwitter«[53], insofern 1,1–13,17 eigentlich eine urchristliche Predigt bzw Homilie[54] darstellt, wenn auch mit deutlich literarischen Zügen[55]. Auf den predigthaften Charakter seiner Schrift weist auch der Verfasser selbst hin, wenn er sein Schreiben als ›Mahnrede‹, als λόγος τῆς παρακλήσεως bezeichnet (13,22). In einer gewissen Spannung zum Gesamtschreiben steht dagegen 13,18–25, »ein formal protokollgemäßer Briefschluß«[56], der »strenggenommen nicht zu dem ganzen Werk« paßt[57]. Er ist wohl angefügt worden, als diese Schrift versandt wurde[58]. Deren Adressaten sind – dem späteren Titel zum Trotz – zumindest eine gemischte Gemeinde, wenn nicht eine heidenchristliche Gemeinde[59].

(2) Doch wie immer man sich hier entscheidet – deutlich ist das ganze Schreiben auf eine bestimmte Situation bezogen und nur als Auseinandersetzung mit dieser voll verständlich[60]. Und diese Situation ist zum einen durch äußere Bedrängnis, zum anderen durch inneres Erlahmen der Glaubenden gekennzeichnet.

Was die äußere Bedrängnis anlangt, so wird zunächst deutlich, daß die Adressaten bereits in der Vergangenheit einen »schweren Leidenskampf« zu bestehen hatten (Hebr 10,32–34). Dabei wurde ein Teil von ihnen öffentlich zur Schau gestellt[61], beschimpft, bedrängt und ins Gefängnis geworfen, während die anderen daran mitlitten, offenbar aber auch die Konfiskation ihrer Güter zu ertragen hatten. Doch scheint diese Bedrängnis nicht auf die Vergangenheit beschränkt zu sein: Die in 12,7ff angesprochenen Züchtigungen der Gemeinde sind wohl als Bezug auf gegenwärtige (und zukünftige) Leiden

---

[52] Die Bezeichnung entstammt einer sekundären subscriptio (vgl Nestle/Aland[26]) nach Hebr 13,25, die sich gerade nicht, wie öfters behauptet wird (vgl KÜMMEL: Einleitung 346; BRAUN 2) in p46 findet (vgl auch METZGER: Commentary 678). Sie stammt vermutlich aus der Zeit der Sammlung der paulinischen Briefe und gibt (aufgrund des Briefinhaltes) die Meinung wieder, dieser Brief sei an Judenchristen geschrieben (vgl KÜMMEL: Einleitung 346). Über den Verfasser (der wegen seines guten attischen Griechisch gebildet gewesen sein muß) läßt sich ebensowenig Sicheres ausmachen wie über die Adressaten. Da der Hebr schon um 96 n Chr im 1 Clem zitiert wird (vgl BRAUN 3), dürfte er etwa zwischen 75 und 90 n Chr entstanden sein.

[53] BRAUN 1.

[54] Vgl WINDISCH 122; MICHEL 24ff; KÜMMEL: Einleitung 351.

[55] Vgl MICHEL 25: »Hier im Hebr haben wir ... die erste Predigt vor uns, *die alle Mittel der antiken Rhetorik und Sprachformen kennt und ins Christentum überträgt«.*

[56] BRAUN 2.

[57] MICHEL 22.

[58] So etwa WINDISCH 123; MICHEL 35f; KÜMMEL: Einleitung 351; gegen die Annahme, daß es sich um eine Fiktion handle, die den Brief den paulinischen Briefen angleichen wollte (vgl DIBELIUS: Geschichte 127f [2,51]; VIELHAUER: Literatur 241) sprechen nicht nur konkrete Bezugnahmen auf eine bestimmte Gemeinde wie 10,32–34 oder auch 6,10, sondern auch, daß eine solche Fiktion wohl sehr viel eindeutiger diesen Zweck verwirklicht hätte. Zu überlegen ist auch BERGERS Anregung, den Hebr im Zusammenhang der jüdischen Tradition der Diasporabriefe zu verstehen (Formgeschichte 366).

[59] Vgl BRAUN 2; KÜMMEL: Einleitung 352 u a.

[60] Vgl KUSS 15: »Der Autor des Hebräerbriefes ist zuerst und zuletzt *Seelsorger,* und zwar ein Seelsorger von hohen Graden: das bestimmt auch den Charakter seiner theologischen Aussagen mit«.

[61] Zu θεατριζόμενοι vgl BRAUN 327.

zu verstehen. Ebenso zeigen 13,3 und 13,23, daß Gefangennahmen noch immer zur gegenwärtigen Realität der Gemeinde gehören. Die Aufforderung, Christi Schmach zu tragen, dürfte sich ebenfalls auf die gängige gesellschaftliche Ablehnung und Verleumdung der Christen beziehen[62]. Aber weit mehr als durch diese äußere Bedrängnis sieht
der Verfasser seine Adressaten durch ihre innere Verfaßtheit in Gefahr. Nicht nur, daß
die Versammlungen von einigen nicht mehr besucht wurden (10,25). Der Verfasser geht
sogar so weit, zweimal der Gemeinde als ganzer vorzuwerfen, daß sie »schwerhörig«
und unverständig geworden sei (5,11ff) und daß sie noch nicht genug Widerstand gegen
die Sünde geleistet hätte (12,4ff). Letzteres gipfelt in der Aufforderung: »Darum macht
die erschlafften Hände wieder stark und die wankenden Knie wieder fest, und ebnet die
Wege für eure Füße, damit die lahmen Glieder nicht ausgerenkt, sondern geheilt werden« (12,12f). Diese letzte Aufforderung ist bezeichnend für den Grundtenor des ganzen Schreibens. Immer wieder werden die Ausführungen unterbrochen durch die Warnungen vor dem Abfall[63] und dem Verscherzen der Gnade Gottes[64], Warnungen, die
sich gegen das Ende hin verdichten. Ebenso häufig begegnen (oft in die Warnung hineinverwoben) die entsprechenden Ermahnungen zu Ausdauer und Treue[65] sowie zum Festhalten an Vertrauen und Hoffnung[66].

(3) Der Situationsbezug des Hebr spiegelt sich auch in dessen Aufbau. Charakteristisch für diesen ist, daß die lehrhaften Erläuterungen immer wieder
durch kürzere oder längere Ermahnungen unterbrochen werden[67]. Diese Eigenart läßt eine strenge Gliederung nicht zu[68]; dennoch kann man in diesem Schreiben Schwerpunkte ausmachen, die zumindest die Aufteilung in mehrere Haupt-
abschnitte erlauben[69].

Hebr 1,1–2,18 legt die Überlegenheit des Gottessohnes über die Engel und die Folgen dieser Überlegenheit dar[70]. Hebr 3,1–6 zeigt Jesu Überlegenheit gegenüber Mose
und schließt daran die Warnung an, nicht wie die Israeliten in der Wüste der Verstok-
kung zu verfallen und so Gottes Ruhe zu verfehlen, sondern an der Verheißung festzuhalten und so dieser Ruhe teilhaftig zu werden (3,7–4,13)[71]. Da beide Teile zusammen

---

[62] Das Wort ὀνειδισμός begegnete schon im Zusammenhang mit dem vergangenen Leiden 10,33; vgl auch 11,26.

[63] Vgl 2,1; 3,7ff; 4,1ff; 6,4ff; 10,38f; 13,9.

[64] Vgl 2,2f; 10,26ff; 12,14ff.25ff.

[65] 10,36; 12,1ff.

[66] 4,14; 6,9ff.18; 10,19ff.35.

[67] Vgl WINDISCH 8: »Als das Charakteristische ist aber zunächst einmal hervorzuheben,
daß Hebr nicht in einen sog. theoretischen und einen praktischen Hauptteil zu zerlegen ist,
sondern daß die Paränese immer wieder den Fluß des Glaubens- und Schriftzeugnisses durchbricht, vgl. 2,1ff; 3,7ff; 5,11ff; 10,19ff«.

[68] Vgl MICHEL 29f: »Die wichtigen *Themen* schreiten nicht nach einer äußeren Folgerich-
tigkeit systematisch auf ein Ziel zu, sondern zerfallen in *Unterabschnitte,* wobei logische Un-
terbrechungen und Umkehrungen gerade das Charakteristische für diesen Brief sind«.

[69] Zum Folgenden vgl auch FELDMEIER: Krisis 53f.

[70] Das entscheidende Stichwort ist ἄγγελος, das in diesem Abschnitt 11mal verwendet
wird, während es im übrigen Schreiben nur noch zweimal vorkommt.

[71] Der semantische Zusammenhang dieses Abschnittes wird vor allem durch die – im
Hebr nur hier vorkommenden – Stichworte κατάπαυσις (8mal), καταπαύω (3mal) und σαβ-
βατισμός (1mal) gebildet.

durch hymnische Stücke gerahmt sind (1,3f und 4,12f) und beide jeweils mit einer Gegenüberstellung die Endgültigkeit der in Christus geschehenen Offenbarung bezeugen und darauf die Ermahnungen gründen, werden sie gerne zu einem ersten Hauptteil zusammengefaßt[72]. Das Herzstück des Briefes bildet sicher der Abschnitt, der mit 4,14 beginnt und wohl 10,18 endet[73]. Hier wird – wiederum unterbrochen von paränetischen Einschüben – Jesus als der vollkommene Hohepriester dargestellt[74]. Zur Darstellung dieser unvergleichlichen Würde Jesu Christi bedient sich der Hebr dualistischer Vorstellungen: Immer wieder begegnet in diesem Zusammenhang der Gegensatz zwischen Irdisch-Vergänglichem und Himmlisch-Ewigem, zwischen Sichtbarem und Unsichtbarem usw. Diese eindringlichen Schilderungen der Einzigartigkeit Jesu Christi, denen der Hauptteil des Briefes gewidmet ist, haben sicher (zumindest auch[75]) die Funktion, der erschlafften Gemeinde die Größe des bereits erlangten Heiles vor Augen zu malen und sie damit zum einen wieder von neuem zu bewegen, zum andern aber auch unmißverständlich vor Nachlässigkeit zu warnen. Bei dem folgenden Zwischenabschnitt 10, 19–39, der trotz enger semantischer Verbundenheit zum Vorherigen häufiger als die Einleitung des letzten Hauptteiles verstanden wird, ist zu überlegen, ob man nicht besser überhaupt auf eine so exakte Einordnung verzichtet und das Ganze als Übergangsstück beurteilt[76]. Doch wie immer man sich hier entscheidet – dieser Abschnitt leitet in jedem

---

[72] Vgl WINDISCH 9: »Die unvergleichliche Erhabenheit des Sohnes Gottes und die ernsten Folgen des Ungehorsams gegen seine Verkündigung«; MICHEL 92: »Das Reden Gottes im Sohn«; NAUCK: Aufbau 206: »Hört aufmerksam, glaubend auf das Wort Gottes, das an uns in dem einzigartigen Sohn Jesus Christus ergangen ist, der über die Repräsentanten des Kosmos und des Alten Bundes erhaben ist!«; KÜMMEL: Einleitung 344: »Hört auf das Wort Gottes in Jesus Christus, der höher ist als die Engel und Moses«; STROBEL 90: »›Setze dich zu meiner Rechten‹ (Ps. 110,1)«; BRAUN 16 verzichtet ganz auf eine übergreifende Gliederung, obgleich er die einzelnen Unterpunkte zum Teil aufeinander bezieht; durch diesen Verzicht auf die Darstellung des Zusammenhanges der einzelnen Teile gleicht seine »Gliederung« mehr einer Inhaltsangabe.

[73] Zur Begründung su; ebenso gliedern VIELHAUER: Geschichte 238f; SCHILLE: Erwägungen 81; weiter WINDISCH 37 und STROBEL 195, die jedoch beide den vorherigen Abschnitt nochmals zweiteilen (vgl WINDISCH 8; STROBEL: 81f; vgl. MICHEL 30); anders KÜMMEL: Einleitung 345 und NAUCK: Aufbau 203 (bis 10,31); MICHEL 204 (bis 10,39).

[74] Die bestimmenden Stichworte sind hier die Bezeichnungen für die Priester (ἀρχιερεύς: 14mal – sonst nur noch dreimal; ἱερεύς: 13mal – sonst nur noch in 10,21; Μελχισέδεκ: 8mal – sonst nicht mehr) und für priesterliches Handeln (προσφέρω: 16mal – sonst noch 4mal, aber nicht mehr im Zusammenhang mit dem Priesteropfer; προσφορά: 5mal – sonst nicht mehr; θυσία (11mal – sonst noch 4mal, davon einmal 10,26); ὑπέρ/περὶ ἁμαρτίας/ἁμαρτιῶν: 7mal – sonst noch 2mal, davon 1mal 10,26) sowie damit zusammenhängende termini wie θυσιαστήριον (7,13), ἵλεως (8,12) und ἱλαστήριον (9,5).

[75] Es kann und muß hier nicht entschieden werden, ob der Skopus des Hebr in seiner Paränese liegt oder auch in seinen theologischen Ausführungen (zur Auseinandersetzung vgl VIELHAUER: Geschichte 243) – wenn eine solche Unterscheidung überhaupt sinnvoll ist. In jedem Fall scheint mir unbestreitbar, daß die in der oben angegebenen Weise die Art der theologischen Ausführungen durch die Situation mitgeprägt sind.

[76] Der deutliche semantische Zusammenhang zum Bisherigen muß nicht bedeuten, daß dieser Abschnitt noch dazugehört. Die Rückbezüge erklären sich dadurch, daß hier – mit ἔχοντες οὖν eingeleitet – die soteriologische Bedeutung des Hohenpriesters Jesus Christus als Wegbahnung ins Heiligtum zusammengefaßt wird, um daraus nun die Konsequenzen zu ziehen. Nicht zu übersehen sind auch die Beziehungen zum Folgenden: Dreimal begegnet in diesem Abschnitt bereits das im Schlußabschnitt zentrale Stichwort πίστις (insgesamt 29mal

Fall von dem Hauptteil über zu den Kapiteln 11–13, die den Schlußteil des Hebräerbriefes bilden und die mit Überschriften wie »Der Glaubensweg des Volkes Gottes in Vergangenheit und Gegenwart«[77] oder ähnlich[78] betitelt werden.

(4) Die hier interessierenden Aussagen des Hebr zur Fremde begegnen im Schlußteil des Schreibens[79]. Dieser ist nicht zuletzt dadurch gekennzeichnet, daß der Hebräerbrief hier zum ersten Mal direkt auf die bedrängte Situation der Gemeinden eingeht[80]. Intensiviert wird dabei die Auseinandersetzung mit den Gefahren, die den Adressaten durch das Nachlassen der Hoffnung und die innere Erlahmung[81] drohen, Gefahren, deren letzte Konsequenz der Abfall ist[82]. Darauf bezogen wiederholt und verstärkt der Hebr seine bisherigen Ermahnungen, treu zu bleiben und an der Hoffnung festzuhalten.

Anders als bisher, wo die paränetischen Teile immer wieder die theologischen Ausführungen unterbrachen, bilden in diesem letzten Abschnitt die Kapitel 12 und 13 einen einzigen zusammenhängenden paränetischen Schlußteil[83]. Diese abschließende Mahnrede aber wird eingeleitet durch eine wohl nach dem Muster frühjüdischer Parallelen[84] gestaltete Paradigmenreihe[85], die aus

---

– sonst noch 3mal), ein letztes Mal in 10,39, an das 11,1ff direkt anschließt. Auch zu Kapitel 12 bestehen Parallelen: Im Mittelpunkt stehen beidesmal die Aufforderung zur Treue und Beständigkeit (10,23ff.32ff; 12,2f.7ff.12f), die Warnung davor, Gottes Gnade zu verscherzen (10,26ff; 12,15ff) und die Aufforderung zum entschlossenen Kampf gegen die Sünde (vgl 10,26; 12,1.4ff uö). Auch dies erlaubt jedoch keine eindeutige Zuordnung dieses Abschnittes zum letzen Hauptteil, zumal entsprechende Aufforderungen auch sonst im Hebräerbrief (vgl Hebr 6) begegnen.

[77] MICHEL 368.

[78] Vgl WINDISCH 8: »Die Zeugenreihe des Glaubens, mit paränetischer Anwendung«; KÜMMEL: Einleitung 345: »Haltet fest an Jesus Christus, dem Anfänger und Vollender des Glaubens«.

[79] Eine in gewisser Weise verwandte Vorstellung begegnet bereits in der Schilderung des »wandernden Gottesvolkes« (KÄSEMANN) Hebr 3,7–4,13. Allerdings spielt dort die Kategorie der Fremde keine Rolle.

[80] Hebr 10,32ff; 12,4ff vgl 13,3. Auch das betonte Leiden der alttestamentlichen Zeugen (vgl 11,36–38) zielt wohl auf die gegenwärtige Situation der Adressaten.

[81] Hebr 10,23–25; 12,3.12f vgl 6,12.

[82] Hebr 10,25.29.35; 12,15f.25 vgl 3,8ff; 6,4ff.

[83] Vgl WINDISCH 8.

[84] Parallelen finden sich in Weish 9,18–11,4; Sir 44,1–50,24; 1 Makk 2,51–61; 4 Makk 18,11–19; Philo Praem 11–13 uö; vgl BERGER: Formgeschichte 29; MICHEL 368. Der Sitz im Leben solcher Paradigmenreihen war wohl Ermahnung und Apologie (vgl MERCADO: Language 68ff).

[85] Zumeist wird angenommen, daß der Hebr hier eine Vorlage verarbeitet hat vgl WINDISCH 98: »Bis auf den ὀνειδισμὸς Χριστοῦ 26 und die Schlußbemerkung 39f. könnte der ganze Abschnitt von einem Juden entworfen sein. Zum mindesten liegt eine jüdische oder judenchristliche Schultradition zugrunde«; ähnlich DIBELIUS: Formgeschichte des NT 228f; MICHEL 368; BRAUN 336. Dabei wird zugestanden, daß der Hebr diese Vorlage »vortrefflich eingegliedert« hat (WINDISCH 98). Dies ist durchaus nicht unmöglich; die Sicherheit jedoch, mit der diese Vermutung oft vorgebracht wird (vgl BRAUN 336: »Beispiellisten...liegen dem Kapitel 11 sicher zugrunde«), leuchtet nicht so recht ein (vgl KUSS 165; auch HEGERMANN 221).

dem AT und der frühjüdischen Überlieferung – in heilsgeschichtlicher Abfolge
– eine »Wolke von Zeugen« aufbietet, um sie der christlichen Gemeinde als er-
munterndes Vorbild wie als verpflichtendes Beispiel vorzuhalten (Hebr
12,1ff). Das 11. Kapitel bildet so deutlich »die Grundlage für die nachfolgende
paränetische Mahnrede«[86]. Ihr Ziel ist es, die Existenz der Zeugen (und durch
sie die der Christen) ganz aus dem Glauben zu begreifen, und das heißt für den
Hebräerbrief: als ein Leben aus dem Vertrauen auf Gottes verborgene Macht
gegen den Augenschein[87], das gerade so Gottes Verläßlichkeit und Macht erfährt, als ein Leben ganz aus dem Bezug zur unsichtbaren Wirklichkeit Gottes.
Diese Wirklichkeit ist die im Himmel schon vorhandene und ist so die Zukunft
dieser Welt. Im Schlußteil tritt dabei die bis dahin dominierende dualistische
Sicht des Hebr zugunsten einer geschichtlich-apokalyptischen Ausrichtung zurück.

Das entscheidende Stichwort dieser Reihe (und darüber hinaus des ganzen
Hauptabschnittes) ist die πίστις[88], die 11,1 als Feststehen in der Hoffnung und
als Vertrauen auf das, was man nicht sieht, definiert wird. Dafür steht das
»Zeugnis der Alten« (Hebr 11,2), das im Folgenden zunächst mit 18 Abschnitten[89] ausgeführt wird, die – jeweils mit πίστει eingeleitet – in historischer Suk-
zession alttestamentliche Beispiele auflisten. Die Aufzählung wird nur in
11,13–16 durch eine resümeeartige Reflexion unterbrochen, die hervorhebt,
daß jene Zeugen noch auf die Erfüllung ihrer Hoffnungen warten. Den Abschluß des Paradigmenkatalogs bildet ab 11,32–40 ein Summarium, in dem Taten und Geschehnisse stichwortartig nebeneinandergestellt und die Namen nur
noch kurz, zum Teil auch gar nicht mehr genannt werden. Dabei preist
11,33–35a die Taten aus Glauben, während 11,35b–38 die wegen des Glaubens erlittenen Leiden hervorhebt. Am Ende (11,39f) wird dann in einer gewissen Entsprechung zu 11,13–16 nochmals[90] betont, daß auch für die alttestamentlichen Glaubenszeugen die eschatologische Vollendung noch aussteht
und erst zusammen mit der christlichen Gemeinde erfolgt.

(5) Zwischen der Situation der Adressaten und der Thematik des Hebr besteht,
wie bereits angedeutet, ein deutlicher Zusammenhang: Der Ruhelosigkeit und Un-
gesichertheit der gegenwärtigen Existenz wird die Verheißung der ewigen Ruhe

---

[86] MICHEL 370.

[87] Immer wieder wird hervorgehoben, daß der Glaube der Zeugen ein Sich-Verlassen auf
das (Noch-)Nicht-Sichtbare ist: Was sich bereits an der Schöpfung zeigte (11,3), das charakterisiert das Verhalten Noahs (11,7), Abrahams (11,8) und Moses (11,27). In dieser Weise ist
der Glaubensbegriff des Hebr ein besonderer: »Faith is not used in the technical Christian sense of Faith in Christ. It is basically directed toward the invisible and eternal realities, which
are at the same time the future realities« (MERCADO: Language Summary 4; ausführlich
Language 76–80). Allerdings sollte der Gegensatz zum übrigen NT nicht überbetont werden
(vgl etwa 2 Kor 5,7 mit Hebr 11,1).

[88] Von insgesamt 32 Belegen begegnen 3 in Hebr 10,19–39, 26 in Hebr 11–13.

[89] Dabei werden von Abraham (11,8ff) und Mose (11,23ff) verschiedene Glaubenstaten
hervorgehoben.

[90] Auch hier spricht sicher der Verfasser des Hebr; vgl MICHEL 421.

gegenübergestellt. Die Größe des dargestellten Heiles soll wieder zum Glauben ermutigen, aber auch zu entsprechender Treue verpflichten. Die »Wolke der Zeugen« ist Vorbild und so das Angebot von, sich mit Menschen zu identifizieren, die ebenso aus dem Glauben an das Unsichtbare, aus der Hoffnung auf das ›Noch-Nicht‹ lebten und gerade darin auch bestätigt wurden. Sie sind so einer ermüdeten Gemeinde ermutigendes und verpflichtendes Vorbild in einem. Das gilt im besonderen nochmals im Blick auf alle, die ihr Leben in der Fremde verbrachten. Ihre Heimatlosigkeit, so der Hebr, birgt die Verheißung der wahren Heimat, und das ist es offensichtlich, was er seinen Adressaten in ihrer Situation des Fremdseins in ihrer Mitwelt vermitteln möchte.

Eingeführt wird das Thema der Fremde innerhalb dieser Paradigmenreihen anhand der Gestalt des Abraham (11,8–10), zunächst indirekt als das (durch Gottes Berufung bedingte) Verlassen der Heimat (11,8), dann direkt als dessen Fremdlingsexistenz im verheißenen Land (11,9). Bereits hier wird die Beschreibung durch die Erklärung unterbrochen[91], daß diese Fremdlingsexistenz Ausdruck der Erwartung auf die von Gott gebaute Stadt war (11,10). Die – zumindest vordergründig[92] – politisch-soziale Fremdlingsexistenz Abrahams wird also sofort eschatologisch gedeutet: Es ist ein die ganze Existenz betreffendes Unterwegssein zum himmlischen Vaterland (vgl 11,16), ein Unterwegssein zu Gottes zukünftiger Stadt (11,10 vgl 13,14), dem Gegenbild zur vorläufigen Zeltexistenz (11,9)[93].

Nachdem der Hebr die wunderbare Erfüllung der Sohnesverheißung an Abraham als Glaubenstat des Patriarchen und seiner Frau gepriesen hat (11,11f), geht der Verfasser nun in dem bereits erwähnten Einschub 11,13–16 – dem einzigen in dieser gesamten Paradigmenreihe! – nochmals ausführlich auf das Thema der Fremdlingsschaft ein.

Von den meisten Kommentatoren, die für Hebr 11 eine Vorlage annehmen, wird dieser Abschnitt als Einschub des Verfassers bezeichnet. Doch wie immer man sich literarkritisch im Blick auf eine mögliche Vorlage von Hebr 11 entscheidet – in jedem Fall stellen die Verse Hebr 11,13–16 eine Unterbrechung des durch die Reihung gleichartiger Glieder gebildeten Zusammenhanges dar und nehmen bereits dadurch eine Sonderstellung ein[94], die sich auch stilistisch daran zeigt, daß dieser Abschnitt im Unterschied zum

---

[91] Eine solche erläuternde Unterbrechung der Reihung findet sich nur an einigen wichtigen Stellen (Hebr 11,5b.26b.27b ebenfalls mit γάρ eingeleitet; vgl weiter 11,11fin.19) und weist so bereits auf die Bedeutsamkeit dieses Themas hin.

[92] Wie oben gesehen, hat auch die Betonung der Fremde der Erzväter in der Genesis zumindest teilweise ihren Grund in den Entfremdungserfahrungen der nachexilischen Gemeinde.

[93] Vgl Kuss 172: »Das Zelt ist die jeden Augenblick zum Abbruch geeignete Behausung der Nomaden, des ewigen Wanderers; die Stadt mit festen Fundamenten wird hier Symbol für das letzte und unvergängliche Ziel«. In keiner Weise überzeugend ist der Versuch von Buchanan 191ff, dieses »himmlische Vaterland« mit dem zukünftigen irdischen Palästina gleichzusetzen.

[94] Das gilt auch dann, wenn man das Kapitel 11 ganz dem Verfasser des Hebr zuschreiben möchte. Die Unterbrechung der Auflistung durch einen erklärenden Exkurs deutet in jedem Fall auf eine dem Verfasser besonders wichtige Aussage hin.

vorwiegend narrativen Kontext einen stärker argumentativen Stil aufweist[95]. Im Unterschied zu den Beispielen im Kontext geht es in dieser Passage auch nicht um einzelne, sondern um eine Vielzahl, und vor allem wird nicht eine Tat des Glaubens geschildert, sondern es wird aus der Perspektive des erfolgten Todes auf das Leben als Ganzes zurückgeblickt und ein Resümee gezogen. Dabei ist nicht eindeutig erkennbar, wer mit den οὗτοι πάντες gemeint sind, auf die sich 11,13a zurückbezieht: die drei Patriarchen[96], alle Nachkommen Abrahams oder die bisher genannten Väter insgesamt[97]? Die Deutung nur auf die drei Patriarchen ist schon wegen des πάντες nicht sehr wahrscheinlich; für die Deutung auf alle Väter spräche trotz des Problems mit Henoch[98] das parallele οὗτοι πάντες in 11,39, das ebenfalls auf eine Reihe von Zeugen zurückblickt und daraufhin betont, daß die eschatologische Erfüllung der an sie ergangenen Verheißung noch aussteht (beidesmal ἐπαγγελία 11,13.39). Dies würde auch gut zum grundsätzlichen Charakter dieses Einschubs passen.

Wie immer man diesen Text literarkritisch beurteilt – an der hervorgehobenen Bedeutung dieser Verse im jetzigen Zusammenhang ändert es wenig: Der Einschub wird dadurch als ein theologischer Exkurs ausgewiesen, der im Rückblick auf die bisherige Reihe diese deutet. Bemerkenswert ist dabei, daß gerade das spiritualisierend gedeutete Fremdsein Abrahams hier generalisiert und – ähnlich wie bei Philo[99] – auf eine größere Gruppe bezogen wird. Im Rückblick auf deren Leben, das ohne das Erlangen des Verheißenen endete, wird es geradezu *zum Wesensmerkmal jener Zeugen, daß sie durch ihren Glauben Fremde in der Welt waren*. Die Fremdlingsexistenz wird *sogar zum Bekenntnis* (ὁμολογήσαντες), weil sich in ihr die vom Hebr verlangte Lebenshaltung der Erwartung und damit des glaubenden Vertrauens in das (noch) nicht Sichtbare spiegelt (vgl 10,38–11,2). Dabei fällt auf, daß der Hebr nicht mehr das παροικεῖν von 11,9 aufnimmt, obgleich das Derivat πάροικος in der LXX für Abraham wie überhaupt als Selbstbezeichnung vorherrscht, sondern stattdessen die Begriffe παρεπίδημος und ξένος[100]. Die beiden Begriffe markieren weit deutlicher als πάροικος das Moment der Distanz und des Andersseins, das auch durch die Näherbestimmung der Erzväter als Fremde ἐπὶ τῆς γῆς noch unterstrichen wird.

Die allgemeine Aussage über die Fremdlingsschaft »dieser aller« von Vers 13 wird in den folgenden Versen 14–16 positiv ausgedeutet. Dabei wird zunächst in Vers 14 das Bekenntnis der Fremde als implizites Bekenntnis der Su-

---

[95] Das zeigt sich auch in der Häufung entsprechender Konjunktionen und Partikel (μή ...ἀλλά, εἰ μέν...ἄν, νῦν δέ, διό sowie zweimal ὅτι und γάρ).

[96] HEGERMANN 233; vgl BUCHANAN 190.

[97] Vgl WINDISCH 101; BRAUN 362; ähnlich KUSS 173.

[98] Für Henoch trifft dies nicht zu, da er nach der biblischen Tradition, die auch der Hebr aufnimmt (11,5), gerade nicht starb. Möglicherweise wurde dies aber hier nicht beachtet (WINDISCH 101; KUSS 173); weniger wahrscheinlich ist ein bewußter Widerspruch zu Henoch (BRAUN 362).

[99] In Conf Ling 76ff werden die Erzväter und Mose in ihrem Fremdsein als Vorbilder dargestellt.

[100] Παρεπίδημος begegnet in der LXX nur zweimal als Selbstbezeichnung parallel zu πάροικος; ξένος wird überhaupt nicht in diesem Sinn verwendet.

che nach Heimat gedeutet. Vers 15 macht deutlich, daß diese nicht die bisherige sein kann, da sie zu ihr nicht zurückgekehrt sind. Daraus folgert nun Vers 16a, daß diese Glaubenden also nach einer besseren Heimat strebten, und dies kann nur die himmlische sein. Daß gerade diesem Streben und der Bewährung darin die Verheißung gilt, macht der Abschluß dieses Exkurses deutlich: »Darum schämt sich Gott ihrer nicht, er schämt sich nicht, ihr Gott genannt zu werden; denn er hat für sie eine Stadt vorbereitet«.

Der Rückgriff des Hebr auf das AT ist also in einem doppelten Sinn durch das zeitgenössische Judentum vermittelt: Durch die Verbindung des Gedankens der Fremde mit dem der Abwendung von der irdischen Welt und der Hinwendung zur himmlischen Heimat werden die alttestamentlichen Aussagen dualistisch gedeutet. Dies verdankt[101] sich den Traditionen des hellenistischen Judentums, wie sie uns bei Philo begegnen[102]. Allerdings zeigen sich trotz bemerkenswerter Übereinstimmungen auch deutlich Unterschiede zwischen Philo und dem Hebr: Im Gegensatz zu Philo geht der Hebr von einer zielgerichteten Heils- bzw Unheilsgeschichte aus, in deren Verlauf er die christliche Gemeinde als Abschluß und Höhepunkt, gewissermaßen als Anbruch der Vollendung[103] einordnet. Auch ist es nicht die ihrem Wesen nach göttliche Seele des Weisen, die der Grund für die Fremde ist, sondern Gottes Ruf[104] (wie überhaupt der für Philo zentrale Gegensatz von Leib und Seele im Hebr keine Rolle spielt[105]). Das Geschichtsdenken zeigt den wohl ebenso bedeutenden Einfluß der Apokalyptik mit ihren Erwartungen einer himmlischen Gottesstadt, die am Ende von Gott her kommt[106]. Letzteres, der Zusammenhang von Fremde und Berufung, hängt mit der alttestamentlich-jüdischen Abrahamstradition zusammen (vgl bes Gen 12,1ff).

---

[101] Vgl MERCADO: Language 98–102; BRAUN: Vaterland 319–323.

[102] Dies ist wohl unbestreitbar – erinnert sei nur noch an die Entgegensetzung von sichtbarer und unsichtbarer Wirklichkeit. Gegen eine allzu einlinige Ableitung des Hebr aus philonischen Gedanken hat WILLIAMSON: Philo passim die deutlichen Unterschiede zwischen Philo und dem Hebräerbrief herausgearbeitet. Sie zeigen, daß die Theologie des Verfassers des Hebr nicht dadurch erklärt werden kann, daß dieser ein bekehrter Philonist sei.

[103] Vgl Hebr 11,39f.

[104] Vgl BRAUN: Vaterland 323ff.

[105] Es ist nach WILLIAMSON gerade die für den Hebr zentrale Bedeutung der geschichtlichen Offenbarung Gottes in Jesus Christus, die den entscheidenden Unterschied markiert. Während der Hebr überzeugt war, »that the ›unchanging, eternal, and divine‹ reality, that which ›really exists‹, had become ›visible‹ and knowable in the life of Jesus Christ«, wäre dies für Philo von seinem Denken her völlig inakzeptabel: »Philo would have been shocked by the particularity of all this« (Philo 578).

[106] Vgl Offb 3,12; 21,2.10; 4 Esr 7,26; 8,52; 10,44ff; 13,36; weiter äth Hen 90,28f. Besonders deutlich ist auch die Parallele im s Bar 4, wo in 4,3 von der Stadt ausdrücklich gesagt wird, daß sie Gott vorher bereitet hat (מקדם מעתד – vermutlich die Übersetzung von προκατασκευάζω vgl PAYNE SMITH: Thesaurus II, Sp 3009.3489), zugleich mit dem Paradies, und sie wird auch mit diesem zusammen bei Gott aufbewahrt (4,7). Interessant ist nun, daß nicht nur Adam vor dem Fall diese Stadt sah (4,4), sondern daß Gott diese auch Abraham und Mose gezeigt hat (4,5f)!

Es ist ein Charakteristikum dieses Abschnittes (und so des Hebräerbriefes über-haupt), daß die der Fremde entsprechende *Hoffnung immer wieder in Begriffen zur Sprache gebracht wird, die dem politischen Bereich entnommen sind:* Die himmlische πόλις (11,10.16; 12,22; 13,14), die πατρίς (11,14) und die βασιλεία (12,28). Dies zu bemerken ist nicht ganz unwichtig, denn es wird sich im Folgenden zeigen, daß das sich hier ausdrückende Selbstbewußtsein in einem nicht zu unterschätzenden Maß an dem Konflikt zwischen den Christen und der antiken Gesellschaft schuld war.

Der hier so markant hervorgehobene Gedanke der Fremde wird im Folgen-den nicht mehr explizit aufgenommen; er fehlt jedoch auch dort nicht ganz. So spricht 11,38 von der generellen Heimatlosigkeit der Zeugen und das Schlußre-sümee unterstreicht nochmals die noch ausstehende Erfüllung der Verheißun-gen für alle Zeugen.

(6) Diese Aussagen zur Fremdlingsexistenz der Erzväter zielen auf die christliche Gemeinde. Zwar beschränkt sich der Hebr darauf, die Fremdlings-existenz explizit nur von den Frommen des Alten Bundes auszusagen, aber wie die ganze Reihe der Zeugen nur auf die Gegenwart der christlichen Gemeinde hin ausgerichtet ist, so wohl auch die so betonte Fremde, zumal der Grund für das Fremdsein der Väter auch für die Christen gilt, insofern diese ebenfalls aus dem Glauben leben und hier keine Heimat bzw. μένουσα πόλις haben, son-dern die zukünftige suchen (Hebr 13,14). Angesichts der Ermüdungserschei-nungen bei den Adressaten, die wohl auch durch die beschriebenen »Züchti-gungen« veranlaßt sind, liegt der Schwerpunkt darauf, die Fremdlingsexistenz als Kehrseite des Lebens aus der Hoffnung zu kennzeichnen[107]. So hat der Hebr die verschiedenen Traditionen aufgenommen und verschmolzen, um da-mit die Bedeutung des christlichen Heilsereignisses seinen Adressaten nahe zu bringen: Fremde und himmlische Stadt sind Metaphern gegen Anfechtung, Er-müdung und Hoffnungslosigkeit. Eben dieser Versuch, die in Christus eröffne-te Hoffnung in neuer Weise auszusagen, ist der Katalysator für jene Traditio-nen und das Ziel dieser Aussagen[108]. Die besondere Bedeutung des Hebr liegt dabei nicht zuletzt darin, daß er als einzige biblische Schrift überhaupt den Ge-danken der Fremde explizit ausdeutet, ausdeutet als Leben aus dem Glauben in gehorsamer Erwartung von Gottes Zukunft.

Andererseits darf auch der durch den engen Zusammenhang zwischen der Wolke der Zeugen und der Gegenwart der Christen hergestellte Bezug der Fremdlingsaussagen zur christlichen Gemeinde nicht darüber hinwegtäu-

---

[107] Vielleicht ist es im besonderen der durch die verbreitete Ablehnung der Christen durch ihre Mitbürger erlittene Verlust an gesellschaftlicher Zugehörigkeit und damit an dem, was Heimat ausmacht, der die Gemeinde müde und hoffnungslos macht. Dies könnte erklären, warum der Hebr so großes Gewicht auf die himmlische Heimat legt, in der die Christen woh-nen dürfen.

[108] Vgl Braun: Vaterland 325f: »...der eigentliche Motor, der die Bewegung zur künftigen Stadt hin in Gang hält, ist nicht die himmlische Herkunft der Seele, sondern jener Anstoß, der durch den sühnenden Tod Jesu und durch seinen Gang in die Himmel für das Gottesvolk ent-standen ist (7,1–10, 18; 4,14; 6,20)«.

schen, daß das Fremdsein der Väter zwar als Vorbild dargestellt wird, daß der Hebr jedoch die direkte Übertragung dieser Aussagen auf die Christen nicht vornimmt[109], obgleich diese angesprochen sind[110]. Dies tut allein der 1 Petr.

4. Zusammenfassung

Alle behandelten Texte zeigten einen mehr oder minder deutlichen Bezug zu einer Situation der Ablehnung, Ausgrenzung und partiellen Verfolgung der christlichen Gemeinde durch die Gesellschaft. Das unterstreicht nochmals, was bereits in den vorigen Paragraphen wahrscheinlich gemacht wurde, daß die Aufnahme der Kategorie der Fremde zum einen mit den oben erwähnten Erfahrungen von Ausgrenzung und Nachstellung durch die Mitwelt, zum andern mit dem eschatologischen Selbstbewußtsein der Christen zusammenhängt.

In allen Texten war zumindest ein dualistischer Einschlag zu erkennen, wie sich schon im Gebrauch der Prädikate »im Himmel« (Phil 3,20), »himmlisch« (Hebr 11,16; 12,22), »droben« (Gal 4,26) zeigte. Dies unterstreicht zum Teil auch der Gesamtkontext: Der Seher der Offenbarung wird in die himmlische Welt versetzt, die Einzigartigkeit des Heilswerkes Jesu Christi wird im Hebr durch dessen Dienst im himmlischen Heiligtum zum Ausdruck gebracht. Hier zeigen sich enge Berührungen mit zeitgenössischen hellenistischen (bzw hellenistisch geprägten jüdischen) Vorstellungen, wie sie im Blick auf unser Thema vor allem bei Philo sichtbar wurden[111]. In eindeutigem Unterschied aber zu diesen zeitgenössischen Vorstellungen wird in den dargestellten neutestamentlichen Schriften dieser *Dualismus durchweg einem eschatologischen Welt- und Geschichtsverständnis zugeordnet*. Dies geschieht in unterschiedlichem Maße. Besonders deutlich ist dies bei Paulus: Es ist gewiß kein Zufall, daß der Gegensatz zum »Jerusalem droben« eben nicht das irdische, sondern das »jetzige Jerusalem« ist (Gal 4,25: ἡ νῦν Ἰερουσαλήμ), und noch deutlicher zeigt dies Phil 3,20, wenn dort dieser »Himmel«, in dem das christliche πολίτευμα ist, sofort im Sinne der christlichen Enderwartung gedeutet wird[112]. Aber auch die ganze Himmelreise des Apokalyptikers dient ja nur der Beantwortung der Frage nach dem Kommen des Herrn (vgl Offb 22,20), das zugleich die Zerstörung der gottfeindlichen Gegenstadt Babylon/Rom bedeutet. Und selbst dort, wo

---

[109] Das hängt wohl damit zusammen, daß für den Hebr bei aller Parallelität zwischen den Glaubenden des Alten und denen des Neuen Bundes grundsätzlich die Gegenwart der Vergangenheit überlegen ist. Die Überlegenheit Jesu Christi über alles Bisherige war ja die Pointe der Ausführungen in den vorangegangenen Kapiteln, und es wird auch im Blick auf den besonderen Status der Gemeinde im letzten Hauptteil wiederholt vgl 11,40; 12,18–24.

[110] Hier setzt der Hebr das Vorbild Christi ein: Wie er sollen die Nachfolger »aus dem Lager hinausgehen und seine Schmach tragen« (Hebr 13,13).

[111] So § 4,3.

[112] Phil 3,20b.21: »Von dorther erwarten wir auch Jesus Christus, den Herrn, als Retter, der unseren armseligen Leib verwandeln wird in die Gestalt seines verherrlichten Leibes, in der Kraft, mit der er sich alles unterwerfen kann«

der Gegensatz zwischen irdischer und himmlischer Welt so markant ausgeprägt ist wie im Hebr, ist dieser Dualismus nicht ungebrochen, dominiert nicht einfach ein statisches Zwei-Welten-Schema. Gerade Hebr 11 zeigt bei aller Hellenisierung der alttestamentlichen Aussagen[113] doch auch deutliche Beeinflussung durch die Apokalyptik[114]: Die *Stadt,* auf die die Christen zugehen, ist auch für den Hebr nicht nur die himmlische, sondern auch die »kommende« (Hebr 13,14 vgl Offb 3,12; 21,2.10). Bei allem Bezug zur himmlischen Welt versteht sich die christliche Gemeinde doch auch in eine Geschichte eingebunden, eine Geschichte, die nicht nur auf ein Jenseits, sondern auf eine von Gott gesetzte und von seiner himmlischen Welt her bestimmte Zukunft zuläuft.

Überall ist so *das Geschick der Gemeinde und der Glaubenden eingebunden in Gottes Geschichte mit dieser Welt, die auf die Wiederkunft Christi zuläuft.* Diese christliche Ausprägung ursprünglich der jüdischen Apokalyptik entlehnter Vorstellungen ist auch der entscheidende Unterschied zu der radikalen Entweltlichung der gnostischen Erlösungshoffnung und damit auch zum gnostischen Verständnis der Fremde.

---

[113] Vgl BRAUN 336: »Der Blick der Zeugen geht...nach dem Verständnis des Hb, in das nichtirdische Jenseits, in die überweltliche Zukunft...Hb liest das AT dualistisch«.

[114] Der apokalyptische Hintergrund des Hebr wurde auch von HOFIUS: Katapausis passim aufgezeigt (vgl bes 91ff.111ff).

§6 Der Bezug zum 1 Petr

Die Selbstbezeichnung der Christen als πάροικοι καὶ παρεπίδημοι hat der 1 Petr unzweifelhaft der alttestamentlichen Tradition entnommen[1]. Trotz dieser eindeutigen Abhängigkeit des 1 Petr von der LXX ist das traditionsgeschichtliche Problem komplexer. Denn es zeigt sich, daß die Art und Weise, wie er diese Kategorien versteht, nicht mehr einfach die alttestamentliche ist. In den über die alttestamentliche Tradition hinausgehenden Vorstellungen finden sich – trotz der erheblichen Unterschiede – auch auffallende Berührungen mit jüdischen Traditionen, vor allem mit denen des hellenistischen Diasporajudentums und hier besonders mit Gedanken Philos. Es ist daher anzunehmen, daß der Rückgriff auf die alttestamentliche Tradition vermittelt (und damit auch mitgeprägt) ist durch das zeitgenössische Judentum, vor allem das hellenistische Diasporajudentum, dessen wichtigster Exponent für uns heute Philo ist, das aber gewiß viel reicher und vielfältiger war, als die uns erhaltenen Schriften erkennen lassen. Hinzu kommt als drittes der Gesamtzusammenhang der neutestamentlichen Verkündigung, in dem der 1 Petr steht und der sein Verständnis christlicher Existenz beeinflußt hat. Dagegen hat die pagane, vor allem die stoische Tradition vermutlich keinen unmittelbaren Einfluß ausgeübt, sondern nur mittelbar durch das von ihr beeinflußte hellenistische Judentum[2]. Im Folgenden soll gezeigt werden, in welcher Weise diese Traditionen die Rede von den »Fremdlingen und Beisassen« im 1 Petr mitgeprägt haben.

1. Der Rückgriff auf die Septuaginta:
Identität durch Identifikation

Indem der 1 Petr sich in seiner Rede von der Fremdlingsschaft der Christen an den Sprachgebrauch der LXX anschließt, nimmt er in der für ihn zentralen Anrede der Christen als Fremdlinge auf eine – wenn auch nicht allzu breit bezeugte – alttestamentliche Tradition Bezug. Da die Erfahrungen des Fremdseins sowohl zur Existenz der Erzväter wie des Gottesvolkes gehören, bietet die biblische Tradi-

---

[1] Die Verwendung beider Begriffe als Hendiadyoin findet sich, wie schon erwähnt, nur noch in der LXX. Die Übernahme alttestamentlicher Motive, Wendungen und Zitate und ihre Applikation auf die Situation der Adressaten ist überhaupt für den 1 Petr typisch; vgl MANKE: Leiden 236.

[2] Der Verfasser des 1 Petr entstammt im Gegensatz zu Lukas oder dem Verfasser des Hebr noch keinem rhetorisch und literarisch gebildeten Milieu.

tion gerade in der gesellschaftlichen Nichtidentität die Möglichkeit positiver Identifizierung und damit Identitätsfindung. Mehr noch: Das Fremdsein der Erzväter
war ja verursacht durch Gottes Erwählung, die die Aussonderung aus ihrer bisherigen Lebenswelt bedeutete, und sie hatte ihren Sinn durch die Verheißung einer
κληρονομία, wie sie ja auch den Christen gilt[3]. Mit einem Wort: Durch den Bezug auf das AT *können die Erfahrungen der Gegenwart in einen Zusammenhang*
mit der Geschichte des Gottesvolkes gebracht werden; die eigene Fremdheit
kann hieraus (wie dies ja schon bei Abraham der Fall ist) *als Kehrseite der Er-*
wählung (1 Petr 1,1f) und somit als »Sein unter Gottes Verheißung«[4] verstanden
werden[5]. Dazu gehört auch, daß es primär nicht die einzelnen sind, die durch Gottes Erwählung ausgesondert zu Fremden werden, sondern – im AT wie im 1 Petr –
die Gemeinschaft, eben das von Gott erwählte Volk, dessen Teil die Einzelnen
sind. Deshalb werden auch im 1 Petr die Christen gemeinsam als Fremde angesprochen. Darüber hinaus läßt sich jedoch im Blick auf die Kategorie der Fremde
keine spezifische Abhängigkeit von einzelnen atl Texten, Traditionen und Vorstellungen nachweisen[6]. Vielmehr zeigt bereits die Bezeichnung der Adressaten am
Briefeingang als παρεπίδημοι διασπορᾶς, daß der 1 Petr wie der Jak (1,1) an die
Erfahrungen und Vorstellungen des Diasporajudentums anknüpft.

2. Das Judentum als prägender Vermittler

Auch wenn sich der 1 Petr in seiner Bezeichnung der Christen als Fremdlinge und Beisassen auf das AT zurückbezieht, so geschieht dies doch, wie bereits
erwähnt, nicht unvermittelt. Das Folgende zeigt zunächst die drei entscheidenden Punkte, bei denen der 1 Petr Abhängigkeiten von der jüdischen Tradition
erkennen läßt[7].

---

3 Vgl Hebr 9,15 mit 11,7; weiter Gal 3,18; Eph 1,14.18; 5,5; Kol 3,24; 1 Petr 1,4.

4 Schmidt: πάροικος 845.

5 Ähnlich ist die Begründung der letzten Seligpreisung Mt 5,12b bzw Lk 6,23b.

6 Denkbar wäre zwar, daß der 1 Petr durch seine Bevorzugung des seltenen παρεπίδημος
sich bewußt auf zwei atl Texte, konkret auf die Selbstaussage Abrahams bzw – vor allem
durch den Doppelausdruck in 2,11 – auf ψ 38,13 (Ps 39,13) zurückbeziehen wollte. Für den
Bezug zu letzterem könnte sprechen, daß auch in ψ 38 (Ps 39) das Problem des ungerechten
Leidens verhandelt wird. Die dort formulierten Bitten und Aussagen unterscheiden sich jedoch erheblich von der Theologie des 1 Petr, und da sich auch sonst keine weiteren Bezugnahmen (sprachlicher oder inhaltlicher Art) auf den Psalm finden lassen, spricht eigentlich nichts
dafür, diesem Text hier besondere Bedeutung für den 1 Petr zuzuschreiben. Was den Bezug
auf Abraham anlangt, so ist zwar bemerkenswert, daß Abraham auch sonst als derjenige dargestellt wird, mit dem sich die Christen in ihrer eigenen Fremdlingserfahrung identifizieren
können (Hebr 11,8ff; vgl Apg 7,4ff), so daß dieser Bezug auch hier naheläge (vgl Kohler:
Communauté 5–7). Der 1 Petr läßt jedoch an Abraham kein besonderes Interesse erkennen.
Wahrscheinlicher ist daher, daß es die Bedeutung des Begriffes παρεπίδημος war, die ihn
dem Verfasser des 1 Petr als geeignet erscheinen ließ (su).

7 Vor allzu einlinigen Ableitungen wird man sich dabei hüten müssen. Angesichts der Begrenztheit der uns überlieferten Literatur wird man es mit der Feststellung bewenden lassen
müssen, daß der 1 Petr ebenso wie Philo von der Theologie der hellenistischen Synagoge ge-

Da die Verwendung der Kategorie der Fremde im 1 Petr zumindest bedingt als Modellfall für die Rezeption alttestamentlicher Vorstellungen durch das frühe Christentum im Kontext des zeitgenössischen Judentums gelten kann, sollen – ausgehend von den Entsprechungen wie den Unterschieden zwischen dem 1 Petr und der parallelen jüdischen Tradition – einige grundsätzliche Überlegungen den Abschluß bilden.

2.1 Die dualistische Einfärbung

Bei Philo ist – nicht zuletzt durch den Einfluß der hellenistischen Philosophie – die Vorstellung von der Fremdlingsexistenz des Weisen untrennbar verbunden mit einem kosmologischen und anthropologischen Dualismus. Es ist nicht zu übersehen, daß sich auch im 1 Petr im Zusammenhang mit seiner Rede von der Fremde *eine gewisse dualistische Einfärbung findet,* und zwar sowohl in kosmologischer wie in anthropologischer Hinsicht. Ersteres begegnet vor allem in 1,3f, wo der Anrede der Adressaten als παρεπίδημοι διασπορᾶς (1,1) das *un*vergängliche, *un*befleckte und *un*verwelkliche *himmlische Erbe* gegenübergestellt wird[8]. Auch kann der 1 Petr, wenn er die Ermahnung auf den Rest der Lebenszeit bezieht, diese einmal als »Zeit der Fremde«, das andere Mal als die »übrigbleibende Zeit im Fleisch« bezeichnen[9] – auch dies erinnert an Philo[10]. Letzteres spiegelt zumindest sprachlich auch einen anthropologischen Dualismus, wie er deutlicher noch in 2,11, also in unmittelbarem Zusammenhang mit der doppelten Anrede der Christen als Fremdlinge und Beisassen, durch die Entgegensetzung von »Seele« (ψυχή) und »fleischlichen Begierden« angedeutet ist[11]. Daneben ist bisweilen auch der Einfluß der apokalyptischen Nuance dieses Dualismus zu spüren – so etwa, wenn 1 Petr 1,4b vom Erbe sagt, daß dieses im Himmel *aufbewahrt* werde (1,4b), um am Ende der Zeit zu kommen[12]. Auch

---

prägt ist. Die Berührungen beim Thema der Fremde sind nicht so eng, daß sie die Annahme direkter Abhängigkeit zwingend nahelegen würden. (Ganz ähnlich zurückhaltend urteilt MICHEL 35 über die Abhängigkeit des Hebr von der Diasporasynagoge, innerhalb derer – so MICHEL – auch Philo nur ein Exponent ist).

[8] Vgl SCHELKLE 32: »Es ist kein Zufall, daß alle drei Adjektive in der Weisheit Salomos (12,1 u. 18,4; 4,2; 6,12) als Aussagen über die himmlische Welt benützt sind, da ja eben diese Schrift am Ende langer und mannigfacher Überlieferung steht und durch die Kritik der griechischen Philosophie hindurchgegangen ist«.

[9] 1 Petr 1,17: τὸν τῆς παροικίας ὑμῶν χρόνον; 4,2: τὸν ἐπίλοιπον ἐν σαρκί ...χρόνον.

[10] Vgl Conf Ling 80: ἡ ἐν σώματι παροικία.

[11] Vgl KNOPF 101: »In den Bezeichnungen σαρκικαί und ψυχή ist dichotomische Einteilung des Menschen angedeutet«. Bemerkenswert ist weiter, daß auch bei Philo die Fremdlingsschaft verbunden werden kann mit einer Art Wiedergeburt durch die Bekehrung und die Zugehörigkeit zu Gott, die nun auch die Existenz des Glaubenden in einen radikalen Gegensatz zu dem der Vergänglichkeit unterworfenen Leben der Mitmenschen setzt (vgl Conf Ling 79 mit 1 Petr 1,17ff!).

[12] Vgl Offb 3,12; 21,2.10; äth Hen 48,7; 58,5.

diese Verbindung beider Traditionsströme – des religionsphilosophischen und des apokalyptischen Dualismus – ist kein Spezifikum des 1 Petr, sondern findet sich bereits im Judentum, auch schon im palästinischen[13].

Zwar muß einschränkend festgehalten werden, daß der 1 Petr nicht einseitig von einer überirdischen Welt her denkt, sondern zugleich und sogar in erster Linie von Gottes Zukunft her[14], weshalb hier bewußt nur von einer dualistischen »Einfärbung« geredet wird. Dennoch ist auch diese »Einfärbung« so sicher nicht alttestamentlich und verrät den Einfluß einer Tradition, die im Frühjudentum, im hellenistischen Diasporajudentum wie in der Apokalyptik selbst im palästinischen Raum deutlich ausgeprägter ist und auch bei anderen neutestamentlichen Schriftstellern zumindest angedeutet ist[15].

2.2 Die paränetische Ausdeutung

Hinzu kommt ein weiterer Aspekt, der für den Zusammenhang des 1 Petr noch wichtiger ist: Das Fremdsein der Erwählten hat Einfluß auch auf deren Weltverhältnis, es impliziert ein anderes Verhalten. Die Kategorie der Fremde kann deshalb *paränetisch ausgedeutet werden*. Gerade die unmittelbare paränetische Ausdeutung der Fremde aber findet sich besonders bei Philo und weist so auf die Tradition des hellenistischen Diasporajudentums zurück. Bei Philo ist diese paränetische Ausdeutung bedingt durch die Übertragung der Kategorie der Fremde auf den Weisen, der für Philo immer auch der Bewahrer des göttlichen Gesetzes ist und sich als solcher in einer der Körperlichkeit verhafteten Welt zu bewähren hat. Insofern hinter dieser Unterscheidung zwischen dem Weisen und dem Toren der philosophische Dualismus zwischen Sinnenwelt und noetischer Welt steht, zwischen der sich der Mensch entscheiden muß, ist diese paränetische Ausdeutung der Kategorie der Fremde bei Philo letztlich wohl auf den Einfluß der hellenistischen, vor allem der von ihm synthetisierten stoischen und platonischen Philosophie zurückzuführen, bei der, wie gezeigt, Ähnliches zumindest am Rande auch begegnet. Auch was die materialen Folgen für die Ethik anlangt, so unterscheidet

---

[13] Am deutlichsten ist die Synthese beider Gedankenkreise in der Darstellung der essenischen Theologie bei Jos Bell 2,8,11. Gegenüber dieser Darstellung ist allerdings Vorsicht angebracht, da Josephus hier offensichtlich hellenisiert (vgl Michel/Bauernfeind: De bello Judaico I 438). Entsprechende Vorstellungen finden sich aber auch äth Hen 22 oder bei Hillel Lv R 34,3, der sogar die hellenistische Vorstellung aufnimmt, daß die »bekümmerte Seele ein Gast bzw Fremder (אכסניא – von ξένος gebildetes Fremdwort!) im Leibe« sei. Zum Hintergrund vgl HENGEL: Begegnung passim.

[14] Auch die am stärksten dualistisch gefärbten Aussagen in 1,3f sind klare Ausdrucksformen dieser Vorstellung.

[15] Vor allem ist hier der Hebräerbrief zu nennen mit seiner bleibenden Stadt, der himmlischen Heimat, die nicht auf Erden ist etc. Nicht übersehen sollte man in diesem Zusammenhang aber auch Paulus mit seiner Rede vom »Jerusalem, das droben ist« (Gal 4,26) und dem »Bürgerrecht in den Himmeln« (Phil 3,20). Gegen den Versuch, ungeschichtlich in neutestamentlicher Zeit beide Vorstellungskreise einander entgegenzusetzen wendet sich HENGEL: Hoffnung 655ff.

sich der 1 Petr mit seiner Orientierung an Jesu Wort und Vorbild in vielem von Philo, nicht zuletzt darin, daß sich christliches Fremdsein für ihn gerade in dieser Welt bewährt. Doch trotz dieser zum Teil beträchtlichen Unterschiede bleibt festzuhalten, daß die paränetische Ausdeutung der Fremde bei Philo die nächste zeitgenössische Parallele zu einem Text wie 1 Petr 2,11f darstellt.

2.3 Fremde als elitäre und gesellschaftskritische Kategorie

Zu berücksichtigen ist endlich noch ein dritter Aspekt, der im AT höchstens am Rande begegnet[16]: die Fremde als elitäre und gesellschaftskritische Kategorie. Beides findet sich, wenn auch in jeweils ganz anderer Ausprägung, sowohl bei Philo wie in Qumran. Bei Philo ist schon durch die Identifizierung des Fremden (= Juden) mit dem Weisen ein deutlich elitäres Moment vorhanden. Zugleich grenzt Philo, wie gesehen, nicht nur den Weisen allgemein vom Toren ab, sondern er benennt sehr konkret und polemisch Ägypten (und das heißt die Gesellschaft des hellenistisch-römischen Ägyptens und deren Normen) als den Antitypus zur Lebensweise des Weisen, jenes Ägypten, das nicht nur feindlich war, sondern vor allem auch als ständige Versuchung zur Assimilation die jüdische Identität bedrohte. Ebenso deutlich ist dieser Zusammenhang in Qumran: Hier verbindet sich das Bewußtsein exklusiver Erwählung und ein entsprechender abgesonderter und besonderer Lebenswandel mit einer radikalen Kritik an der gesamten (auch der jüdischen) Gesellschaft Palästinas, ihren Maßstäben und ihrer Lebensweise, von der sich die Essener schärfstens abgrenzten.

Nun ist die Identitätssicherung durch Absonderung auch sonst im AT und im Judentum ein wesentliches (wenngleich nicht zu allen Zeiten in gleichem Maße bestimmendes) Moment. In den meisten alttestamentlichen und frühjüdischen Schriften wird dies jedoch, wie Schwarz[17] gezeigt hat, vor allem mit dem Bundesgedanken und der Erwählung und Heiligkeit des Volkes begründet. Dagegen findet sich die Aufnahme der Kategorie der Fremde in diesem Zusammenhang nur in Qumran und bei Philo – wohl nicht zufällig beides Gruppen bzw Exponenten von Gruppen, die sich – wie die Gemeinden des 1 Petr – *ihre Identität als Minderheit durch Abgrenzung innerhalb der eigenen Gesellschaft sichern mußten*[18] *und in diesem Zusammenhang ihr Fremdsein elitär und gesellschaftskritisch deuteten.*

---

[16] Diese Ausnahme sind die Rechabiten (so § 3,1.3); im Vordergrund steht aber hier der Gedanke des Gehorsams, nicht aber eine spezifische Erwählung.

[17] SCHWARZ: Identität passim. SCHWARZ stellt unter diesem Aspekt eine Verbindung zwischen dem vorexilischen Vertragsverbot und dem nachexilischen Gebot zur Absonderung her.

[18] Zu Qumran vgl jetzt auch 4 QMMT C 1ff, wo die Absonderung von der Mehrheit des Volkes (C 7: מרוב העם) als Voraussetzung für die Erhaltung der eigenen Reinheit behauptet wird (vgl auch die Vorwürfe 4 QMMT B 75ff, die [Jerusalemer] Priester würden durch unerlaubte sexuelle Beziehungen Israels Heiligkeit beschmutzen). Dieses jüngst veröffentlichte Schreiben ist ein Brief eines in die Anfänge der Gemeinde gehörenden autoritativen Lehrers der Gemeinschaft, möglicherweise des »Lehrers der Gerechtigkeit«, an die Jerusalemer Priesterschaft (vgl MUCHOWSKI: Remarks 69ff). In jedem Fall wird in diesem sehr frühen Text das Selbstverständnis der Gemeinde von Qumran deutlich.

Wie immer das Verhältnis beider zum 1 Petr zu bestimmen ist[19] – beide, Philo und die Essener stellen hier zumindest deutliche Analogien zum 1 Petr dar: Auch hier ist die Fremde unmittelbar verbunden mit der Erwählung und Aussonderung (vor allem 1,1f). Zugleich ist auch im 1 Petr die Fremde unmittelbar verbunden mit einer kritischen Haltung gegenüber der bestehenden paganen Gesellschaft und ihren Maßstäben sowie mit der Aufforderung zu einer anderen, »alternativen« Lebensweise[20].

2.4 Der Weg der Vermittlung

Bisher wurde vor allem deutlich gemacht, inwieweit die Rezeption der alttestamentlichen Tradition durch den 1 Petr vom zeitgenössischen Judentum beeinflußt ist. Und dies ist gerade auch beim Thema der Fremde nicht zufällig: »Das frühe Christentum macht sich ... die Diasporaerfahrung der jüdischen nachexilischen Gemeinden zu eigen und teilt sie, jene Erfahrung, die durch das Babylonische Exil grundgelegt wurde«[21]. Die so aufgezeigte Verbundenheit des 1 Petr mit der frühjüdischen Tradition darf jedoch nicht den Blick dafür verstellen, daß diese Übereinstimmungen zwar deutlich, aber nur partiell sind. Daneben bestehen auch zu den Aussagen Philos[22] und noch mehr zu den Schriften von Qumran zum Teil *sehr große Unterschiede*.

Wie Goppelt bereits festgestellt hat, erinnern die Aussagen des 1 Petr in manchem besonders an die Gemeinschaft von Qumran: »Die Gemeinde von Qumran versteht sich demnach als das heilige Volk Gottes, das im Exil, in der Fremde und in der Wüste weilt und sich auf die nahe endzeitliche Heimführung rüstet«[23]. Dennoch ist die-

---

[19] Es ist schwierig zu entscheiden, inwieweit hier eine direkte Abhängigkeit besteht (siehe dazu unten 2.4).

[20] Vor allem 1,13ff und 2,11f; vgl weiter 4,1ff.

[21] MOSIS: Exil 66.

[22] Die direktesten Parallelen zum 1 Petr weist ohne Zweifel *Philo* auf, bei dem, wie gezeigt, gerade in der Auseinandersetzung mit den Entfremdungserfahrungen des Gottesvolkes die Kategorie der Fremde eine entscheidende Rolle spielt. Im Gegensatz zum 1 Petr aber geschieht bei Philo diese positive Deutung im Blick auf das jüdische Volk nur indirekt, sozusagen vermittelt über die philosophische Tradition und über die Deutung der Juden als der wahren Weisen sowie ihrer Gesetze als Weg zur höchsten Tugend. Entsprechend besteht nach Philos Deutung der Gegensatz in der Unwissenheit oder Unwilligkeit der anderen Menschen, die sich in Götzendienst und Sittenlosigkeit, dh in der Liebe zur materiellen Welt äußert. Dagegen bezieht der 1 Petr die entsprechenden Fremdheitsaussagen unmittelbar auf die Christen und begründet sie direkt theologisch. Der Gegensatz zu den anderen Menschen wird eschatologisch bestimmt, er besteht für den 1 Petr in der Wiedergeburt der Glaubenden zur lebendigen Hoffnung, an der die Ungläubigen (noch) nicht teilhaben. Die bei Philo mit dem Motiv der Fremde wesentlich verbundenen kosmologisch-dualistischen Vorstellungen von der entsprechenden Heimat im Himmel werden vom 1 Petr weitgehend gemieden: Da er ganz von der Zukunft Gottes her denkt, an der die Christen durch ihre persönliche Teilhabe an Christi Geschick Anteil haben, dient die Vorstellung von einer eigenen himmlischen Welt nur der Veranschaulichung seiner Eschatologie, ohne sie zu bestimmen (wie dies etwa im Hebr weit mehr der Fall ist).

[23] GOPPELT 82.

ser Zusammenhang keineswegs so eng, wie Goppelt glaubte, wenn er sagt, die Vorstellungen des 1 Petr seien »im Selbstverständnis der essenischen Sondergemeinde präformiert«[24]. Abgesehen davon, daß sich die ganze Gedankenwelt des 1 Petr mit seiner Verpflichtung der Christen auf ihr Zeugnis *in* der Gesellschaft so deutlich von dem Determinismus dieser ganz auf Abgrenzung bedachten radikalen jüdischen Bewegung[25] unterscheidet, daß es schon deshalb schwerfällt, einen unmittelbaren Zusammenhang anzunehmen, so gibt es auch beim Thema der Fremde selbst doch erhebliche Unterschiede: So wird die Fremde in Qumran im Gegensatz zum (von ritueller Unreinheit und Ungerechtigkeit beschmutzten) Land entfaltet, aus dem die Gemeinschaft auch räumlich ausgezogen ist, während der 1 Petr damit die gesellschaftliche Randstellung der Konvertierten auf den Begriff bringt. Im Unterschied zu Philo und zum 1 Petr fehlt auch die positive Aufnahme der Selbstbezeichnung als Fremde in Qumran.

Schon dies zeigt, daß man sich die traditionsgeschichtlichen Abhängigkeiten nicht zu einlinig vorstellen darf. Hinzu kommt weiter, daß wir nur Reste der hellenistisch-jüdischen Literatur besitzen und im Blick auf diese Reste nirgends ein unmittelbarer Zusammenhang nachzuweisen ist – einmal ganz unabhängig von der nicht zu unterschätzenden Bedeutung der mündlichen Tradition, nicht zuletzt auch der Synagogenpredigt. Die Abhängigkeit des 1 Petr von entsprechenden jüdischen Traditionen wurde in erster Linie[26] ja nur erschlossen. Ausgangspunkt waren die von der gemeinsamen alttestamentlichen Tradition verschiedenen bzw über diese hinausgehenden Entsprechungen der Verwendung und Ausdeutung der Kategorie der Fremde bei Philo, in Qumran und im 1 Petr. Darüber aber, wie dies im einzelnen ausgesehen hat, wie der uns unbekannte Verfasser[27] des 1 Petr mit diesen jüdischen Vorstellungen in Berührung kam und in welcher Gestalt sie ihm begegneten, wann und wie er sie aufnahm, wissen wir nichts[28].

Diese vor allem im Rückschlußverfahren wahrscheinlich gemachte Abhängigkeit des 1 Petr von bestimmten jüdischen Traditionen macht nicht nur exemplarisch deutlich, wie die Rezeption alttestamentlicher Texte im frühen Christentum wesentlich geprägt ist durch das zeitgenössische Judentum. Sie zeigt darüber hinaus, daß keine einlinigen Ableitungen möglich sind – wie ja das Judentum selbst zu dieser Zeit alles andere als eine einheitliche Größe ist. Der

---

[24] GOPPELT 82.

[25] Vgl dazu LICHTENBERGER: Menschenbild 212.214.

[26] Direkte Anknüpfung zeigt sich in der Selbstbezeichnung als παρεπίδημοι διασπορᾶς.

[27] Wir wissen nicht einmal, ob der Verfasser selbst Jude war, wenngleich die Vertrautheit mit jüdischen Traditionen dies nahelegt.

[28] Selbst im Blick auf die Gedanken Philos, mit denen sich der 1 Petr am engsten berührt, ist das Spektrum der Möglichkeiten weit: Es reicht von der Annahme einer direkten Kenntnis Philos durch den Verfasser des 1 Petr (die denkbar, aber nicht sehr wahrscheinlich ist) über die einer Vermittlung philonischer Gedanken durch das Diasporajudentum oder durch christliche Lehrer bis zu der Möglichkeit, daß Philo und der Verfasser des 1 Petr sich unabhängig voneinander auf uns verloren gegangene Texte beziehen. Zu einem ähnlichen Ergebnis kommt MERCADO: Language 173 im Blick auf den Hebräerbrief, wenn er im Blick auf dessen Aussagen zur Fremde eine gemeinsame exegetische Tradition des Diasporajudentums postuliert.

Traditionszusammenhang ist daher kaum mit einer Linie zu vergleichen, sondern eher mit einem komplexen Gewebe, einem Gewebe wechselseitiger Beeinflussung in der Anknüpfung wie in der Abgrenzung, in das auch das frühe Christentum trotz seiner noch eigens zu beachtenden Besonderheit mit hineinverwoben ist.

Was nun diese Besonderheit anlangt, so zeigt sie sich im 1 Petr im Blick auf das Thema der Fremde in dem schon erwähnten terminologischen Unterschied zur alttestamentlichen und jüdischen Tradition. Dieser besteht auch darin, daß für den 1 Petr bei der Selbstbezeichnung nicht der Begriff πάροικος im Vordergrund steht, der ein – wenn auch begrenztes – Wohnrecht impliziert, sondern der im AT insgesamt nur zweimal und auch dort nur parallel zu πάροικος begegnende Terminus παρεπίδημος, der weit stärker das Moment der Nichtseßhaftigkeit, der Nichtzugehörigkeit in den Vordergrund rückt[29]. Die darin zum Ausdruck kommende größere Distanz zur Mitwelt, die sich terminologisch noch deutlicher in Hebr 11,13 findet, weist auf den dritten prägenden Faktor hin, die neutestamentliche Verkündigung.

3. Der Bezug zur neutestamentlichen Verkündigung: Die eschatologische Zuspitzung

Der 1 Petr versteht christliche Existenz wesentlich als Leben aus Gottes Zukunft, als Leben aus der durch Jesus Christus eröffneten Hoffnung. Der zentrale Begriff in diesem Zusammenhang ist die gerade im Eingangsteil stark betonte Wiedergeburt. Diese »Wiedergeburt zu einer lebendigen Hoffnung« (1,3) ist vermittelt »durch die Auferstehung Jesu Christi von den Toten«[30]. Sie macht deutlich, daß der Bezug zu Christus und der Anteil an seiner Heilstat Zukunft erschließt und so ein Neuwerden der ganzen Existenz zur Folge hat, aus dem dann die Distanz zur Mitwelt resultiert. Die eschatologische Orientierung bestimmt so auch das Verständnis der Fremdlingsschaft der Christen; diese sind letztlich Fremde, weil sie in einer sich aus dem Gewordenen verstehenden Wirklichkeit aus Gottes Zukunft leben und somit auch hier keinen Ort haben, an dem sie nach dem Selbstverständnis ihrer Mitwelt eine Existenzberechtigung hätten. Das Fremdsein der Christen ist so »soziologischer Ausdruck für den eschatologischen Charakter ihrer Existenz«[31]. Diese eschatologische Zuspitzung teilt der 1 Petr mit anderen neutestamentlichen Schriften (vgl Phil, Hebr). Am engsten ist hier auch terminologisch die Berührung mit dem Hebr: Im Gegensatz zur gesamten Tradition geben die beiden Schriften, die im NT am deutlichsten vom Fremdsein der Glaubenden reden, gegenüber dem in der LXX und bei Philo ge-

---

[29] Während etwa Philo, wie gesehen, durchaus den Status des πάροικος von dem minderen des φυγάς abhebt!

[30] Su § 8,2.

[31] GOPPELT 155.

bräuchlichen Begriff πάροικος dem seltenen παρεπίδημος den Vorzug, dh einem Wort, das die Betonung auf das Unterwegssein, das Nicht-Zuhause-Sein legt und somit weit stärker als πάροικος die Distanz zur Gesellschaft ausdrückt. Nicht zufällig stehen bei beiden die Aussagen zur Fremde auch in einem unmittelbaren Zusammenhang mit der über diese Welt hinausreichenden Zukunftshoffnung der Christen.

Daß diese eschatologische Hoffnung aber im NT mit der Begrifflichkeit der Fremde ausgedrückt werden kann, hängt mit der besonderen Situation der frühen Christen zusammen, wie sich am 1 Petr nochmals ausdrücklich bestätigen wird.

4. Die Eigenständigkeit des 1 Petr

Die Rede von der Fremdlingsschaft der Christen im 1 Petr hat traditionsgeschichtlich eine drei- bzw vierfache Wurzel. Zum einen knüpft der Verfasser bewußt an die alttestamentliche Tradition an. Diese Anknüpfung ist allerdings vermittelt durch das zeitgenössische Judentum, vor allem durch das hellenistische Diasporajudentum, das seinerseits bei der Ausdeutung der Kategorie der Fremde bestimmte philosophische Vorstellungen vor allem aus dem stoischen und platonischen Bereich rezipiert hat. Die eschatologische Zuspitzung aber, die der 1 Petr dem Gedanken der Fremdlingsschaft gibt, ist nur aus dem Gesamtzusammenhang der urchristlichen Verkündigung zu verstehen. Auf diesem Hintergrund kann nun aber auch die Eigenständigkeit klarer gesehen werden, mit der der 1 Petr diese Traditionen in den Dienst seiner Interessen gestellt hat.

Auf den ersten Blick fällt bereits auf, daß der 1 Petr – anders als Philo, Paulus und der Hebräerbrief – kein positives Pendant zur Fremde verwendet, das unmittelbar dem politischen Bereich entnommen ist (πατρίς, πόλις, πολίτευμα). Man wird diesen Unterschied vielleicht nicht überbewerten dürfen, denn so wie die anderen Begriffe, vor allem der der πόλις (und natürlich erst recht Ἰερουσαλήμ in Gal 4,26 und Hebr 12,22), aus alttestamentlich-heilsgeschichtlicher Tradition zu verstehen sind, so können bei dem in 1 Petr 2,9f neben anderen Epitheta viermal verwendeten Attribut des (Gottes-)Volkes auch politische Konnotationen nicht ausgeschlossen werden[32]. In jedem Fall ist jedoch auffällig, daß der 1 Petr gegenüber einer »politischen« Begrifflichkeit zurückhaltender ist als Philo, Paulus und der Hebräerbrief. Er verweist die Glaubenden nicht an einen himmlischen Ort bzw an ein himmlisches Staatswesen,

---

[32] Das gilt vor allem für den Begriff ἔθνος. Dagegen ist λαός staatsrechtlich ungewöhnlich. Das Wort wird in nachhomerischer Zeit kaum noch gebraucht, mit Ausnahme der LXX, in der es über 2000 Mal vorkommt und dort in engster Verbindung mit der Vorstellung von Israel als dem erwählten Volk steht (vgl STRATHMANN: λαός 29ff). Die Konnotationen dieses Wortes sind also fast ausschließlich religiöser Art.

sondern an eine irdische Gemeinschaft[33]. Damit hängt es wohl nicht zuletzt zusammen, daß der für die pagane Tradition wie für Philo wichtige Gedanke der Heimkehr als Pendant zur Fremde im 1 Petr nicht aufgenommen wird.

Ebenso wichtig aber ist, daß im NT es nur der 1 Petr ist, der die Christen direkt als die Fremden anspricht. Bei ihm ist dann auch dieses Fremdsein nicht mehr nur ein Attribut christlicher Existenz unter anderen, sondern wird, wie noch zu zeigen sein wird, zu einer zentralen Selbstbezeichnung, die bereits in der inscriptio (1 Petr 1,1) an die Stelle der sonst üblichen Anrede der Adressaten als ἅγιοι[34] tritt. Das Originelle und Zukunftsweisende am 1. Petrusbrief ist also dies, daß er nicht nur im Bezug auf biblische Gestalten oder auf dem Umweg über die philosophische Tradition die Fremdheit in der Gesellschaft als ein positives Moment zu deuten versucht, sondern daß er *in einem kühnen Rückgriff auf eine relativ schmale biblische und jüdische Tradition die negativen Erfahrungen von Nicht-Identität als Spezifikum christlicher Identität interpretiert.* Indem der 1 Petr die Christen als das anspricht, was sie sind, und dies als Ausdruck ihrer Erwählung wie ihrer Verpflichtung einsichtig macht, eröffnet er seinen Gemeinden Freiheit für ein neues Selbstverständnis und Weltverhältnis. Dies soll der zweite Hauptteil darstellen.

---

[33] Das wird nicht nur in 2,11 (als Folge von 2,9f) deutlich, sondern klingt auch schon in 1,1 an: »Behalve het besef, verstrooid te zijn in de vreemde, klinkt in διασπορᾶς ook mee de zekerheid, dat men tezamen tot het éne, heilige volk behoort« (DE JONGE: Vreemdelingen 30). Dies wird auch durch das Adjektiv ἐκλεκτός unterstrichen (vgl ebd)

[34] So Röm 1,7; 1 Kor 1,2; 2 Kor 1,1; Eph 1,1; Phil 1,1; Kol 1,2.

2. Teil

»An die erwählten Fremden in der Zerstreuung« – Selbstverständnis und Weltverhältnis der christlichen Gemeinde nach dem 1. Petrusbrief

§7 »Das befremdet sie« – die Situation der Adressaten

1. »Betrübt in allerlei Anfechtungen« – die Situation der frühen Christen

1.1 Die Art des im 1 Petr angesprochenen Leidens

(1) Das Verhältnis der im 1 Petr Angesprochenen zu ihrer Umwelt ist wesentlich dadurch bestimmt, daß sie in ihr und an ihr *leiden*. Dieses Leiden wird als *Grundsituation der Angesprochenen* im ganzen Schreiben vorausgesetzt[1]; das damit gegebene Problem bricht an den verschiedenen Stellen immer wieder durch. Entsprechend nimmt die theologische Auseinandersetzung mit diesem ›Leiden‹ im Verlauf des Briefes einen immer breiteren Raum ein: Dreimal wird in der zweiten Briefhälfte ausführlich dieses Leiden zum Leiden Christi in Beziehung gesetzt und seine Gottgewolltheit betont (2,19–25; 3,13–18; 4,12–19). Mit guten Gründen kann man die Veranlassung der ganzen Schrift darin sehen, diese Situation theologisch zu bewältigen, die dadurch angefochtenen Christen (vgl 4,12ff) ihrer Zugehörigkeit zu Gott zu vergewissern und ihnen darin einen Weg zu weisen[2].

---

[1] 1,6; 2,12.19ff; 3,9.13ff; 4,1.4.12ff; 5,9f. Insgesamt begegnet im 1 Petr 12mal πάσχειν und 4mal πάθημα für das Leiden der Christen und das im engen Zusammenhang damit stehende Leiden Christi. Das ist ungewöhnlich häufig. Zum Vergleich: Im gesamten NT (einschließlich des 1 Petr) findet sich πάσχειν ingesamt 42mal, davon 35mal bezogen auf das Leiden Christi bzw der Christen (vgl Kremer: πάσχω 120). Ebenso findet sich πάθημα insgesamt im NT 16mal, davon 14mal im obigen Sinn (vgl Kremer: πάθημα 2). Mit anderen Worten: Genau ein Drittel aller neutestamentlichen Bezüge zum Leiden der Christen und ihres Christus findet sich in diesem verhältnismäßig knappen Schreiben!

[2] Das bestätigt 1 Petr 5,12b, wo der Verfasser selbst den Zweck seines Schreibens angibt: Er habe damit ermahnen und bezeugen wollen, »daß dies die wahre Gnade Gottes sei, in welcher ihr steht«. Was mit dieser auf den ersten Blick nichtssagend wirkenden Bemerkung gemeint ist, zeigt vor allem der Vergleich mit 2,19f, wo ebenfalls zweimal mit einem Demonstra-

(2) Umstritten ist nun allerdings, was mit diesem ›Leiden‹ gemeint ist. Sieht man von der Deutung Elliotts[3] ab, so werden diese Aussagen entweder auf eine offizielle Christenverfolgung bezogen[4], oder man sieht in ihnen den Niederschlag der für diese Zeit charakteristischen Spannungen zwischen der christlichen Gemeinde und der paganen Gesellschaft[5].

Für die Annahme einer Christenverfolgung wird vor allem auf 1 Petr 4,12ff verwiesen: die ›Feuersbrunst‹ 4,12, das Beschimpftwerden ›wegen des Namens Christi‹ 4,14, das Leiden ὡς Χριστιανός 4,16, worunter die Anklage wegen des nomen ipsum zu verstehen sei (vgl 2,20; 4,15) – all das seien unmittelbare Anspielungen auf staatliche Verfolgungsmaßnahmen, die im übrigen nicht nur lokal beschränkt sein können, da es 5,9 heißt, daß »eure Brüder in der ganzen Welt die gleichen Leiden ertragen müssen«. Je nach Datierung des 1 Petr denkt man dabei entweder an die neronische Verfolgung[6], an Domitian[7] oder an das frühe 2.Jahrhundert, für das uns durch den berühmten Briefwechsel zwischen Plinius und Trajan[8] Christenverfolgungen durch die Behörden bezeugt sind.

Gegen diese Deutung wird eingewendet, daß zu diesem Zeitpunkt eine planmäßige Verfolgung, wie es 5,9 nahelegt, nicht nachweisbar ist[9]. Sowohl unter Nero wie unter Domitian werden die Christen durch persönlich bedingte Einzelmaßnahmen und nur lokal begrenzt getroffen, und Plinius wird nur auf Anzeigen hin aktiv, vermutlich aktuell veranlaßt wegen eines Verstoßes gegen das kaiserliche Hetairienverbot[10], das mit dem Christentum selbst zunächst nichts zu tun hatte[11]. Eine systematische Christenverfolgung über das ganze Reich hin findet erst unter Decius und Valerian in der Mitte des 3.Jahrhunderts statt.

Andererseits darf aber nicht übersehen werden, daß die Christen der ersten drei Jahrhunderte in einer Situation der Rechtsunsicherheit und so immer mit der Möglichkeit des Martyriums lebten, »das ständig als Gewitterwolke über ihnen stand«[12]. In einer konkreten Konfliktsituation, bedingt wohl durch den übersteigerten Kaiserkult Domitians, konnte diese Gefährdung in den Visio-

---

tivpronomen bestimmt wird, was unter Gnade verstanden ist, nämlich daß das Leiden der Christen, die Passion Christi und das Heil aufs engste zusammengehören. »Darüber wollte der Brief in allen seinen Teilen belehren und dadurch trösten und zur Hoffnung animieren: Unrecht leiden müssen ist wegen der Verbindung zur Passion Christi die Gnade« (BROX 245).

[3] ELLIOTT versteht darunter in erster Linie die konkreten Nachteile des Parökenstandes; vgl die Auseinandersetzung damit im Anhang.

[4] Diese traditionelle Deutung vertreten etwa noch KÜMMEL: Einleitung 369; VIELHAUER: Geschichte 588.

[5] Vgl GOPPELT 57f; BROX 29ff.

[6] Vgl SELWYN: Persecutions. SELWYN weist allerdings in seiner sehr ausgewogenen Studie darauf hin, daß es dafür keine eindeutigen Indizien gibt (Persecutions 49).

[7] Vgl BAUER: Verfolgung 523f.

[8] Plin (d J): ep X,96.97.

[9] Darauf weisen etwa GOPPELT 62f und BROX 27ff hin.

[10] Vgl WLOSOK: Rom 32f.

[11] Das sollte auch noch nach Trajan so bleiben; vgl HENGEL: Politik 95.

[12] ALAND: Kirche 76.

nen der Apokalypse bereits die Züge des Endkampfes zwischen Gott und Satan annehmen. Wenn in diesem Zusammenhang dann auch von Rom als der »Hure Babylon« gesprochen wird, die »trunken ist vom Blut der Märtyrer« (Offb 17,5f), so zeigt diese offensichtliche Übersteigerung der (als ›Anfang der Wehen‹ verstandenen) Situation[13], daß der Hinweis auf die geschichtliche Situation allein noch kein zwingendes Argument gegen die Deutung der Aussagen des 1 Petr auf staatliche Repression ist. Die Situation der Rechtlosigkeit im Verbund mit der Gefahr von Denunziationen, die jederzeit zur Verfolgung durch eine letztlich immer unberechenbar bleibende staatliche Behörde führen konnte, vermochte, wie die Apokalypse zeigt, zu bestimmten Zeiten bei Christen sehr wohl das Gefühl erwecken, es mit dem Beginn ihrer systematischen Ausrottung zu tun zu haben.

Des weiteren wird auf die Aussagen über die Obrigkeit verwiesen, die der 1 Petr in deutlichem Gegensatz zur Apokalypse positiv zeichnet. Doch auch bei diesem Argument ist Vorsicht geboten. Denn die Apokalypse stellt mit ihrer radikalen Staatskritik innerhalb der frühchristlichen Literatur eine Ausnahme dar, während für die meisten anderen christlichen Schriftsteller dieser Zeit selbst in einer Situation offizieller Unterdrückung eine Tendenz zur Entlastung des Staates charakteristisch ist[14]. Der Erste Klemensbrief, verfaßt in Rom unmittelbar nach den Unterdrückungsmaßnahmen in den letzten Regierungsjahren Domitians, zeigt, wie die Christen selbst in dieser Situation noch von der gottverliehenen Macht der Obrigkeit reden und für die Regierung beten konnten[15]. Des weiteren ist zu beachten, daß der 1 Petr im Verhältnis zu Röm 13 die Obrigkeit sehr viel zurückhaltender und theologisch differenzierter beurteilt[16]. Weiter ist zu sehen, daß sich die beiden folgenden Ermahnungen zur Unterordnung an Sklaven und Frauen richten. Sie beziehen sich also gerade auf diejenigen Bereiche, in denen Christen wegen ihrer Abhängigkeit am meisten unter der Ablehnung durch die Umgebung zu leiden hatten. So ist es zumindest erwägenswert, ob 1 Petr 2,13ff nicht indirekt ebenfalls auf Probleme mit staatlichen Behörden hinweist. Endlich scheint auch die Bezeichnung Roms als ›Babylon‹ – auch wenn man sie nicht überbewerten sollte[17] – darauf hinzuweisen, daß das Verhältnis zum Staat so unproblematisch nicht war, wie es bei einer oberflächlichen Betrachtung den Anschein hat. Andererseits darf freilich auch nicht übersehen werden, daß es in der Frühzeit bisweilen Kaiser und Statthalter waren, die gegen die Übergriffe seitens der Bevölkerung die Notwendigkeit eines or-

---

[13] Vgl dazu ALAND: Kirche 215ff.

[14] Belege und die Deutung dieses Phänomens bei ALAND: Kirche 72–90.

[15] Vgl vor allem 1 Cl 60,4–61,2.

[16] Der wichtigste Unterschied ist, daß sie nicht unmittelbar auf Gott zurückgeführt wird, wie Paulus dies durchweg tut, sondern daß sie – als ἀνθρωπίνη κτίσις! – von ihrer Ordnungsfunktion her begründet wird. Entsprechend wird die Unterordnung unter sie nicht aus ihrem Wesen als Dienerin Gottes abgeleitet.

[17] So etwa ECK: Imperium 67, der in diesen Begriff die ganze apokalyptische Staatsfeindschaft hineinlesen möchte; ähnlich schon W. BAUER 23f.

dentlichen Verfahrens betonten[18] – ein vielleicht als Hintergrund von 1 Petr
2,13–17 nicht unbedeutender Sachverhalt.

(3) Historische Überlegungen allein geben also keine eindeutige Antwort
auf die Frage nach der Art des im 1 Petr angesprochenen Leidens. Entscheidend für die Deutung dessen, was im 1 Petr mit dem ›Leiden‹ gemeint ist, *ist
das Selbstzeugnis des Briefes.* Und da gibt der 1 Petr klar zu erkennen, daß für
seine Adressaten nicht primär das Verhältnis zum römischen Staat bzw zu seinen Behörden problematisch ist. *Schwierigkeiten haben die Christen in erster
Linie mit ihrer unmittelbaren Umgebung.* Es ist die Nachbarschaft, die über
das neue Verhalten ihrer Mitbürger ›befremdet‹ ist (4,4) und deshalb die Mitglieder der christlichen Gemeinde ausgrenzt und diffamiert, ja anfeindet und
denunziert[19]. Entsprechend wird nur sehr allgemein angedeutet, daß die Adressaten ›betrübt werden in allerlei Anfechtungen‹ (1,6 vgl 2,19; 4,12) und daß sie
›leiden‹ (2,19f; 3,14.17; 4,1.19; 5,9f), wohingegen gezieltere Termini wie διώκειν, διωγμός oder sonstige Hinweise auf staatliche Verfolgungsmaßnahmen
fehlen[20]. Auch wird nirgends der gewaltsame Tod von Mitgliedern der Gemeinde berichtet, und ebensowenig findet sich ein Hinweis darauf, daß – wie etwa
in der Apokalypse – die Stellung zum Kaiserkult für den 1 Petr ein Problem darstellt. Die Aktivitäten der Gegner, wie sie der 1 Petr schildert, äußern sich vielmehr in Schmähung und Verleumdung (vgl 2,12; 3,16; 4,4.14), in Einschüchte-
rung (3,6), schlechter Behandlung und Drohung (3,13f).

Daß dies nichts Harmloses war, zeigen schon die Apostelgeschichte und
die Verfolgungslogien in den Evangelien. Die gesellschaftliche Diskriminie-
rung bedeutete eine ständige Bedrohung und schloß pogromartige Übergriffe mit ein. Ihren Ausgangspunkt aber nehmen alle diese gegen die Christen
gerichteten Aktivitäten bei deren Umgebung, in der Bevölkerung. Bestätigt
wird dies noch dadurch, daß dort, wo sich der 1 Petr paradigmatisch mit der
Leidenssituation der schwächsten Glieder der Gemeinde (der Sklaven unter
nichtchristlichen Herren und der Frauen unter nichtchristlichen Ehemännern) auseinandersetzt, auf Konflikte in der Hausgemeinschaft Bezug genommen wird.

(4) Damit soll die *Möglichkeit,* daß die Adressaten des 1 Petr im Gefolge der
mehrmals angesprochenen Verleumdungen der Christen *auch durch die darauf reagierenden Behörden zu leiden hatten, nicht ausgeschlossen werden.*
Die explizite Gegenüberstellung eines Leidens als Übeltäter mit dem Leiden
der Christen (4,15 vgl 2,20) könnte durchaus ein Hinweis darauf sein, daß Christen solchermaßen beschuldigt und vor Gericht gebracht und dort im Falle ei-

---

[18] So Hadrian (Eus Hist Eccl IV,9) und Antonius Pius (ebd IV,26,10); vgl auch HENGEL:
Politik 153–182. Tertullian nennt in Scapul 4,3ff mehrere Statthalter, die die Christen vor der
Menge in Schutz nahmen (vgl SCHÄFKE: Widerstand 486). Bereits in Apg 19,31ff spielt die
Obrigkeit eine solche positive Rolle (vgl auch das Urteil über Sergius Paulus in Apg 13,7).
[19] Vgl 2,12(.23); 3,14–17; 4,4.14–16.
[20] Vgl BROX 29.

nes Schuldspruchs auch zum Tode verurteilt wurden[21]: Die Unterscheidung eines Leidens als Übeltäter und eines Leidens als Christ (1 Petr 4,14–16) entspricht auffällig den Überlegungen des Plinius, ob das Christsein als solches strafbar ist (nomen ipsum) oder wegen erwiesener Untaten (flagitia cohaerentia nomini)[22], und in einem der ältesten uns erhaltenen Märtyrerberichte, den Acta Scilitanorum wird in einem relativ kurzen Text gleich dreimal von den Angeklagten während des Prozesses betont, daß sie keine Übeltäter seien (Acta Scilitanorum 2.6.7). Ebenso könnte die Rechenschaftsablegung in 3,15 auf die Situation eines offiziellen Verhörs verweisen[23]. Und auch die Aufforderung zur Unterordnung unter die Obrigkeit dürfte nicht einfach ohne Anlaß erfolgen: Wenn sich – und das ist wohl unbezweifelbar – die Ermahnungen an die Sklaven und an die Frauen gerade auf Situationen beziehen, wo der Konflikt besonders scharf war[24], so liegt es nicht fern, dies für die erste der drei Ermahnungen ebenfalls anzunehmen. In der Apostelgeschichte zeigt sich, daß die Obrigkeit auf Anzeigen aus der Bevölkerung gegen die Christen reagierte bzw daß die Auseinandersetzungen in der Bevölkerung eine Denunziation und – dadurch bedingt – ein Einschreiten der einzelnen (Polizei-)Behörden[25] und die Verurteilung der Christen nach sich ziehen konnten[26]. Auch der 1 Petr scheint dies anzudeuten, und der Pliniusbrief (ep X 96) sowie die Reaktion Trajans (ep X 97) zeigen nicht nur ebendiese Praxis – Plinius setzt auch voraus, daß schon früher Prozesse gegen Christen stattgefunden haben[27]. Dies und die Selbstverständlichkeit, mit der etwa Plinius aufgrund der Anzeigen aktiv wird und die Christen (trotz ihrer von ihm selbst festgestellten Unschuld, was die ihnen vorgeworfenen moralischen und politischen Verbrechen anlangt[28]) nach

---

[21] Vgl auch den Zusammenhang von 2,12 mit 2,14f!

[22] Auf diesen Zusammenhang weist auch SHERWIN -WHITE: Letters 697 hin.

[23] GOPPELT 236 A 26 macht darauf aufmerksam, daß dem αἰτεῖν τινα λόγον in 3,15 das λόγον δοῦναι entspricht, das in 1 Petr 4,5 (wie in Röm 14,12 uö) juridisch gebraucht wird, wenngleich die Wendung etwa bei Plato auch für private Verteidigung verwendet werden kann. Ebenso könne von der ntl Verwendung her ἀπολογία auf die Verteidigung vor Gericht verweisen. Zwingend ist auch dies nicht, wie etwa 1 Kor 9,3 oder 2 Kor 12,19 zeigen.

In diesem Zusammenhang ist es bezeichnend, daß Tertullian sein Apologeticum als Auseinandersetzung mit der Anklage vor Gericht schreibt. Zumindest in seiner Zeit, gut hundert Jahre nach dem 1 Petr, kann er diese Situation als eine allgemeine voraussetzen.

[24] Vgl auch den Bericht bei Justin Apol II,2.

[25] Dieses Vorgehen gegen die Christen war juristisch nicht durch ein speziell gegen die Christen gerichtetes Gesetz begründet, sondern beruhte etwa im Falle des Plinius auf einer *cognitio extra ordinem*. Ausführlich diskutiert wird die Frage nach den gesetzlichen Grundlagen des behördlichen Vorgehens gegen die Christen bei WLOSOK: Rechtsgrundlagen und FREUDENBERGER: Verhalten.

[26] Apg 13,50; 16,19–40; 17,6–10; 19,23–40 vgl auch Mk 13,11 par Lk 12,11; 21,14; Mt 10,19.

[27] Ep X,96,1: »Cognitionibus de Christianis interfui numquam«. Diese Aussage hat nur Sinn, wenn solche cognitiones de Christianis bereits stattgefunden haben.

[28] Bezüglich der ›flagitia cohaerentia nomini‹ (ep X,96,2) kommt Plinius am Ende seiner ausführlichen Untersuchung zu einem eindeutig negativen Ergebnis: »nihil aliud inveni quam superstitionem pravam et immodicam« (ep X,96,8).

dreimaligem Befragen ohne weiteres hinrichten läßt[29] – dies alles warnt davor, die Rolle der verschiedenen staatlichen Organisationen einschließlich der Stadtmagistrate in diesen Auseinandersetzungen zu verharmlosen. Das oben Ausgeführte legt nahe, daß der Verfasser des 1 Petr – vielleicht durch entsprechende Erfahrungen dazu gebracht – in seinem Schreiben zumindest mit der Möglichkeit gerechnet hat, daß die Verleumdungen durch die Mitbürger auch zu förmlichen Anklagen und damit auch zum Vorgehen der Behörde gegen die Christen führen kann[30].

(5) Methodisch ist dabei zu berücksichtigen, daß die Rede vom Leiden im 1 Petr stark formelhaft geprägt ist. Darauf hat Millauer[31] zu Recht hingewiesen, und er hat warnt deshalb davor, aus den Aussagen des 1 Petr unmittelbar auf die Situation der Adressaten zu schließen. Das Leiden, das der 1 Petr anspricht, ist ja für alle Gemeinden typisch (vgl 5,9). Millauer geht jedoch wohl zu weit, wenn er aus dieser Einsicht folgert: »Die Leidensaussagen des 1. Petr. sind sämtlich so allgemein, daß zu bezweifeln ist, ob dem Verfasser auch nur ein konkreter Fall aus Kleinasien bekannt war ... Daraus ergibt sich, daß die Erklärung der Leidensaussagen des 1.Petr zunächst auf dem Feld der Traditionsgeschichte zu suchen ist und nicht aus einer historischen Situation ermittelt werden kann«[32]. Schon grundsätzlich ist zu fragen, ob es wahrscheinlich ist, daß ein derartiges Schreiben versandt wurde, ohne daß der Autor die geringste Ahnung von der Situation der Empfänger hatte. Die im NT ungewöhnliche Dichte der Leidensaussagen im 1 Petr – nur in der Apokalypse findet sich noch vergleichbares – und die Ausführlichkeit der Auseinandersetzung zeigt doch wohl, daß der Absender einen Anlaß hatte, sich derart intensiv mit dem Leidensproblem zu befassen. Die particula veri des Einwandes von Millauer besteht, wie sich im Folgenden zeigt, darin, daß es weniger eine konkrete Einzelsituation als vielmehr die allgemeine Situation der christlichen Gemeinden dieser Zeit ist, die dieses Schreiben veranlaßt hat, und daß es dem Verfasser mehr darauf ankommt, diese Situation zu deuten denn sie zu beschreiben[33]. Es ist nun aber kein Zufall, daß diese Situation gerade in einem nach Kleinasien gerichteten Schreiben verhandelt wird, da damals in Kleinasien schon relativ viele Christen lebten[34] und uns von dort aus dieser Zeit (von der Apokalypse bis zum Pliniusbrief) heftige Konflikte überliefert sind. Millauers einseitige Überbetonung der Traditionsgeschichte ist in diesem Sinn zu korrigieren.

---

[29] Das Christsein allein, das ›nomen ipsum‹ genügt also dem Plinius als Grund für die Hinrichtung von Christen (ep X,96,2f) – ein Vorgehen, das von Trajan gebilligt wird (ep X,97).

[30] Vgl auch DIBELIUS: Rom 62.

[31] Leiden 60.

[32] MILLAUER: Leiden 60.

[33] Vgl REICHERT: praeparatio 101.

[34] Vgl HARNACK: Mission 732ff.

1.2 Die Urheber des Leidens

(1) Trotz der oben festgestellten Wahrscheinlichkeit einer Mitwirkung des Staates bei den angesprochenen ›Leiden‹, mit der bereits um diese Zeit (spätestens seit Neros öffentlichen Aktionen gegen die Christen) immer zu rechnen ist[35], muß aber dennoch gegenüber einer geläufigen Sicht der Frühzeit, die im Staat den Hauptfeind der Christen sieht, eine Korrektur angebracht werden. Das Martyrium und der dahinterstehende Konflikt mit der Staatsgewalt stellt »nur den Endpunkt einer Auseinandersetzung zwischen der heidnischen Umwelt und den Christen« dar[36]. Was immer die noch zu klärenden Gründe gewesen sind, die Plinius zu seinem Vorgehen bewogen haben – in jedem Fall hat Plinius nur auf die Anzeigen der Bevölkerung reagiert[37]. Dasselbe ist auch im 1 Petr der Fall, wenn sich denn seine Angaben auch auf staatliche Maßnahmen gegen die Christen beziehen sollten. Das entspricht auch weitgehend dem, was wir aus anderen Quellen über die frühen Christen in der römischen Welt wissen. Nach ihren Angaben nahmen die Feindseligkeiten gegen die Christen in den ersten zwei Jahrhunderten ihren Ausgang praktisch immer bei der Bevölkerung (bzw den von ihr bestimmten lokalen Magistraten)[38]. »Es gibt keine größeren Schreier gegen die Christen als die Menge«[39].

Das gleiche Bild zeigt sich in den übrigen Schriften des NT: Bereits in der ältesten christlichen Schrift, in 1 Thess 2,14 wird sowohl im Blick auf Judenchristen wie auf Heidenchristen vom ›Leiden durch die eigenen Landsleute‹ gesprochen, und nach der Darstellung der Apostelgeschichte nahm das behördliche Vorgehen gegen Paulus immer seinen Ausgangspunkt bei aufgebrachten

---

[35] Die in ihrem Kernbestand sicher vor 70 bereits formulierten Verfolgungslogien bei Mk bzw in Q setzten auch Anklagen vor Gericht wegen der Zugehörigkeit zum Christentum bzw wegen des ›Namens Jesu › voraus (vgl Mk 13,9–13 par; Mt 5,11f par Lk 6,22f; Mt 10,17–22; Lk 12,11f; 21,12–17).

[36] SCHÄFKE: Widerstand 462.

[37] Auslösender Faktor war vielleicht der nachlassende Verkauf von Opferfleisch und die damit verbundenen wirtschaftlichen Einbußen bei bestimmten Kreisen (ep X,96,9f vgl SHERWIN-WHITE 697.709). Eine Parallele dazu wäre das Vorgehen der Silberschmiede von Ephesus gegen die Christen in Apg 19,23ff. In jedem Fall schien bei Plinius das Vorgehen gegen die Christen auch in weiteren Kreisen der Bevölkerung Anklang zu finden, wie ep X,96,4f zeigt.
Eine wichtige Ursache für die Ablehnung der Christen in der Frühzeit waren auch jüdische Anklagen. Die meisten Auseinandersetzungen, die die Apostelgeschichte schildert, nehmen hier ihren Ausgang, und Texte wie Joh 16,2f und Offb 2,9 spiegeln dieselbe Situation.

[38] Vielleicht geht das Urteil von COLWELL: Popular Reactions 53, etwas zu weit, wenn er sagt: »The interrelation of popular and official reactions to Christianity is seen first of all in the fact that *popular opposition preceded and underlay all official opposition to Christianity in the first two centuries and a half*« (Hervorhebungen von mir). Dennoch zeigt COLWELL überzeugend, in welch erheblichem Maß die staatlichen Maßnahmen gegen die Christen Reaktionen auf ihre Ablehnung in der Bevölkerung sind. Die ausführliche Untersuchung von SCHÄFKE: Widerstand (vor allem 464ff) gibt COLWELL recht. Für die Zeit des 1 Petr bestätigen sämtliche Zeugnisse diese These (vgl SHERWIN-WHITE: Letters 697).

[39] Tertullian: Apologeticum 35,8: »...nec ulli magis depostulatores Christianorum quam vulgus«.

Bürgern[40], und auch die Verfolgungslogien sprechen davon, daß die Christen von der eigenen Umgebung, ja sogar von der eigenen Verwandtschaft an Gerichte ausgeliefert werden[41].

Selbst die Christenverfolgung eines Nero richtete sich ja nicht in dem Sinne direkt gegen die Christen, daß der Kaiser an diesen selbst ein Interesse gehabt hätte. Nero benötigte vielmehr einen Sündenbock, nachdem ihn die Volksmeinung – wohl nicht zu Unrecht – für den Brand Roms verantwortlich gemacht hatte. Dafür nun erscheinen ihm diejenigen am besten geeignet, »die das Volk wegen ihrer Schandtaten haßte und mit dem Namen Christen belegte«[42]. Er greift also die bestgehaßte Gruppe heraus, um auf sie den Volkszorn umzuleiten.

(2) Die Gründe der Behörden, gegen die Christen vorzugehen, waren vielfältig. Der übernächste Abschnitt soll sich damit befassen. Zunächst ist jedoch zu klären, wie es zu der grundsätzlichen Ablehnung der Christen im römischen Reich kam. Der allgemeine Haß gegen die Christen – der in vielem auch an die Ablehnung der Juden anknüpft[43] – war ja der Auslöser des Vorgehens gegen die Christen. Wie weit dieser Haß geht, zeigt etwa das Urteil des Tacitus, der in seinem Bericht über Neros Vorgehen das kaiserliche Manöver zwar durchschaut, also in diesem Fall nicht an die Schuld der Christen glaubt, aber dennoch die Tat des Kaisers als im Interesse des öffentlichen Wohles geschehen billigt[44]. Die Christen seien schuldig (sontes) und ihre grausame Hinrichtung bei einem öffentlichen Schauspiel gerechtfertigt[45]: »Sie wurden weniger der Brandstiftung als des Hasses gegen das ganze Menschengeschlecht überführt«[46]. Daß Tacitus mit dieser Verurteilung der Christen keine Ausnahme darstellt, zeigt Sueton, der in seiner Biographie Neros dessen Vorgehen gegen dieses »genus hominum superstitionis novae ac maleficae«[47] zu den guten Taten des Kaisers rechnet[48].

Was also ist der Grund für diesen geradezu fanatischen Haß auf die Christen, den die vornehmsten römischen Geschichtsschreiber offensichtlich mit einem Großteil der Bevölkerung teilten?

---

[40] Apg 14,4f; 16,19–22; 17,8.13; 19,23–40; 21,27–40.

[41] Vgl Mk 13,9–13; Mt 10,17f; Lk 21,12–17.

[42] Tacitus: Annalen 15,44,2 »...quos per flagitia invisos vulgus Christianos appellabat.« Auch wenn zu berücksichtigen ist, daß Tacitus diesen Bericht ca 50 Jahre später schreibt und von daher seine Beurteilung der Christen auch durch seine Zeit und die Haltung des Kreises um Trajan eingefärbt sein kann, besteht doch kein Anlaß, diesen Aussagen grundsätzlich zu mißtrauen.

[43] Zu den Entsprechungen und Unterschieden im Verhalten der antiken Welt zu Juden und Christen su Exkurs 1.

[44] Tacitus: Annalen 15,44,5 fin. Zu dieser Übersetzung und Deutung des »utilitate publica« vgl WLOSOK, Rom 22.26.

[45] Vgl ebd 44,5.

[46] 44,4: »...haud proinde in crimine incendii quam odio humani generis convicti sunt.«

[47] Suet Caes Nero 16,2.

[48] Vgl WLOSOK: Rom 7.

2. Die Ursachen des Konfliktes

2.1 ›Gottlosigkeit‹ und ›Menschenhaß‹ – die Ablehnung der frühen Christen in der Bevölkerung und deren Ursachen

(1) Als *Grund* für die Ablehnung der Christen werden in den Anklagen gegen sie immer wieder *ihre Verbrechen und ihre Unmoral* genannt: Die ›flagitia‹ sind es, weswegen die Christen schon unter Nero beim Volk verhaßt waren[49], und auch Plinius assoziiert diese als erstes mit den Christen, wenn er von den »flagitia cohaerentia nomini« spricht[50]. Diese Vorwürfe kehren fast stereotyp in allen Auseinandersetzungen mit dem Christentum wieder[51], und auch wenn gebildete Kritiker wie Kelsos sich die Vorurteile des Volkes nicht ganz zu eigen machen, so prägten sie doch deutlich das Bild der Christen in der Bevölkerung (und bestätigen so das vom 1 Petr wiederholt angeführte Verleumden der Christen ›als Übeltäter‹). Anschauliche Zusammenfassungen der gängigen Vorwürfe und Verdächtigungen finden sich etwa bei Justin oder im Octavius des Minucius Felix. Dort kommen Gegner des Christentums zu Wort, die ausführlich alle – meist sexuellen – Abartigkeiten und alle Verbrechen (bis hin zum Ritualmord und zu thyesteischen Mahlzeiten) aufführen, die den Christen von der öffentlichen Meinung zugeschrieben wurden[52].

Nun gab es Kulte, in denen Riten praktiziert wurden, die durchaus an das den Christen Vorgeworfene erinnern[53], und es kann nicht ausgeschlossen werden, daß von dort aus der Verdacht auf die Christen fiel, der möglicherweise noch durch das Verhalten extremer gnostischer Randgruppen genährt wurde[54]. Auch dürften die eigenen, als fremdartig empfundenen, oft nächtlichen Gottesdienste der Christen sowie ihre gegenseitige Anrede als ›Brüder‹ und ›Schwestern‹ die Phantasie ihrer Zeitgenossen angeregt und so das Ihre zu dem Mißtrauen gegen sie und damit zu den Verdächtigungen beigetragen haben[55]. Des weiteren hatte das Christentum teil an einer allgemeinen Aversion der Römer gegen Kulte aus dem Osten[56], und seine Verehrung eines einzigen und bildlo-

---

[49] Tacitus: Annalen 15,44,2.

[50] Plinius: Ep X,96,2.

[51] So in den Anschuldigungen gegen die Märtyrer von Lyon (Eus Hist Eccl V,1,14; weiter Just Apol 2,12). Auch die Bezeichnung des Christentums als *exitiabilis* superstitio (Tacitus: Annalen 15, 44) bzw *malefica* (Suet Caes Nero 16,2) scheint dieses Urteil zu spiegeln.

[52] Minucius Felix: Octavius, vor allem 8,4–10,2.

[53] Vgl SCHÄFKE: Widerstand 592f; WILKEN: Christen 30ff.

[54] Vgl WILKEN: Christen 33–35.

[55] Vgl Just Apol 2,12; Aristid Apol 17,2; Athenag Suppl 3,32.35, wo solche Vorwürfe angeführt werden, die, wie Tacitus zeigt, wohl schon zur Zeit des 1 Petr bestanden haben. Bezeichnend ist die Äußerung des Caecilius in Minucius Felix: Octavius 9,4 zu dem Vorwurf, die Christen beteten die Genitalien ihres Oberpriesters an: »nescio an falsa, certe occultis ac nocturnis sacris adposita suscipio«.

[56] Die Darstellung des Christentums bei Tacitus ist wohl beeinflußt durch den Bericht des Livius vom Bacchanalienskandal (39,13,8ff).

sen Gottes erweckte Mißtrauen und erschien töricht[57]. Endlich waren die Christen in den Augen der Römer auch durch den Kreuzestod ihres Urhebers kompromittiert[58]. Doch wie dem auch sei – dies alles erklärt noch nicht den spezifischen Widerwillen gegen das Christentum, der bereits in frühester Zeit so groß war, daß der wegen des Brandes gehaßte Nero so sehr auf den Beifall der Bevölkerung zählen konnte, wenn er gegen diese Gruppe vorging, daß dabei seine eigenen Vergehen in den Hintergrund traten. Das gilt um so mehr, als aufs Ganze gesehen die meisten dieser Vorwürfe gegen die Christen ja absurd waren. Die eigentliche Frage ist, warum den Christen bevorzugt solches zugeschrieben wurde, was also die wahren Ursachen eines Hasses sind, der sich derartige Verdächtigungen und Vorwürfe geradezu sucht[59].

(2) Eine erste Antwort darauf geben die bereits erwähnten Texte. Wie gesehen, hält auch ein Tacitus, der um die Unschuld der Christen am Brand Roms weiß, deren schauspielartige Hinrichtung für gerechtfertigt, und Plinius, der die Unschuld der Christen bezüglich der mit ihrem Namen verbundenen flagitia feststellt, läßt sie trotzdem zur Hinrichtung abführen. Beidesmal *ändert also die erwiesene Unschuld der Christen im Blick auf die ihnen vorgeworfenen Verbrechen nichts an der Tatsache, daß man sie für ein auszurottendes Übel hält.* Interessant sind die Begründungen für diese Haltung. Tacitus, Sueton und Plinius stimmen darin überein, daß das Christentum eine *superstitio* sei, wobei auffälligerweise jeder von ihnen noch durch beigefügte Attribute seinen Abscheu vor dieser Art des ›Aberglaubens‹ und dessen Verderblichkeit ausdrückt[60], ein Urteil, das in der Auseinandersetzung mit dem Christentum wiederkehrt[61].

---

[57] Vgl aus der oben schon erwähnten Rede des Caecilius im Octavius des Minucius Felix (10,3ff): »Und wer ist dieser einzige, einsame, verlassene Gott? Wo ist er? Woher kommt er? Kein freies Volk, kein Königreich, nicht einmal der religiöse Eifer der Römer kennt ihn. Allein das jämmerliche Judenvölkchen verehrt ebenfalls einen einzigen Gott, aber doch in aller Öffentlichkeit, mit Tempeln und Altären, mit Opfern und Zeremonien. Freilich ist er so schwach und machtlos, daß er mitsamt seinem auserwählten Volk in die Gefangenschaft der Römer geraten ist, die doch nur Menschen sind. Aber nun erst die Christen: Welche Ungeheuerlichkeiten, welche Ausgeburten ersinnt ihre Phantasie! Dieser ihr Gott, den sie weder zeigen noch sehen können, der soll seinerseits genauestens das Tun und Treiben aller Menschen verfolgen, ihren Worten und sogar ihren geheimsten Gedanken nachspüren, indem er überall hinrennen und überall dabei sein muß...«.

[58] Wiederholt bezeichnet etwa Kelsos Jesus deshalb als Verbrecher; vgl auch WLOSOK: Rom 14.

[59] Parallelen dazu muß man nicht lange suchen – das beredteste Beispiel ist der Antisemitismus (su Exkurs 2).

[60] Sueton (Caes Nero 16,2) spricht von einer superstitio nova ac malefica, dh fremdartig, unrömisch (so ist novus nach WLOSOK: Rom 7.14 zu verstehen) und bösartig. Das Schädliche, Zerstörerische an dieser ›superstitio‹, das Sueton mit malefica ausdrückt, wird von Tacitus (Annalen 15,44,2) mit exitiabilis auf den Begriff gebracht: »eine verderbliche, unheilvolle religiöse Lehre, abscheulich, schändlich und böse *(atrocia, pudenda, malum)*, also moralisch und politisch verwerflich« (WLOSOK: Rom 14). In eine ähnliche Richtung geht die Charakterisierung des Christentums durch Plinius als superstitio prava et immodica (ep X,96,8).

[61] Vgl Caecilius bei Minucius Felix: Octavius 9,2: »vana et demens superstitio«.

Zum Verständnis dieser harten Ablehnung, die auch zu einem beträchtlichen Teil das Erbe der Verwandtschaft mit dem Judentum ist[62], ist zunächst die gern unterschätzte Religiosität im römischen Reich in Rechnung zu stellen. Diese ist im Blick auf die Christen in doppelter Hinsicht wirksam:

Zum einen wurden die Christen mit ihrer Weigerung der Teilnahme am gemeinsamen Kult vor allem von den einfacheren Schichten als die Ursache allen Übels angesehen. In solchen Anschuldigungen »wird eine Grundstruktur antiken religiösen Denkens sichtbar: Irdisches Unglück ist die Folge menschlichen Fehlverhaltens gegenüber den Göttern. Die Christen, die die alten Götter nicht mehr ehren noch ihnen opfern, werden deshalb immer wieder für Erdbeben, Hungersnöte, Krieg und Bürgerkrieg, Epidemien, Überschwemmungen und Dürre verantwortlich gemacht«[63]. So heißt es in dem von Euseb (Hist Eccl IV,15,6) überlieferten Martyrium Polykarps, daß die wütende Menge vor der Hinrichtung des Polykarp (ca 155/6)[64] gerufen habe: Αἶρε τοὺς ἀθέους, und Augustin zitiert das Sprichwort: »Fehlt der Regen, so sind die Christen daran schuld«[65]. Diese Einstellung ist dann für die katastrophenreiche Zeit des ausgehenden zweiten und beginnenden dritten Jahrhunderts als weitverbreitet bezeugt[66]; die Vorstellung selbst dürfte jedoch schon älter sein[67], wenngleich Belege dafür fehlen.

Darüber hinaus, und das ist auf das Ganze gesehen wohl noch wichtiger und bildet von Anfang an einen entscheidenden Punkt der Auseinandersetzung, ist die Religion nichts weniger als die geistige Grundlage der römischen Staatsidee[68]. Zwar waren die Römer in religiösen Dingen sogar in Italien und erst

---

[62] Su Exkurs 1.

[63] SCHÄFKE: Widerstand 649.

[64] Vgl Musurillo: Acts XIII.

[65] Civ D II,3: »Pluvia defit, causa Christiani sunt«.

[66] Deutlich spiegelt sich diese etwa in der berühmten Sentenz Tertullians: Apologeticum 40, nach der die Christen für alles Unglück verantwortlich gemacht werden: »Si Tiberis ascendit in moenia, si Nilus non ascendit in arva, si caelum stetit, si terra movit, si fames, si lues, statim: ›Christianos ante leonem.‹«

[67] Dafür spricht schon die Geläufigkeit, mit der seit der Mitte des zweiten Jahrhunderts dieser Vorwurf immer wieder und in den verschiedenen Teilen des Reiches begegnet. Seine Grundlage ist die seit Augustus von den Kaisern konsequent betriebene Restitution der alten Religion.

[68] So urteilt Polybios im 2. Jh vChr: »Der größte Vorzug des römischen Gemeinwesens ... scheint mir in ihrer Ansicht von den Göttern zu liegen, und was bei anderen Völkern ein Vorwurf ist, eben dies die Grundlage des römischen Staates zu bilden: eine beinahe abergläubische Götterfurcht. Die Religion spielt dort im privaten wie im öffentlichen Leben eine solche Rolle und es wird so viel Wesens darum gemacht, wie man es sich kaum vorstellen kann« (6,56,6–8). Ähnlich urteilt Cicero (Nat Deor 2,8) rund hundert Jahre später, wenn er die Überlegenheit Roms über die anderen Völker ausschließlich auf die besonders treue Verehrung der Götter zurückführt. Die Rede des Caecilius in dem wohl zu Beginn des dritten nachchristlichen Jahrhunderts verfaßten Octavius des Minucius Felix zeigt dasselbe Bild: Die Sicherheit der Stadt gründet auf der gewissenhaften Ausübung der Religion (6,2) – eine Überzeugung, der der von Caecilius vertretene philosophische Skeptizismus erstaunlicherweise überhaupt nichts anhaben kann!

recht in den Provinzen durchaus nicht intolerant[69], aber diese Großzügigkeit hatte dort eine unbedingte Grenze, wo dem mos maiorum und der Religion der Väter nicht mehr die gebührende Achtung erzeigt wurde[70]. Unbeschadet individueller religiöser oder philosophischer Überzeugung, in der der einzelne durchaus frei war, war deshalb gegenüber der ererbten Religion unbedingter Gehorsam verlangt. Der Staat selbst wird ja religiös gedeutet, er ist eine sakrale Institution[71]. Hier nun mußte die Weigerung der Christen, an dem den Staat und die gesellschaftliche Ordnung tragenden Kult teilzunehmen, als Angriff auf die Fundamente des Reiches und der Gesellschaft verstanden werden. Und auch die Tatsache, daß die Christen den baldigen Untergang dieser Welt erwarteten, ja herbeisehnten, hat nicht zu ihrer Beliebtheit beigetragen[72]. Sie waren ›Feinde des Menschengeschlechts‹, weil sie sich in einer für die Antike unverständlichen Exklusivität[73] auf Kosten der Gemeinschaft an ihre besondere Religion banden. Angesichts eines Gesellschaftslebens, das grundlegend religiös bestimmt war, implizierte die christliche Ablehnung jeglicher Götterverehrung auch die Absonderung von praktisch allen gesellschaftlichen Feiern, von Gemeinschaften und Vereinigungen etc, da diese praktisch immer auch religiös geprägt waren[74]. Der Vorwurf der superstitio entspricht so dem Vorwurf des Menschenhasses, indem er dessen religiöse Grundlage benennt[75] (wie umgekehrt der Vorwurf des odium humani generis die sozialen Folgen der religiösen Besonderheit aus paganer Perspektive auf den Begriff bringt).

---

[69] Vgl SHERWIN-WHITE: Letters 776.

[70] Vgl das von Livius 39, 8–19 bezeugte Vorgehen gegen die bacchantischen Riten.

[71] Vgl dazu die Ausführungen von WLOSOK: Rom 56ff; ähnlich ALFÖLDY: Sozialgeschichte 38: »Die geistige Grundlage dieser Staatsidee war die Religion«.

[72] Vgl die Polemik des Kelsos gegen diese Vorstellung in Orig Cels 4,6ff.23; 5,14 uö; ähnliches begegnet auch im Octavius 11,1ff.

[73] Unter denselben Vorwürfen hatten aus den gleichen Gründen auch die Juden zu leiden, die jedoch weit mehr geduldet wurden, weil sie sich auf einen mos maiorum berufen konnten (zu den Entsprechungen und Unterschieden su Exkurs 1). Das Vorgehen gegen andere Religionsgemeinschaften war dagegen selten, begrenzt und hatte (wie bei dem Bacchanalienskandal) einen konkreten Anlaß. Das Verbot der gallischen Druiden ist wohl nicht nur auf deren Menschenopfer zurückzuführen, sondern auf die politische Gefährlichkeit dieser einflußreichen Kaste.

[74] Sehr klar wird diese Absonderung der Christen im täglichen Leben von Caecilius im Octavius des Minucius Felix ausgedrückt, wenn er anklagt: »... ihr haltet euch von allen Vergnügungen fern, auch von den anständigsten. Ihr besucht keine Schauspiele, nehmt an den Festzügen nicht teil, verschmäht die öffentlichen Speisungen; ihr verabscheut die Spiele zu Ehren der Götter, das Opferfleisch und den Opferwein der Altäre ... Ihr schmückt euch das Haupt nicht mit Blumen, pflegt euren Körper nicht mit wohlriechenden Essenzen; Spezereien werden bei euch nur für die Toten aufgewendet, und Kränze habt ihr nicht einmal für eure Gräber übrig« (12,5–7).

[75] »Wenn die Römer sagten, das Christentum sei ein Aberglaube, so bedeutete dies keine einfache Voreingenommenheit oder die Folge eines Unwissens; es bringt vielmehr ein bestimmtes religiöses Empfinden zum Ausdruck. Als *Tacitus* schrieb, das Christentum sei ›der Feind des Menschengeschlechts‹, meinte er damit nicht bloß, daß er die Christen nicht mochte und sie als Ärgernis empfand (auch wenn das sicherlich stimmte), sondern daß sie für seine gesellschaftliche und religiöse Welt eine Beleidigung waren« (WILKEN: Die frühen Christen 79).

Es hat den Anschein, als ob gerade auch die Traditionskritik des Christentums die Antike an einer besonders empfindlichen Stelle traf. Es ist außerordentlich interessant zu sehen, wie in der schon mehrfach erwähnten Rede des Caecilius[76] der von diesem vertretene radikale Skeptizismus, der jegliche Erkennbarkeit eines göttlichen Waltens in der Welt strikt verneint und alles nur vom blinden Zufall bestimmt sein läßt[77], unvermittelt umschlägt in eine bedingungslose Hinwendung zur Tradition als einzigem Garanten der Wahrheit, wobei die darauf folgenden Ausführungen, die im völligen Gegensatz zum bisher Gesagten nun Beispiel um Beispiel dafür anbringen, wie die richtige Verehrung der Götter Rom geschützt und groß gemacht habe (bzw wie die Mißachtung der Götter seine Niederlagen verursacht habe), deutlich machen, daß es hier wieder wesentlich um die politische Funktion der Religion geht. Die religiöse Tradition bildet sozusagen den einzigen Schutzwall gegen den Nihilismus[78] und damit auch gegen die Auflösung der religiösen Grundlagen dieser Gesellschaft. Deswegen ist es auch wichtig, daß dies von allen anerkannt wird – der consensus omnium bildet ein entscheidendes Argument in diesem Zusammenhang[79]. Genau an diesem Punkt nun kommt Caecilius auf die Christen zu sprechen, indem er sie mit anderen bekannten Atheisten der Antike zusammenstellt. Wie jene bekannten Atheisten sind auch die Christen Zerstörer der »so althergebrachten, so nützlichen, so heilbringenden Religion« (Minucius Felix: Octavius 8,1ff).

Die Christen stellten sich so als eine immer größer werdende Gruppe außerhalb des antiken Gesellschaftslebens und seiner Sozialstruktur; sie rebellierten gegen den Nomos, das religiöse Prinzip der gesellschaftlichen Einheit[80], und bildeten eine Gruppe mit einem ganz eigenen, konkurrierenden Bezugssystem[81].

Das hatte dann auch ganz unmittelbare Auswirkungen. Wenngleich sich die Gegensätze zur heidnischen Lebensweise nicht täglich zeigen mußten, und manches in der Praxis offensichtlich weniger streng gehandhabt wurde[82], so gab es doch »im Rahmen des Alltäglichen ständig Möglichkeiten, in den Augen der Heiden aufzufallen«[83]. Die religiöse Absonderung der Christen zer-

---

[76] Die Rede ist in der vorliegenden Form von einem Christen verfaßt, der damit die pagane Tradition auch widerlegen wollte, so daß diese Rede nicht als genuines Zeugnis zeitgenössischer Vorstellungen genommen werden kann. Andererseits sind jedoch die Argumente, die hier aufgenommen werden, weitgehend der paganen Tradition entnommen (vgl KYTZLER: Octavius 25f), so daß diese Rede – mit der gebotenen Vorsicht – auch als Ausdruck antiken Selbstverständnisses genommen werden kann.

[77] Minucius Felix: Octavius 5; besonders aufschlußreich ist die Schlußfolgerung: »adeo aut incerta nobis veritas occultatur et premitur, aut, *quod magis credendum est, variis et lubricis casibus soluta legibus fortuna dominatur*« (5,13; Hervorhebungen von mir).

[78] Bezeichnend für den inneren Widerspruch dieser Argumentation ist es, wenn Octavius (7,1) von dieser Anerkenntnis der Religion der Vorfahren sagt, daß er diese vollziehen will, auch falls es sich um einen höherstehenden Irrtum (melius errare) handelt!

[79] Vgl Minucius Felix: Octavius 8,1.

[80] Vgl STOCKMEIER: Glaube 891f.

[81] Vgl WLOSOK: Rechtsgrundlagen 280: »Die Christen traten ... für ihre heidnische Umwelt als Anhänger einer sich isolierenden, die Lebensweise der Heiden negierenden und in dieser Hinsicht das Verhalten ihrer Mitglieder bestimmenden Korporation in Erscheinung«.

[82] Vgl SCHÄFKE: Widerstand 495–510.

[83] SCHÄFKE: Widerstand 510.

schnitt soziale Bindungen, indem etwa das Verbot des Verzehrs von Opferfleisch praktisch jedes gemeinsame Essen mit Heiden ausschloß[84], was vor allem bei den für die Gemeinschaft so wichtigen Festen Empörung weckte. Anstoß erregten auch die abweichenden Begräbnissitten[85] und Begräbnisplätze[86].
Vor allem aber wirkte das Christentum auch dadurch zerstörerisch, daß dieser
neue Glaube und die durch ihn gebildete neue Gemeinschaft in die bisherigen
sozialen Beziehungen eindrang und deren Bindungen aufzulösen drohte. Geradezu paradigmatisch wird dies schon in Mt 10,34–37 am Ende der Aussendungsrede ausgedrückt: »Ihr sollt nicht meinen, daß ich gekommen bin, Frieden zu bringen auf die Erde, sondern das Schwert. Denn ich bin gekommen,
den Sohn zu entzweien mit seinem Vater und die Tochter mit ihrer Mutter und
die Schwiegertochter mit ihrer Schwiegermutter. Und des Menschen Feinde
werden seine eigenen Hausgenossen sein. Wer Vater und Mutter mehr liebt als
mich, der ist meiner nicht wert; und wer Sohn und Tochter mehr liebt als mich,
der ist meiner nicht wert«. Wie immer es um die Herkunft dieses Wortes bestellt ist[87] – für unsere Frage entscheidend ist, daß Matthäus, der sein Evangelium in etwa zur gleichen Zeit abgefaßt hat wie der Verfasser des 1 Petr sein
Schreiben, dieses Wort gezielt an das Ende der von ihm konzipierten und über
die Jünger an die ganze Gemeinde gerichteten Aussendungsrede gestellt hat.
Auch der 1 Petr deutet an, daß durch die Hinwendung zum Christentum familiä-
re (vgl 3,1ff) und nachbarschaftliche Bindungen (4,3f) gefährdet bzw zerstört
wurden. Nicht zu vergessen ist endlich, daß durch das Christentum auch wirtschaftliche Interessen verletzt wurden, was nicht selten der konkrete Anlaß
zum Vorgehen gegen die Christen gewesen sein dürfte[88].

Der christliche Glaube und die durch ihn zum Ausdruck kommende Lebensweise wurden so in jeder Hinsicht als höchst provozierende Verletzung der ele-
mentarsten Grundlagen des Zusammenlebens empfunden[89], wobei der religiös
motivierte Rückzug der Christen aus dem öffentlichen Leben als Verweige-
rung der Pflichterfüllung und so auch als Unrecht betrachtet wurde[90]. Immer

---

[84] Ein gutes Beispiel ist der Haß der Mutter des Kaisers Galerius auf die Christen, der sich
nach Lact: De mortibus persecutorum 11 dadurch entwickelt hat, daß diese von den Opfer-
mahlzeiten, die sie fast täglich in ihrem Heimatort feierte, fernblieben.

[85] Vgl Minucius Felix: Octavius 38.

[86] Tertullian: Scapul 3.

[87] Zum Teil ist dieses Wort sowohl von der Q-Tradition (Mt 10,37f par Lk 14,25–27) als
auch von Mk (Mk 10,29f par) überliefert. Es handelt sich also in jedem Fall um ein überliefe-
rungsgeschichtlich relativ altes Wort.

[88] Schon Apg 19,23ff zeigt dies, und auch das Vorgehen des Plinius gegen die Christen
scheint, wie schon erwähnt, zumindest auch durch wirtschaftliche Probleme verursacht worden zu sein (vgl SHERWIN-WHITE: Letters 709 zu ep X,96,10).

[89] Bezeichnend ist die Begründung des Urteils gegen die scilitanischen Märtyrer: Sie sei-
en von dem mos Romanorum abgefallen (Acta Scilitanorum 14).

[90] Nach Ciceros Rechtsauffassung stellt dies ein Vergehen gegen die Gesellschaft dar: »Es
gibt auch Menschen, die teils aus Sorge um die Sicherung des Vermögens, teils aus einer gewissen Menschenverachtung heraus behaupten, sie kümmerten sich um ihre eigenen Angelegenheiten, und die niemand Unrecht zu tun scheinen. Diese Leute bleiben von der einen Art

wieder begegnet daher der Vorwurf der Gottlosigkeit[91] und des Menschenhasses[92], der Vorwurf des unerträglichen Hochmutes und des Aufruhrs[93],
der Vorwurf, ein eigenes Geschlecht zu bilden, das aus der gemeinsamen
Verantwortung ausbricht und schmarotzend zerstört, wovon es lebt. Wenn
es nach Plutarch das Charakteristikum des Abergläubigen ist, daß er »keine
mit dem übrigen Menschengeschlecht gemeinsame Welt genießt«[94], so gilt
dies für die Christen in ganz besonderem Maß[95]. Mit einem Wort: Die Christen hatten sich bewußt außerhalb des religiös bestimmten Lebenszusam-
menhanges gestellt, waren ihm ›fremd‹ geworden[96]. Entsprechend wurden
sie in der antiken Gesellschaft als *ein Fremdkörper* erfahren, der nach eigenen Gesetzen lebend und alles dieser Gesellschaft Heilige verachtend[97] allein durch sein Dasein deren Grundlagen in Frage stellte, durch seine Ausbreitung Frieden und Ordnung störte und so in in jeder Hinsicht *zersetzend*

Ungerechtigkeit frei, geraten aber in eine andere hinein. Denn sie sondern sich von dem Leben der Gemeinschaft ab, weil sie nichts dazu beitragen an Arbeitseifer, an Mühe und an Fä-
higkeiten« (Off 1,29).

[91] Als direkter Vorwurf begegnet dies etwa Luc Pergr Mort 13; Orig Cels 8,11; Minucius
Felix: Octavius 8,1–9,2; im Martyrium des Polykarp (Eus Hist Eccl IV,15,6) uö. Zum Ganzen
siehe auch die Untersuchung von HARNACK: Der Vorwurf des Atheismus in den ersten drei
Jahrhunderten; weiter SCHÄFKE: Widerstand 627–630.

[92] So als erster Tacitus: Annalen 15, 44,4; vgl Tertullian: Apologeticum 37,8: »hostes
generis humani«. Sehr schön zeigt WLOSOK: Rom 21 den Zusammenhang zwischen diesem Vorwurf und der (religiös bedingten) Absonderung der Christen auf: Die Christen »waren aufgrund ihrer exklusiven Religion und ihrer Gemeindeorganisation von der heidnischen Umwelt abgesondert. Sie mußten aus Glaubensgründen die Beteiligung am öffentlichen Leben ablehnen, denn da wurden sie auf Schritt und Tritt mit dem heidnischen Kult
konfrontiert. Das traf selbst für scheinbar unpolitische Veranstaltungen zu wie Schauspiel,
öffentliche Spiele, gemeinsame Mahlzeiten, ganz abgesehen von den öffentlichen Feiern,
Aufzügen und Begehungen, die direkt mit dem Kult zusammenhingen. Hinzu kommt, daß
die Christen als Gemeinde organisiert waren. Sie traten also für ihre Umwelt als Anhänger
einer sich absondernden Gemeinschaft in Erscheinung, die die Beteiligung am öffentlichen Leben prinzipiell und korporativ ablehnte. Und das mußte auf römischer Seite notwendig zu dem Vorwurf eines Vergehens gegen Staat und Gemeinschaft führen. *Odium humani generis* ist somit ›gemeinschaftsfeindliche Gesinnung‹, ist ein moralischer und politischer Vorwurf«.

[93] Für Kelsos etwa ist der Aufruhr Ursprung und Wesen des Christentums (Orig Cels
3,5ff vgl 3,14; 8,2 uö), seine Wirkung besteht in der Heraufführung des Chaos (8,68). Das
Christentum ist die »Theologie des Aufstandes« (ANDRESEN: Nomos 221), es zerstört
»die Welt der göttlichen Ordnungen« (ebd 222); vgl Tertullian: Apologeticum 35,1: »publi-
ci hostes«.

[94] Plut Superst 166c.

[95] Vielleicht hat Plutarch hier auch die Christen im Blick, die er auffälligerweise nie erwähnt.

[96] Tertullian: Apologeticum betont vehement und aggressiv den Gegensatz zu weiten Bereichen des allgemeinen Lebens und bringt in diesem Zusammenhang das Verhältnis der Christen zur Öffentlichkeit prägnant auf den Begriff: »nobis ... nec ulla magis res aliena quam publica« (38,3).

[97] Von der Verehrung eines Gekreuzigten bis zur Rechtfertigung des Sünders wird im Christentum alles mit Füßen getreten, was dem antiken Menschen heilig und göttlich war.

wirkte[98]. Mag auch die Masse der Menschen nicht in der Lage gewesen sein, es so auf den Begriff zu bringen, wie es die Geschichtsschreiber und Philosophen taten – empfunden haben sie sicher ähnlich: In den Verleumdungen, in den Verdächtigungen wie in dem Spott wird überall der Abstand deutlich, den die heidnische Umgebung gegenüber den Christen empfand. Es ist nur die Konsequenz dieser Entfremdung, wenn zuletzt den Christen das Recht zum Dasein abgesprochen wird[99]: »Non licet esse vos«[100]. Diese Haltung spiegelt sich bereits in den ntl Schriften: »Ihr werdet gehaßt sein von jedermann um meines Namens willen« – so lautet etwa in der eschatologischen Rede in der synoptischen Tradition das Resümee dessen, was die Jünger in Zukunft erwartet[101].

Von daher wird dann auch verständlich, wie es zu jenen »flagitia cohaerentia nomini«[102] kommt. Die – in Wahrheit meist haltlosen – Verdächtigungen und Anschuldigungen sind von der Art und Weise, in der sich – bis heute[103] – der Haß vieler Menschen gegen eine die eigenen Selbstverständlichkeiten in Frage stellende Überzeugung und Lebensweise Ausdruck verschafft[104], zumal wenn diese sich auch durch eine Absonderung in zentralen Bereichen des gemeinsamen Lebens äußert[105]. Clemens von Alexandrien bringt es auf den Begriff, wenn er sagt, daß die Christen nicht wegen irgendwelcher Verbrechen verfolgt würden, sondern weil das christliche Bekenntnis als solches als Vergehen am

---

[98] Bezeichnend ist in diesem Zusammenhang, wie Suet Caes Nero 16,2 das Vorgehen des Kaisers gegen die Christen zwischen seinen Maßnahmen zur Beschränkung des Luxus und seinem Vorgehen gegen die Übergriffe der Rennfahrer auflistet, es also in einen Zusammenhang mit anderen, von Sueton als nützlich beurteilten Anordnungen des Kaisers einordnet.

[99] Das Existenzrecht wird den Christen auch Orig Cels 8,55 abgesprochen, und bei Just Apol Appendix 4,1 ist die grimmige Aufforderung überliefert: »Tötet euch samt und sonders und beeilt euch, zu Gott zu reisen und macht uns keine weitere Mühe mehr«.

[100] Tertullian: Apologeticum 4,4. Gleich am Beginn seines Apologeticums (1,4) spricht Tertullian vom allgemeinen Haß »erga nomen Christianorum«. Daß dies nicht erst zur Zeit des Tertullian so ist, bezeugt der Verweis auf den Volkshaß bereits unter Nero Tacitus: Annalen 15,44,2.

[101] Mk 13,13par. Eine derart grundsätzliche Aussage findet sich bei Paulus noch nicht, wohl aber dann gehäuft in späterer Zeit (vgl die johanneische Tradition). Vielleicht ist das Wort auch ein Reflex auf die neronische Verfolgung.

[102] Plinius: ep X,96,2.

[103] Das eindrücklichste Beispiel für diesen Mechanismus sind wohl die Juden, jene über fast zweitausend Jahre schlechthin Fremden in unserer abendländischen Gesellschaft. In ihrer Andersartigkeit, die die – auch religiös begründete – Homogenität einer Gesellschaft und ihre gemeinsamen Grundüberzeugungen in Frage stellte, waren sie allen nur denkbaren Verdächtigungen ausgesetzt (die nicht selten eine verblüffende Ähnlichkeit mit den heidnischen Vorwürfen gegen das frühe Christentum aufweisen). Wie schon in der Antike (und wie auch die frühen Christen) wurden sie für alles Unheil verantwortlich gemacht: Von der Pest bis zur Wirtschaftskrise waren sie an allem schuld.

[104] Beredtes Zeugnis von den Verdächtigungen, denen die Christen ausgesetzt waren, gibt die Beschreibung einer Christin im Goldenen Esel des Apuleius 9,14.

[105] Welches Mißtrauen die Absonderung und Zurückgezogenheit der christlichen Lebensweise hervorrief, zeigt eindrücklich Minucius Felix: Octavius 8,4–10,2.

Leben beurteilt wird[106]. Die Auswirkungen solcher Diskriminierungen können bis hin zu pogromartigen Übergriffen gehen[107], und allein die ständige Möglichkeit solcher Übergriffe konnte das Alltagsleben in der Tat ›zur Hölle‹ werden lassen; eine Metapher wie die der πύρωσις erklärt sich so ohne weiteres aus der Alltagssituation[108].

2.2 Obstinatio – zum Konflikt mit den Behörden

Das Verhalten der Christen machte sie auch politisch verdächtig. Gottlosigkeit (ἀσέβεια, ἄθεοι) und superstitio waren immer auch politische Anschuldigungen[109], ebenso wie der Vorwurf des Menschenhasses[110]. Deutlich äußert sich dies in den damit verbundenen Vorwürfen des Aufruhrs[111], der »gemeinen Verschwörung«[112], der illegalen Bandenbildung[113] und ähnli-

---

[106] Strom IV,79,3; SCHÄFKE: Widerstand 579 stellt richtig fest, daß an den Verleumdungen als »Reaktion der Heiden auf die christliche Exklusivität sichtbar« werde, »wie sehr das Heidentum sich angegriffen fühlt«.

[107] Das deutet sich schon in der Apostelgeschichte an (Apg 14,19 vgl auch 16,22; 17,5ff; 19,23ff). Ebenso nennt Mt 5,11, vermutlich aufgrund konkreter Erfahrungen (vgl dagegen die wohl ursprünglichere Q-Fassung in Lk 6,22) im Zusammenhang der Isolierung, Ausgrenzung und Diffamierung der Christen auch deren Verfolgung (διώκειν vgl weiter Mk 13,12f par). Das bleibt auch in der folgenden Zeit so. Im Jahr 177 beginnt in Lyon das Pogrom mit einem Aufruhr der Bevölkerung (Eus Hist Eccl V,1,10), und Tertullian: Apologeticum 7,4 spricht von ständigen Übergriffen, in denen sich der Christenhaß der Gesellschaft äußere: »Cottidie obsidemur, cottidie prodimur, in ipsis etiam plurimum coetibus et congregationibus nostris opprimimur«. Auch wenn bei Tertullian rhetorischer Überschwang in Rechnung gestellt werden muß, so ist an der Tatsache solcher Übergriffe wohl nicht zu zweifeln.

[108] Vgl BROX 30. Die Annahme, dadurch werde die Situation der Christen vor Gericht qualifiziert (so SANDER: ΠΥΡΩΣΙΣ 501 aufgrund von Parallelen in der Qumranliteratur), überzeugt nicht.

[109] Vgl NESTLE: Haupteinwände 89: Der den Christen vorgeworfene Atheismus »galt ... auch bei aufgeklärten Leuten, nicht nur als ein religiöser und sittlicher Defekt, sondern erweckte auch den Verdacht politisch-revolutionärer Gesinnung«. Für den Begriff superstitio bei Sueton und Tacitus zeigt dies WLOSOK: Rom 14f. Wie FREUDENBERGER: Verhalten 189–199 gezeigt hat, ist zwar superstitio (womit vor allem fremde Kulte, und hier im besonderen die der Ägypter und Juden bezeichnet werden) an sich noch nicht strafbar; die Verbindung mit einer superstitio wirft jedoch von vornherein ein schlechtes Licht auf den Angeklagten, was im Prozeßverlauf sich auswirken konnte: »Superstitio wird so zwar nicht Gegenstand der Anklage und des Prozesses oder juristische Begründung eines Urteils, aber der Umstand, daß superstitiones verabscheuenswert, ja gefährlich sind, rechtfertigt das Vorgehen gegen superstitiones auch mit an sich einer näheren Prüfung nicht lange standhaltenden Vorwürfen, dieses Vorgehen gegen superstitiones externae wirft sogar auf sonst verwerfliche Taten ein milderes Licht«.

[110] Sehr schön zeigt Orig Cels 8,2 wie die exklusive Bindung der Christen an den einen Herrn sofort den Vorwurf der Menschenfeindschaft und den des Aufruhrs nach sich zog; vgl SCHÄFKE: Widerstand 574f: »Da die Oikumene mit dem Imperium identisch ist, ist der Feind des Menschengeschlechtes auch der Feind des Staates«.

[111] So § 7,2.1.

[112] Minucius Felix: Octavius 8,4: ›profana coniuratio‹ vgl Tertullian: Apologeticum 37,3 uö.

[113] Vgl Orig Cels 1,1 uö; Minucius Felix: Octavius 8,4.

chem[114]. Im Erscheinungsbild der Christen gab es manches, das diesen Verdächtigungen Vorschub leistete. Schon die Verehrung eines Gekreuzigten war
in römischen Augen verdächtig[115], zumal wenn dieser als κύριος bekannt wurde. Des weiteren weckte die Absonderung der Christen, verbunden mit einer
gewissen Arkandisziplin das Mißtrauen der Umgebung[116], und auch die bestän-
dige konkurrierende Benutzung weltlich-politischen Vokabulars bei der Selbstbezeichnung mag von den Zeitgenossen als Anzeichen für politische Umtriebe
verstanden worden sein[117]. Der eigentliche Grund aber liegt im Gegensatz zwischen der religiösen Grundlage des römischen Staats- und Gesellschaftsgefü-
ges und dem christlichen Glauben: Die ausschließliche religiöse Bindung der
Christen und ihre entsprechende Abgrenzung von allem ›heidnischen Treiben‹
konkurriert mit dem die religiöse Akzeptanz einschließenden Anspruch des
Staates[118]. Religion war eben keine Privatsache, sondern bedeutete gesellschaftliche und staatliche Bindung. Hier widersetzten sich die Christen als
neue, traditionslose Aufruhrbewegung in einem entscheidenden Bereich dem
Bedürfnis der Regierenden nach einem religiös fundierten Staat und der darauf
beruhenden Integration der verschiedenen Völker, und indem sie sich widersetzten, wurden sie auch durch ihren passiven Widerstand zur aktiven Gefahr
für dieses Fundament und die darauf beruhende Integration. Wie sehr etwa die
Apologeten auch sonst ihre Staatsloyalität betonen mochten – damit standen
sie de facto in Opposition zur Politik des Imperium Romanum, ihren Grund-
werten und ihrer Ordnung (was sie im übrigen in ihrer Mission auch mit einer
nicht zu verachtenden Aggressivität zum Ausdruck bringen konnten[119]).

Dieser Gegensatz kommt bisweilen auch explizit zur Sprache, wenn etwa
im Prozeß der Scilitanischen Märtyrer ein Angeklagter im Blick auf die Aufforderung des Prokonsuls, beim Genius des Kaisers zu schwören, seine Bindung
an Gott mit den Worten expliziert: »Ego imperium huius seculi non cognos-
co«[120]. Diese in Anlehnung an Joh 18,36 formulierte Antwort war aus christlicher Sicht wohl unpolitisch gemeint – aber das ändert nichts daran, daß die aus

---

[114] Eine Zusammenstellung der Vorwürfe findet sich bei SCHÄFKE: Widerstand 605–611.

[115] WLOSOK: Rom 14: »Der Römer hört in der Hinrichtung durch einen römischen Statthalter zuallererst das gerechte Verdammungsurteil. Der Stifter der christlichen Religion war für
ihn dadurch als Verbrecher abgestempelt«; vgl auch HENGEL: Crucifixion 2ff.

[116] Das zeigen etwa auch die Attribute ›geheim‹ (Orig Cels 1,1), ›verborgen und licht-
scheu‹ (Minucius Felix: Octavius 8,4) uä, die immer wieder in Verbindung mit den Vorwürfen der staatsfeindlichen Umtriebe gegen die Christen genannt werden.

[117] So SCHÄFKE: Widerstand 567.

[118] Dion Hal: Ant Rom II,18,1–3 schildert die Grundlegung des Staates durch Romulus.
Als erste (und für alles andere grundlegende) αἰτία einer erfolgreichen Politik hat er die Verehrung der Götter mit allen ihren Institutionen gestärkt. Dazu gehören wesentlich auch das
Feiern des jedem θεός oder δαίμων gehörenden Festes, der Vollzug der Opfer, Festversamm-
lungen, Feiertage usw. Ausdrücklich wird auch betont, daß er die traditionellen Mythen, soweit sie blasphemische Äußerungen über die Götter enthielten, abgelehnt habe.

[119] Vgl nur 1 Petr 1,18; 4,3f.

[120] Acta Scilitanorum 6.

der himmlischen Staatszugehörigkeit (vgl Phil 3,20) folgende Bestreitung des kaiserlichen Imperiums eine politische Provokation allerersten Ranges darstellte[121], angesichts derer der Hinweis darauf, daß die Christen den Kaiser ehren[122], bei aller Berechtigung doch eher naiv ist. Die hier vorausgesetzte Trennung zwischen Staat und Religion, die für die antike Welt ein Novum bedeutete, war für einen Römer schwer akzeptabel. Insofern hat Kelsos nicht unrecht, wenn er den christlichen Grundsatz, nicht mehreren Herren dienen zu können, also die Exklusivität der religiösen Bindung der Christen als ein sich ›Abmauern und Losreißen von den übrigen Menschen‹ und eben darin auch als ›Stimme des Aufruhrs‹, als eine στάσεως φωνή bezeichnet[123], die letztlich zum politischen Zerfall und zum Einbruch des Chaos führen muß[124].

So ist es auch nicht sicher, ob man mit Sherwin-White sagen kann, daß bei dem von Plinius geschilderten Verfahren mit dem Vorwurf der obstinatio nun ein ganz neuer Anklagepunkt in den Vordergrund trete, der den bisherigen und als unbegründet erkannten – die flagitia – ersetze[125]. Gewiß denkt Plinius zunächst auch an andere Verbrechen, wenn er von den flagitia cohaerentia nomini (ep X,96,2) spricht, aber er hat – wie auch die Christen selbst – die christliche Bewegung ebenfalls von Anfang an in einen Zusammenhang mit dem – sich auf politische Umtriebe beziehenden – kaiserlichen Hetairienverbot gebracht[126], an dem möglicherweise das ganze Christenproblem für ihn erst akut wurde[127]. Nahm Plinius so zunächst an, es mit einer verbrecherischen und auch politisch verdächtigen[128] Gruppierung zu tun zu haben, so spezifiziert sich diese Sicht jetzt: Zwar stellt er fest, daß die Christen keiner strafrechtlichen Kategorie subsumierbar sind; andererseits aber hat er es – nach eigenen Worten – mit einem ›wüsten, maßlosen Aberglau-

---

[121] Vgl auch Tertullian: Apologeticum 38,3: »Unam omnium rem publicam agnoscimus, mundum.« Für römische Ohren war das wohl eine schwer erträgliche Relativierung des eigenen Anspruchs, auch wenn (oder vielleicht auch: gerade weil) sie bei Tertullian mit der christlichen Enthaltsamkeit von der Politik begründet wird. Man vergleiche damit nur das somnium Scipionis in Ciceros de re publica VI, wo nur demjenigen, der seiner römischen res publica dient, ewiges Leben zusagt wird. Sind nach christlicher Auffassung Politik und Erlösung zumindest voneinander unabhängig, wenn nicht gar Gegensätze, so sind sie bei Cicero engstens aufeinander bezogen.

[122] Acta Scilitanorum 2.

[123] Orig Cels 8,2. Kelsos betont vor allem gegen Ende seines Werkes immer wieder, daß die exklusive Vereinnahmung Gottes durch die Christen zu zerstörerischer Rebellion führt (vgl Orig Cels 8,2.11.14f.55).

[124] Vgl vor allem Orig Cels 8,67f. Interessant ist auch eine Stelle bei Julian: Misopogon 355A–357A, wo er fürchtet, daß der Abfall von den Göttern zum Abfall von den Gesetzen führt, und dieser wiederum zum Abfall vom Kaiser als dem Hüter dieser Gesetze.

[125] SHERWIN-WHITE: Letters 699: »A fresh ground«.

[126] Ep X,96,7f stellt Plinius neben der Unschuld der Christen im Blick auf ihre Moral ausdrücklich auch fest, daß sie diesem kaiserlichen Gebot Folge leisteten, also in dieser Hinsicht ebenfalls harmlos seien.

[127] Vgl WLOSOK: Rom 33: »Möglicherweise ist das Christenproblem in der Provinz des Plinius an diesem Edikt akut geworden, das von Delatoren gut gegen die Christen ausgenutzt werden konnte«.

[128] WLOSOK: Rom 32 weist darauf hin, daß der Gedanke an politische Umtriebe nicht erst in der Bezugnahme auf das Hetairienverbot zur Sprache komme, sondern bereits vorher in der Terminologie (convenire, se sacramento obstringere, coire usw).

ben‹ zu tun, der überdies für die religiösen und wirtschaftlichen Zustände der Provinz schlimme Folgen hat[129]. Er empfindet also »deutlich die Gegensätzlichkeit des Christen zum römischen Staat, die letztliche Unvereinbarkeit von christlicher und römischer Haltung«[130]. Kernpunkt der Anklage ist jetzt die ›pertinacia et inflexibilis obstinatio‹ der Christen, dh ihre Weigerung, sich dem Befehl des Plinius unterzuordnen, der den Zweck hatte, die Christen wieder zur Anerkennung des religiösen ›Überbaues‹ und damit zur Einordnung in den allgemeinen Lebenszusammenhang zu bewegen[131]. Die Anklage hat sich also verlagert: Die Schädlichkeit der Christen wird jetzt in ihrer religiösen Besonderheit und Absonderung (samt deren Folgen) gesehen, von der sie trotz seines Befehls nicht ablassen und so sich gegen seine Autorität auflehnen. Bestätigt wird dies auch durch die Urteilsbegründung im Prozeß gegen die Märtyrer von Scili[132]: Die wegen ihres ›Lebens nach christlichem Religionsbrauch‹[133] Angeklagten würden hingerichtet, so heißt es dort, weil sie die ihnen angebotene Möglichkeit, zum *mos Romanorum* zurückzukehren, abgelehnt und hartnäckig *(obstinanter)* bei ihrem Glauben geblieben sind. Sowohl bei Plinius wie im Prozeß von Scili mischt sich dabei seitens der – keineswegs grausamen – Behörde das Unverständnis über diese Haltung[134] mit der Überzeugung, diesen Eigensinn und diese Widersetzlichkeit nicht hinnehmen zu können[135].

So hat der politische Anstoß letztlich dieselbe Ursache wie der gesellschaftliche: Er gründet in der exklusiven religiösen Bindung der Christen, der zugleich ein eigenes soziales und ethisches Bezugssystem schafft, das zu der bisherigen religiösen, gesellschaftlichen und politischen Koine in Konkurrenz tritt. Das äußert sich nicht zuletzt in dem vor allem von Kelsos mehrfach beklagten Tatbestand, daß die Christen sich gesellschaftlichen Aufgaben verweigern[136]. Und selbst dort, wo sie sich dem Staat unterordnen, wird ja auch dieser Gehorsam aus der eigenen und übergeordneten Verantwortung vor Gott erklärt[137]. Selbst in der Unterordnung zeigen also die Christen ein hohes Maß an Autonomie. Diese Konkurrenz wird auch dadurch noch verstärkt, daß das Christentum – mehr als alle anderen religiösen Kulte[138] – von Anfang an einen starken überregionalen Zusam-

---

[129] Diese schildert er in ep X,96,9f.

[130] WLOSOK: Rom 29.

[131] Das ist ja der Sinn des von Plinius erstmals bezeugten Kaiseropfers (ep X,96,6), mit dem die Christen die religiöse Grundlage des Reiches anerkennen sollten.

[132] Acta Scilitanorum 14.

[133] »...ritu Christiano se vivere confessos«.

[134] Das äußert sich etwa im Vorwurf der amentia (Plinius: ep X,96,4) bzw der dementia (Acta Scilitanorum 8). WLOSOK: Rom 29 weist darauf hin, daß dahinter »eine gewisse Verlegenheit und letztlich Ratlosigkeit des römischen Magistrates gegenüber den Christen« stecke.

[135] Ähnlich das Urteil von Marc Aurel: Wege 11,3, daß die Haltung der Christen (inbesondere hier der Märtyrer) von bloßem Eigensinn und Widersetzlichkeit (ψιλὴ παράταξις) geprägt sei.

[136] Am Ende seines Werkes malt Kelsos gar beschwörend das Schreckensbild einer christianisierten Bevölkerung an die Wand, die Kaiser und Reich sich selbst und damit der Herrschaft der gesetzlosesten Barbaren überlassen (Orig Cels 8,68); vgl auch das Urteil von SCHÄFKE: Widerstand 564: »Der Christ wird als Bürger nutzlos«.

[137] Vgl 1 Petr 2,13: διὰ τὸν κύριον.

[138] Ähnliches gilt nur noch von den Juden, su Exkurs 1.

menhang aufwies, sozusagen ein Netz über das ganze Imperium spannte[139]. Verschärft wurde dieser Konflikt zusätzlich noch dadurch, daß die Christen sich vorwiegend in den Städten ausbreiteten. Die Städte aber waren im römischen Reich »Zentren der auf Reichseinheit zielenden Politik«[140], insofern die konsequente Urbanisierung zugleich (kulturell, religiös und politisch) eine (im Westen direkte, im Osten indirekte[141]) Romanisierung der eroberten Gebiete bedeutete. Die christliche ›Zersetzung‹ traf die Integrationspolitik des Imperium Romanum also an einer besonders empfindlichen Stelle.

Die Christen werden so – auch wenn das in dieser Zeit bestimmt nicht ihre Absicht ist – zum Staat im Staat[142]. Auch ihre Friedlichkeit (im Unterschied zum zeitgenössischen Judentum), ihr Versuch, sich als vorbildliche Staatsbürger zu erweisen, ändert nichts daran, daß die eschatologische Ausrichtung ihrer Existenz auf das πολίτευμα ἐν τοῖς οὐρανοῖς (Phil 3,20), dh auf den Staat, die Verfassung, die Bürgerschaft im Himmel, unausweichlich Rückwirkungen auf das irdische πολίτευμα hat, insofern es mit dessen Anspruch konkurriert[143]. Kehrseite der Fremdlingsschaft (1 Petr 1,1.17; 2,11) ist die Absonderung als eigenes Volk[144]. Aus römischer Sicht bedeutet daher das Christentum (wie übrigens auch das Judentum[145]) ein στασιάζειν πρὸς τὸ κοινόν (Orig Cels 3,5), ein Aufbegehren gegen die Gemeinschaft, ihre Grundlagen und Aufgaben[146]. Wenn auch ein umfassendes direktes Vorgehen des Staates gegen das Christentum erst in der Mitte des dritten Jahrhunderts beginnt[147], so erklären diese Spannungen doch die auffällige Bereitschaft der römischen Be-

---

[139] Am Anfang war dieser Zusammenhang bereits durch die Verbindung gegeben, die etwa Paulus bewußt mit der zentralen Muttergemeinde in Jerusalem aufrechthielt (vgl die Kollekte für Jerusalem oder das ›Apostelkonzil‹). Ein gutes Beispiel für den Zusammenhang in späterer Zeit ist ja der 1 Petr selbst, der als Rundschreiben (vielleicht von Rom aus) an die Gemeinden Kleinasiens geht.

[140] HAUSCHILD, Christusglaube 17.

[141] Im – gegenüber dem Westen kulturell weit eigenständigeren – Osten bestand ein enger Zusammenhang zwischen griechischer Kultur und Loyalität zu Rom.

[142] Hundert Jahre später führt diese Entwicklung dann dazu, daß neben jeder heidnischen Gemeinde noch die christliche Gemeinde als eine eigene Gemeinschaft existiert – so Orig Cels 8,75 vgl 3,29; vgl weiter Tert De Corona 13,1ff; De Pallio 5,4 uö. Auch hier besteht eine enge Parallele zu den Juden, vgl Philo Leg Gaj 156ff uö.

[143] SCHÄFKE: Widerstand 567 weist darauf hin, daß die Verwendung politischen Vokabulars durch die Christen ebenfalls Mißtrauen erweckte.

[144] Allein in 1 Petr 2,9f begegnet als Bezeichnung der christlichen Gemeinde dreimal λαός sowie je einmal γένος und ἔθνος.

[145] Su Exkurs 1.

[146] Eine gewisse Parallele bildet das Vorgehen der römischen Kaiser im 1. Jahrhundert (Nero, Vespasian, Domitian) gegen Kyniker und Stoiker, da auch diese die unbedingte Verbindlichkeit und Legitimität dieses Staatswesens in Frage stellten (vgl POHLENZ: Stoa 285ff; zur Parallele mit den Kynikern vgl auch RAMSAY: Church 290f).

[147] Vor Decius läßt sich, wie WLOSOK: Rechtsgrundlagen passim gezeigt hat, keine prinzipielle Regelung der Christenfrage feststellen; faktisch ist allerdings das Trajan-Reskript zu einer allgemeinen Richtschnur für das Strafverfahren gegen die Christen im 2.Jahrhundert geworden.

hörden, bereits in früher Zeit aufgrund von Anzeigen und Denunziationen gegen die Christen einzuschreiten. Auch wenn sich in der Folgezeit das Verhältnis zwischen Christen und der Obrigkeit je nach Zeitumständen und Regierenden auch positiver gestalten konnte, so blieben doch die Ursachen des Konfliktes mit der nichtchristlichen Umgebung erhalten und liefen im 3.Jahrhundert auf eine endgültige Auseinandersetzung hinaus.

»Die Auffassung des Christentums als *superstitio nova, prava* oder *exitiabilis,* mit der anderen Formulierung des Vorwurfs bei Tacitus als *odium humani generis,* verstanden als *odium populi Romani* oder antirömische Haltung, wurde die Grundlage für die spätere Beurteilung, wobei je nach Umstand, Zeit und Ort entweder mehr das politische oder das religiöse, immer aber moralisch und praktisch gesehene Moment geltend gemacht wurde. Das ständige Anwachsen des Christentums bei zunehmendem Verfall des Reiches veranlaßte die römische Regierung, die Christenfrage immer ernsthafter und schließlich prinzipiell anzugehen«[148].

Man kann sicher einwenden, daß die zitierten heidnischen Zeugnisse aus dem zweiten und dem Beginn des dritten Jahrhunderts stammen und fragen, ob dies alles bereits zur Zeit des 1 Petr aktuell war. Nun ist es zweifellos so, daß aufs Ganze gesehen – trotz zwischenzeitlicher Beruhigungen – die Auseinandersetzungen zwischen Christen und Staat vor allem im dritten und am Beginn des vierten Jahrhunderts ihren Höhepunkt erreichen[149]. Wohl aber beginnen die Auseinandersetzungen mit dem Staat bereits vor der Zeit, in der der 1 Petr abgefaßt worden sein dürfte[150], wie etwa die Verfolgungslogien in den Evangelien oder die Apostelgeschichte belegen[151], und die Ursachen für die Spannungen sind im Kern auch später dieselben wie in der Frühzeit. So urteilt etwa Schäfke: »Eine zeitliche Differenzierung der Quellen erweist sich als nicht notwendig, die Probleme sind in jeder Generation die gleichen, und auch als der Staat Mitte des dritten Jahrhunderts sich aktiv gegen die Christen wendet, werden nur die schon geläufigen heidnischen Formulierungen aufgegriffen«[152]. Des weiteren ist zu sehen, daß die Adressaten des 1 Petr in dem Gebiet liegen, für das uns die Pliniusbriefe 20 (bzw höchstens 40) Jahre später ein entsprechend motiviertes Vorgehen der Behörde gegen die christliche Bewegung bezeugen, wobei sie ihrerseits anzudeuten scheinen, daß es bereits 20 Jahre vorher – also zu einer Zeit, in der der 1 Petr entstanden sein könnte – zu einem staatlichen Vorgehen gegen die Christen gekommen ist[153]. In jedem Fall dürfte

---

[148] WLOSOK: Rechtsgrundlagen 300f.

[149] Vgl den Überblick bei WLOSOK: Rechtsgrundlagen 283–291.

[150] Su Anhang 1.

[151] Gerade für Kleinasien sind uns schon relativ früh Konflikte von Christen mit der Obrigkeit bezeugt (vgl Apk 6,9; 13,7; 17,6; 20,4; Ign Mg 8; Ign R 5).

[152] Widerstand 463; vgl weiter BROX: Situation 6.

[153] Ep X,96,6 sagt Plinius, daß einige der von ihm Verhörten vom Christentum abgefallen seien, »manche vor drei Jahren, einige vor noch mehr Jahren, ein paar sogar vor zwanzig Jahren«. Dies könnte sich nach SHERWIN-WHITE: Letters 702 auf »earlier troubles under Domitian« beziehen.

das Wissen des Plinius darum, daß wirkliche Christen keine Opferspenden darbringen, sich früheren Prozessen verdanken[154]. Wenn daher der 1 Petr, wie
oben wahrscheinlich gemacht, zumindest mit der Möglichkeit von Konflikten
mit der Obrigkeit rechnet, so dürften diese am ehesten sich in der oben ausge-
führten Weise erklären lassen. Dafür spräche nicht zuletzt, daß die Unterordnung unter die Obrigkeit weit differenzierter und distanzierter geschieht als
etwa in Röm 13[155].

Anzumerken ist noch, daß möglicherweise auch soziale Ursachen für die
Ablehnung des Christentums von Bedeutung waren. Es fällt in jedem Fall auf,
daß die Empörung über die Anmaßung der Christen (von der Bildung einer eigenen, abgesonderten Gruppe bis hin zu ihrem Anspruch auf Offenbarung und
Gotteserkenntnis) angesichts der niedrigen Herkunft vieler ihrer Mitglieder
die pagane Polemik wie ein roter Faden durchzieht[156]. Gerade den hochstehen-
den Römern scheint dies ein besonderer Dorn im Auge gewesen zu sein[157].

Exkurs 1: Judenfeindschaft und Christenhaß in der Antike – Entsprechungen und Unterschiede

(1) Wenn Kelsos Juden *und* Christen gemeinsam des Aufruhrs gegen das
κοινόν zeiht, so zeigt dies, daß es neben den Christen noch eine andere Gruppe
gab, die kollektiv aus dem Bereich religiöser Gemeinschaft als Gottes auserwähltes Volk ausscherte, eben die Juden. Die christliche Bewegung war aus ihnen her-
vorgegangen und hatte sie gerade in der Diaspora sowohl im Blick auf ihre Le-
bensformen und Errungenschaften[158] wie auch im Blick auf ihr Verhältnis zur Gesellschaft in wesentlichen Bereichen beerbt. Auch das Judentum in der Diaspora
schloß sich wegen seines Glaubens von zahlreichen öffentlichen und privaten
Veranstaltungen aus[159] und forderte von demjenigen, der zu ihm übertrat, den
Bruch mit seiner Vergangenheit[160]. Kein Volk hat sich innerhalb des römischen
Reiches so beharrlich den Römern widersetzt wie die Juden, und in den Augen ih-

---

[154] Vgl WLOSOK: Rom 30 A 74: »Das muß sich bereits in früheren Christenprozessen her-
ausgestellt haben.«

[155] Dazu su § 8,4.3.

[156] Vgl Minucius Felix: Octavius 8,3f. Von Kelsos wird sogar die ganze christliche Theologie als Reflex ihrer sozialen Verhältnisse interpretiert: »Eine kleinbürgerliche Theologie der
kleinen Leute« (ANDRESEN: Logos 227).

[157] Typisch ist, daß Octavius (der christliche Gesprächspartner in dem Dialog von Minucius Felix) gleich am Anfang den philosophischen Wert der Armut und der einfachen Leute ver-
teidigt (16,5f).

[158] Das beginnt mit der Übernahme der LXX als heiliger Schrift, über die Synagoge als
Versammlungsort und religiöses Zentrum (mit regelmäßigem, opferlosem Wortgottesdienst,
Schriftlesung, Auslegung, Hymnen) bis zu der religiös begründeten Ethik, die über die enge
Gemeinschaft auch das private Leben kontrollierte.

[159] Vgl DELLING: Diasporasituation 85.

[160] DELLING: Diasporasituation 81; dort auch Belege aus jüdischen und heidnischen Quellen.

rer Zeitgenossen setzten die Christen diese Aufruhrgesinnung der Juden fort[161]. Die Juden waren also aus denselben Gründen verhaßt wie die Christen, auch sie waren *Fremdkörper in der antiken Gemeinschaft*[162], deren Absonderung von anderen Völkern »zum ununterbrochenen Stein des Anstoßes« wurde[163]. So bestätigt es das Bisherige, daß die oben angeführten Verdächtigungen und Vorwürfe gegen die Christen fast ausnahmslos schon in der Polemik gegen die Juden begegnen[164]. Das gilt gerade für die zentralen Vorwürfe des Menschenhasses und der Gottlosigkeit[165] und die darauf gründenden politischen Anschuldigungen[166]. Wie den Christen wird ihnen vorgeworfen, das Heilige zu profanisieren und das Ver-

---

[161]   Vgl Orig Cels 3,5ff.

[162]   Vgl SEVENSTER: Roots 89: »On closer consideration, the most fundamental reason for pagan anti-Semitism almost always proves to lie *in the strangeness of the Jews midst ancient society*« (Hervorhebung von mir). Das hängt zwar auch damit zusammen, daß die Juden Einwanderer waren, doch teilen sie dieses Fremdsein mit zahllosen anderen Menschen. Der besondere und bleibende Charakter ihres Fremdseins lag in ihrer religiösen Andersartigkeit mit all ihren Folgen: »The Jews were never quite like the others; they were always inclined to isolate themselves; they had no part in the morals and customs of the people about them, nor in that syncretism that was meant to be so tolerant. There was always something exceptional about the religion of the Jews, and this made them *difficult in social intercourse, illadapted to the pattern of ancient society*« (ebd; Hervorhebungen von mir). Im Detail führt SEVENSTER unter der Überschrift »Strangeness« vor, worin dieses Fremdsein begründet war und wie es sich auswirkte (ebd 89–144).

[163]   HENGEL: Judentum 473f.

[164]   Vgl die Zusammenstellung bei STERN: Authors.

[165]   Nach Jos Ant 11,212 wird den Juden bereits im Perserreich vorgeworfen, daß sie ein πονηρὸν ἔθνος seien, das sich durch seine Religion und seine Gesetze absondere und so Feind des (persischen) Volkes und darüber hinaus aller Menschen sei (ἐχθρὸν δὲ καὶ τοῖς ἔθεσι καὶ τοῖς ἐπιτηδεύμασιν τῷ σῷ λαῷ καὶ ἅπασιν ἀνθρώποις). Die Vorlage für diese Aussage des Josephus ist vielleicht Est 3,8, wo Haman die Juden gegenüber Ahasveros mit den Worten charakterisiert: »Es gibt ein Volk, zerstreut und abgesondert unter allen Völkern in allen Landen deines Königreichs, und ihr Gesetz ist anders als das aller Völker, und sie tun nicht nach des Königs Gesetzen«. In frühhellenistischer Zeit ist es Hekataios von Abdera, der älteste Berichterstatter über die Juden, der ihnen einen ἀπάνθρωπόν τινα καὶ μισόξενον βίον vorwirft (FGH 264 F 6,4 = Diod S 40 fr 3,4). Dieser Vorwurf hält sich durch; verwiesen sei auf Tacitus: Historien 5,5,1f: Die Juden schlössen sich aus dem Zusammenleben der übrigen Menschen aus, kennzeichnend für sie sei ein »adversus omnes alios hostile odium«. Ebenso verbindet Diodorus Siculus die Absonderung der Juden mit dem mehrmals wiederholten Vorwurf der Feindschaft gegen die anderen Menschen (34,1,1ff). Josephus muß auf den Vorwurf reagieren, daß die Juden Atheisten und Menschenhasser seien (Ap 2,148). Bezeichnend ist in diesem Zusammenhang auch, daß Josephus am Ende seiner Apologie ›Contra Apionem‹ (II,291) sich nochmals genötigt fühlt zu betonen, daß die jüdischen Gesetze weder Gottlosigkeit noch Menschenhaß lehren (...οὐκ ἀσέβειαν...διδάσκοντες, οὐδ᾽ ἐπὶ μισανθρωπίαν). Ebenso muß Philo sein Volk gegen den Vorwurf der Gottlosigkeit in Schutz nehmen (vgl DELLING: Diasporasituation 17).

[166]   Die Rede des Haman vor dem Perserkönig in Est 3,8f zeigt dies deutlich, indem sie das Abgesondertsein der Juden mit dem Vorwurf politischer Unzuverlässigkeit verbindet und daraufhin fordert: »Es ziemt dem König nicht, sie gewähren zu lassen. Gefällt es dem König, so lasse er schreiben, daß man sie umbringe«. Auch wenn das Buch Esther ein historischer Roman aus hellenistischer Zeit ist (vgl KAISER: Einleitung 163), so gibt es doch für seine Zeit zweifellos eine authentische Auskunft über das tiefe Mißtrauen gegenüber den Juden.

abscheuungswürdige zu verehren[167]. Die Juden waren zwar im römischen Reich sowohl zahlenmäßig wie auch von ihrer wirtschaftlichen Stärke her eine beachtliche Minderheit, aber das ändert nichts daran, daß man ihnen eben wegen ihrer religiös begründeten Absonderung ablehnend gegenüberstand[168] und häufig das Bürgerrecht verweigerte und damit die bürgerliche Gleichberechtigung aberkannte[169]. Auch war bei ihnen zum Teil ein deutlicher Haß gegen Rom zu spüren[170], der sich ja auch in drei Aufständen entlud. So kam kam es dann – wie bei den Christen – auch gegenüber Juden immer wieder zu Übergriffen[171] seitens der Bevölkerung und auch der Behörden.

(2) Doch ungeachtet dieser zahlreichen Parallelen gab es doch auch Unterschiede, die es verständlich machen, warum die Christen im römischen Reich auch in relativ früher Zeit militanter abgelehnt wurden, obgleich es weit mehr Juden gab als Christen und die Juden zudem das römische Reich in drei Aufständen aufs Äußerste herausgefordert haben.

Der erste Unterschied ist der, daß die Juden ein eigenes Volk mit einer eigenen alten und darum für die Römer ehrwürdigen Tradition waren[172]. Wie seltsam und anstößig ihr Glaube und ihre Gesetze auch sein mochten – sie waren als ›väterliche Tradition‹ respektiert. Eben dies aber ging den Christen ab[173], sie standen unter dem Odium der »Neuheit«. In der damaligen Zeit, in der Legitimation gerade in religiösen Dingen fast gleichbedeutend war mit der Herleitung aus der Tradition der Vorfahren[174], war das Fehlen einer solchen Legitimation ein ganz zentraler Mangel des Christentums gegenüber dem Judentum[175].

---

[167] Vgl Tacitus: Historien 5,4,1: »Profana illic omnia quae apud nos sacra, rursum concessa apud illos quae nobis incesta«. Das ganze folgende Kapitel (5,5,1ff) gibt ein beredtes Zeugnis von dem römischen Widerwillen gegen die Juden.

[168] Siehe oben die Begründungen für den angeblichen Menschenhaß der Juden bei Josephus und Tacitus; vgl weiter Dio C 37,17,2: »Dieses Volk ist von den übrigen Menschen getrennt in seiner ganzen Lebensführung, am meisten dadurch, daß sie keine anderen Götter achten, einen bestimmten aber mit ganzem Einsatz verehren«.

[169] Vgl SMALLWOOD: Jews 234f.

[170] Der 4.Esra, der Syrische Baruch oder die 5.Sybille zeigen eine massiv antirömische Haltung unter Juden.

[171] Vgl die Berichte über Pogrome bei Philo: Flacc 54–96; Leg Gaj 120–131.

[172] Daß diese jüdische Tradition sich auch bei Römern großer Wertschätzung erfreuen konnte zeigen die Äußerungen Varros (STERN: Authors 1,209ff).

[173] Der Jude des Kelsos eröffnet bezeichnenderweise seine Auseinandersetzung mit den Christen mit dem Vorwurf, diese verließen das väterliche Gesetz und liefen über »zu einem anderen Namen und einer anderen Lebensweise« (εἰς ἄλλο ὄνομα καὶ εἰς ἄλλον βίον Orig Cels 2,1).

[174] Vgl WILKEN: Die frühen Christen 75: »Der Hauptprüfstein für die Wahrheit in Sachen der Religion waren Gewohnheit und Tradition, also die Bräuche der Alten«. Diese gemeinantike Vorstellung hatte auch in die jüdische und christliche Apologetik Eingang gefunden und diese in einem nicht unerheblichen Maße bestimmt (vgl dazu die Untersuchung von PILHOFER: Presbyteron Kreitton).

[175] Nach Jos Ant 20,13 erklärt es Claudius ausdrücklich als Grundsatz seiner Regierung, daß jedes Volk seinen Kult nach den Überlieferungen seiner Vorfahren ausüben solle (...ἑκάστους κατὰ τὰ πάτρια θρησκεύειν) und bestätigt in diesem Zusammenhang aus-

(Dazu gehört auch, daß die Juden ihr Alter betonen konnten, während das Christentum gerade seine Neuheit unterstreichen mußte[176]). Gerade in ihrer Randstellung, auf die sie dann auch von außen festgelegt wurden, waren die Juden zumindest bedingt akzeptiert und geschützt: So nimmt das Edikt des Claudius (unter Berufung auf Augustus) die Juden ausdrücklich in Schutz[177]. Die Christen aber hatten überhaupt keine eigene πόλις aufzuweisen, sie gebärdeten sich sozusagen wie ein eigenes Volk, obgleich sie als zusammengewürfelter Haufen, der sich aus der Gesamtbevölkerung und hier zu einem guten Teil aus der Unterschicht rekrutierte, »weder den nationalen Vorwand für die Absonderung noch die gesetzliche Anerkennung als Korporation« hatten[178]. Das hatte dann auch unmittelbare strafrechtliche Konsequenzen: Während die Juden ein Recht auf ihre religiösen Versammlungen hatten[179], wird den Christen immer wieder die Illegalität ihrer Zusammenkünfte vorgeworfen[180]. Ebenso waren die Juden – im Gegensatz zu den Christen – von der kultähnlichen Verehrung des Herrschers dispensiert[181], wodurch ein wesentlicher Reibungspunkt weitgehend entfällt[182]. »Der Christenhaß kann sich, im Gegensatz zum antiken Antisemitismus, voll auswirken, da der Staat die Christen nicht wie die Juden schützt, sondern auf Anzeigen hin die Christen meist verurteilt, nachdem man zuerst fast immer versucht, die Christen zur Apostasie zu bringen«[183].

Damit hängt noch ein weiterer Unterschied zusammen. Bei den Juden wußte man, wer sie waren. Man kannte sie als eine eigene Gruppe und wußte, wer dazu gehörte. Und man wußte, daß dies im großen und ganzen auch so blieb:

---

drücklich die jüdischen Rechte. Umgekehrt macht es für Kelsos die Christen auch politisch verdächtig, daß sie sich »im Aufruhr« gegen ihre traditionelle Wurzel, das Judentum befinden. In dieser Hinsicht räumt Kelsos dem Judentum einen eindeutigen Vorzug gegenüber dem Christentum ein (Cels 5,25–41). An anderer Stelle kann freilich Kelsos unter Zuhilfenahme desselben Arguments gegen das Judentum vorgehen, indem er ihm den Abfall von der Religion der Ägypter vorwirft. Dieser Vorwurf ist älter. Josephus zitiert ihn in Ap 2,10 aus der ägyptischen Geschichte des Apion.

[176] Dazu su § 8,2.2.

[177] CPJ 153.

[178] WLOSOK: Rom 22; vgl GOPPELT: Theologie 491f.

[179] In dem von bei Jos Ant 14,213–216 zitierten Brief des Konsuls Julius Gaius an Cäsar sind die Juden wegen ihres väterlichen Glaubens vom allgemeinen Versammlungsverbot ausgenommen: ὁμοίως δὲ κἀγὼ τοὺς ἄλλους θιάσους κωλύων, τούτοις μόνοις ἐπιτρέπω κατὰ τὰ πάτρια ἔθη καὶ νόμιμα συνάγεσθαί τε καὶ ἑστιᾶσθαι. Auf dieses Recht beruft sich Philo: Leg Gaj 311–316.

[180] Vgl Orig Cels 1,1; Minucius Felix: Octavius 8,4–9,2. Umstritten ist, inwieweit die christlichen Versammlungen strafrechtlich verboten waren (dagegen argumentiert SHERWIN-WHITE: Letters 707) – zumindest haben die Christen das Hetairienverbot des Trajan auf sich bezogen (ep X,96,7).

[181] DELLING: Diasporasituation 51.

[182] Das Vorgehen des Flaccus und die Vorgänge unter Caligula stellen Ausnahmen dar, die ja beide von Claudius korrigiert werden. Gleiches gilt für den von Jos Bell 7,50ff berichteten Vorgang in Antiochia, der sich wohl aus der gespannten Situation nach dem jüdischen Krieg erklärt.

[183] SCHÄFKE: Widerstand 487.

Das Judentum blieb weitgehend unter sich, die ethnische Grenze markiert in etwa auch die religiöse, und die zu dieser Zeit auch im hellenistischen Judentum sich eher verschärfende Abgrenzung von den anderen[184] und die Betonung des Gesetzes[185] tat das Ihrige, daß trotz der Sympathisanten die eigentlichen Übertritte zum Judentum doch seltener waren und aufs Ganze gesehen weniger ins Gewicht fielen[186] als bei dem offensiv-missionarischen Christentum – wobei allerdings dort, wo Übertritte zum Judentum sich häuften und als Problem wahrgenommen wurden, die Vorwürfe gegen die Proselyten und deren Schwierigkeiten mit ihrer Umgebung exakt dieselben waren wie bei den Christen[187], denn hier wie dort bedeutete die Bekehrung die Abkehr vom bisherigen Leben und seinen Bindungen[188].

Trotz dieser Ausnahmen aber blieb das Judentum als Ganzes in der Diaspora eher[189] in seiner selbstauferlegten Randstellung und war so eine gesellschaftlich berechenbare Größe. Ganz anders dagegen das Christentum. Schon durch

---

[184] Vgl etwa die strikte Betonung der Absonderung ep Ar 139.142; zum Ganzen DELLING: Diasporasituation 9ff.

[185] Ein Beispiel für die Strenge des Judentums bei den Proselyten ist die von Josephus: Ant 20,2 berichtete Bekehrung des Königs Iazathes von Adiabene. Von einem Kaufmann zum Judentum bekehrt wurde dem König von ebendiesem von der Beschneidung abgeraten, da er damit politisch in Schwierigkeiten kommen könnte. Doch kurz darauf hat ein anderer (galiläischer) Jude allen politischen Schwierigkeiten zum Trotz auf dieser Beschneidung bestanden, da der König nur so Anteil an der Erwählung haben könne (Ant 20,2,4). Die zunehmende Konkurrenz zum Christentum und der wachsende Einfluß der pharisäischen Bewegung haben diese Tendenzen in der Folgezeit noch verstärkt.

[186] Vgl das Urteil von SCHLUCHTER: Rationalismus 52 über die Randstellung des Judentums in der Gesellschaft: »Wie immer man die Lage dieses Volkes in den verschiedenen historischen Epochen und in den verschiedenen Ländern beurteilt, für die äußere Lage scheint zu gelten: daß die Juden als eine weitgehend askriptiv rekrutierte, durch rituelle Schranken nach außen ›geschlossene‹ Sondergemeinschaft ohne autonomen politischen Verband zwar nicht individuell, aber doch kollektiv in einer fremd- *und* selbstauferlegten Randstellung verblieben sind«. Eben diese selbstauferlegte Randstellung ist dafür verantwortlich, daß auch »das Diasporajudentum hohe Innovationskapazität mit geringer Diffussionskapazität kombiniert« (ebd).

[187] Das von Tacitus (Ann 2,85,4) und Sueton (Tiberius 36) berichtete harte Vorgehen des Tiberius gegen Ägypter und Juden hatte wohl, wie die aufschlußreiche Kommentierung dieses Vorganges bei Cassius Dio 57,18,5a zeigt, zu einem nicht unbeträchtlichen Teil mit dem Missionserfolg der Juden in Rom zu tun. Romanhaft sind solche Schwierigkeiten aus jüdischer Perspektive dargestellt in ›Joseph und Aseneth‹. Nicht zuletzt zeigt die Hinrichtung des Flavius Clemens und der Flavia Domitilla wegen ihrer jüdischen Neigungen (falls es sich hier um Proselyten gehandelt hat und beide nicht Christen waren), daß zumindest Sympathisanten aus der römischen Oberschicht dasselbe Schicksal wie die Christen treffen konnte.

[188] Vgl Tacitus: Historien 5,5,2: »alle, die zu ihrer Lebensform übertreten, halten sich an denselben Brauch [sc der Beschneidung als Zeichen der Absonderung], und nichts wird ihnen früher beigebracht als die Götter zu verachten, ihr Vaterland zu vergessen, Eltern, Kinder, Brüder gering zu achten« (Üs Vretska). In jüdischen Texten wird entsprechend der Proselyt wiederholt als eine Waise bezeichnet (Joseph und Aseneth 12,11; Philo Spec Leg 4,178).

[189] Das schließt einen Missionserfolg wie den oben genannten in Rom nicht aus. Daß das Judentum in einigen Gegenden auch Zugang zur lokalen Oberschicht erlangte, zeigt die Inschrift von Aphrodisias (vgl dazu SCHÜRER: History 3,25f).

seinen Verzicht auf Beschneidung und Speisegebote fallen bei ihm zwei Norm-
komplexe weg, die im Judentum wesentlich zur Abgrenzung beigetragen hatten. Das mit eschatologischer Begründung missionierende Christentum dräng-
te so weit energischer als das Judentum aus dem Rand weg in die antike Gesellschaft hinein. Aus der jüdischen Volksreligion – zumindest was ihre äußere Erscheinung anlangt[190] – wird im Christentum eine mit allen anderen Religionen
konkurrierende Universalreligion, die gerade dadurch charakterisiert ist, daß
sie aggressiv missioniert und sich überallhin ausbreitet. Unkontrolliert und unberechenbar dringt das Christentum ein in die Familien, in die Hausgemein-
schaften, in die Städte und Dörfer, um auf Kosten von deren Gemeinschaft
neue Anhänger zu werben. Dabei dringt es auch sozusagen »von unten« ein,
über Frauen und Sklaven, denen das Recht auf eine eigene Religion nicht zustand und wirkt schon deshalb subversiv. Von daher erklären sich etwa die wü-
tenden Ausfälle des Kelsos gegen die Mission bei Kindern, Sklaven und Frau-
en[191], aber auch Vorwürfe wie die, die Christen seien ein fremdes, unmenschli-
ches und gesetzloses Volk, das die ›Häuser‹ zerstöre[192]. »Nicht nur über die
Städte, auch über die Dörfer und Felder hat sich die Seuche dieses Aberglaubens verbreitet« schreibt Plinius (ep X, 96, 9) über die Christen an seinen Kaiser – zu einem Zeitpunkt, als es in Kleinasien noch deutlich mehr Juden als
Christen gab! Aufschlußreich für die Empfindungen gegenüber den Christen
ist dabei vor allem der öfters wiederkehrende[193] Vergleich mit einer anstecken-
den, sich ausbreitenden Seuche (contagio). Er soll wohl nicht nur allgemein
die Schädlichkeit dieser Bewegung kennzeichnen, sondern – wie auch der
Kontext zeigt – auch deren Auftreten charakterisieren: Dieser »wüste, maßlo-
se Aberglaube«, als den Plinius kurz zuvor das Christentum bezeichnet hatte,
erscheint ihm weniger als eine religiöse Gemeinschaft denn als eine gefährli-
che Krankheit, die das (gewissermaßen als ein Körper vorgestellte) Reich be-
fallen und bereits weite Teile infiziert hat[194].

---

[190] Das gilt vom jüdischen Glauben im Blick auf seine Erscheinungsweise. Die von ihm be-
anspruchte Universalität seiner Gottesverehrung äußerte sich im Diasporajudentum nicht in
einer dem Christentum vergleichbaren missionarischen Aktivität.

[191] Orig Cels 3,50.55 uö.

[192] Vgl Act Joh 3.

[193] So klagt Porphyrius darüber, daß Rom von dieser Krankheit [sc. dem Christentum] so
ergriffen sei, daß die Götter ihm fern seien (Porphyr fr 80 Harnack). Im Blick auf die Christen selbst spricht Kelsos von den τῇ στάσει συννοσοῦντες (Orig Cels 8,49). Bereits Paulus
wird Apg 24,5 als λοιμός, als Pest bezeichnet.

[194] Vergleichbar ist dem das Urteil des Tacitus: Annalen 15,44,3, daß dieser »verderbliche
Aberglaube« sich nach Jesu Tod nicht nur in Judäa ausgebreitet habe, sondern »auch in Rom,
wo alle Greuel und Abscheulichkeiten der ganzen Welt zusammenströmen und geübt werden«. Caecilius (Minucius Felix: Octavius 9,1) spricht hundert Jahre später von einem Tag für
Tag über den ganzen Erdkreis weiterwuchernden Unwesen (perditi mores).

§8 »...um euch zu ermahnen und zu trösten« – Aufbau, Thematik und Ziel des 1. Petrusbriefes

Zum Vorgehen

Es geht hier darum, die Hauptlinien des 1 Petr so herauszuarbeiten, daß damit zum einen deutlich wird, wie dieses Schreiben die oben dargestellte Situation der Christen beleuchtet, wie es sie theologisch deutet und in ihr Orientierung gibt. Es geht also um eine so weit als möglich systematisierte Darstellung der situationsorientierten Theologie des 1 Petr, um seine ›Strategie‹[1]. Dabei kann hier natürlich keine vollständige Exegese des 1 Petr erfolgen. Der systematisierte Überblick über die Hauptthemen und die Argumentation des 1 Petr soll das Schlußkapitel vorbereiten, in dem gezeigt wird, wie dieses Schreiben in der dargestellten Situation mit der Kategorie der Fremde christliches Selbstverständnis und Weltverhältnis erschließt. Dieses Kapitel hat somit Scharnierfunktion, es zeigt in der situationsbezogenen Theologie des 1 Petr die Linien auf, die in der abschließenden Behandlung des Themas wichtig werden.

1. Aufbau

(1) Der Versuch, für den 1 Petr eine klare Disposition zu finden, stößt – wie auch bei anderen vergleichbaren frühchristlichen Schriften[2] – auf Schwierigkeiten. Häufig wechseln grundlegende theologische Ausführungen mit paränetischen Anweisungen. Schon Gesagtes wird variiert wieder aufgenommen, kein Thema definitiv abgeschlossen. Ein zwingender Gedankenfortschritt wird nicht erkennbar. Die einzelnen Abschnitte sind zum einen relativ eigenständig, zum andern aber doch – zum Teil nur lose – miteinander verbunden. Zwar finden sich in der Literatur immer wieder – bezeichnenderweise sehr ver-

---

[1] Der Begriff der Strategie ist der Soziologie entnommen und bezeichnet im Gegensatz zu dem der ›Theologie‹ die situationsbezogene Argumentation des jeweiligen Autors, seine Bemühung, auf die Adressaten und deren Situation einzuwirken (vgl ELLIOTT: Home 106f). Weniger glücklich scheint mir dagegen der oft (vgl ELLIOTT ebd) parallel gebrauchte Begriff der ›Ideologie‹ zu sein, da dieser, auch wenn er neutral verstanden wird, nicht angemessen deutlich werden läßt, daß der christliche Glaube nach seinem Selbstverständnis eben kein »eigener Logos«, keine selbstgemachte Welt- und Selbstdeutung ist, sondern sich aus der Beziehung zu Gott als unverfügbarem Gegenüber versteht. Daher wird hier parallel noch von ›Theologie‹ gesprochen.

[2] Vgl Jak, 1 Joh, Barn, 2 Cl.

schiedenartige – Versuche, den 1 Petr durchzugliedern, aber bei näherem Zusehen zeigt sich, daß es sich dabei im Grund nur um eine geordnete Inhaltsangabe handelt. Während man, wie noch gezeigt wird, in Unterabschnitten zum Teil durchaus angeben kann, in welcher logischen Abhängigkeit einzelne Teile zum Vorhergegangenen und zum Folgenden stehen und welche Bedeutung sie im jeweiligen Zusammenhang haben, ist dies im Blick auf das ganze Schreiben weit schwieriger.

Dem entspricht, daß sich in diesem Schreiben kaum formale Einschnitte finden. Die einzelnen Abschnitte sind durch Konjuktionen und Partikel zueinander in Beziehung gesetzt, klare Abgrenzungen sind selten.

Bezeichnend dafür ist etwa 3,8f, das – mit τὸ δὲ τέλος eingeleitet – die Paränese 2,11–3,7 mit einer grundlegenden Ermahnung abschließt. Mit γάρ angeschlossen ist dem zunächst eine biblische Begründung angefügt, die demjenigen, der Gutes tut, ein gutes Leben verheißt (3,10–12). Unter Aufnahme der Stichworte vom guten bzw bösen Tun wird nun – mit καί angeschlossen – die Leidenssituation als Einwand gegen diese Verheißung verhandelt (3,13–17). Deren Aussagen, die in der Seligpreisung der zu Unrecht Leidenden gipfeln, wird nun mit ὅτι eine christologische Begründung angefügt, die sich zu grundsätzlichen Ausführungen über Rettung, Heil und Taufe weitet und dabei auch das Thema der ›Höllenfahrt Christi‹ mitaufnimmt (3,18–22). Auf deren Ausgangspunkt, das Leiden Christi (3,18), greift nun 4,1a wieder zurück (Χριστοῦ οὖν παθόντος σαρκί), um daran Ermahnungen im Blick auf das sich von der Umwelt unterscheidende Verhalten der Christen anzufügen (4,1–6). Dem folgen nun noch abschließend klingende, allgemeine Ermahnungen (4,7–11). Diese werden eingeleitet durch den Verweis auf das nahe Ende (πάντων δὲ τὸ τέλος ἤγγικεν), der die Gerichtsankündigung von 4,5f aufnimmt. Erst die Schlußdoxologie von 4,11 und der Neuansatz von 4,12 durch die erneute Anrede markieren einen deutlichen Einschnitt.

(2) Trotz dieser Schwierigkeiten lassen sich in diesem Schreiben jedoch Schwerpunkte ausmachen, die seine Aufteilung erlauben. Der erste Teil (1,3–2,10) und der darauf hinführende Briefeingang (1,1f) kreisen um das (in der Taufe geschenkte) neue Sein der Christen, um ihre Hoffnung und das Ineinander von Heil, Heiligkeit und Heiligung. Entsprechend dominiert eine Begrifflichkeit, die das eröffnete Heil[3] und das daraus resultierende neue Sein und den neuen Status der Christen[4] darstellt. Es geht um die theologische Grundlegung der christlichen Existenz[5]. Die bestimmenden Themen des weiteren Briefes,

---

[3] Bei der folgenden Übersicht zeigt die erste Zahl an, wie oft der jeweilige Begriff im Abschnitt vorkommt; zum Vergleich dahinter das Gesamtvorkommen im 1 Petr: Σωτηρία 4/4; κληρονομία 1/1; ἐλπίς 2/3; πίστις 4/5 sowie das Bild von der Wiedergeburt (1 Petr 1,3.23; 2,2).

[4] Ἱεράτευμα 2/2; λαός und ἔθνος für die Christen als neues Gottesvolk 4/4; ἅγιος als Prädikat der Christen 5/5; ἁγιασμός 1/1; ἐκλεκτός für die Christen 2/2 (noch zweimal für Christus selbst; als Bezeichnung der christlichen Gemeinde nochmals aufgenommen im Hapaxlegomenon συνεκλεκτός am Briefschluß 5,13).

[5] Vgl die Überschriften über diesen ersten Teil: »Basis und Wesen christlicher Existenz in der Gesellschaft« (GOPPELT 89); »Die theo-logische Grundlegung im Heilswerk Jesu Christi und in der Taufe« (FRANKEMÖLLE 32).

die bedrängte Situation der Glaubenden und die Paränese, werden zwar allgemein und grundsätzlich angesprochen, sind aber dem rahmenden Hauptthema Hoffnung und Erwählung (vor allem 1,3–12; 2,4–10) noch untergeordnet[6]. Von den meisten Kommentatoren wird daher auch 1,3–2,10 als der erste Hauptteil bezeichnet. Im Blick auf den Anlaß und die Gesamtintention des gesamten Schreibens spricht man jedoch mE besser von der *Grundlegung,* denn damit kommt klarer zum Ausdruck, daß hier weniger ein erstes Thema abgehandelt als vielmehr das christliche Leben zunächst grundsätzlich im Licht der Gottesbeziehung gedeutet wird[7], um so dann den Grund für das Folgende zu legen. Mit anderen Worten: Es geht darum, die Perspektive der in der Gegenwart angefochtenen Adressaten durch den Bezug auf Gottes jetzt schon anbrechende heilvolle Zukunft zu verändern[8].

In 1 Petr 2,11 setzt der Verfasser von neuem an. Mit der Anrede ἀγαπητοί wendet er sich nochmals direkt an seine Adressaten und bezeichnet sie dabei erneut als ›Fremde‹. Mit dem Verb παρακαλῶ spricht er sie auch das erste Mal persönlich an und gibt dabei zugleich das weitere Thema an, die Ermahnung. Im Folgenden setzt er sich dann ausführlich mit der bedrohten Situation der Christen auseinander und gibt ausführliche Anweisungen für das Verhalten einzelner Gruppen wie der Gemeinde insgesamt. Dabei finden sich auch in diesem Abschnitt zum Teil grundlegende theologische Ausführungen (vgl

---

[6] So klingt das Leiden der Christen nur kurz in 1,6f als »mancherlei Anfechtungen« an, in denen sich der Glaube bewährt und denen gerade zum Trotz die Glaubenden sich freuen. Das hebt sich im Ton doch deutlich vom 2.Teil ab, der ausführlich auf das Leiden eingeht und es in Beziehung zum Leiden Christi theologisch reflektiert, so vor allem 4,12ff; vgl 2,18–24; 3,13–18.

Ebenso wird 1,13–17 und 2,1f nur allgemein und grundsätzlich auf die im geschenkten Heil mitgesetzte Verpflichtung zu einem entsprechenden Lebenswandel hingewiesen; es geht hier sozusagen um den Zusammenhang von Indikativ und Imperativ, um das neue Sein überhaupt und noch nicht um die konkrete Paränese selbst wie im 2.Teil. Entsprechend ist hier ἅγιος das entscheidende Stichwort, das in diesem kurzen Abschnitt insgesamt 7mal begegnet (sowie einmal ἁγιασμός), während es im übrigen Brief nur noch einmal als Attribut der alttestamentlichen Frauen begegnet (sowie noch einmal ἁγιάζειν).

[7] Vgl DELLING: Existenz 109; ähnlich CLEVENOT: Lektüre 49: »...hier [sc in 1,13–2,10] wird das Volk einberufen...Der eigentliche Brief hat noch nicht angefangen«. Trotz interessanter Einzelaspekte vermag allerdings die Gesamteinteilung, die CLEVENOT vornimmt, nicht zu überzeugen.

[8] Der einführende und grundlegende Charakter dieses Abschnittes zeigt sich auch formal darin, daß diese ganze Grundlegung im Grund die Fortsetzung der in 1,3 begonnenen Eulogie ist, die zwar formal in 1,12 endet, jedoch durch das folgernde διό mit dem Folgenden verbunden ist. Erst in 2,10 kommt es zu einem endgültigen Abschluß, der in 2,11 mit der doppelten Anrede der Adressaten und der erstmaligen Verwendung der 1.Pers.Sing. ein deutlicher Neuanfang entspricht. Der Abschnitt dazwischen läßt sich zwar, wie gleich gezeigt wird, noch in Unterabschnitte gliedern; ein eindeutiger Einschnitt fehlt jedoch, die einzelnen Ausführungen werden durch Konjunktionen und besonders durch beiordnende Partizipien (vgl vor allem 1,22; 2,1.4) zusammengebunden. Das ist auch sonst typisch für Abschnitte, die für den Verfasser eng zusammengehören und die er durch entsprechende Gleichzeitigkeit miteinander verflicht (vgl für die große Paränese 2,13–3,12 dieselbe Form der Anschlüsse in 2,18; 3,1.7.9).

2,21–25), die aber hier durchweg begründende Funktion haben, also formal untergeordnet sind[9] – auch wenn sie, der weniger systematischen als vielmehr pastoralen Art des 1 Petr entsprechend, sich mit einer gewissen Eigendynamik gegenüber dem Zusammenhang verselbständigen können[10]. 1 Petr 2,11–5,11 läßt sich daher als der Hauptteil dieser Schreibens bezeichen.

Daß 2,11 ein wichtiger Einschnitt vorliegt, ist bei den Auslegern nicht umstritten. Umstritten ist dagegen, wie weit dieser Abschnitt reicht. Die Mehrzahl der Ausleger teilt das Schreiben in drei Hauptteile ein, wobei deren Abgrenzung wiederum unsicher ist: Während die meisten mit dem deutlichen Einschnitt von 4,11 zu 4,12 in 4,12 einen neuen Absatz beginnen lassen, lassen andere den Abschnitt bis 4,19 gehen[11], andere sogar nur bis 3,12[12]. Nun läßt sich der 2.Teil ab 2,11 noch in weitere Abschnitte untergliedern, am deutlichsten bei 4,12. Es besteht jedoch auch ein klarer Zusammenhang zwischen den einzelnen Teilen durch die Wiederkehr gleichartiger Glieder sowie durch die beiden zentralen Themen Paränese und Leiden. Auch wenn aufs Ganze gesehen das Leidensthema gegen Ende des Briefes immer stärker in den Mittelpunkt rückt, so klingt es doch vorher schon deutlich an bis hin zu der Seligpreisung der Leidenden (3,14; 4,14) und dem zentralen Gedanken, daß die Bedrängnis Teilhabe am Leiden Christi ist[13], wie umgekehrt die in 2,11–4,11 dominierende Paränese in 5,1–5 (bzw 5,1–9) wiederkehrt[14]. Von daher scheint es nicht angemessen, in 4,12 einen ganz neuen Abschnitt beginnen zu lassen, auch wenn deutlich ein Einschnitt markiert ist[15]. Will man angesichts der oben skizzierten literarischen Eigenart des 1 Petr nicht überhaupt auf eine weitere übergreifende Gliederung verzichten, was mir am angemessensten erscheint, so sollte man mit 4,12 den 2.Abschnitt des Hauptteils beginnen lassen, in dem zwar kein neues Thema angeschlagen wird, sich aber der Akzent von der Paränese zur Auseinandersetzung mit dem Leiden verschiebt. Diese Entscheidung wird im übrigen indirekt auch durch Ausleger bestätigt, die den Brief in drei Hauptteile aufteilen, dabei aber Teil zwei und drei gegenüber Teil eins zusammenfassen und dadurch deren Zusammengehörigkeit deutlich machen[16].

---

[9] Vgl dazu Lohse: Paränese 85ff; Talbert: Plan 149f.

[10] Vgl 2,24f; 3,19–22.

[11] Selwyn 227; Spicq 129; Best 131; Frankemölle 21.

[12] Dalton: Proclamation 72ff; Combrink: Structure 43.53ff..

[13] 4,13f, vorbereitet in 2,21 und 3,14–18; vgl auch die Seligpreisungen der Leidenden 3,14 und 4,14 und die Zurückführung des Leidens auf Gottes Willen 3,17 und 4,19.

[14] Teilweise eingeleitet mit dem Stichwort ὑποτάσσεσθαι (2,13.18; 3,1; 5,5).

[15] Nicht überzeugen kann die Annahme, daß ab 4,12 eine ganz andere Situation angesprochen sei, es sich also bei 4,12–5,14 um eine Ergänzung handle, die nach den bisher angeredeten Neugetauften sich nun an die ganze Gemeinde wende (so etwa Perdelwitz: Mysterienreligion 26; Vielhauer: Geschichte 584f; dagegen Kümmel: Einleitung 369ff; Schelkle 5; Schrage 62; Brox 33f; Frankemölle 64f). Weiteres su Anhang 1,4.

[16] Wenn etwa Goppelt 42 seinen Schlußteil (4,12–5,11) als konkrete Zuspitzung der Ausführungen von 2,11–4,11 bezeichnet, Frankemölle 45 im Blick auf Teil zwei und drei von den »beiden paränetischen Hauptteile(n) des Briefes« spricht oder Vielhauer seinen zweiten Teil mit »Paränese« überschreibt, seinen dritten mit »Aktualisierende Wiederholung der Paränese« (Geschichte 581), so zeigen sie an, daß ihre Teile zwei und drei gegenüber Teil eins enger zusammengehören.

Waren also im Eröffnungsteil das Verhältnis Gottes zum Menschen[17] und dessen Konsequenzen für das Sein der Gläubigen[18] im Blick, ihre Daseinsorientierung, so geht es im Hauptteil nun um das dadurch bestimmte Verhältnis der Christen zu anderen Menschen, und zwar sowohl aktiv im Tun (Paränese) als auch passiv im Umgang mit dem ungerechten Leiden (Trost).

Entsprechend dominieren hier zum einen Worte und Wortfelder[19], die die bedrängte Situation ansprechen, so πάσχω 12/12; πάθημα 3/4; λύπη 1/1; πύρωσις 1/1 sowie βλασφημέω 1/1, ὀνειδίζομαι 1/1 und καταλαλέω 2/2 für die Anfeindungen der Umwelt, zum anderen die Begrifflichkeit der Paränese wie παρακαλέω 3/3; ὑποτάσσω 6/6; ταπεινός, ταπεινοφροσύνη, ταπεινόφρων, ταπεινόω 4/4 (als angestrebte Haltung der Christen), ἐπιθυμία (als die zu bekämpfende, von Gott enfremdende Gegenmacht) 3/4 und die Gegenüberstellung von gutem und bösem Verhalten und Handeln (ἀγαθοποιέω 4/4; ἀγαθοποιία 1/1; ἀγαθ οποιός 1/1; ἀγαθός 7/7; κακοποιέω 1/1; κακοποιός 3/3; κακός 5/5). Besonders bei letzterem verbinden sich die beiden Hauptthemen des zweiten Teils, insofern die Christen trotz ihres guten Lebenswandels – z.T. sogar wegen desselben vgl 4,4 – verleumdet und verlästert werden (vgl 2,12.20; 3,13.16f; 4,19), und anderseits gerade angesichts dieser Situation zu einem diese Verleumdungen widerlegenden Leben angehalten werden (2,12.15; 3,1.15f).

(3) Angesichts der schon angedeuteten Schwierigkeiten, für den 1 Petr eine überzeugende Disposition zu finden, scheint es angemessener, auf eine weitere übergreifende Gliederung zu verzichten. Angemessener scheint es, weil es der im Folgenden noch näher aufgezeigten Eigenart dieses Schreibens entspricht, das in einer eher als seelsorgerlich-pastoral zu bezeichenenden Art die Hauptthemen von verschiedenen Seiten her angeht, um in immer neuer Aufnahme der Situation der Adressaten diesen seinen Trost und seine Weisungen nahezubringen. Nicht der theologische Diskurs, die strenge und klare Abhandlung bestimmter Themen steht im Vordergrund, sondern das Ringen darum, den Adressaten eine neue Orientierung in der Wahrnehmung ihrer selbst und ihrer Welt zu ermöglichen und so auf ihr Verhalten Einfluß zu nehmen. »›Disponiert‹ ist der 1 Petr allein von seiner pastoralen Absicht her, in bestimmter schwieriger Situation die Form christlicher Existenz theologisch zu begründen und paränetisch einzuüben«[20].

Das heißt nun aber keineswegs, daß der Verfasser dieses Schreibens keinen Plan gehabt hätte, daß es keinen Fortschritt im Fortgang des Briefes gäbe. Nur ist dieser nicht in einer formalen Disposition aufweisbar, sondern zeigt sich in

---

[17] Bezeichnend hierfür ist schon sein Beginn 1 Petr 1,3–5, der in hymnischem Stil und in passivischen Partizipien das Handeln Gottes an den Glaubenden und für die Glaubenden preist.

[18] Deutlich wird das besonders am Ende dieses Abschnittes, in 2,5.9f.

[19] Im Folgenden gibt wieder die erste Zahl die Häufigkeit eines Wortes in dem als »Hauptteil« bezeichneten Abschnitt 1 Petr 2,11–5,11 an. Die zweite Zahl zeigt an, wie oft das jeweilige Wort im gesamten 1 Petr vorkommt.

[20] BROX 37 vgl KÜMMEL: Einleitung 368ff; VAN UNNIK: Christianity 81f; FURNISH: Sojourners 11 ua.

der fortschreitenden Erhellung und Neuqualifikation der Situation[21]. (Vielleicht ist gerade dieses pastorale und wenig akademische Vorgehen, das mehr an der freien Rede orientiert ist, der Grund für die bis heute ungebrochene Wirkung dieses Briefes im gemeindlichen Leben[22]).

Der 1 Petr ist so – wenn auch in seiner allgemeinen Art – in hohem Maß ein situationsbezogenes Schreiben, was der Verfassser ja auch explizit sagt, wenn er in 5,12b feststellt, daß er diesen Brief geschrieben habe, »um zu ermahnen und zu bezeugen, daß das die rechte Gnade Gottes ist, in der ihr steht«. Die folgende Darstellung der Themen und Theologie des 1 Petr wird diese Situationsbezogenheit berücksichtigen.

2.   »Berufen zu lebendiger Hoffnung« – das Fundament (1,3–2,10)[23]

2.1 Das »Erbe in den Himmeln« und der gegenwärtige Jubel – die neue Perspektive (1,3–12)

Der Brief beginnt in 1,3–12 mit einer Eulogie, deren Auftakt 1,3–5 im hymnischen Nominalstil Gott preist für das, was er an den Glaubenden getan hat: Ihre Existenz ist von Gott neu geschaffenes (1,3) und durch seine Macht im Glauben erhaltenes Sein (1,5), dem er sein Erbe im Himmel bereitet hat, dessen Unvergleichlichkeit nur via negationis beschrieben werden kann (1,4). Gott allein ist hier der Handelnde, ihm verdankt sich Herkunft und Zukunft der Glaubenden, und von ihm kommt auch die Kraft zum Bestehen in der Gegenwart. Alles ist allein Gottes Tat – darauf gründet die Gewißheit der Glaubenden.

Das soteriologisch Entscheidende dabei ist die durch Christus eröffnete neue Zukunft[24], in die die Christen durch das Heilsgeschehen der Auferstehung hineingenommen sind und die so ihre Existenz hat neu werden lassen. Betont wird deshalb das Erbe (1,4), die künftige Seligkeit (1,5.9), das Ziel des Glaubens (1,9) usf. ›Hoffnung‹ ist geradezu die für den gesamten Brief zentrale Kategorie[25], die hier im ersten Teil des Briefes mehrmals als Ausgangspunkt oder als Ziel der Argumentation begegnet[26]. Dabei aber geht es gerade nicht nur um das noch Ausstehende. Wenn der 1 Petr betont, daß bei Gott das Zukünftige bereits aufbewahrt ist und bereit liegt (1,4f), wenn die Gläubigen jubeln,

---

[21] Das wird in den folgenden Abschnitten dieses Paragraphen noch gezeigt werden; zur Hermeneutik des Autors im Umgang mit alttestamentlichen Texten vgl SCHUTTER: Hermeneutic 85ff.

[22] Bezeichnenderweise ist keine biblische Schrift so umfassend in die Reihe der Predigttexte aufgenommen wie der 1 Petr.

[23] Zum semantischen Zusammenhang dieses Abschnittes so Anmerkungen 3 und 4.

[24] Vgl BROX 61: »Neubeginn sowie Hoffnung müssen als Schlüsselpunkte der gesamten Orientierung des 1 Petr bezeichnet werden.«

[25] Vgl 3,15, wo von den Christen erwartet wird, über die ›Hoffnung in euch‹ Rechenschaft abzulegen.

[26] Direkt von Hoffnung bzw vom Hoffen spricht 1 Petr am Beginn der Eulogie in 1,3, am Beginn der Paränese (1,13) und am Ende ihrer Begründung (1,21).

weil das Heil, das »Ziel des Glaubens« schon gegenwärtig ist[27], so zeigt dies, daß es ihm darauf ankommt, den Inhalt der christlichen Hoffnung als etwas darzustellen, das bereits bei Gott gegenwärtig ist und so auch die Gegenwart der zu ihm Gehörenden bereits jetzt bestimmt. Durch diesen neuen Deuterahmen werden die Erfahrungen der Angesprochenen neu qualifiziert; die Gegenwart erhält eine neue Perspektive. Als ›zu lebendiger Hoffnung Wiedergeborene‹ hat die christliche Existenz an der in Christus geschehenen Zeitenwende Anteil (vgl vor allem 1,3f), sie ist von Gottes Zukunft geprägte, eschatologische Existenz (und wird als solche auch von Gott erhalten und bewahrt vgl 1,5).

In der christlichen Existenz, so könnte man sagen, findet ein »Machtkampf« statt zwischen der gegenwärtigen und bedrängenden Leiderfahrung auf der einen und der Vorfreude der Hoffnung auf der anderen Seite. In dieser Situation die Vorfreude der Hoffnung zu stärken, die Ausrichtung auf Gottes Zukunft wieder zur Mitte und zum Zentrum des Selbstverständnisses und Lebensvollzugs seiner Adressaten werden zu lassen – das ist das zentrale Anliegen des 1 Petr[28]. Entsprechend *zielt* auch die hymnische Eulogie mit ihrem Preis der Tat Gottes 1,3–5 *auf die* in 1,6–9 geschilderte *gegenwärtige*[29] *menschliche Reaktion, die in Jubel und in ›unaussprechlicher und herrlicher Freude‹ besteht (1,6.8).*

Dies aber ist nötig, weil die Adressaten offensichtlich von ganz anderen Empfindungen bewegt sind: In 1,6 wird davon gesprochen, daß die Gläubigen

---

[27] Das κομιζόμενοι in V 9 ist Präsens und wohl auch präsentisch zu verstehen (vgl Brox 66f; Frankemölle 34 gegen die Einheitsübersetzung und die Lutherübersetzung). Auch der folgende Verweis auf die Propheten (Vv 10–12) zielt deutlich auf die gegenwärtige Zeit als die Heilszeit.

[28] Zu der dabei verwendeten frühjüdischen (vor allem s Bar) und urchristlichen Tradition (vor allem Mt 5,11f par Lk 6,22f; Jak 1,12) vgl Nauck: Freude.

[29] In der Exegese ist umstritten, ob jenes ἀγαλλιᾶσθε von 1,6.8 wirklich präsentisch zu übersetzen ist oder ob es sich um ein futurisches Präsens handelt, ob also die Freude bereits eine gegenwärtige ist oder ob nur auf den zukünftigen Jubel verwiesen wird. Für ersteres spricht, daß der 1 Petr hier das Präsens verwendet und diese Freude ganz zu dem gehobenen Stil hier paßt. Von den Vertretern einer futurischen Deutung des ἀγαλλιᾶσθε wird darauf verwiesen, daß sich der relative Satzanschluß ἐν ᾧ in 1,6 auf das ἐν καιρῷ ἐσχάτῳ von 1,5 zurückbeziehe und daher nur zukünftig verstanden werden könne. Außerdem sei der überschwengliche Jubel, wie er hier beschrieben werde, gerade für den zukünftigen Jubel bezeichnend, wie 4,13 zeige. Nun ist allerdings zu beachten, daß 4,13 auch von der gegenwärtigen Freude im Leiden spricht, die dann allerdings zum zukünftigen Jubel hin entgrenzt wird. Was die verschiedene ›Temperierung‹ der gegenwärtigen Freude hier und dort anlangt, so wird man dies nicht überbewerten dürfen – auch vom Leiden wird in 4,12ff doch sehr viel anders gesprochen als in 1,6.8! Was das ἐν ᾧ anlangt, so zeigt der sonstige Gebrauch dieses Ausdrucks im 1 Petr, daß der Verfasser ἐν ᾧ »as a conjunction and not strictly as a relative pronoun« verwendet (Fink: Use 33). Der relative Rückbezug ist daher hier allgemein kausal auf den gesamten vorherigen Abschnitt zu beziehen (ebd 38) und mit ›daher‹ zu übersetzen (ebd 35). Darum liegt es am nächsten, das ἀγαλλιᾶσθε in 1,6.8 präsentisch zu verstehen, zumal, wie schon betont, auch die Ausführungen in 1,10–12 ganz darauf abzielen, die Gegenwart als die Erfüllung der Prophezeiungen zu qualifizieren. Wie Nauck: Freude 71f gezeigt hat, legt sich das auch aufgrund der Tradition nahe.

›noch eine kleine Zeit betrübt sind in mancherlei Anfechtungen‹, in 1,8 wird zweimal die (offensichtlich ebenso anfechtende) Entzogenheit Christi[30] angesprochen. Die Betonung der Freude erfolgt also auf dem Hintergrund der (hier erst angedeuteten) leidvollen Situation der Christen, wie sie der gesamte Brief voraussetzt. Der Blick der Adressaten wird hier also bewußt über die anfechtenden und betrübenden Erfahrungen hinausgeführt, hin auf die Zukunft, der sie entgegengehen. Im Lobpreis werden die Glaubenden hereingenommen in eine neue Sicht ihrer Wirklichkeit aus der Perspektive der göttlichen Zukunft. Der Lobpreis ist so befreiende Rede[31].

Dabei überstrahlt diese Hoffnung noch völlig die Leiden der Gegenwart, die hier nur unter der Perspektive des ›Trotzdem‹ erwähnt und zudem durch entsprechende Einschränkungen[32] noch deutlich relativiert werden. Mit dem Fortgang des Briefes ändert sich dies – die Problematik des ungerechten Leidens aufgrund des Christseins tritt immer deutlicher hervor, aus dem Indikativ scheinbar selbstverständlicher Freude wird die Aufforderung, sich nicht zu befremden (4,12), um dann auf diesem Hintergrund noch einmal ganz neu die Verheißung herauszuarbeiten, die das Leiden selbst durch die Entsprechung zu Christus (4,13f vgl 2,21ff) hat. Dennoch bleibt das hier Festgestellte für den gesamten Brief zentral, es bildet sozusagen das Vorzeichen der Auseinandersetzung: Die Gegenwart wird aus Gottes Zukunft gedeutet, und dadurch wird es möglich, die Bedrängnis im Licht der Hoffnung neu zu verstehen, ja sie als etwas letztlich Positives zu erfahren. Mit einem Wort: Es geht dem 1 Petr darum, *die Erfahrungen des Leidens im Licht von Gottes Zukunft neu zu qualifizieren und so aus der Anfechtung zur Gewißheit zu führen.*

2.2 »Erlöst von der sinnlosen Lebensweise« – das neue Leben (1,13–2,3)

Aus dem Preis der göttlichen Heilstat zieht der 1 Petr in 1,13–17 sofort die Konsequenzen: Die Teilhabe an Gottes Zukunft, das Leben ganz aus der Hoffnung (τελείως ἐλπίσατε...) verpflichten zur Unterscheidung von der bisherigen Lebensweise (1,13f). Das Leben der Christen soll nicht dem bisher Gültigen entsprechen[33], sondern Gott (1,15f). Das Folgende bringt diese Aussonderung theologisch als Heiligkeit auf den Begriff: die Berufung durch den »Heiligen« verpflichtet auch zur Heiligung im Lebensvollzug (1,15f). Die ›Zeit in

---

[30] Das bezieht sich sowohl auf den historischen Jesus, den die Adressaten nicht kannten (8a) wie auf die Verborgenheit des gegenwärtigen (8b). Es scheint so, als wäre dies das erste Mal, daß dieses Problem im NT expressis verbis angesprochen wird.

[31] Es ist zu beachten, daß der 1 Petr nicht mit der Leidenssituation beginnt, sondern mit dem Lob, um erst auf diesem Hintergrund dann auf das Leiden zu sprechen zu kommen.

[32] Vgl 1,6: ὀλίγον ἄρτι, εἰ δέον; in V 8 kommt durch den Rekurs auf die Erfahrungsgewißheit das Problem von vornherein nur als bewältigtes in den Blick.

[33] Vgl 1,14: μὴ συσχηματιζόμενοι.

der Fremde‹ ist in Verantwortung vor Gott (ἐν φόβῳ) zu leben (1,17). Dieses vorwiegend paränetisch orientierte Zwischenstück erfährt seinerseits eine Begründung durch den erneuten Verweis auf Gottes Heilshandeln, nun auf die Erlösung durch den Tod Christi. In hymnischer Sprache und mit Aufnahme alttestamentlicher Opferterminologie wird die Befreiung von der Todverfallenheit und Nichtigkeit gegenwärtigen Daseins durch »das kostbare Blut Christi als eines untadeligen und makellosen Lammes« gepriesen (1,18ff). In bewußter Entgegensetzung zu einer von Vergänglichkeit und Vergeblichkeit geprägten Welterfahrung wird Leben aus der Hoffnung als sinnhaftes Leben dargestellt. Der 1 Petr erinnert daran, daß es gerade die Würde und den Stolz der Christen ausmacht, daß sie, denen ein unverderbliches und unbeflecktes und unvergängliches Erbe im Himmel bereit liegt (1,4), dadurch dem ›von den Vätern überlieferten‹ Lebenszusammenhang mit seiner Sinnlosigkeit (1,18) und Vergänglichkeit (1,23–25) entnommen, aus ihm durch Christi Tod ausgelöst sind[34]. Als aus Gottes Zukunft Lebende haben sie eine ganz neue Existenz, sie sind ›von neuem geboren‹ (1,23; 2,2 vgl 1,3).

Hier zeigt sich deutlich, daß das Christentum mit seinem Anspruch einer exklusiven Bindung, über die auch alle anderen gesellschaftlichen Verpflichtungen vermittelt sind[35], de facto die Etablierung eines Gegenentwurfes zur bestehenden Gesellschaft darstellt. Begründete sich die pagane Gesellschaft in jeder Hinsicht durch die Herleitung aus Religion und Sitte der Vorfahren[36], war hier das πρεσβύτερον κρεῖττον geradezu die axiomatische Voraussetzung der religiösen und gesellschaftlichen Legitimation[37], so wendet sich das Christentum

---

[34] Die Erlösungsaussagen erhalten hier eine konkrete Zuspitzung im Blick auf die durch den Glauben veränderte Sicht des eigenen Lebens. Dadurch gewinnt der Zuspruch zusätzliche Plausibilität: So wie etwa 2,25 die Berufung zur christlichen Gemeinde als gegenwärtige Erfahrung von Geborgenheit beschreibt, als bereits erfolgte Heimkehr aus Orientierungslosigkeit und Verlorenheit, um so den paradoxen Gnadenzuspruch von 2,19f zu begründen, so verbindet der 1 Petr auch hier in einer für ihn auch sonst typischen Weise den Rekurs auf schon gemachte Glaubenserfahrungen mit der Verheißung und dem Zuspruch des Glaubens, um gerade so die Angefochtenen der schon in ihr Leben hineinragenden Zukunft Gottes gewiß zu machen.

[35] Das zeigt sich deutlich in der Begründung der Paränese su §8,4.

[36] Vgl SCHÄFKE: Widerstand 631:« Das Festhalten am *mos maiorum* (ἔθος, *consuetudo, disciplina*) ist ein hervorstechender Charakterzug der Römer, findet sich aber mehr oder weniger stark ausgeprägt auch im gesamten zeitlichen und räumlichen Bereich der Antike. Die Religion, das religiöse Brauchtum wird mit in die Wahrung der Tradition eingeschlossen. Die religiöse und die politische Tradition einer Gemeinschaft sind dabei als untrennbar verbunden zu denken. Diese Bindungen prägen auch noch die ersten Jahrhunderte nach Christi Geburt.«

[37] Bereits Plato sagt, daß die Alten »κρείττονες ἡμῶν καὶ ἐγγυτέρω θεῶν οἰκοῦντες« waren (Phileb 16c). Dieser Grundsatz bleibt trotz aller Krisen der überkommenen Religion gültig. Cicero wiederholt ihn, wenn er die Erhaltung der überkommenen religiösen Riten damit begründet, daß »die alten Zeiten den Göttern am nächsten waren« (De legibus 2,10,27). Daher kann er auch unbedingten Gehorsam gegenüber der von den Alten überlieferten Religion fordern (vgl Nat Deor 3,2,6). Trotz einer skeptischen Grundhaltung ist es auch für Caecilius in seiner Rede im Octavius des Minucius Felix der Weisheit letzter Schluß, sich »der Lehre der Alten an(zu)schließen, die überlieferten Religionen (zu) pflegen (maiorum excipere dis-

gegen dieses Gesetz der Tradition[38]. Gerade auch der 1 Petr betont schroff und in provokativer Weise den Bruch mit der Vergangenheit, er bezeichnet das von den Vätern Überlieferte[39] als nichtig (1,18: ματαία ἀναστροφή), den damit begründeten Lebenszusammenhang als dem Tod verfallen (1,24). Zwar findet sich auch bei ihm (wie im ganzen NT) der Verweis auf die Prophezeiungen des AT (1,10–12), aber diese Zeit der Propheten wird gerade nicht als das den Göttern am nächsten stehende goldene Zeitalter gekennzeichnet, sondern kommt als die Zeit der Erwartung unter dem Aspekt ihres Mangels in den Blick[40]; es ist die Zeit der Vorbereitung[41], von der sich die jetzt erreichte Stufe als Zeit der Erfüllung abhebt. Selbst die Engel, die himmlischen Wesen, waren davon nicht ausgenommen (1,12fin)! Das ganze Gewicht der Ausführungen des 1 Petr liegt so auf dem Neuen, auf dem Neubeginn, der Wiedergeburt[42] und dem damit verbundenen neuen Leben aus der Hoffnung. Damit ist im ganzen Selbst- und Wirklichkeitsverständnis ein deutlicher Gegensatz zu der Umgebung markiert. Etwas formelhaft könnte man sagen, daß sich die Mitwelt am Gewordenen orientiert, ihre Gegenwart aus der Vergangenheit legitimiert und alles an ihr mißt, während die christliche Gemeinde alles auf die in Christus bereits angebrochene Zukunft Gottes bezieht, die das Bisherige als alt und nichtig erscheinen läßt. Dieser Gegensatz der Wirklichkeitsdeutung und des darauf basierenden Selbstverständnisses stellt auch ein wesentliches Moment des für den Brief so wichtigen Themas der Fremde dar.

---

ciplinam, religiones traditas colere) und jene Götter (zu) verehren, die dich die Eltern weniger vertraulich kennen als vor allem fürchten lehrten; statt über ihr göttliches Wesen zu urteilen, sollte man den Vorfahren Glauben schenken, die in der Einfachheit der Zeit des Weltenbeginns sich Götter zu Freunden oder zu Königen gewannen« (Octavius 6,1; Üs Kytzler). Auch Porphyrius kann als Grundsatz formulieren: »οὗτος γὰρ μέγιστος καρπὸς εὐσεβείας τιμᾶν τὸ θεῖον κατὰ τὰ πάτρια« (Marc 18). Zum Ganzen vgl jetzt auch PILHOFER: Presbyteron Kreitton, der allerdings auch zeigt, wie in der Apologetik diese Vorstellung sehr schnell auch wieder die christlichen Äußerungen betimmte.

[38] Vgl die zusammenfassende Darstellung von SCHÄFKE: Widerstand 630–648. Vom Proselyten hatte das Judentum zwar Vergleichbares verlangt; der Unterschied bestand jedoch darin, daß das Judentum sich selbst als eine alte und ehrwürdige Religion verstand. Das wurde gerade im alexandrinischen Judentum noch dadurch unterstrichen, daß man die Tora als älteste Urphilosophie darstellte, von der die Griechen ihre Philosophie übernommen (vgl Aristobul in: JSHRZ III,2 273f) bzw sogar gestohlen hätten (vgl Philo Quaest in Gn 4,152).

[39] Vielleicht soll auch die Erwähnung Gottes als Vater, vor dem sich die Christen verantworten müssen (V 17) auch begrifflich den Gegensatz zu dem πατροπαράδοτος von V18 unterstreichen.

[40] Ähnlich etwa auch 1 Kor 10,11.

[41] Ausdrücklich betont 1,12, daß die Propheten damit nicht sich selbst, sondern den Christen der Gegenwart dienten.

[42] Das geht bis hin zu dem Bild der neugeborenen Säuglinge, das in 2,2 für die Glaubenden verwendet wird und das dem antiken Idealbild vom Mann in seiner ἀκμή deutlich widerspricht (zur Verwendung dieses Bildes bei den Proselyten vgl StrB III,763).

2.3 *»Priesterschaft« und »Gottes Volk« – die neue Gemeinschaft (2,4–10)*

Dieses Selbstverständnis der christlichen Gemeinde, die sich so deutlich durch Herkunft und Zukunft als etwas anderes von ihrer Mitwelt abgrenzt, wird nun im Folgenden ausgeführt: Indem die Glaubenden (2,7) auf die Seite des von den Menschen verworfenen Steines treten, der von Gott erwählt wurde (2,4), werden sie selbst zu lebendigen Steinen[43], die zu Gottes Haus und Priesterschaft erbaut werden (2,5; vgl 2,9f). Die Parallelität zu Christus soll wohl beides begründen: die Verwerfung unter den Menschen, an der ja auch die Glaubenden teilhaben, vor allem aber auch die Annahme durch Gott und die dadurch gestiftete neue Gemeinschaft. Letztere steht im Zentrum dieses Abschnittes. In durchweg dem Alten Testament entliehenen Bildern und in einer für das NT einmaligen Dichte wird das neue Sein der Gemeinde auf den Begriff gebracht: Die Auserwählten sind ein geistliches Haus bzw ein Tempel, von Gott auf dem Grundstein Jesus Christus aus lebendigen Steinen errichtet (2,4f), sie sind Gottes Priesterschaft (2,5.9), sein auserwähltes Geschlecht (2,9), sein heiliger Stamm (2,9), sein Volk, dessen er sich erbarmt und das er zu seinem Eigentum gemacht hat (2,9f)[44]. Vor allem der Abschluß 2,9f bringt, durch das ὑμεῖς δέ eingeleitet, in einem an 1,3–5 erinnernden Nominalstil resümeeartig das neue Sein der Berufenen auf den Begriff, wobei er es durch den Gegensatz Licht-Finsternis (2,9) sowie das zweimalige ›einst-jetzt‹ (2,10) noch einmal dem früheren Dasein entgegensetzt.

Dabei ist auch bemerkenswert, daß alle diese übernommenen Bezeichnungen zwar der alttestamentlich-jüdischen Tradition entnommen sind, daß sie jedoch zugleich den Anspruch der Christen ausdrücken, als Gemeinschaft etwas ganz Eigenes zu sein: Sie sind eine eigene Priesterschaft, ein eigenes Haus (bzw Tempel) und Geschlecht, vor allem aber ein eigenes Volk. *Schon begrifflich wird so die christliche Gemeinde als ein ganz eigenes Bezugssystem gedeutet, ja als ein mit den Institutionen der Umwelt in seinem Geltungsanspruch konkurrierender Gegenentwurf.* Eine späte Einleitung[45] zu den Johannesakten[46], die aber das Empfinden gegen die Christen zutreffend wiedergibt, zeigt dies sehr schön. In der (angeblich von Juden vor den Kaiser gebrachten) Anklageschrift gegen Johannes heißt es da, daß es sich bei den Angeklagten um ein neues und fremdes Volk handle, das mit den Traditionen breche, menschenfeindlich, gesetzlos und umstürzlerisch sei und sich den fremden Namen

---

[43] Vgl dazu JEREMIAS: Art λίθος 283.

[44] Vgl SCHWARZ: Identität 53–57, der zeigt, daß im AT die Bezeichnungen »heiliges Volk«, »erwähltes Volk« und »Eigentumsvolk« zu den zentralen identitätsgründenden Aussagen gehören.

[45] Vgl ALTANER: Patrologie 138.

[46] Lipsius/Bonnet (Hg.): Acta Apostolorum Apocrypha II,1, 151–216.

Christen zulege[47]. In der Parallelüberlieferung wird der Vorwurf noch dahingehend präzisiert, daß die Christen von der von den Vätern überlieferten Gottesverehrung (ἐκ τῆς πατροπαραδότου θρησκείας) abgewichen seien, so daß
nun ein fremder Name und ein anderes Volk entstanden seien (ὥστε γενέσθαι
ξένον ὄνομα καὶ ἔθνος ἕτερον). Hier finden sich alle Motive wieder: Abkehr von der Väterüberlieferung, Absonderung, Bildung eines eigenen Volkes
und als Folge das Fremdsein – jetzt von anderen auf den Begriff gebracht.
Nicht zufällig spricht deshalb auch der 1 Petr in 2,11 seine Adressaten wieder
auf ihre Fremdlingsschaft an[48].

3.   »Selig seid ihr« – die Vergewisserung im Leiden[49]

3.1 Der Eingang: Das ›Trotzdem‹ der Freude (1,6–8)

Die massive Betonung des neuen Seins der Christen am Eingang des 1 Petr
steht – wie oben gesehen – in einem direktem Zusammenhang mit dem zentralen Anliegen dieser Schrift, die leidvolle Situation der Adressaten mit ihrem
Glauben zusammenzubringen und in ihr die Hoffnung lebendig zu halten. So
wird dem bedrückten Dasein hier entgegengestellt, was die Gläubigen von
Gott her schon sind, die christliche Existenz wird als Leben aus der Zukunft
Gottes verstanden: Die Glaubenden sind, wie es 2,9 in typischer Bekehrungssprache formuliert, durch die Zugehörigkeit zu Gott schon jetzt aus der Finsternis in ein wunderbares Licht gerufen.

Der Eigenart und Abzweckung dieses Eingangsteiles entsprechend, kam jedoch das Problem des Leidens nur unter der Perspektive eines ›Trotzdem‹ zur
Sprache (1,6.8). Da alles darauf ankam, die Gewißheit der Hoffnung wieder nahezubringen, dominierte auch in den Bezügen zur Leidenssituation der Indikativ der Freude, die Betonung der Gegenwart des Heils. Daß dies nur der Anfang sein kann und daß die Problematik des Leidens noch einer eigenen Verar-

---

[47] Act Joannis 3: »ἔστιν δὲ καινὸν καὶ ξένον ἔθνος, μήτε τοῖς ἡμετέροις ἔθεσιν
ὑπακοῦον μήτε ταῖς Ἰουδαίων θρησκείαις συνευδοκοῦν, ἀπερίτμητον, ἀπάνθρωπον,
ἄνομον, ὅλους οἴκους ἀνατρέπον, ἄνθρωπον θεὸν καταγγέλλοντες, οἷς ἐκκλησία
ἅπασιν ἐπιγίνεται ξένον ὄνομα χριστιανῶν«.

[48] Bemerkenswert ist dabei, daß der 1 Petr nicht von der ἐκκλησία spricht, dh keinen terminus technicus für die Größe ›Kirche‹ verwendet. Vielleicht geschieht dies bewußt, weil für
ihn diese Gemeinschaft gerade nichts für sich selbst Bestehendes ist, wie es im Begriff der
ἐκκλησία (als Versammlung der Vollbürger) angelegt ist.

[49] Wie bereits gesagt, spricht keine biblische Schrift so oft vom Leiden wie der 1 Petr. Das
Problem bricht immer wieder durch und kann daher nicht auf einen bestimmten Abschnitt beschränkt werden. Allerdings wurde bereits gezeigt, daß die Auseinandersetzung mit der Leidensproblematik vor allem im zweiten Teil des Schreibens, im Hauptteil, dominiert, wie sich
auch in der Begrifflichkeit zeigt; so § 8.1.
Im Folgenden wird die Auseinandersetzung des 1 Petr mit dem Problem des ungerechten
Leidens dargestellt. Nur am Rande wird auf die traditionsgeschichtlichen Wurzeln dieser Auseinandersetzung eingegangen. Dafür sei auf die Arbeit von MILLAUER: Leiden verwiesen, die
sich auf die Herausarbeitung dieser Zusammenhänge konzentriert.

beitung bedarf, zeigt der Fortgang des Schreibens, in dem die Frage nach der Bewältigung der Anfechtungen durch ungerechtes Leiden immer wieder begegnet, ehe sie in 4,12ff zum alleinigen Thema wird. Dabei zeigt sich auch eine gewisse Weiterentwicklung in der Auseinandersetzung mit der Leidensproblematik.

Ein zweiter Gedanke, der in 1,6f angedeutet wird (und der in 4,12 wiederkehrt) und der relativ unverbunden neben der eben dargestellten Argumentation steht, ist die Deutung des Leidens als göttliche Prüfung.

3.2 Die Entsprechung zum leidenden Herrn (2,18–24)

Sieht man auf den ersten großen Abschnitt des Hauptteils, die Paränese 2,11–3,9, so fällt auf, daß bereits hier das Problem des ungerechten Leidens sozusagen ständig durchbricht[50], so daß es schon deshalb als die eigentliche Veranlassung dieser ganzen Paränese gelten muß[51]. So ist es auch kein Zufall, daß es gerade bei der Ermahnung der Sklaven, die als die unterste Schicht der allgemeinen Aversion gegen die Christen am schutzlosesten preisgegeben waren[52], zur ersten direkten Auseinandersetzung mit der Leidensfrage kommt.

Vergleicht man nun diese Ermahnung und ihren Kontext mit anderen ›Haustafeln‹ im NT[53], so fällt eine Reihe von Besonderheiten auf, auf die noch unten eingegangen wird. Hier soll bereits auf eine hingewiesen werden: Die Sklavenparänese steht hier am Beginn der gruppenspezifischen Ermahnungen, während sie sonst immer am Ende plaziert ist. Dazu wird dieser eine ausführliche christologische Begründung angefügt, die in ihrer Grundsätzlichkeit über diese Ermahnung hinausgreift und deutlich macht, daß das, was hier anläßlich der ungerechten Leiden der Sklaven gesagt wird, für alle Gemeindeglieder von Bedeutung ist. Gerade in ihrer Ohnmacht wird die Existenz der Sklaven zum Paradigma für alle Christen.

Zweierlei ist nun in diesen Ausführungen für unseren Zusammenhang von Bedeutung: Zum einem wird hier nicht mehr nur betont, daß die Christen trotz des Leidens am Heil teilhaben. Vielmehr wird – und dies bleibt eine der Grund-

---

[50] So schon am Beginn 2,12, angedeutet in 2,15 innerhalb der ›Obrigkeitsperikope‹ und in 3,6 bei der Ermahnung der Frauen. Zu einer ersten großen Auseinandersetzung mit der Leidensproblematik wird die Mahnung an die Sklaven 2,18ff, und auch die abschließende Ermahnung 3,9 setzt sich mit der ungerechten Behandlung der Christen auseinander.

[51] Es wird sich zeigen, daß sich die gesamte Eigenart dieser Paränese aus der Auseinandersetzung mit dieser Situation erklärt.

[52] Die Situation wurde vor allem noch dadurch verschärft, daß es den Sklaven nicht zustand, eine eigene Religion zu haben. Wie BÖMER: Untersuchungen 247f gezeigt hat, war die Religion eines Sklaven durch seinen Herrn bestimmt. Die Tatsache, daß sich jüdische und christliche Sklaven dem nicht beugten, erregte »ein ungeheures Aufsehen« (ebd 259).

[53] Die nächsten Vergleichstexte sind Eph 5,21–6,9 und Kol 3,18–4,1; teilweise Aufnahme verwandten Materials findet sich auch in Röm, 1 Tim, Tit und Jak. Eine schöne Übersicht bietet SELWYN 423f.

lagen der Auseinandersetzung mit der Situation der Adressaten – als Begründung der Ermahnung nun *das Leiden selbst als heilvoll behauptet*[54]. Gleich
zweimal wird in diesem Abschnitt von einem Leiden, das aus der Bindung an
Gott resultiert, betont: »Das ist Gnade« (2,19f). Diese paradoxe Gleichsetzung
von Leiden und Gnade aber wird ihrerseits noch einmal *mit der Entsprechung*[55]*zur Passion Christi begründet*[56]. Durch Gottes Berufung sind die Christen – im Leiden wie in der folgenden Herrlichkeit – in Jesu Geschick mit hineingenommen. Im weiteren Verlauf des Briefes wird dieser Gedanke dann
noch näher ausgeführt: Christliches Leiden bewirkt demzufolge geradezu eine
Gemeinschaft mit dem Geschick Jesu Christi – die Nachfolger werden »Teilhaber« am Leiden ihres Herrn (4,13) und so auch an dessen Herrlichkeit (5,1 vgl
4,13f)[57]. Durch diesen Gedanken der Teilhabe an Christi Geschick im Leiden
wie in der Verherrlichung wird dann das Paradox des Leidens als Gnade aufge-
löst.

Aufgrund dieser Entsprechung zwischen dem Geschick Christi und dem
seiner Nachfolger kann dann hier in 2,21ff auch unter Aufnahme älterer Tradition[58] Jesu Verhalten in seiner Passion zum Muster für christliches Leben werden. Dabei bleibt aber diese Vorbildfunktion Christi, die paränetische Aktuali-
sierung seiner Passion, umschlossen von Aussagen, die vor allem in Anlehnung an Jes 53 die den Adressaten zugeeignete Heilsbedeutung seines stellver-
tretenden Leidens und damit die Einzigartigkeit seiner Heilstat betonen. Schon
der Auftakt 2,21 verankert die Leidensnachfolge in Christi Leiden »für euch«[59]
und stellt auf diese Weise eine äußerst enge Verschränkung von (begründen-
dem) Indikativ und (dadurch begründetem) Imperativ her.

---

[54] Schon in 1,11 war dieser Zusammenhang von Leiden und Herrlichkeit in Christus erwähnt worden, 1,19–21 deutet ihn erneut an, und in 2,4ff war es – nun auch bezogen auf die
Gemeinde – die Teilhabe an dem von den Menschen verworfenen Stein Christus, der die heilvolle neue Gemeinschaft entstehen läßt. Dieses Motiv, das im Folgenden noch eine wichtige
Rolle spielt (vgl vor allem 4,13), wird hier wieder aufgenommen und zugleich, der Intention
des Abschnitts entsprechend, paränetisch ausgedeutet.

[55] Vgl vor allem 2,21f: »εἰς τοῦτο γὰρ ἐκλήθητε«.

[56] Schon begrifflich zeigt sich der enge Konnex zwischen dem Leiden Christi und dem der
Christen darin, daß vom πάσχειν der letzteren nur im Zusammenhang mit Christi Geschick
gesprochen wird; vgl die Feststellung von Michaelis: Art πάσχω 921, daß »die Christen als
πάσχοντες (4,19) de facto in den Fußstapfen Christi gehen (2,21)«.

[57] Paulus kann im Blick auf Kraft und Schwachheit ganz ähnlich argumentieren (vgl Phil
3,10f; 2 Kor 4,10f; 13,4; dazu Heckel: Kraft 145ff).

[58] Zur Vorlage vgl Bultmann: Liedfragmente 295f.

[59] Diese Verzahnung von Singularität und Exemplarität des Leidens Christi ist für den ganzen Brief bezeichnend; vgl Manke: Leiden 216ff.

3.3 Die Seligpreisung der Leidenden (3,13–17)

Der paränetische Block wird in 3,10–12 abgeschlossen durch ein Zitat aus Ps 34,13–17, der typisch weisheitlich dem Gutes verheißt, der Gutes tut. Auf diese massive Zusage nun folgt in 3,13ff die Auseinandersetzung mit der aktuellen Situation, die diese Verheißung Lügen zu strafen scheint. Wie immer man das κακόω in 3,13 (und damit den ganzen Vers) versteht[60] – in jedem Fall setzt sich das Folgende mit diesem Einwand aus der Erfahrung auseinander. Dabei dominiert hier wie in 2,18ff noch das paränetische Interesse: Es geht um das rechte apologetische Verhalten in der Leidenssituation. Der 1 Petr ermutigt seine Adressaten, das Leiden und den Zwang zur Verteidigung nicht nur hinzunehmen, sich gar von der Furcht lähmen zu lassen (3,14), sondern diese Situation bewußt anzunehmen, sie zu bejahen und darin die Chance zum Zeugnis wahrzunehmen. Ausgangspunkt dieser Überlegungen aber ist die *Seligpreisung derer, die ›um der Gerechtigkeit willen‹ leiden* (3,14a), dh wegen ihrer Zugehörigkeit zu Christus[61]. In einem Makarismus, der an Mt 5,10 erinnert, jedoch im Gegensatz zu den anderen Makarismen keine Begründung aufweist, wird den Leidenden unmittelbar Heil zugesprochen. Noch deutlicher als in 2,19ff ist hier also ungerechtes Leiden, das aus der Zugehörigkeit zu Gott resultiert (vgl 3,17), unmittelbar als ein heilvolles qualifiziert, und ebenso wie in 2,21ff wird es in 3,18f mit der (hier nur implizit vorausgesetzten) Entsprechung zum heilbringenden Leiden Christi begründet. Zugleich unterscheidet der Verfasser in 3,17 – wie schon in 2,20 und wieder in 4,15 – zwischen einem ungerechten Leiden in der Nachfolge und einem berechtigten Leiden als Übeltäter. Die relative Häufigkeit, mit der diese Unterscheidung im Leidensbegriff begegnet, unterstreicht nochmals die zentrale Bedeutung der Christusbeziehung für die positive Deutung des Leidens. Zugleich macht der zweimalige Potentialis im Blick auf das Leiden in 3,14 und 3,17 deutlich, daß dieses Leiden nicht eine zu erfüllende Bedingung des Heils ist, die der Mensch gar zu suchen hätte, sondern ein – im Falle seines Eintretens – von Gott gewolltes Widerfahrnis (3,17), dem dann diese Verheißungen gelten. Leiden ist kein Selbstwert, sondern wird hier

---

[60] Grundsätzlich werden zwei Möglichkeiten erwogen. Die eine nimmt an, daß der Vers in Fortsetzung und zugleich Erläuterung des Psalmwortes besagen will, daß alle Leiden die Christen nicht wirklich schädigen können, solange sie Gutes tun. Gemeint ist dann, daß dieses Leiden nicht innerlich, im Glauben schädigen kann (vgl KELLY 139; SCHELKLE 100; BEARE 162; KNOPF 136f; BROX 157). Der Vorteil dieser Auslegung ist es, daß sie den Vers ohne Schwierigkeit in den Duktus des Briefes einfügen kann. Die Bestreiter dieser Auslegung halten dagegen, daß κακόω im Zusammenhang mit 3,9.12 als konkrete Schädigung zu interpretieren sei und auch in der Apg durchweg für Verfolgung verwendet würde (vgl GOPPELT 233f; FRANKEMÖLLE 57). In diesem Fall freilich muß angenommen werden, daß der 1 Petr hier einen theologischen Grundsatz formuliert, den er im Folgenden gleich wieder widerruft.

[61] Die Präposition διά mit Akkusativ ist nicht final, sondern kausal (vgl BAUER/ALAND: Wörterbuch 362f). Gemeint ist also nicht ein Leiden, das gerecht macht, sondern ein Leiden aufgrund der Gerechtigkeit, womit in diesem Kontext der christliche Lebenswandel gemeint ist.

– als *mögliche* Vorstufe zu Herrlichkeit – von Gottes Willen und Handeln her neu gedeutet und aufgewertet.

3.4 Der Höhepunkt: Freude im Leiden (4,12–19)

Auf einen deutlichen Einschnitt mit Doxologie und Amen in 4,11 erfolgt in 4,12 – intensiviert durch die Anrede ἀγαπητοί[62] – noch einmal eine erneute Hinwendung zu den Adressaten. Der Abschnitt 4,12–19 ist aufs engste mit dem bisherigen Brief verbunden, in ihm wird nahezu alles Bisherige nochmals aufgenommen, hier kreuzen sich die Linien[63]. Dennoch bringt dieser Abschnitt etwas wesentlich Neues, insofern nun grundsätzlich auf die die ganze Zeit schon drängende Frage des Leidens und die dadurch ausgelösten Glaubenskrisen eingegangen wird. Entsprechend verändert sich die ›Temperatur‹: Es wird nun vom Leiden als einer Feuerglut gesprochen, die ›als etwas Fremdes‹ empfunden wird und daher ›befremdet‹. So wird auch, wie schon erwähnt, die Freude nicht mehr einfach vorausgesetzt, sondern es wird im Ausblick auf die endzeitliche Freude dazu aufgefordert[64].

Die Auseinandersetzung mit dem Leiden bündelt das bisher Gesagte und führt es weiter, um so in bisher noch nicht erreichter Gründlichkeit Stellung zu beziehen. Zunächst wird betont, daß diese Widerfahrnisse nichts Fremdes seien, sondern daß sie zum Dasein der Christen dazugehören. Es handelt sich vielmehr um eine ›Prüfung‹[65]. Die folgende, weitere Begründung verbindet die Entsprechung zu Christi Leiden mit der zu Gottes Zukunft: Die Christen sollen sich jetzt schon freuen, weil sie damit Gemeinschaft mit den Leiden Christi haben, damit sie am Tag seiner Herrlichkeit jubeln werden (4,13). Nicht nur trotz des Leidens sollen sich die Christen freuen (wie in 1,6), sondern im Leiden und

---

[62] Vgl FRANKEMÖLLE 64: »Die Anrede ist nicht primär Eröffnungssignal eines neuen Hauptteils, sondern – rhetorisch-pragmatisch verstanden – eine gesteigerte Hinwendung zum Publikum, da die Adressaten des Trostes und der Solidarität (5,9) bedürfen«.

[63] Das gilt schon im Blick auf das bereits bisher immer wieder angesprochene Thema des Leidens (vgl 1,6.8; 2,12.15.18ff; 3,9.13ff; 4,4), dessen Konkretisierung als Schmähung (vgl 2,12.15; 3,16; 4,4), weiter für die Entgegensetzung von gerechtem und ungerechtem Leiden (2,20; 3,17), für das Leiden um der Glaubensbindung willen (2,19; 3,14), für das Leiden nach Gottes Willen (2,19; 3,14) sowie für die Interpretation dieser Vorgänge als Läuterung wie als πειρασμός (1,6f). Wie in 3,14 werden die Leidenden seliggepriesen, sie sollen sich freuen (1,6.8), und dies wird wie in 2,21ff und 3,18 (vgl auch 4,1) mit der Entsprechung zu Christi Leiden begründet. Aufgenommen wird aus 2,5 das Bild vom Haus Gottes und das Gericht über die Ungläubigen ist bereits in 2,7f angedeutet.

[64] Daraus erklärt sich dann auch die Unterscheidung zwischen gegenwärtiger Freude und endzeitlichem Jubel, die nicht als Argument für ein zukünftiges Verständnis von 1,6.8 dienen kann.

[65] Πειρασμός ist nach BAUER/ALAND: Wörterbuch 1291 – und die meisten Kommentare folgen ihm – nur hier im NT mit ›Prüfung‹, ›Erprobung‹ zu übersetzen, wobei man allerdings, schon wegen der Parallele zu 1,6, die damit verbundene ›Betrübnis‹ und Anfechtung mithören muß.

wegen des Leidens, weil es die Verheißung der Herrlichkeit in sich birgt. Durch die Teilhabe an Christi Leidensexistenz haben sie – so ist diese Aussage wohl zu interpretieren, die der Verfasser in 5,1 auf sich selbst bezogen wiederholt[66] – teil an der an und mit Jesus Christus bereits geschehenen Vollendung. Der folgende Vers wiederholt diese Aussage, begründet sie und überbietet sie zugleich, wenn jetzt die um Christi willen Geschmähten seliggepriesen werden, »weil [sc schon jetzt!] der Geist der Herrlichkeit und Gottes auf euch ruht« (4,14). Bezeichnenderweise findet sich die Erwähnung des Geistes als der aus dem Tod ins Leben führenden[67] Gegenwart Gottes, seiner in Christus schon angebrochenen eschatologischen Vollendung gerade hier, in der intensivierten Auseinandersetzung mit dem Leiden, unmittelbar auf die Gegenwart der Christen bezogen. Mit der etwas umständlichen, überladen wirkenden Formulierung will der 1 Petr zweierlei unterstreichen: Mitten im Leiden ist Gottes errettende, lebendigmachende Macht schon Gegenwart, wie er in 4,14 mit der zitatartigen Anspielung auf Jes 11,2 zeigt. Indem der 1 Petr diese alttestamentliche Aussage nun durch den Zusatz τῆς δόξης ergänzt, unterstreicht er nochmals, daß die Teilhabe an Christi Leiden durch den Geist schon Teilhabe an seiner Herrlichkeit ist. Das so angenommene Leiden – so der Schluß der ersten Argumentation 4,16 – ist dann nichts, was beschämen müßte, sondern dient der Verherrlichung Gottes.

Eine zweite und ungewöhnliche Begründung wird dann noch einmal in 4,17–19 gegeben: Am Haus Gottes beginnt das endzeitliche Gericht schon jetzt – was a minore ad maius auf das schließen läßt, was diejenigen erwartet, die als Ungläubige bis jetzt vom Leiden verschont geblieben sind. Es muß hier jetzt nicht näher auf diesen Gedanken eingegangen werden[68]; für uns ist bemerkenswert, daß auch hier die leidvolle Gegenwart ganz aus der bereits anbrechenden Zukunft Gottes verstanden wird. Auch dies bestätigt nochmals das Bisherige: Die Gegenwart ist Endzeit, wie schon in 4,7 betont wurde, und die Leiden der Gemeinde sind die Vorboten des Gerichts und so Anzeichen dieser Endzeit.

---

[66] Wenn sich der Verfasser in 5,1 als συμπρεσβύτερος καὶ μάρτυς τῶν τοῦ Χριστοῦ παθημάτων vorstellt, so könnte dies auf den Absender »Petrus« als Augenzeuge verweisen. Allerdings ist zu bedenken, daß dieser im übrigen Brief keine Rolle spielt. Weiter leuchtet nicht recht ein, inwieweit diese die Autorität der Schreiber hier unterstreichende Zeugenschaft gerade in der Augenzeugenschaft bei Jesu Passion bestehen solle, eine Augenzeugenschaft, für die Petrus nur sehr bedingt in Frage kommt, von seiner unrühmlichen Rolle bei der Passion einmal ganz abgesehen. Der Theologie des gesamten Briefes entspricht daher eher die Deutung der Aussage durch Brox, es ginge hier »um die Teilhabe (κοινωνεῖν: 4,13) an Christi Passion in Form selbst erlittener Leiden, wie die Fortsetzung vom Teilhaben (κοινωνός: V 1b) an der ›Herrlichkeit‹, der dritten Qualität des Verfassers, klar zeigt« (Brox 229).

[67] Vgl 1 Petr 3,18; 4,6.

[68] Er hat seine nächste Parallele im NT wohl in der Vorstellung der messianischen Wehen, die besonders auch die Gemeinden treffen (vgl Mk 13,7ff par).

Das ist das Entscheidende in dieser Passage des Schreibens: *Angesichts der in ihrer Bedrängnis nun unverhüllt zur Sprache gebrachten Leiden interpretiert der 1 Petr die Gegenwart ganz aus Gottes Zukunft – und zwar aus einer Zukunft, die sowohl im Blick auf das endzeitliche Heil wie im Blick auf das Endgericht bereits angebrochen ist.* Gerade in und mit der Negativität der Welterfahrung mutet der 1 Petr seinen Adressaten eine neue Erfahrung zu: Nicht nur trotz des Leidens, sondern in der Situation des Leidens und wegen der darin gelebten Nachfolge ist der Geist von Gottes Herrlichkeit gegenwärtig[69], weshalb die deshalb Seliggepriesenen in Vorwegnahme des ewigen Jubels sich schon jetzt freuen (4,13f).

3.5 Der Abschluß: Vertrauen und Widerstand (5,6–9)

Noch einmal klingt die bedrängte Situation an in der Schlußermahnung 5,6–11. Indem dabei im Zusammenhang der Leiden nun auch vom Widerstand gegen den Teufel gesprochen wird, der umhergeht »wie ein brüllender Löwe und sucht, wen er verschlingen kann« (5,8), kommt nun die Auseinandersetzung mit dem Leiden auch als Kampfsituation gegen die widergöttliche Macht in den Blick[70], wobei zugleich die Verbundenheit der Adressaten in diesem Leiden »mit den Brüdern in der ganzen Welt« (5,9b) betont wird. Ziel dieser gesteigerten sprachlichen Emphase ist zum einen noch die Betonung der (bisher so deutlich noch nicht angesprochenen) Gefährdung der Christen, um sie abschließend zu Nüchternheit und Wachsamkeit (5,8) zu ermahnen. Eingeleitet aber wird die Passage mit der Aufforderung, sich in Demut unter die mächtige Hand Gottes zu beugen, der ἐν καιρῷ die Seinen erhöhen wird (5,6), verbunden mit der Aufforderung zum Vertrauen und zur Übergabe aller Sorgen an den, der für die Seinen sorgt (5,7). Ganz deutlich kommt dies auch nochmals in 5,10 zum Ausdruck, dem Abschluß des Briefcorpus: »Der Gott aller Gnade aber, der euch in Christus zu seiner ewigen Herrlichkeit berufen hat, wird euch, die ihr kurze Zeit leidet, aufrichten, stärken, kräftigen und auf festen Grund stellen«. Hier ist ein Gedanke aufgenommen, der den Brief schon seit 1,5 bestimmt: »Gott ist der von Anfang bis zum Ende in den Christen Wirkende, der, der auf Grund des Christusgeschehens in Kreuz und Auferstehung durch sein Wort das neue Leben schafft und erhält«[71].

Dieses Vertrauen zu stärken und einzuüben, im Zuspruch der Nähe Gottes die ›lebendige Hoffnung‹ gegenwärtiger Erfahrung wieder zugänglich zu ma-

---

[69] 1 Petr 4,14 unterstreicht diese Gegenwärtigkeit noch, indem er Jes 11,2 nach der LXX zitiert, dabei jedoch das dort verwendete Futur ἀναπαύσεται in das Präsens ἀναπαύεται umwandelt.

[70] Vgl BROX 237f: »Durch das mytische Bild vom Teufel als Löwen kommt die neue Note von Härte und Widerstand (V 9a) in den Text, während bislang nur Unterwerfung, Milde u. ä. angeraten wurde«.

[71] DELLING: Existenz 105.

chen, und zwar nicht nur trotz, sondern in allem Leiden, ja *als Leiden* – das kann mit gutem Grund als das Ziel dieses Briefes bezeichnet werden, wie auch der Verfasser selbst rückblickend in 5,12b bezeugt. Wenn es dort heißt, daß »ich euch wenige Worte geschrieben habe, um zu ermahnen und zu bezeugen, daß das die rechte Gnade Gottes ist, in der ihr steht«, so ist dies, wie Brox[72] wahrscheinlich gemacht hat, im Zusammenhang mit den Formulierungen 2,19f zu interpretieren: »Das Demonstrativum [sc bei χάρις] verweist auf das, was im ganzen Brief erklärt worden war. Der Leser soll die Gnade gerade als diese ›Logik‹ von Glauben, ›Leidens‹-Existenz und Soteriologie begreifen ... Gnade ist die befreiende Möglichkeit, von der der Brief permanent reden bzw. in die er einüben wollte: unter den prekären jetzigen Bedingungen hoffen zu können«[73].

Diesem Ziel hat sich der Brief in den beschriebenen Passagen schrittweise genähert: Von der Betonung der Freude trotz des Leidens (1,6) führt eine Linie über 2,19ff (Berufung zur Leidensnachfolge, Leiden als Gnade) und 3,13ff (Seligpreisung der Leidenden) hin zu 4,12ff, wo das Bisherige dahingehend zusammengefaßt und zu einem Abschluß gebracht wird, daß nun aufgrund der Gegenwart Gottes und seiner Herrlichkeit im Leiden die Freude gerade wegen der Bedrängnis den Adressaten zugemutet werden kann.

4. »Seid heilig« – die Paränese

4.1. Die Gott entsprechende ἀναστροφή (Überblick)

Nun stärkt und tröstet der Brief nicht nur, er ermahnt auch. Gottes Zuwendung verpflichtet. Genauer: Wie Gott die Glaubenden berufen und zu sich in ein Verhältnis gesetzt hat, so sollen diese nun seinem Sein in ihrem Verhalten in der Welt entsprechen. Dieser Gedanke begegnet auch sonst im NT[74]. Bezeichnenderweise aber formuliert der 1 Petr diese Aufgabe im Blick auf Gottes Heiligkeit, dh im Blick auf das Anderssein Gottes gegenüber der Welt, dem das christliche Verhalten entsprechen soll. Geradezu klassisch betont 1,15f den Zusammenhang von Heil, Heiligkeit und Heiligung: »Wie er, der euch berufen hat, heilig ist, so soll auch euer ganzes Leben heilig werden. Denn es heißt in der Schrift: Seid heilig, denn ich bin heilig.«

Zentrales Stichwort dabei ist das Wort ἀναστροφή, das im ganzen NT 13mal vorkommt, davon 6mal im 1 Petr[75]. Der Begriff bezeichnet die Lebensführung, den ›Wandel‹. Dabei schwingt aber im 1 Petr noch zweierlei mit: Zum einen ist dieser Wandel Ausdruck der Gesamtausrichtung der Existenz. So wie ein Leben nach der Überlieferung der Väter ματαία ἀναστροφή ist (1,18), so ist der christliche Wandel dadurch gut und rein, daß er ἐν φόβῳ (3,2 vgl 1,17)

---

72 Brox 244ff.
73 Brox 245f.
74 Vgl Mt 5,48 (Vollkommenheit) par Lk 6,36 (Barmherzigkeit).
75 1,15.18; 2,12; 3,1.2.16; vgl auch das ἀναστρέφειν in 1,17.

bzw ἐν Χριστῷ (3,16) geschieht, daß er Gott entspricht (1,15.17). Zum andern wird immer wieder betont, daß die anderen Menschen diesen Wandel der Christen anschauen und sich daraufhin ein Urteil über diese (und darüber hinaus auch über ihren Glauben[76]) bilden. Die Lebensführung stellt die sichtbare Außenseite der christlichen Gemeinde dar und hat so im 1 Petr auch eine wichtige apologetische und missionarische Funktion (2,12; 3,1f.16). Die ἀναστροφή ist sozusagen der Gott entsprechende Weltbezug der Glaubenden, auf den es dem 1 Petr besonders ankommt. Darum stehen auch die Anweisungen zur rechten Lebensführung nicht als Abschlußparänese nur am Ende, sondern sind über den gesamten Brief verteilt, und 2,11–3,12 bildet als ein zentraler Block sogar den Auftakt des Hauptteiles.

Grundsätzlich sind drei Arten von Anweisungen zu unterscheiden:

(1) Zum einen wird den Christen immer wieder eingeschärft, sich nicht anzupassen, nicht mehr in heidnisches Leben und Verhalten zurückzufallen, sich gerade durch ihr gutes Verhalten von anderen zu unterscheiden. Dies wird mehrmals explizit gefordert, wobei keine einheitliche Begrifflichkeit vorliegt[77].

(2) Zum andern wird von den Christen verlangt, durch gutes Verhalten, wie es auch von den anderen anerkannt wird (vgl 2,15; 3,1f), Zeugnis von ihrem Glauben zu geben. Inhaltlich besteht dieses »Gutestun« vor allem in der Unterordnung: alle Gemeindeglieder unter die Obrigkeit (2,13ff), die Sklaven unter die Herren (2,18ff), die Frauen unter die Männer (3,1ff). Neben dem bereits erwähnten Begriffspaar ἀγαθοποιεῖν – κακοποιεῖν und ihren Nebenformen sind es vor allem mit ὑπό gebildete Komposita, die das ideale christliche Verhalten beschreiben. An erster Stelle steht das in diesem Zusammenhang viermal vorkommende, davon dreimal einen Abschnitt einleitende Verb ὑποτάσσεσθαι (2,13.18; 3,1.5), das im 1 Petr fast synonym zu ἀγαθοποιεῖν verwendet wird[78]. In der im Grunde allen Christen geltenden und so zentralen[79] Ermahnung der Sklaven setzt sich dies fort durch die Begriffe ὑποφέρειν (2,19) und ὑπομένειν (2mal in 2,20)[80]. Ähnlich wird das bei den Frauen als vorbildhaft gepriesene Verhalten neben dem zweimaligen ὑποτάσσεσθαι (3,1.5) mit dem Verb ὑπακούειν (3,6) bezeichnet. Diese beiden Arten von Anweisungen, die Warnungen vor Anpassung einerseits und die Ermahnungen zu Unterordnung

---

[76] Besonders deutlich ist das in 2,12 und 3,1f, wo der Wandel der Christen auf das Gottesverhältnis der anderen Menschen Einfluß nehmen soll. Aber auch 3,16 steht im Zusammenhang der Rechenschaftsablegung über die Hoffnung (3,15), so daß vielleicht auch hier das ›Beschämtwerden‹ der Verleumder auf deren Umkehr zielt.

[77] Vgl 1,14 (...μὴ συσχηματιζόμενοι ταῖς ...ἐπιθυμίαις); 2,11 (παρακαλῶ...ἀπέχεσθαι τῶν σαρκικῶν ἐπιθυμιῶν); 4,2 (μηκέτι ἀνθρώπων ἐπιθυμίαις...βιῶσαι); 5,9 (ἀντίστητε sc dem Teufel). Begrifflich ist die einzige Konstante die Ablehnung der ἐπιθυμία.

[78] Das zeigt sich auch daran, daß ἀγαθοποιεῖν an den meisten Stellen begegnet, wo von der Unterordnung die Rede ist (2,15.20; 3,6; vgl WOLFF: Christ 340).

[79] Vgl BROX 128f.

[80] Möglicherweise spiegelt sich dies auch noch in 2,21, wenn es dort (im Blick auf das Vorbild Jesu) heißt: ὑπολιμπάνων ὑπογραμμόν.

und zu gesellschaftlich anerkanntem Wohlverhalten andererseits, stehen in einer noch zu betrachtenden Spannung zueinander und haben zu gegensätzlichen Deutungen der gesamten Schrift geführt.

(3) Neben diesen beiden, die in erster Linie das Verhältnis der Christen zu Nichtchristen im Blick haben, gibt es nun drittens aber noch eine Reihe von Weisungen, die vor allem den Umgang der Gemeindeglieder untereinander im Blick haben und Rücksicht, Demut, Gastfreundschaft und gegenseitige Liebe einschärfen. Zentrale Begriffe der Paränese sind sind hier vor allem ἀγάπη κτλ (1,22; 2,17; 4,8, 5,14), φιλαδελφία κτλ (1,22; 3,8), φιλόξενος (4,9) und ἀδελφότης (2,17; 5,9).

Alle diese Weisungen sind, wie im Folgenden gezeigt wird, in hohem Maße bezogen auf die Auseinandersetzung mit der oben dargestellten Situation der Christen. Der 1 Petr hat die ihm vorliegende paränetische Tradition in spezifischer Weise umgeformt und seinen Absichten dienstbar gemacht.

4.2 »Werdet nicht gleich« – die Unterscheidung (1,14ff; 2,11f; 4,2f uö)

(1) Eine große Bedrohung der Identität der christlichen Gemeinde war sicher der Assimilierungsdruck. Die christliche Weigerung, am allgemeinen Leben, soweit es irgendwie religiös geprägt war, teilzunehmen, stieß bei den Zeitgenossen auf blankes Unverständnis. Selbst bei den Verhören der Christenverfolgungen ist für die Verfolger immer wieder der Versuch bezeichnend, die Angeklagten zu ihrem eigenen Besten zu überreden: »Was ist daran schlimm, Kyrios Caesar zu sagen und zu opfern und gerettet zu werden?«[81]. In der Alltagssituation noch bedeutender dürfte der durch die Familie (vgl 1 Petr 3,1ff), den Herrn (vgl 1 Petr 2,18f) oder durch Nachbarn und Freunde (vgl 1 Petr 4,4) ausgeübte soziale Druck gewesen sein. Dabei zeigt der 1 Petr, daß der Hauptanstoß nicht so sehr von einzelnen Spannungsfeldern ausging als vielmehr von der Tatsache des Christseins als solcher. Der in 1 Petr 4,3f angedeutete Druck auf die Christen zielt wohl in erster Linie auf die Aufgabe dieser Sonderstellung, auf Konformität[82].

Demgegenüber betont der 1 Petr die Aufgabe, sich nicht den heidnischen »Codes und Standards«[83] anzupassen, die aus christlichem Blickwinkel pole-

---

[81] So der Irenarch, eine Art Polizeipräfekt, im Gespräch mit Polykarp, und der Prokonsul tut später dasselbe (Eus Hist Eccl IV,15,15f). Ebenso will der afrikanische Prokonsul den Märtyrern von Scili 30 Tage Bedenkzeit geben; ähnliches findet sich auch im Martyrium des Pionius 20. Sicher handelt es sich hier auch um einen topischen Zug der Märtyrererzählung (vgl schon 2 Makk 7,24f), aber er wäre wohl gar nicht als solcher da, wenn solches nicht immer wieder vorgekommen wäre.

[82] Darauf deutet auch der Hinweis des Plinius auf zahlreiche Apostaten hin (ep X,96,6).

[83] Vgl BROX 76.

misch als ἐπιϑυμίαι bezeichnet werden[84]. Was dieses Anderssein über die religiöse Besonderheit hinaus[85] bedeutet, wird zumeist positiv entfaltet: Das ethische Profil besteht in der Hauptsache in der vorbildhaften Erfüllung der auch von der Mitwelt anerkannten (vgl 2,14; 3,1f) Verhaltensregeln[86]. Die Christen sind in ihrem Verhalten zu einem besonderen Lebenswandel verpflichtet. Weit häufiger als jede andere neutestamentliche Schrift betont der 1 Petr in diesem Sinne das »Tun des Guten« durch die Gläubigen[87]. Etwas überspitzt könnte man sagen, daß sich die Heiligkeit der Christen im Blick auf ihre Ethik darin äußert, daß sie die besten Heiden sind[88].

(2) Im Blick auf die Außenwelt entwickelt der Brief also keinen eigenen ethischen Gegenentwurf: Auch ein den Gegensatz so ausführender Text wie 1 Petr 4,3 sprengt mit seiner Kritik der Begierden und Ausschweifungen keineswegs den Rahmen der antiken Ethik[89]. (Im übrigen ist er recht unkonkret und spricht nur die für die christlichen Lasterkataloge typische Sprache[90]; seine Charakterisierung des bisherigen Lebens als eines Treibens in Ausschweifung, Fressen und Saufen dürfte sich im Normalfall höchstens auf einige feierliche Höhepunkte und Feste beziehen, nicht aber auf das alltägliche, meist recht kärgliche Leben der Unterschicht, aus der die meisten Christen stammten[91]).

Dennoch wird man sich hüten müssen, im 1 Petr nur eine Anpassung an die Normen der Umwelt zu sehen:

– Das Anderssein der Christen zeigt sich zum einen darin, daß sie auch im Umgang mit der Ungerechtigkeit den Weg der Leidensnachfolge gehen, Böses mit Gutem vergelten usw. So werden auch im ethischen Bereich neue Maßstäbe des Verhaltens gesetzt.

– Konkrete Ansätze zu einem neuen Verhalten im zwischenmenschlichen Bereich finden sich auch dort, wo der Brief auf das Verhältnis der Gemeindeglieder untereinander eingeht. Im Folgenden soll beides untersucht und dargestellt werden.

---

[84] 1 Petr 1,14; 2,11; 4,2f. Die Rede von den ἐπιϑυμίαι (absolut, ohne Akkusativobjekt) ist typische Bekehrungssprache, die das Bisherige nur unter dem Aspekt seiner Verderbtheit betrachtet. Gedacht ist es wohl als umfassende und abqualifizierende Bezeichnung heidnischen Lebensstils. Das legt auch der Blick auf den Kontext nahe: In 4,2f entspricht den ἐπιϑυμίαι ἀνϑρώπων das βούλημα τῶν ἐϑνῶν, in 1,14 bezeichnen sie die frühere Ausrichtung des Lebens »in der Zeit der Unwissenheit«.

[85] Vgl die Warnung vor εἰδωλολατρία in 4,3.

[86] Diese Entsprechung kommt auch dadurch zum Ausdruck, daß das Tun der Christen feindliche Nicht-Christen zu überführen vermag (vgl 2,15; 3,16).

[87] 1 Petr 2,14f.20; 3,6.11.13.16f; 4,19; vgl 1,15; 2,12; 3,1f.

[88] Geradezu beispielhaft wird dies im Diognetbrief – im Zusammenhang mit seinen Ausführungen zur Fremdlingsexistenz der Christen! – ausgedrückt: »Auf Erden weilen sie, aber im Himmel sind sie Bürger (πολιτεύονται). Sie gehorchen den erlassenen Gesetzen, aber mit ihrer eigenen Lebensweise überbieten (νικῶσιν) sie die Gesetze« (Dg 5,9f; Üs Wengst).

[89] Vgl BÜCHSEL: Art ϑυμός, 168f.

[90] Vgl dazu die kleine Konkordanz bei BROX 194.

[91] Im Falle der Sklaven dürfte das Mißverhältnis zwischen der hier gezeichneten üppigen Vergangenheit und der tatsächlichen wohl besonders eklatant sein.

4.3 »Seid untertan« – die Bewährung (2,13–3,9)

4.31 Die Haustafeln als Abfall vom wahren Christentum?

(1) Die letzte Art von Ermahnungen, die Aufforderungen zur Unterordnung, sind diejenigen Anweisungen, die heute am meisten Anstoß erregen, zumal es immer die Schwächsten sind, die hier scheinbar christlicherseits noch einmal geduckt werden. Entsprechend setzt hier auch immer Kritik an: angefangen von der Feststellung, daß alle diese Ermahnungen auch auf dem Hintergrund ihrer Zeit erstaunlich konservativ seien[92], über den Vorwurf der »Verbürgerlichung des Christentums«, die Behauptung, mit den Haustafeln auch in ihrer im 1 Petr vorliegenden Form beginne die Paganisierung des Christentums[93], bis hin zu der These von Balch, hier werde einer Anpassung das Wort geredet, die de facto die Abwendung von der biblischen Norm bedeute[94]. Da Balchs These am weitesten geht und von ihm ausführlich auf dem Hintergrund antiken Materials belegt wurde, soll an dieser Stelle eine kurze Auseinandersetzung mit dieser These erfolgen.

(2) Zentral für das AT – so Balch – sei die Befreiung der Sklaven aus Ägypten, »and this *mythos* produced an *ethos*«[95]. Alles ziele im Gegensatz zum NT auf die Erhaltung der Würde und Befreiung der Sklaven. »Pointedly phrased, whereras the commands in the Torah protects slaves, the NT exhortations are repressive, and this reflects the cultural change from the Mosaic story of salvation to Greek politics«[96]. Ebenso werde im AT kaum die Unterordnung der Frau betont – auch dieser Zug des 1 Petr sei eine Anpassung an die griechisch-römische Welt[97], der im übrigen auch der Haltung Jesu zu Frauen widerspreche, der diese mit in seine Gefolgschaft aufgenommen habe[98]. Die Exodustheologie des AT und die Werte der »early rural Palaestinian Jesus movement« mit ihren Zielen der Emanzipation und Befreiung seien hier in ihr Gegenteil verkehrt; im 1 Petr und verwandten Traditionen habe sich das Christentum in seiner Ethik an die repressiven Strukturen der Umwelt angepaßt, diese übernommen und weitertradiert. Balch kommt so zu dem Schluß: »The domestic code is one aspect of early Christian acculturation in Hellenistic society *over against the Jesus tradition itself*«[99]. Ihre Identität habe die christliche Gemeinde durch den Bezug auf die Christologie erhalten: »The key identity symbol

---

[92] BERGER: Formgeschichte 126: »... für alle damaligen Vorstellungen sind die neutestamentlichen Mahnungen konservativ«.

[93] SCHWEIZER: »Weltlichkeit« 407.410.

[94] BALCH: Hellenization 96: »The movement toward peace and harmony with Greco-Roman society meant a movement away from important values of the Torah. The Jewish-Christian author of 1 Peter is exhorting these sectarians to accept and maintain a norm of behavior *that differs radically from the way of life legislated and encouraged in Scripture*« (Hervorhebung von mir).

[95] Hellenization 97.

[96] Hellenization 97.

[97] Hellenization 97.

[98] Hellenization 98.

[99] Hellenization 98; Hervorhebung von mir.

was a *mythos* not an *ethos,* a sacred story, not a domestic political institution, Christology not codified ethics«[100]. Beruht aber die christliche Identität nicht auf der Ethik, sondern auf dem ›Mythos‹, so kann die Kirche auf erstere auch verzichten – das zu zeigen ist das Ziel von Balchs Untersuchungen. Es geht also letztlich um die (fortzusetzende) Befreiung von der die Christen belastenden Tradition der Haustafeln: »As Israel learned to live without priests and kings, the church has learned to live without emperors and slaves (1 Pet. 2:13,18) and can learn to live without the Roman form of marriage, wives subordinate to husbands (1 Pet. 3:1), while still maintaining its identity through retelling the story of Jesus' death and resurrection«[101].

(3) Balch hat seinen Finger auf einen kritischen Punkt gelegt: Die einseitige Orientierung der Haustafelparänese an Furcht bzw Respekt, Fügsamkeit und Unterwerfung, kurz an den Idealen der Unterordnung sollte nicht beschönigt werden, und erst recht sollten solche – nur zu leicht mißbrauchbaren und in der Geschichte auch vielfach mißbrauchten – Anweisungen nicht einfach unkritisch übernommen werden. Zudem hat Balch überzeugend gezeigt, daß eben jenes Material der Haustafeln, in dem zur Unterordnung aufgefordert wird, weitgehend hellenistischer (bzw jüdisch-hellenistischer) Tradition entnommen ist und im Zuge einer Akkulturation seinen Eingang in die christliche Briefliteratur gefunden hat. Dennoch wird seine Analyse dem 1 Petr im Entscheidenden nicht gerecht.

Gewaltsam ist schon das handliche Schema, mit dem Balch hier operiert: hier die gute biblische Befreiungstheologie – dort die bösen, von griechisch-römischem Unterdrückungsgeist infizierten Haustafeln. Bei näherem Zusehen ist der Gegensatz keineswegs so klar, wie Balch das glauben machen möchte.

Merkwürdig ist etwa die Behauptung, die Stellung der Frau im AT sei so viel besser als im 1 Petr. Die von Balch dafür angeführte Tatsache jedenfalls, daß ihre Unterordnung dort (abgesehen von Gen 3,16) nicht so hervorgehoben wird, hat nicht viel zu sagen; diese Unterordnung wird als selbstverständlich vorausgesetzt, wie etwa ein Blick in die ganz einseitigen Scheidungsgebote oder in das – nach heutigem Maßstab gewiß nicht frauenfreundliche – Kult- und Ritualgesetz lehrt; sie muß folglich auch nicht eigens gefordert werden. Auf der anderen Seite ist es kein Zufall, daß die Bedeutung von einzelnen Frauen im Judentum unter hellenistischem Einfluß deutlich zunimmt[102]. Was den Umgang Jesu mit den Frauen anlangt, so unterscheidet er sich in der Tat von dem zu seiner Zeit Üblichen[103], und teilweise scheint das sich auch im frühen

---

[100]   Hellenization 100.

[101]   Hellenization 101.

[102]   Vgl Esther, Judith, Aseneth, Susanna, Ruth, die Mutter der Makkabäer ua; vgl auch die Bedeutung jüdischer Königinnen wie Alexandra, Salome und Mariamne. Aus früher Zeit stehen dem nur Mirjam, Debora und vielleicht noch Sarah entgegen.

[103]   Vgl die Gefolgschaft von Frauen Lk 8,1–3 uö.

Christentum fortgesetzt zu haben[104]. Es ist auch richtig, daß sich davon im 1 Petr unmittelbar[105] nichts spiegelt. Überhaupt ist kritisch anzumerken, daß im frühen Christentum das Auftreten von Frauen zurückgedrängt wird[106], wenngleich – auch das sollte man nicht einfach übersehen – ihre Bedeutung in der christlichen Gemeinde immer noch größer ist als in deren Umgebung[107]. Und auch was Jesus selbst anlangt, so wird man trotz der schon erwähnten Andersartigkeit ebenfalls sehen müssen, daß auch er nicht einfach mit der Tradition restlos gebrochen hat: Ohne Zweifel spielen aufs Ganze gesehen in der Evangelientradition Frauen bei weitem keine so große Rolle wie die Männer; zum Kreis der 12 etwa gehörte keine Frau[108].

Ebenso verdankt sich die von Balch betonte Kontrolle der Sklaverei einer bestimmten geschichtlichen Konstitution der nachexilischen Zeit, sie kann also nicht einfach als für das AT typisch behauptet werden und war zudem auf den Israeliten als den eigenen Volksgenossen beschränkt[109]. Auch sollte man nicht einfach übergehen, daß sich in den Evangelien nirgends ein Wort gegen die Sklaverei findet. Wo immer Jesus, etwa in den Knechtsgleichnissen, auf Sklaven Bezug nimmt, setzt er die Institution der Sklaverei ebenso fraglos wie etwa der 1 Petr als Gegebenheit voraus. Ähnliches gilt im übrigen auch für die Haltung zu den staatlichen Instanzen: In der Zinsgroschenfrage erteilt Jesus dem Zelotismus eine Abfuhr und fordert, sich der – unterdrückenden und ausbeutenden! – römischen Obrigkeit gegenüber loyal zu verhalten, soweit es mit der Gottesbeziehung vereinbar ist.

Mit diesen Hinweisen soll nun keineswegs die biblische Tradition als prinzipiell konservativ ausgewiesen und damit womöglich die ungebrochene Gültigkeit der Unterordnungsparänese behauptet werden. Die Kritik richtet sich hier nur gegen das Vorgehen Balchs, der ein unhistorisches, klischeehaftes und durch die Quellen in keiner Weise gedecktes Idealbild von der atl Exodustheologie und der »early rural Palestinian Jesus movement« konstruiert und damit den 1 Petr konfrontiert, um so dessen Abfall von der »reinen Lehre« zu konstatieren und auf die-

---

[104] Vgl die Töchter des Philippus (Apg 21,8f), Phöbe (Röm 16,1f), Priska (Röm 16,3f; 1 Kor 16,19; Apg 18,2), Lydia (Apg 16,14.40).

[105] Freilich ist nicht zu übersehen, daß er die Frauen bewußt als ›Miterben der Gnade des Lebens‹ bezeichnet, ihnen also im Blick auf die eschatologische Vollendung die gleich Dignität wie den Männern einräumt.

[106] Vgl vor allem 1 Kor 14,34f; 1 Tim 2,11f.

[107] Die ›Frauenherrschaft‹ bei den Christen war sogar Anlaß für pagane Kritik (vgl Porphyrius fr 97 Harnack).

[108] Damit soll – wie schon gesagt – nicht bestritten werden, daß den Frauen im NT im Vergleich mit ihrer Umwelt eine gehobene Bedeutung zukommt. Bemerkenswert ist ja schon in den Passions- und Ostererzählungen, daß die Frauen, die nach Mk und Mt als einzige in Jerusalem bleiben und sich um den Getöteten kümmern, die ersten Zeuginnen der Auferstehung werden. Und Lukas betont ja noch einmal besonders die hervorgehobene Bedeutung der Jüngerinnen Jesu. Aber auch bei ihm spielen in dem weiteren Verlauf der Apostelgeschichte vorwiegend Männer die entscheidende Rolle.

[109] Vgl KIPPENBERG: Agrarverhältnisse 169f.

se Weise seine Anweisungen – und womöglich noch den Verfasser selbst[110] – zu diskreditieren. Eine Auseinandersetzung mit den Anweisungen des 1 Petr (und damit auch die Behandlung der Frage nach deren Gültigkeit) hat erst dann einen Sinn, wenn die Paränese angemessen aus der Situation und dem Anliegen des Schreibens begriffen ist.

4.32 Abzweckung und theologische Begründung der Anweisungen zur Unterordnung im 1 Petr

(1) Vergleicht man 1 Petr 2,11–3,9 mit den anderen Haustafeln[111], so ist zum einen deutlich, daß der Verfasser des 1 Petr sich vorgegebener Tradition bedient[112]. Das darf jedoch nicht darüber hinwegtäuschen, daß er diese in sehr eigenständiger Form aufgenommen hat, sie dabei verändert und ihr eine neue Ausrichtung gegeben hat:

– Die Besonderheit beginnt bereits mit der Stellung dieser Anweisungen: Während sie sich im Epheser- und Kolosserbrief am Ende befinden, also dort, wo die Paränese im urchristlichen Brief traditionellerweise ihren Platz hat, begegnet sie *im 1 Petr am Beginn* des Hauptteiles, steht also im Zentrum des Schreibens.

– Oben wurde bereits darauf hingewiesen, daß im Zusammenhang mit diesen Ermahnungen ständig auf die bedrängte Situation der Christen bzw das Problem ungerechten Leidens Bezug genommen wird. Bereits in der Einleitung zu den Anweisungen zur Unterordnung (2,12) wird der Sinn des rechten Wandels damit begründet, den Verleumdungen der Außenwelt zu begegnen. Sämtliche Ermahnungen sind so *von vornherein auf die Situation ungerechten Leidens bezogen*[113]. Entsprechend wiederholt sich dieser Bezug in jeder einzelnen der drei Anweisungen. 2,15 begründet die Aufforderung zur Unterordnung unter die Obrigkeit mit der Absicht, daß durch die guten Taten die Lästerer zum Schweigen gebracht würden. Die – von der Bekehrung zum Christentum und der damit verbundenen Abkehr von der Religion ihrer Herren besonders der

---

[110] Besonders peinlich ist es, wenn Balch einfach behauptet, der Verfasser des 1 Petr »certainly owned slaves« (Hellenization 95), um damit wohl auch sein persönliches Interesse an der Untertanenethik zu erklären. Solche Unterstellungen, die sozusagen unter die Gürtellinie zielen, sind in der Exegese schwerlich hilfreich.

[111] Eine schöne Übersicht findet sich bei Selwyn 430, die allerdings sorgfältig gelesen werden will, da sie nur die Übereinstimmungen – aus ihrem Kontext isoliert – nebeneinanderstellt und so auf den ersten Blick den Eindruck weit größerer Übereinstimmung vermittelt, als es der Realität entspricht.

[112] Vgl die Zusammenstellung von Selwyn 423.

[113] Vgl Knopf 98f: »Die mannigfachen und zum Teil recht verschiedenartigen Ermahnungen des Briefes werden dadurch zu einer Einheit zusammengehalten, daß fortwährend auf die heidnische Umgebung gesehen wird, in der die Christen leben, die sich zum Teil sogar sehr eng in ihr persönliches Leben hineindrängt ... Und im Ganzen ... ist die Umgebung, in der die Christen stehen, ihnen hart und feindlich gesinnt«.

Anfeindung ausgesetzten[114] – Sklaven sollen nach 2,19f nur zu Unrecht bzw um guter Taten willen leiden, was sich ebenfalls zumindest auch auf ein Leiden wegen ihres Christseins beziehen dürfte[115]. Die folgende Ermahnung richtet sich vor allem an Frauen, die mit nichtchristlichen Männern verheiratet sind (3,1f). Neben den Sklaven waren es besonders die Frauen, deren eigene religiöse Entscheidung als Verstoß gegen römische Sitte und römisches Herkommen, als Angriff auf die Ordnung des Hauses empfunden wurde[116]. Hier aber war ein besonders sensibler Bereich, denn der οἶκος war die Basis der antiken Gesellschaft[117], und das Eindringen in diese Ordnung wurde offensichtlich dem Christentum besonders übelgenommen, zumal die eigenständige religiöse Entscheidung von Frauen oder Sklaven den Verdacht genereller Insubordination weckte und somit die vorhandenen Aversionen verstärkte[118]. Insofern aber das Haus für das frühe Christentum als Missionszentrum und Ort des Zusammenkom-

---

[114] Vgl Bömer: Untersuchungen 247ff.

[115] Brox 133 meint, hier sei jede Art des Sklavenleidens gemeint, sofern es ungerecht zugefügt wird. Diese Deutung leuchtet noch für 2,19 ein; wenn aber in 2,20 von einem Leiden der Sklaven als ἀγαθοποιοῦντες gesprochen wird, so ist es zwar nicht zwingend, darin einen kausalen Zusammenhang zwischen christlichem Verhalten und Leiden sehen (so Goppelt 197), es liegt jedoch nahe, da jenes ›Rechttun‹ im 1 Petr fast schon ein Synonym für den Lebenswandel als Christ ist (vgl auch Joh 5,29). Bei Tertullian findet sich eine für den ganzen Zusammenhang dieser Ermahnungen aufschlußreiche Klage. Bei der Auseinandersetzung mit den Einwänden gegen die Christen heißt es: »Und warum überlassen sich viele geschlossenen Auges diesem Haß [sc gegen die Christen] so weit, daß sie, auch wenn sie jemandem von uns ein gutes Zeugnis ausstellen müssen, ihm doch zugleich den Christennamen zum Vorwurf machen? ... Andere rechnen jenen, die sie vor der Annahme des Christennamens als unstet, erbärmlich, charakterlos kannten, eben das als Fehler an, was sie loben müssen ... So wird ihrer Besserung der Name zum Vorwurf gemacht. Wieder andere paktieren mit diesem Haß sogar um den Preis eigener Vorteile ... Seine Frau, die jetzt keusch ist, verstößt der Gatte, der nicht mehr eifersüchtig zu sein braucht; seinen Sohn, der jetzt gehorsam ist, enterbt der Vater, der früher geduldig blieb; seinen Sklaven, der jetzt zuverlässig ist, verbannt der Herr, der früher Milde walten ließ, aus seinen Augen. *Sobald sich jemand im Zeichen dieses Namens bessert, gibt er Anstoß* (ut quisque hoc nomine emendatur, offendit)« (Apologeticum 3,1–4 Üs Becker; Hervorhebung von mir). Wenn man bei Tertullian auch die apologetische Vereinfachung und Überzeichnung (gerade auch im moralischen Gegensatz von früher und jetzt) in Rechnung stellen muß, so hätte er doch solches nicht schreiben können, wenn es jeder Grundlage entbehren würde. Aufschlußreich ist dabei, daß offenbar neben der Tatsache des Christseins als solcher auch die ihrem besonderen Ethos entspringende Andersartigkeit der Bekehrten als Ärgernis empfunden wurde (vgl 1 Petr 4,3f), daß es also ein ›Leiden als Täter des Guten‹ gab; vgl weiter Kügler: Paränese 172f.

[116] Vgl Balch: Wives 81ff. Balch bringt dort ausführlich Belege; vgl weiter Schäfke: Widerstand 482f.

[117] Vgl Elliott, Home 170–182.

[118] Deutlich spiegelt sich das etwa in den Pastoralbriefen, wo sowohl die Aufforderung zur Unterordnung der Frauen (Tit 2,5) wie der Sklaven (1 Tim 6,1) damit begründet wird, daß dadurch die Verlästerung des Gotteswortes und der Lehre vermieden werden soll (vgl noch Tit 2,9f, wo dasselbe positiv formuliert ist). Senior: Conduct 432 hat wohl nicht ganz unrecht, wenn er gerade vom Verhalten der Sklaven und Frauen sagt, daß es von Nicht-Christen als Barometer dafür betrachtet wurde, »how compatible Christianity might be with Greco-Roman society«.

mens von zentraler Bedeutung war, galt es, hier nicht über das unvermeidliche Maß hinaus Anstoß zu erregen. Entsprechend mutet der 1 Petr den Frauen (wie zuvor allen Christen im Blick auf die Obrigkeit und den Sklaven im Blick auf ihre Herren) zu, durch vorbildlichen Lebenswandel und durch bewußte Ein- und Unterordnung in das vorhandene Machtgefüge dem Druck und der Ein- schüchterung (3,6) durch ihre sie massiv verdächtigende[119] und verleumden- de[120] Umgebung zu widerstehen. Ebenso spiegeln die Abschlußermahnung 3,9 sowie die anschließende Passage 3,13ff die Situation ungerechter Anschuldi- gungen. Im Unterschied zu den ›Haustafeln‹ im Epheser- und Kolosserbrief ist also *die gesamte Paränese* in 1 Petr 2,11–3,9 durch die Situation der Christen bestimmt und *dem beherrschenden Leidensthema zugeordnet*[121].

– Bemerkenswert ist endlich, daß im Unterschied zu den anderen ›Haustafeln‹ hier der Blick nicht auf die innere Ordnung gerichtet ist, sondern auf die *Wirkung nach außen:* Es geht um die missionarische (2,12; 3,1f) und apologetische (2,15 vgl 3,13ff) Dimension christlichen Verhaltens. Im Unterschied zu den anderen Haustafeln beginnt die Paränese mit der Aufforderung zur Unterordnung unter die heidnische Obrigkeit, und *die Ermahnungen schließen bezeichnenderweise ab mit dem –* gerade auf die Leidenssituation bezogen *– Verbot des Wiederver- geltens sowie mit der Aufforderung, auf Böses mit dem Segen zu antworten*[122] – also einer Erinnerung an jenes Gebot Jesu, das parallel zur Forderung der Feindes- liebe ein neues Verhalten zum Verfolger zumutet (Lk 6,28)[123].

– Diesen grundsätzlichen Unterschieden entsprechen auch weitere Abwei- chungen in Einzelzügen. So werden die Sklaven nicht – wie in den anderen Haustafeln – an letzter Stelle ermahnt, sondern als erste, wobei zudem diese Er-

---

[119] Wie eng für die nichtchristlichen Zeitgenossen die Entscheidung einer Frau zum Chri- stentum und der Verdacht der moralischen Verderbnis zusammengehören, zeigt etwa die ent- sprechende, oben zitierte Klage Tertullians (Apologeticum 3).

[120] Aufschlußreich ist eine Spottgeschichte im »Goldenen Esel« des Apuleius, in der die Aufzählung der zahllosen Laster einer Frau darin gipfelt, daß diese die Verehrerin nur eines Gottes, also Jüdin oder Christin geworden war, wobei eben darin wieder ein Anlaß zu weite- rer Verderbnis erblickt wird: »Der Müller, dem ich zugehörte«, so erzählt der in einen Esel ver- wandelte Lucius, »war ein sehr guter und überaus bescheidener Mann, hatte aber den Aus- bund aller argen, garstigen Weiber von der Welt zur Frau. Er stand bei ihr alles nur ersinnliche Hauskreuz aus. Ich hatte wahrhaftig selbst manchmal Mitleid mit ihm in meinem Herzen. Dem abscheulichen Weib fehlte keine Untugend, kein Laster; alle insgesamt waren in ihre scheußliche Seele wie der Unrat in einem Pfuhl zusammengeflossen. Sie war boshaft, grau- sam, mannsüchtig, dem Trunk ergeben, hartnäckig, zänkisch, gierig in schnöder Anmaßung des Gutes anderer Leute, höchst verschwenderisch in schändlicher Verbringung des ihrigen, der Ehrlichkeit gram, der Zucht feind. Dabei verachtete und verspottete sie die Götter samt der wahren Religion. Sie bekannte sich zu der lästerlichen Lehre von *einem* Gott, den sie für den alleinigen ausgab, und unter dem Vorwand allerlei zu beachtender, nichtiger Gebräuche hinterging sie die Welt, betrog den Mann, soff vom frühen Morgen an und hurte ohne Unter- laß« (9,14 Üs Rode).

[121] Vgl dazu auch Lohse: Paränese 68ff; Hill: Suffering 181ff.

[122] 3,9; im Vorbild Christi bereits in 2,23 angedeutet; vgl auch 3,11, wo im Zitat den Chri- sten empfohlen wird, den Frieden zu suchen.

[123] In der Briefliteratur ist Röm 12,17–21 die nächste Parallele.

mahnung noch mit der ausführlichsten Begründung versehen wird. Dagegen fällt die Ermahnung der Herren ganz aus. Ebenso ist die für das ›Haus‹ wichtige Ermahnung von Eltern und Kindern ganz ausgelassen. Überhaupt findet sich die für Haustafeln typische paarweise Ermahnung der Oberen und Unteren nur bei Mann und Frau, wobei auch hier die Ermahnung der Frauen überproportional lang ausfällt und ausführlich mit dem Verweis auf die ›heiligen Frauen‹ begründet wird.

Dies alles zeigt, daß es sich hier nicht um eine ›Haustafel‹ in dem üblichen Sinn[124] handelt. Gerade wenn sich das Spezifikum eines Textes in seiner Abweichung von der Norm erschließt, weil er dort im besonderen auf die Rezipienten wirken will und wirkt[125], so wird man sich vor der Überinterpretation der konventionellen Passagen hüten müssen, wie dies gerade in der Kritik am 1 Petr immer wieder geschah. Nicht die Ordnung des christlichen Hauses steht im Vordergrund, sondern der »rechtschaffene Wandel unter den Heiden« (2,12), dh die Frage des rechten Verhältnisses und Verhaltens zu einer feindlichen Außenwelt und damit auch der christliche Auftrag in dieser[126]. Und es sind gerade die Schwächsten, die hier in den Mittelpunkt treten, die in der größten Anfechtung stehend Christus bzw den heiligen Frauen am nächsten sind und so zum Paradigma für alle Christen werden[127].

Gutes tun – so wird in allen drei Ermahnungen letztlich der Sinn der Unterordnung begründet. Die Unterordnung wird als bewußtes Handeln in der Nachfolge verstanden mit apologetischer und missionarischer Abzweckung. Es geht also nicht um bloßes Hinnehmen, um ein Kuschen vor den Mächtigen, um christliche Untertanenmoral, sondern um eine Überlebensstragie, die bei Wahrung der religiösen Identität dem Mißtrauen so weit als möglich durch gesellschaftlich anerkanntes Wohlverhalten begegnen will. Indem dieses Verhalten nun aber vor allem mit Vergeltungsverzicht und Leidensnachfolge begründet wird, geht es dabei zugleich um die Chance des – nichtverbalen (vgl 2,12; 3,1f)

---

[124] Vgl auch GIELEN: Tradition 318. Zur Problematik dieses Begriffs als Bezeichnung einer eigenen Gattung s BERGER: Formgeschichte 138f. BERGERS eigene Analyse des 1 Petr (ebd 139) als eines gegenüber Eph und Kol noch nicht so weit vorgeschrittenen Stadiums der Verselbständigung der paränetischen Tradition verkennt jedoch die bewußte Formung bzw Umformung des Materials durch den Verfasser des 1 Petr nach den oben genannten Gesichtspunkten.

[125] Vgl BERGER: Formgeschichte 10.

[126] Das hat schon GOPPELT: 163ff schön herausgearbeitet. GOPPELT spricht von einer »Ständetafel«.

[127] PROSTMEIER: Handlungsmodelle 411 stellt richtig fest, daß die Sklaven hier »das Modell par excellence« sind. »An ihren authentischen Lebensumständen – unbedingte Unterordnung und trotz Pflichterfüllung und wegen Rechttuns leiden zu müssen – läßt sich für die Gemeinden ... paradigmatisch zeigen, was das ›Christus-Muster‹ meint«. Darüber hinaus hat GÜLZOW: Christentum 71f darauf aufmerksam gemacht, daß hier – im Gegensatz zur gesamten Tradition – die Sklaven auf ihre eigene Verantwortung hin angesprochen werden. »Dieser Bruch mit dem Schema der Haustafeln ist völlig unrömisch und auch in der Stoa ohne Parallele. Die Ermahnung zielt auf eine Situation, in der für den christlichen Sklaven der Herr und sein Haus immer die zu gewinnenden sind« (Christentum 72).

wie verbalen (3,15) – Zeugnisses gegenüber den Nichtglaubenden, die gerade dort gegeben ist, wo die Christen äußerlich ohnmächtig sind[128].

(2) Neben diese apologetischen und missionarischen Begründungen tritt nun aber auch noch eine weitere Komponente. Am deutlichsten zeigt sich diese bei der Sklavenparänese. Ein bedeutsamer Unterschied zu den Ermahnungen der Sklaven in den anderen Briefen besteht hier darin, daß im 1 Petr nicht Christus der Herr ist, der als der Gehorsam verlangende κύριος die Unterordnung begründet[129], sondern *der leidende Christus* (2,21ff)[130]. Die bestehende, auch Unrecht mit einschließende[131] Ordnung wird so nicht in ihrem gegenwärtigen Bestand unmittelbar auf Gott zurückgeführt und theologisch gerechtfertigt[132]. Sich ihr unterzuordnen bedeutet so, teilzuhaben an dem (die Leiden verursachenden) Gegensatz zwischen Christus und der gegenwärtigen Welt, der erst eschatologisch mit der Umkehrung der jetzigen Verhältnisse aufgehoben wird[133]. Die Anweisungen zur Unterordnung gehören so zusammen mit den Ermahnungen, auf jede Eigenmächtigkeit im Leiden zu verzichten (3,9), »demütig« zu sein (3,8.16; 5,6), vielmehr wie Christus selbst (2,23) alles Gott zu übergeben (4,19; 5,7). »Demütigt euch unter die mächtige Hand Gottes, damit er euch erhöhe, wenn die Zeit gekommen ist« – so faßt der 1 Petr prägnant am Ende den Schreibens zusammen (5,6). Die Ermahnungen zur Unterordnung

---

[128]   Die Unterordnung wird im 1 Petr, wie GOLDSTEIN: Paränesen 97.103f feststellt, als Mittel verstanden, in welchem der Gehorsam gegen Gottes Willen eine sichtbare und so auch missionarisch werbende Konkretionsmöglichkeit findet.

[129]   Am deutlichsten geschieht dies in Eph 5,22–24 und Kol 3,22–25, wo der Gehorsam der Frauen bzw der Sklaven gegenüber den Männern bzw Herren unmittelbar mit dem Gehorsam gegen den »Herrn Christus« parallelisiert und begründet wird; (vgl weiter Eph 6,5–8; Kol 3,18, wobei hier der Verweis auf das Herrsein Christi auch den verantwortungsvollen Umgang der Übergeordneten mit den von ihnen Abhängigen begründet Eph 6,9; Kol 4,1).

[130]   Will man schon anhand der Sklavenparänese Vermutungen über die Person und den sozialen Hintergrund des Verfassers des 1 Petr anstellen, so wäre zu fragen, ob es nicht näherliegt, wegen des besonderen Eingehens auf die Situation der Sklaven und deren durchaus nicht üblicher Würdigung hier eher einen (gebildeten) Freigelassenen zu vermuten denn einen Sklavenhalter (so BALCH).

[131]   Das ist wohl schon mit den »launenhaften Herren« in 2,18 angedeutet und wird explizit in 2,19f gesagt, wenn vom ungerechten Leiden der Sklaven gesprochen wird. »Damit wird ihr Leiden, das ihre Zeitgenossen sonst gar nicht bewegte, weil den Sklaven als Eigentum überhaupt kein Unrecht widerfahren konnte (vgl Aristoteles, Eth.Nic. V 10,8), mit dem Zentrum des christlichen Glaubens, dem Leiden Christi, in engsten Zusammenhang gebracht« (WOLFF: Christ 340).

[132]   Das ist ja auch der entscheidende Unterschied zwischen 1 Petr 2,13–17 und Röm 13,1–7. In deutlichem Gegensatz zu Paulus ist es im 1 Petr nur die Bindung an Christus (2,13) bzw Gott (2,16), die die Unterwerfung begründet. Die Obrigkeit hat zwar nach Gottes Willen eine positive Funktion, aber eine unmittelbare Beziehung zu Gott, wie Paulus sie herstellt, vermeidet der 1 Petr.

[133]   Deutlich zeigt dies die mehrfache Betonung der »Offenbarung (Christi)«, an die sich die Hoffnung auf eine Verkehrung des Leidens in Herrlichkeit knüpft (1,7.13; 4,13). Zum Zusammenhang der Ermahnungen zur Unterordnung mit der Erwartung der Umkehrung der Verhältnisse vgl auch BERGER: Formgeschichte 127.

hängen also auch aufs engste mit der konsequent eschatologischen Haltung des 1 Petr zusammen.

(3) In diesem Zusammenhang ist auch noch die für Balch fundamentale Unterscheidung zwischen der (identitätssichernden) christologischen Tradition[134] und der (dafür angeblich weniger entscheidenden) Paränese kritisch zu betrachten. Dabei muß es Balchs These noch nicht widerlegen, daß eine solche Trennung und Gegenüberstellung von Verkündigung und Gesetz dem gesamten alttestamentlichen und neutestamentlichen Selbstverständnis zuwiderläuft (und natürlich auch dem des 1 Petr, für den gerade das Ineinander von Zuspruch und Anspruch charakteristisch ist). Hier könnte ja Balch dennoch insofern recht haben, als trotz dieses Selbstverständnisses der Inhalt der jeweiligen Ethik aus der Umwelt adaptiert war und gerade nichts Spezifisches enthält. In diesem Sinn wäre dann der Nachweis Balchs zu interpretieren, daß das Material der Haustafeln weitgehend dem hellenistisch-römischen Bereich entstammt (wobei noch zu ergänzen wäre, daß ein Teil des Materials sich in hellenistisch-jüdischen Quellen findet). Einzuwenden ist nun aber gegen Balchs These, daß er mit seinem Begriff von Ethos im Blick auf die Paränese des 1 Petr zu kurz greift, wenn er sich nur auf die Aufforderung zur Unterordnung konzentriert und als deren oberstes Ziel die »domestic harmony between husband, wife and slaves« sieht, wie in 3,8f als Abschluß der Paränese deutlich werde[135]. Die Betonung der Eintracht in 3,8 bezieht sich auf das Verhalten der Gemeindeglieder zueinander, bildet aber nicht den deutenden Abschluß der ganzen Paränese. Dieser findet sich vielmehr in 3,9, der nun im Blick auf die Bedrängnisse von außen in Anlehnung an Jesu Gebot zum Gewaltverzicht und zu einem dem Bösen mit Gutem begegnenden Handeln auffordert. Ähnliches gilt für den Auftakt der Paränese in 2,12, der an das Jesuswort Mt 5,16 erinnert, und in 2,23 wird dieses Verhalten unter Verweis auf Jesu eigenes Vorbild den Sklaven und über sie allen Christen nahegelegt. Das Ziel der gesamten Paränese ist also *ein an Jesu Verhalten und Wort ausgerichtetes Ethos des bewußten Gewaltverzichts, mehr noch: einer Überwindung des Bösen durch das Gute* (vgl Röm 12,17–21), auch wenn die konkreten Erfahrungen das Gegenteil zu erweisen scheinen (vgl 4,3f) und daher die endgültige Bestätigung erst am ›Tag der Heimsuchung‹ erfolgt (2,12). Das aber ist durchaus auch Ethos, und zwar keines, das aus der Umwelt übernommen wurde, sondern dasjenige, das den Werten, in denen sich der 1 Petr selbst auch mit seiner Umwelt verbunden weiß[136], einen Sinn und eine ethische Ausrichtung im Sinne des christlichen Glaubens gibt. Im Grunde geht es also *um die Strategie eines bewußten Annehmens und positiven Gestaltens der Ohnmacht;* dies aber ist die in dieser spezifi-

---

[134] BALCH verwendet dafür den Begriff ›Mythos‹. Es erscheint mir als nicht unproblematisch, daß dieser Begriff weder erläutert noch gegen naheliegende Mißverständnisse abgesichert wird.

[135] WIVES 88 vgl 109 uö.

[136] Vgl 2,14f, wo ja davon ausgegangen wird, daß bezüglich dessen, was ›gut‹ ist, zwischen Christen und Heiden ein Konsens möglich ist.

schen Situation wohl *einzig mögliche Form eines passiven Widerstandes,* der Böses mit Gutem zu überwinden sucht, ohne sich vom Erfolg abhängig zu machen.

Exkurs 2: Untertan und mündiger Bürger – berechtigte und unberechtigte Kritik an den Anweisungen des 1 Petr

Es soll nicht übersehen werden, daß der 1 Petr in keiner Weise an eine Umgestaltung der äußeren gesellschaftlichen Gegebenheiten denkt. Die Gründe dafür lassen sich unschwer nachvollziehen. Zum einen waren die Christen als verhaßte Minorität nicht in der Position, hier irgendwelche Vorschläge zu machen bzw in der paganen Gesellschaft etwas zu ändern. Angesichts des tiefen Mißtrauens, mit dem ihnen seitens der Gesellschaft und der Behörden begegnet wurde, hätten sie damit erst recht ihre Unterdrückung und Verfolgung provoziert, und vielleicht hängt die aufs Ganze penetrant wirkende Betonung der Unterordnung auch mit der Abwehr eines Mißverständnisses des Christentums als einer politischen Aufruhrbewegung zusammen[137], die durch das Verhalten einzelner Christen begünstigt wurde[138]. Weiter gilt es zu sehen, daß im 1 Petr die Naherwartung noch eine nicht zu unterschätzende Rolle spielt[139]. Wer aber das baldige Ende der Welt erwartet, hat für die Veränderung der Strukturen dieser vergehenden Wirklichkeit kaum einen Sinn[140]; diese werden vielmehr als zur Prüfung[141] gegeben vorausgesetzt[142], und in ihnen gilt es sich zu bewähren und von Gottes Zukunft Zeugnis zu geben[143].

---

[137] Vgl Apg 16,20f; 17,6f; 24,5.12; vgl weiter Lk 23,2 und Joh 19,12, wo im Zusammenhang mit der Passion Jesu wohl die Anklagen von jüdischer und paganer Seite anklingen.

[138] Der Philemonbrief zeigt, daß die christliche Botschaft, daß in Christus alle gleich sind (vgl Gal 3,27f), durchaus auch von Sklaven als Möglichkeit des Ausbruchs verstanden werden konnte. Ebenso zeigt 1 Kor 7,13f, daß christliche Frauen sich von ihren nichtchristlichen Ehemännern trennen wollten (vgl auch Justin Apol II,2).

[139] Bezeichnenderweise tritt die Erinnerung daran vor allem gegen Ende der Schrift deutlich hervor (4,7.17f; 5,6 evtl auch 5,8f). Wenn die Naherwartung für den 1 Petr auch nicht mehr im Zentrum steht, so ist sie doch andererseits nicht so nebensächlich, wie Brox 201–204 meint.

[140] Dies ist etwa auch zu berücksichtigen, wenn die Aussagen des NT über die Sklaverei mit denen des AT verglichen werden. Die atl Gesetze sind – im Gegensatz zur ntl Paränese – von einem Volk gebildet worden, das zum einen sich selbst seine Gesetze geben konnte, zum andern auf längere Sicht damit seine Wirklichkeit gestalten wollte.

[141] Vgl 1 Petr 1,6; 4,12.

[142] Deutlich zeigt etwa 1 Petr 2,13ff, daß der 1 Petr die staatliche Ordnung einfach als weltliche Gegebenheit (ἀνθρωπίνη κτίσις) hinnimmt, die eine notwendige Ordnungsfunktion wahrnimmt. Weiter setzt er sich damit nicht auseinander – sie wird weder auf Gott zurückgeführt (wie in Röm 13,1ff) noch auf den Satan (wie in Offb 13 vgl auch Lk 4,6b diff Mt). Das ganze Interesse gilt vielmehr der Frage, wie die Christen, die aufgrund ihrer Gottesbindung (V 13: διὰ τὸν κύριον; V 16: ὡς θεοῦ δοῦλοι) frei sind (V 16: ὡς ἐλεύθεροι), dieser vorgegebenen Wirklichkeit zuzuordnen sind und wie sie mit ihr umzugehen haben.

[143] D.Bonhoeffer: Nachfolge 232f hat im Blick auf 1 Kor 7,20–24 die eschatologisch be-

Für heutiges Empfinden ist es dennoch befremdlich, mit welcher Selbstverständlichkeit sich der 1 Petr an den Werten der Fügsamkeit und Unterordnung orientiert[144]. Zumindest im Blick auf die Wirkungsgeschichte solcher Texte – die man freilich den frühchristlichen Autoren nicht einfach zur Last legen kann, da hier in einer ganz anderen Situation aus solchen Anweisungen auch etwas anderes werden konnte – muß daher (durchaus mit Balch) auch kritisch gefragt werden, inwieweit wir es hier mit dem Beginn[145] einer christlichen apologetisch-defensiven Anpassungsethik in dem Sinn zu tun haben, daß sie sich von ihrer Umwelt das Gesetz ihres Handelns vorschreiben läßt[146].

Man muß diese Fragen auch an den 1 Petr stellen, aber man sollte sich zugleich vor vorschneller und im Grunde anachronistischer Kritik hüten, wie etwa Balch sie vorbringt. Die Frage, ob eine solche andere Haltung innerhalb der damaligen Gesellschaft und unter den oben skizzierten Bedingungen wirklich möglich und sinnvoll gewesen wäre[147], ist mE zu verneinen. Das gleiche

---

stimmten Paränesen des Frühchristentums kongenial gedeutet: »Wahrhaftig nicht zur Rechtfertigung, zur christlichen Verbrämung einer dunklen sozialen Ordnung spricht Paulus. Nicht weil die berufliche Ordnung der Welt so gut und göttlich wäre, daß sie nicht umgestoßen werden dürfte, sondern allein darum, weil die ganze Welt ja schon aus den Angeln gehoben ist durch die Tat Jesu Christi, durch die Befreiung, die der Sklave wie der Freie durch Jesus Christus erfahren hat. Müßte eine Revolution, ein Umsturz der Gesellschaftsordnung nicht nur den Blick für die göttliche Neuordnung aller Dinge durch Jesus Christus und die Gründung seiner Gemeinde verdunkeln? Müßte nicht sogar durch jeden solchen Versuch der Abbruch der ganzen Weltordnung, der Anbruch des Reiches Gottes gehindert und verzögert werden? Also gewiß auch nicht darum, weil in der weltlichen Berufserfüllung an sich schon die Erfüllung des christlichen Lebens zu sehen wäre, sondern weil im Verzicht auf Auflehnung gegen die Ordnungen dieser Welt der angemessene Ausdruck dafür liegt, daß der Christ nichts von der Welt, aber alles von Christus und seinem Reich erwartet, – darum bleibe der Sklave Sklave! Weil diese Welt nicht reformbedürftig, sondern zum Abbruch reif ist, – darum bleibe der Sklave Sklave! Er hat eine bessere Verheißung!«

[144] Der Versuch von GOPPELT: Theologie 497f, diese Aufforderung vorwiegend im Sinne einer Ermahnung zur Einordnung der Christen in die Institutionen der Gesellschaft und zur Wahrnehmung einer kritischen Verantwortung in diesen zu verstehen (vgl auch GOPPELT: Prinzipien 17–30), kann kaum mehr als adäquate Auslegung des 1 Petr verstanden werden.

[145] Diesen Beginn müßte man dann allerdings schon bei Paulus ansetzen (vgl 1 Kor 7,20–24).

[146] Eine Folge dieser Haltung ist es möglicherweise, wenn sich in späterer Zeit unter christlichem Einfluß die Stellung und Behandlung der Sklaven zwar bessert und ihre Freilassung als gottgefällige Tat gepriesen wird, wenn aber andererseits die Kirche am Bestand der Sklaverei festhält (vgl KASER: Privatrecht 2,124ff).

[147] Die Ablehnung der Sklaverei war in der Antike sehr selten. Es waren vor allem die Kyniker, die sie vertraten, und diese waren und blieben Außenseiter. Wie zurückhaltend man im übrigen bei der Bewertung von kritischen Äußerungen zur Sklaverei sein muß zeigt das Beispiel Senecas: Zwar prangert er im 47.Brief mit eindrücklichen Beispielen die Ungerechtigkeiten der Sklavenhaltung an und betont gut stoisch, daß man den aus demselben Samen entstandenen und in der gleichen Welt lebenden Sklaven durchaus als Freien und sich selbst als Sklaven sehen müsse (ep 47,10), aber schon der Fortgang des Briefes zeigt, daß Seneca – einer der größten Sklavenbesitzer seiner Zeit – damit keineswegs einer Abschaffung der Sklaverei das Wort reden möchte!

gilt für die Frage, inwieweit angesichts der noch deutlich erkennbaren Naherwartung überhaupt ein Bewußtsein für solche Probleme entstehen konnte. Und so hat es wohl wenig Sinn, diese aus heutiger Sicht durchaus als repressiv zu wertende Ethik dem 1 Petr vorzuwerfen. Eine kritische Auseinandersetzung mit der Paränese des 1 Petr hat vielmehr zu berücksichtigen und hermeneutisch zu reflektieren, daß angesichts einer zweitausendjährigen Kirchengeschichte, einer gänzlich anderen Staatsform und eines beträchtlichen Einflusses der Christen auf das öffentliche Leben sich das Problem der ethischen Konsequenzen des christlichen Glaubens nicht mehr nur auf die innere Struktur der Gemeinde und Familie (unter Ausklammerung der gesellschaftlichen Probleme) beschränken läßt. Mit anderen Worten: Die oben genannten Voraussetzungen der Ermahnungen des 1 Petr sind nicht mehr die unseren, und damit kann auch die auf ihnen basierende Paränese nicht mehr einfach übernommen werden, ohne ihre auf einen anderen Kontext bezogene Intention zu verfälschen. Ein Ausgangspunkt für eine positive Anknüpfung wäre mE die Tatsache, daß der 1 Petr die bestehende Ordnung nicht einfach theologisch ableitet und so begründet oder gar überhöht, sondern sie – mit bemerkenswertem Blick auch für ihre mögliche Unrechtsstruktur – als Gegebenheit voraussetzt und zu einer dem an Gott gebundenen Gewissen verpflichteten missionarischen Bewährung in dieser auffordert. Perspektiven für ein anderes Verhalten, etwa für das christliche Verständnis von Herrschaft entwickelt der 1 Petr da, wo er sie auch einfordern kann – in der Gemeinde.

4.4 »Hört nicht auf, einander zu lieben« – das Verhalten der Christen zueinander

4.41 Die Einheit und der Zusammenhalt der Gemeindeglieder (1,22; 2,17; 3,8; 4,8f; 5,14)

(1) Was die letzte Art von Anweisungen anlangt, die Aufforderungen zum Zusammenhalt nach innen, zur Gastfreundlichkeit, gegenseitiger Rücksichtnahme und Bruderliebe, so sind solche Ermahnungen ja zunächst wenig spezifisch für eine bestimmte Situation, sie sind sozusagen immer an der Zeit. Doch auch ihnen kommt hier eine besondere Funktion zu. Daß der 1 Petr über das übliche Maß hinaus besonderen Wert auf die Gemeinschaft untereinander legt, wird schon an den Bildern und Namen deutlich, mit denen er das besondere Sein der christlichen Gemeinde ausdrückt: geistliches Haus, Gottes Geschlecht und Volk seines Eigentums, Herde Gottes und Bruderschaft. Alle diese Begriffe enthalten neben dem in ihnen ausgedrückten Gottesbezug in starkem Maße auch ein Moment der Gemeinschaft untereinander. Und so durchzie-

---

Auf jüdischer Seite waren es die Essener, die Sklaverei konsequent ablehnten (vgl Philo Omn Prob Lib 79; Jos Ant 18,21); und diese hatte sich bezeichnenderweise in Qumran bewußt von der übrigen Welt abgesondert.

hen auch die Mahnungen zur φιλαδελφία (1,22; 2,17; 3,8), zur Gastfreund-schaft untereinander (4,9), gegenseitigem Dienst (4,10) und gegenseitiger An-erkennung (5,5b) sowie zur ἀγάπη ἐκτενής (4,8 vgl 1,22) den gesamten Brief, der mit der Aufforderung zum Bruderkuß als Symbol der Gemeinschaft schließt (5,14). Ein wichtiger Grund für diese Betonung des inneren Zusam-menhaltes dürfte auch hier der Druck von außen sein, dem die Gemeinde da-durch begegnen soll, daß sie im Inneren Frieden hält und Liebe übt und so als Gemeinschaft dem einzelnen Kraft gibt. Dieser übrigens auch von Außenste-henden sehr wohl wahrgenommene innere Zusammenhalt der Christen[148] hat bergende und vergewissernde Funktion.

(2) Es ist nun allerdings zu beachten, daß der 1 Petr diese bergende Funktion nirgends der Gemeinde als solcher zuschreibt. Ziel der christlichen Gemeinde ist es gerade nicht, »a home for the homeless«[149] zu bieten, sondern als Gottes Haus diesem Gott zu dienen und ihm Opfer zu bringen (2,5), als sein Volk und Geschlecht seine Taten zu verkündigen (2,9). Wie überhaupt »das Handeln der Christen im 1 Petr zuerst im Licht seiner Gottesbeziehung gesehen wird (1,14–21)«[150], so existiert auch die christliche Gemeinschaft nach dem 1 Petr aus dem gemeinsamen Gottesbezug und dem vor Gott verantworteten Weltbe-zug[151]. »Die ekklesiologische Konzeption des Briefschreibers wird ... in cha-rakteristischer Weise dadurch akzentuiert, daß ihm jede sich selbst genügende ekklesiologische Introvertiertheit fremd ist«[152].

Die Gemeinschaft des Gottesvolkes ist im Gegenüber zu Gott begründet und hat entsprechend ihren Stand und ihren Sinn nicht in sich selbst, sondern im Dienst für ihn, der sie immer auch an diejenigen verweist, die draußen stehen. Nicht zufällig beginnt der Hauptteil des 1 Petr seine Paränese mit der Beto-nung, daß die Christen durch ihr Verhalten auf das Gottesverhältnis der ande-ren positiv Einfluß nehmen sollen. Das aber geschieht, wie gezeigt, auf zweier-

---

[148] In seinem alles andere als freundlichen Christenkapitel (Pergr Mort 10ff) beschei-nigt Lukian (um 150; der geschilderte Vorgang fällt in die Zeit Hadrians 117–138) den Christen, sie seien in allem, was die Notlagen von Mitgliedern ihrer Gemeinschaft (z.B. bei der Unterstützung von Gefangenen) betreffe, »von einer unbegreiflichen Geschwindig-keit und Tätigkeit und spar(t)en dabei weder Mühe noch Kosten.« Als Grund nennt Luki-an, daß »ihnen ihr erster Gesetzgeber beigebracht (hat), daß sie alle untereinander Brüder würden, sobald sie den großen Schritt getan hätten, die griechischen Götter zu verleugnen und ihre Knie vor jenem gekreuzigten Sophisten zu beugen und nach seinen Gesetzen zu le-ben« (Üs Wieland). Die Wirkung dieses inneren Zusammenhalts nach außen bezeugt auch Tertullian (Apol 38,7): Der »Liebe Werk drückt uns in den Augen vieler ein Mal auf *(dilec-tionis operatio notam nobis inurit penes quosdam)*: ›Seht‹, sagen sie, ›wie sie einander lie-ben‹« (Üs C.Becker).
[149] So der Titel des Buches von ELLIOTT.
[150] DELLING: Existenz 109.
[151] So und nur so kann die Gemeinschaft dann auch, ohne überfordert zu werden, Heimat gewähren, »home for the homeless« (ELLIOTT) sein. Überhaupt verrät der 1 Petr nirgends ein Interesse an der Gemeinde als einer eigenen Größe, was sich nicht zuletzt auch in dem bereits erwähnten Fehlen des ἐκκλησία-Begriffes zeigt.
[152] GOLDSTEIN: Gemeindeverständnis 18.

lei Weise: durch Loyalität und vorbildliche Einfügung einerseits, durch Unterscheidung und anstößiges Anderssein andererseits.

4.42 »Seid nicht Herren über die Gemeinde« – Herrschaft und Unterordnung innerhalb der Gemeinschaft (5,1–5)

Das Problem der Autorität innerhalb der Gemeinde, das Verhältnis der leitenden ›Älteren‹ zu den Mitgliedern und der Gehorsam der ›Jüngeren‹ wird gegen Ende des Briefes in 5,1–5 eigens thematisiert. Dabei wird den ›Jüngeren‹ ebenfalls geboten, sich den ›Älteren‹ unterzuordnen. Diese Wiederholung des schon für die Paränese 2,13–3,7 zentralen Stichwortes ὑποτάσσεσθαι kann leicht dazu verführen, diesen Text nur als eine Art innergemeindliche Fortsetzung der Anweisungen zur Fügsamkeit und Unterordnung in 2,13–3,7 zu verstehen und ihn so nicht weiter zu beachten[153].

Eine solche Deutung tut jedoch diesem Abschnitt und damit dem ganzen 1 Petr Gewalt an. Für die – vor allem im Blick auf das Verhältnis zu übergeordneten Nichtchristen formulierten – Anweisungen 2,13–3,7 war es kennzeichnend, daß hier zunächst immer die Untergeordneten angesprochen wurden, und daß diese Unterordnung ausführlich theologisch begründet wurde. Auf die Pflichten der Übergeordneten hingegen wird praktisch nicht eingegangen; lediglich bei der dritten Anweisung findet sich, mit ὁμοίως angefügt, eine nachklappende Ermahnung der Männer zu rücksichtsvollem Verhalten (3,7). Im Blick auf die Bewährung des christlichen Lebens in einer feindlichen Mitwelt liegt der Akzent der Anweisungen ganz auf der Fügung des Untergeordneten, dem bewußten Gehorsam »um des Herrn willen« (2,13).

Die Ermahnungen von 5,1–5 sind genau entgegengesetzt aufgebaut. Im Zentrum steht hier – durch drei Antithesen ausgeführt (5,2f) – die Möglichkeit des Machtmißbrauchs durch die ›Ältesten‹. Bezug nehmend auf ein Jesuswort[154] wird die übliche Form des Herrschens als ein gewalttätiger Akt, als κατακυριεύειν[155] im Blick auf den Umgang von Christen untereinander ausdrücklich abgelehnt. Christliche Gemeindeleitung kann nur heißen, die anderen durch das eigene Vorbild zu prägen[156]. Der Ausblick auf den ›Oberhirten‹ Jesus Christus und die von ihm zu erwartende Auszeichnung schließt die ausführliche Weisung an die Ältesten ab. An diese schließt sich, wie in 3,7 mit ὁμοίως eingeleitet, die nachklappende, ganze vier Worte umfassende Aufforderung an die Jün-

---

[153] Das ist etwa typisch für die Untersuchung von BALCH, die in keiner Weise auf diesen Text eingeht. Wo er ihn erwähnt, versteht er ihn nur als eine weitere, für den 1 Petr typische Anweisung zur Unterordnung; vgl WIVES 98: »›Be submissive‹ might be viewed as the superscript of the whole code (2:13, 18; 3:1, 5; cp. 5:5)«.

[154] Mk 10,42par; das Stichwort κατακυριεύειν findet sich außer in Mk 10,42 par Mt 20,25 nur noch in Apg 19,16 und 1 Petr 5,3.

[155] Nach BAUER/ALAND: Wörterbuch 838 bedeutet κατακυριεύειν »Herr werden, überwältigen, unterjochen, niederzwingen; Herr sein, (gewalttätig) herrschen«.

[156] 1 Petr 5,3: ...τύποι γινόμενοι τοῦ ποιμνίου.

geren zur Unterordnung an (5,5a), um dann in einer allgemeinen Aufforderung zu gegenseitiger Demut zu münden, zum Verzicht auf Selbstbehauptung vor dem Gott, der, wie es im Anschluß an Spr 3,34 heißt, »den Stolzen widersteht, den Demütigen aber Gnade gibt« (5,5). Eindeutig liegt hier *das ganze Gewicht* nicht auf der Anweisung zur Unterordnung, sondern *auf der Warnung vor dem Mißbrauch der Autorität und der Anweisung zum rechten Umgang mit der anvertrauten Macht*[157].

Das ›Anderssein‹ der Christen äußert sich also für den 1 Petr durchaus in einer Ethik, die sich von dem allgemein üblichen Umgang mit Autorität und Macht dezidiert unterscheidet. Allerdings – das ist die schon erwähnte Einschränkung des 1 Petr – gelten diese andersartigen Anweisungen nur für den Umgang der Christen untereinander, also dort, wo auch die Möglichkeit zu ihrer Erfüllung bestand.

5.   »Ihr aber seid Gottes Volk« – der wechselseitige Zusammenhang von christlichem Selbstverständnis und gesellschaftlicher Fremdheit und Entfremdung

5.1 Zusammenfassung der zentralen Anliegen des 1 Petr

(1) Gläubige Existenz ist nach dem 1 Petr eschatologische Existenz. Durch Gottes Erwählung »wiedergeboren zu lebendiger Hoffnung« ist die Gemeinde von der nichtigen und vergänglichen Daseinsweise ihrer Mitwelt befreit, zugleich aber deren Druck ausgesetzt.

(2) Der gemeinsame neue, durch Christus eröffnete Gottesbezug verbindet nun auch die Gläubigen untereinander, er konstituiert ein eigenes Bezugssystem, das sich schon durch seine Bezeichnung (Volk, Geschlecht, Stamm, Priesterschaft, Haus) als eine (de facto konkurrierende) Alternative zu den staatlichen, ethnischen und religiösen Institutionen der Mitwelt ausweist, aber auch deren Angriffe ertragen hilft.

(3) Die eschatologisch und ekklesiologisch begründete Distanz zur Mitwelt qualifiziert die Welterfahrung neu. Die Gegenwart mit ihren Leiden wird nicht mehr nur negativ aus sich selbst verstanden. Als Partizipation am Geschick Christi birgt das Leiden gerade die Verheißung der Teilhabe an Gottes Herrlichkeit und begründen so Glaubensgewißheit und Freude. Zugleich bedingt diese Haltung eines Lebens aus der Hoffnung auf Gottes Zukunft einen elementaren Gegensatz zu einer Mitwelt, die sich wesentlich vom Gewordenen her legitimiert.

(4) Im Verhältnis zu ihrer Mitwelt sind die Christen die Freien, die ihre Freiheit als Bindung an Gott gerade so leben, daß sie – orientiert an dem Gewaltverzicht in Jesu Wort und Verhalten – in bewußter Einordnung dieses Zeugnis von

---

[157] Dazu paßt es auch, daß der Verfasser des Briefes, der bei dieser Ermahnung als einziger auf sich selbst verweist, sich nicht auf seine Autorität als Apostel beruft (wie immer es sich mit der Berechtigung dazu verhalten mag), sondern »als Mitältester und Zeuge der Leiden Christi«, dh als Mitverantwortlicher und Mitleidender spricht.

der ›Hoffnung in ihnen‹ geben. Ihr Glaube und ihre Hoffnung implizieren aber zugleich den Auftrag, dies im Wort und vor allem im Verhalten der Mitwelt zu bezeugen. Die Glaubenden sind so grundlegend auf ihre Mitwelt bezogen.

(5) Zugleich geht es um bewußtes Anderssein, um Unterscheidung. Eine Änderung der allgemeinen gesellschaftlichen Strukturen liegt zwar außerhalb des Horizontes des 1 Petr. Doch hat die exklusiv verstandene Bindung an den einen Gott Folgen im Verhalten und Auftreten der Christen, die die anderen »befremden«. Auch zeigen sich im Umgang der Christen miteinander, etwa in dem anderen Verständnis von Autorität und Herrschaft, zumindest Ansätze für ein nicht nur individuelles Anderssein. Wo dies alles zu Konflikten führt, sind diese in der Nachfolge Jesu Christi zu ertragen.

5.2 Der Zusammenhang von Fremdeinschätzung und Selbstverständnis der Christen

(1) Wie aus dem Bisherigen deutlich wird, hat die in § 7 dargestellte Einschätzung der Christen durch ihre heidnische Umgebung, die trotz einer deutlichen Verschärfung der Auseinandersetzung im Laufe des zweiten Jahrhunderts im wesentlichen gleich bleibt, ohne Zweifel in vielem ihre Wurzel im Selbstverständnis der Christen. Umgekehrt entwickelt sich dieses christliche Selbstverständnis auch wieder in Auseinandersetzung mit der Umgebung und deren Reaktionen auf die Erscheinungsweise der Christen. Wir haben es also mit einem *Rückkopplungsprozeß* zu tun, und es geht im Folgenden darum, was die christliche Selbstbezeichnung als πάροικοι καὶ παρεπίδημοι im Zusammenhang dieses Rückkopplungsprozesses bedeutete, wie der 1 Petr auf diese Situation reagierte und was die Aufnahme der Kategorie der Fremde dabei leistete.

(2) Wie im Judentum war es auch im Christentum von Anfang an ein konstitutives Element des eigenen Selbstverständnisses, durch die Erwählung von allen anderen Menschen unterschieden zu sein. ›Heilige‹, ἅγιοι, ist fast zu einem Eigennamen der Christen geworden[158], und Prädikate wie κλητοί[159] oder ἐκλεκτοί[160] unterstreichen diese Sonderstellung noch. Dabei wird von den neutestamentlichen Schriftstellern immer wieder betont, daß damit auch ein Gegensatz zur Umwelt gesetzt ist. »Laßt euch erretten aus diesem verdorbenen Geschlecht« – mit dieser Aufforderung beginnt Petrus Apg 2,40 die christliche Mission. Dieser in der Erwählung begründeten Exklusivität der Gottesbeziehung hat auch das christliche Weltverhältnis zu entsprechen. Die Christen forderten in allen Lebensbereichen zur Entscheidung für den Dienst an Gott und damit häufig zur Unterscheidung

---

[158] Das zeigen schon die Briefeingänge, in denen die Adressaten als ἅγιοι angesprochen werden (Röm 1,7; 1 Kor 1,2; 2 Kor 1,1; Eph 1,1; Phil 1,1; Kol 1,1). Nicht nur in diesen Briefen wird dann immer wieder ganz selbstverständlich von den Christen als Heiligen gesprochen (vgl auch 1 Thess 3,13; 2 Thess 1,10; Phlm 5.7; Hebr 13,24; Jud 3 uö).

[159] Vgl Röm 1,6f; 8,28; 1 Kor 1,2.24; Jud 1,1; Offb 17,14.

[160] Vgl Röm 8,33; Kol 3,12; 2 Tim 2,10; Tit 1,1; 1 Petr 1,1; 2,9; 2 Joh 1; Offb 17,14.

von der Lebensweise der Umwelt auf. Deutlich wird dieser Zusammenhang etwa in 2 Kor 6,14–18, wo Paulus[161] - im Rückgriff auf das AT – mit der Feststellung, daß die Gläubigen Gottes Tempel und sein Volk[162] sind, aufs schroffste die Unvereinbarkeit von christlicher und heidnischer Lebensweise begründet. Wie gesehen, brachte Paulus diesen Gedanken mit einem deutlich politischen Akzent im Philipperbrief zum Ausdruck, wenn er die ausführliche Ermahnung in Phil 3,12ff zur Abkehr von einer sich am ›Irdischen‹ (3,19: τὰ ἐπίγεια) ausrichtenden Lebensweise damit begründet, daß »unser ›Staat‹[163] im Himmel existiert« (3,20). Deutlich ist hier die Zugehörigkeit zur Heilsgemeinde als ein eigenes, dem Staat analoges Bezugssystem ausgewiesen. Ähnlich argumentiert der Hebr, wenn er seine Paränese mit der Feststellung abschließt, daß wir hier keine bleibende Stadt haben, sondern die zukünftige suchen (Hebr 13,14). Die Zugehörigkeit zur Gemeinde Gottes schließt das Heimischwerden, ein Vaterland auf Erden, aus – gläubige Existenz ist auf Erden immer ein Leben in der Fremde (vgl Hebr 11,8–10. 13–16). Hier ist angelegt, was im 2.Jh zu seiner vollen Entfaltung kommt: daß die Christen sich dezidiert als ein ›neues Volk‹ und (neben Griechen und Juden) als ›drittes Geschlecht‹ verstehen[164]. Innerhalb des NT ist es bezeichnenderweise der 1 Petr, der hier am weitesten geht, wenn er mit stärksten Ausdrücken das in ihrer Gottesbeziehung gründende neue Sein der Christen preist. Sie sind Gottes Erwählte und Heilige, sein Volk, sein Geschlecht, sein Eigentum, seine Priesterschaft, sein Haus und seine Herde (vgl vor allem 2,4f.9f) – Aussagen, die sich in dieser Dichte sonst nirgends im NT finden. *Das Korrelat zur Fremde ist* in erster Linie[165] *nicht eine himmlische Stadt, sondern das hier lebende Volk Gottes.* Im Gegenzug wird die religiöse Vergangenheit und damit die der Umwelt heilige Tradition (das ἔϑος, der mos maiorum) als »sinnlose, von den Vätern ererbte Lebensweise« abqualifiziert, aus der die Christen erlöst wurden (1,18), als Finsternis, aus der sie zum Licht befreit wurden (2,9). Entsprechend wird das bisherige gemeinsame Leben – in erster Linie ist hier wohl an gemeinsame Feste gedacht – als heidnisches Treiben »in Ausschweifung, Begierden, Trunkenheit, Fresserei, Sauferei und unerlaubtem Götzendienst« abqualifiziert (4,3), die Bekehrung dagegen als Heimkehr aus der Verirrung gewertet (2,25).

Das Selbstverständnis der Christen und die darauf basierende Beurteilung alles anderen beruhte so in einem wesentlichen Punkt auf der Abgrenzung. Die Umgebung hat dies auch sehr wohl wahrgenommen – es war ein Grund für den Erfolg des Christentums, aber ebenso für sein Verhaßtsein. Wie stark die Ab-

---

[161] Zur Diskussion um die Echtheit dieses Wortes vgl Furnish 359ff.

[162] Die Aussage, daß die Christen Gottes Volk sind, wird allerdings von Paulus noch indirekt über das Zitat von Ez 37,27 gemacht, das auf die Christen bezogen wird. Ähnlich verhält es sich Hebr 8,10 und 10,30.

[163] Zu dieser Übersetzung von πολίτευμα siehe Aland: Kirche 187ff.

[164] Ausführlich hat Harnack: Mission 259–281 Ursprünge und Ausprägungen dieser Selbstbezeichnungen untersucht.

[165] Die Rede vom ›Erbe im Himmel‹ (1 Petr 1,4) berührt sich allerdings mit derartigen Aussagen. Dennoch steht diese Verbindung für den 1 Petr nicht im Zentrum.

grenzung für die Zeitgenossen mit dem Christentum zusammengehört, zeigt etwa die Bemerkung von Kelsos, die Negation des allen anderen Gemeinsamen (er spricht von Aufruhr) sei so wesentlich für christliches Selbstverständnis, daß seiner Meinung nach die Christen nicht mehr Christen sein wollten, wenn sich alle Menschen zum Christentum bekehren würden[166]. Es war nun aber eben dieses religionssoziologisch als sektenhaft zu klassifizierende Selbstverständnis der Christen, das deren heidnische Umgebung so vor den Kopf stieß und erbitterte[167]. Daß sich diese Gruppe von meist ungebildeten und aus niedrigen Schichten stammenden Menschen für das Zentrum von Gottes Geschichte mit der Welt hielt und daß sie in dem Bewußtsein ihrer Erwählung sich von allen übrigen Menschen absonderten, sich allein im Besitz der Wahrheit glaubten und deshalb in der Forderung zur ›Umkehr‹ den Bruch mit der ›heidnischen und götzendienerischen‹ Lebensweise der anderen Menschen zur Voraussetzung des Heils machten, erschien ihrer Umgebung (soweit sie nicht davon beeindruckt war und christlich wurde) als eine ebenso lächerliche wie unverschämte Anmaßung[168]. Μισανϑρωπία (odium humani generis), superbia, superstitio, Gottlosigkeit, amentia[169], μανία[170], στάσις bzw obstinatio[171] –

---

[166] Kelsos bei Orig Cels 3,5.7.9.

[167] Vgl Minucius Felix: Octavius 8,3–5: »...ist es...nicht kläglich, wenn Leute...aus einer kläglichen, verbotenen, hoffnungslosen Rotte Sturm gegen die Götter laufen? Aus der untersten Hefe des Volkes sammeln sich da die Ungebildeten und die leichtgläubigen Weiber...; sie bilden eine gemeine Verschwörerbande, ...eine obskure, lichtscheue Gesellschaft, stumm in der Öffentlichkeit, in Winkeln geschwätzig; Tempel verachten sie, als ob es Gräber wären, vor Götterbildern speien sie aus, verlachen die heiligen Opfer; selbst bemitleidenswert, schauen sie – darf man das überhaupt erwähnen? – mitleidig auf unsere Priester herab; selbst halbnackt, verachten sie Ämter und Würden. O diese unfaßliche Dummheit, die unglaubliche Frechheit!« (Üs Kytzler)

[168] Kelsos faßt in seinem berühmten Ausfall Orig Cels 4,23 wohl die Empfindungen nicht nur der Gebildeten über die Anmaßung dieser Gruppe zusammen, wobei er diese wirkungsvoll mit ihrer Niedrigkeit (Frösche, Würmer, Fledermäuse) kontrastiert: »Die Rasse der Juden und Christen ist ähnlich einem Knäuel von Fledermäusen oder Ameisen, welche aus ihrem Loch hervorkommen, oder Fröschen, welche an einer Pfütze Sitzung halten (συνεδρεύειν), oder Regenwürmern, welche in der Ecke eines Schlammes sich versammeln (ἐκκλησιάζειν) und untereinander streiten, wer von ihnen sündiger sei, und welche sagen: Alles offenbart uns Gott zuerst und kündigt es vorher uns an, und die ganze Welt und den himmlischen Lauf verlassend und die große Erde übersehend wohnt er allein in unserer Mitte, sendet an uns allein Herolde und hört nicht auf zu schicken und zu suchen, damit wir immer mit ihm zusammen seien. Es ist bei ihnen wie bei Würmern, welche sprechen: Es ist ein Gott! Dann nach ihm kommen wir, die wir von ihm geworden sind durchaus Gott ähnlich; und uns ist alles unterworfen, Erde und Wasser und Luft und Gestirne und unseretwegen ist alles gemacht und um uns zu dienen ist es geordnet. Und jetzt sagen die Würmer, da einige unter uns fehlen, wird Gott kommen oder seinen Sohn senden, damit er die Ungerechten verbrenne und wir übrigen mit ihm ein ewiges Leben haben. Das ist aushaltbarer, wenn Würmer und Frösche, als wenn Christen und Juden sich streiten«.

[169] Vgl Plinius: ep X,96,4; ähnlich Acta Scilitanorum 8 (dementia).

[170] Vgl Justin Apol I,13,4.

[171] Dieser Vorwurf gegen das Christentum kehrt vor allem bei Kelsos immer wieder: Christentum ist wesentlich für ihn στασιάζειν πρòς τò κοινόν (3,5 vgl 8,2.49 uö); vgl aber schon

das sind nur einige der Anschuldigungen, mit denen die nichtchristliche Umgebung (ungewöhnlich allergisch) auf diesen christlichen Anspruch reagierte. Auch für sie erschienen die Christen als ein eigenes Geschlecht[172] und Volk[173], als eine »latebrosa et lucifugax *natio*«[174]. In diesem Punkt kommen also heidnische Polemik und christliche Selbsteinschätzung zusammen – wenn er auch entgegengesetzt gewertet wird. »Die Feststellung, daß die Christen ein Volk sind, wird von Heiden und Christen gleichermaßen getroffen. In dieser Feststellung *finden die Heiden eine Anklage und die Christen Ausdruck ihres Selbstbewußtseins*«[175].

Schärfer noch gesagt: Die exklusive Bindung der Christen an den ›einen Herrn‹ war de facto die Etablierung eines eigenen Bezugssystems, das sich im 1 Petr auch deutlich in den erwähnten Bezeichnungen der Christen ausdrückt, am provokativsten in der Bezeichnung als eigenes Volk. Das aber hatte, wie auch vom 1 Petr klar formuliert, Konsequenzen im Weltbezug: Die Christen machten in vielem nicht mehr mit, scherten aus. Eben dadurch ist nun nach der Darstellung von 1 Petr 4,4 das Befremden der Umgebung über die Christen bedingt[176] (dessen Folgen wiederum die Christen befremden 1 Petr 4,12). Im Gefolge dieser Entfremdung kommt es seitens der paganen Umgebung erstaunlich früh zu einer Ablehnung und Ausgrenzung der Christen als ein eigenes (verderbtes und schädliches) genus. »They were a new race, a special people«[177]. Damit aber »wird in antiken Begriffen ein Vorgang faßbar, der den Haß

Plinius, der die Christen wegen ihrer – wohl als aufrührerisch ausgelegten – pertinacia und inflexibilis obstinatio hinrichten läßt (ep X,96,3); ähnlich in der Urteilsbegründung der Acta Scilitanorum 14.

[172] Schon Suet Caes Nero 16,2 spricht von einem »*genus* hominum superstitionis novae ac maleficae« (Hervorhebung von mir).

[173] Vgl dazu das Urteil von WILKEN: Christen 131: »Die christliche Bewegung war umstürzlerisch, nicht weil sie die Menschen und Mittel hatte, gegen die Gesetze des Römischen Reiches einen Krieg zu führen, sondern weil sie eine gesellschaftliche Gruppe geschaffen hatte, die ihre eigenen Gesetze und Verhaltensweisen einbrachte. Das Leben und die Lehre Jesu führten zur Bildung einer neuen Gemeinde von Menschen, die sich ›die Kirche‹ nannte. Allmählich sah das Christentum wie ein besonderes Volk oder wie eine Nation für sich aus, doch ohne durch ein eigenes Territorium oder durch Traditionen seine ungewöhnlichen Bräuche zu legitimieren.«

[174] So Caecilius in Minucius Felix: Octavius 8,4 (Hervorhebung von mir); zum Ganzen vgl HARNACKS Exkurs »Die Beurteilung der Christen als drittes Geschlecht seitens ihrer Gegner« (Mission 1,281–289).

[175] SCHÄFKE: Widerstand 630 (Hervorhebung von mir).

[176] Vgl COLWELL: Popular Reactions 58: »Out of this Christian conception arose the practices and attitudes which alienated the people of the empire.«

[177] COLWELL: Popular Reactions 63. Bestätigt wird dies auch durch die anderen ntl Schriften. Sehr schön zeigt dies etwa die bereits in Q nachgebildete, also relativ frühe 4.Seligpreisung der Feldrede (Lk 6,22 par Mt 5,11), in der die typischen Reaktionen der Umwelt auf die Christen aufgezählt werden: Haß, Ausschluß aus der Gemeinschaft (ἀφορίζειν), Schmähung und böse Nachrede (Rekonstruktion nach POLAG: Fragmenta Q 32). Sowohl Lk wie Mt ergänzen dies im Blick auf die Erfahrungen in ihrer eigenen Zeit: Mt spricht von Verfolgung, Lk vom ›Verwerfen des Namens als eines bösen‹ (vgl 1 Petr 4,14).

der Heiden auf die Christen verständlich macht. Das Imperium, die Ökumene, ist von einer Spaltung durch ein neues Volk bedroht, gegen die man sich mit aller Gewalt wehren muß«[178]. Gerade als eine Gruppe, als feste Gemeinschaft waren sie ein die Identität und Einheit der antiken Gesellschaft bedrohender Fremdkörper[179], eben in jeder Hinsicht »Fremde«.

(3) Wenn der Verfasser des 1 Petr die Christen pointiert und an entscheidender Stelle als die ›Fremden‹ anspricht, so bringt er damit zum einen auf den Begriff, was sie in ihrer Gesellschaft sind: Außenseiter, Ausgeschiedene, Fremdkörper[180]. Die Besonderheit des 1 Petr ist es nun allerdings, daß er nicht nur positiv vom Gottesvolk und seiner Heiligkeit und Erwählung spricht, sondern daß er auch die daraus resultierende Entfremdung von der Umgebung und damit den gesellschaftlichen Makel zu einem entscheidenden Moment christlicher Identität macht. Das zeigt schon, daß er damit nicht nur reagieren, sondern offensiv mit dieser Situation umgehen möchte: *Die Christen sind Fremde in dieser Gesellschaft – und eben dies ist auch ihre Berufung, das sollen sie sein.* Die gesellschaftliche Nicht-Identität wird in die theologische Identität integriert, indem dieses Fremdsein – unter Bezugnahme auf eine relativ schmale biblische und jüdische Tradition – aus dem Zusammenhang der Schrift begründet und zugleich in einen unmittelbaren Zusammenhang mit der Erwählung (1,1) und Berufung zum Gottesvolk (2,11 als Konsequenz von 2,9f) gebracht wird. Damit vermag der 1 Petr, wie bereits zu Recht betont wurde, die Leidenssituation mit dem Glauben zusammenzubringen und so im Blick auf diese sowohl mit der daraus erwachsenden Hoffnung zu trösten wie mit der damit gesetzten Verpflichtung zu ermahnen. Im Folgenden soll gezeigt werden, daß die Leistung des 1 Petr aber noch weiter reicht: Gerade durch die der Situation angemessene Unterscheidung der ›Fremden‹ von ihrer Umwelt will er sie auch von der Fixierung auf den Gegensatz befreien (vgl 4,12ff) und ihnen damit aus dem Glauben die Freiheit zu einem offenen, verantwortungsvollen Umgang mit ihrer Wirklichkeit eröffnen.

---

[178] SCHÄFKE: Widerstand 630.

[179] Vgl das Resümee von SCHÄFKE: Widerstand 659: »Das Christentum wurde also nicht nur zum störenden Faktor der religiösen Vorstellungen der Antike, sondern damit überhaupt zu einem wirksam – auch in der Selbsterkenntnis der Antike – verwandelnden Einfluß innerhalb der antiken Welt. Die Zeitgenossen dieser Verwandlung zeigen durch ihre intensive Gegenwehr in Christenhaß und Verfolgungen, daß sie diese Folgerung aus der Existenz der Christen gezogen hatten.«

[180] Vgl KNOPF 100: »Wenn wir schon mehrfach auch in unserem Briefe dem Bewußtsein der Christen begegneten, Beisassen und Fremde zu sein..., so erklären sich diese Bezeichnungen unter anderem auch durch die Stellung der Christen innerhalb der sie umgebenden Welt, und gerade die asiatischen Provinzen waren für die Christen ein heißer Boden«; ähnlich HIEBERT 34; KRODEL 75ff ua.

§9 Die Erschließung christlichen Selbstverständnisses und Weltverhältnisses durch die Kategorie der Fremde im 1 Petr

1. πάροικος und παρεπίδημος als Schlüsselworte des 1 Petr

(1) Innerhalb des 1 Petr begegnet die Anrede der Christen als Fremde jeweils an markanter Stelle: Sie steht am Anfang des Briefes und dann nochmals am Beginn des Hauptteils. Die Bedeutung, die dieser Anrede so schon durch ihre Stellung als Inbegriff christlichen Selbstverständnisses zukommt, wird noch dadurch unterstrichen, daß die Christen als παρεπίδημοι διασπορᾶς (1,1)[1] bzw als πάροικοι καὶ παρεπίδημοι (2,11) *jeweils mit einem Doppelausdruck pointiert auf ihr Fremdsein angesprochen werden.*

Die Bedeutung, die dem Thema Fremde schon formal als eine den Brief strukturierende Anrede zukommt, zeigt sich weiter daran, daß es auch noch an anderen Stellen des Briefes mehr oder weniger explizit zur Sprache kommt[2].

(2) Beachtenswert ist weiter, daß im Zusammenhang der jeweiligen Anrede die Thematik anklingt, um die es im Folgenden geht. In 1,1f werden die Christen als ἐκλεκτοὶ[3] παρεπίδημοι bezeichnet. Ἐκλεκτός, ein Vorzugswort des 1 Petr[4], ist 1 Petr 2,4.6 das Attribut des ›(Eck)Steines‹ Christus, der für den οἶκος πνευματικός konstitutiv ist. Von daher wird es dann 2,9 auf die Christen als γένος ἐκλεκτόν übertragen. Dieser für den ersten Teil wichtige Erwählungsgedanke[5] und damit auch die dadurch bedingte besondere Stellung der Christen wird im Briefeingang noch unterstrichen durch κατὰ πρόγνωσιν θεοῦ πατρός, die erste der drei adverbiellen Näherbestimmungen zu ἐκλεκτός. Diesem Verweis auf Gottes Heilsplan folgt als zweite Näherbestim-

---

[1] Zu überlegen ist, inwieweit hier διασπορᾶς eher als genitivus qualitatis (»als Zerstreute existierend«) denn als Ortsangabe (»in der Diaspora«) zu verstehen ist; vgl WOHLENBERG 2; ähnlich CHEVALLIER: Condition 392.

[2] Explizit in 1,17; darauf angespielt ist möglicherweise in 5,13, das durch »Babylon« auch den Ort des Absenders (Rom?) als »place of exile« kennzeichnen könnte – so MOULE: Nature 9; ähnlich ANDRESEN: Formular 243: »Der syr. Baruchbrief legt es nahe, das Kryptogramm nicht aus der apokalyptischen Vorstellungswelt abzuleiten, sondern ihm das Selbstverständnis der spätjüdischen Diaspora unterzulegen, die immer und überall ›in Babylon‹ dh ›in der Welt‹ ist«.

[3] Als Prädikation der Adressaten in einem Briefeingang findet sich ἐκλεκτός nur im 1 Petr.

[4] 4mal im 1 Petr, 22mal im ganzen NT.

[5] Zum Zusammenhang von Erwählung und Fremde vgl auch FURNISH: Sojourners.

mung ἐν ἁγιασμῷ πνεύματος, die durch den Geist gewirkte[6] Heiligung. Dem entspricht dann die im ersten Teil auffallend häufige Betonung der Heiligkeit der Christen (1,15.16; 2,5.9). Daß diese Heiligkeit aus der Entsprechung zu Gott resultiert und ihrerseits die Entsprechung der Erwählten in einem ›heiligen‹ Lebenswandel verlangt[7] deutet die dritte adverbielle Näherbestimmung an, die mit εἰς das Ziel der Erwählung angibt: εἰς ὑπακοὴν καὶ ῥαντισμὸν αἵματος Ἰησοῦ Χριστοῦ[8]. Der damit angesprochene grundlegende Zusammenhang zwischen dem durch Christi Tod eröffneten Heil und der damit gesetzten Verpflichtung zum Gehorsam wird dann 1,13ff, z.T. unter Aufnahme derselben Begrifflichkeit, ausführlich expliziert[9].

(3) Im Zusammenhang der Ausführungen 1,13–25 wird auch von der Lebenszeit der Christen als χρόνος παροικίας gesprochen (1,17), in dem sie vor Gott als Richter ἐν φόβῳ wandeln sollen. Diese Ermahnung schließt bezeichnenderweise unmittelbar an die – in der zugesprochenen Heiligkeit gründenden – Aufforderung zur Heiligung (1,15f) an. Die Zeit der Fremdlingsschaft kommt hier als »Zeit der Anfechtung und der Bewährung«[10] in den Blick, verbindet Zuspruch und Anspruch und hat so bereits einen Bezug zur Paränese. Dieser ist dann in 2,11 bestimmend, wo im Rückgriff auf die im ersten Teil erfolgte Grundlegung die ›Geliebten‹[11] mit dem – 1,1 und 1,17 zusammenfassenden – Doppelausdruck πάροικοι καὶ παρεπίδημοι auf ihr Fremdsein (als Kehrseite ihrer Erwählung[12]) angesprochen werden und damit die nun folgende Paränese eingeleitet und begründet wird[13] bzw diese sich aus dem vorausgesetzten Fremdsein ergibt[14]. Das Fremdsein ist nun auch im ›Wandel‹ als Kampf gegen die ἐπιθυμίαι σαρκικαί bewußt zu vollziehen. Bezeichnenderweise wird weder hier noch sonst im 1 Petr ein Ort angegeben, an dem die Christen Fremde sind. Fremdsein ist vielmehr Auszeich-

---

[6] πνεύματος ist wohl genetivus auctoris; vgl GOPPELT 86; BROX 57; SCHELKLE 21.

[7] Eindeutig stellt 1 Petr 1,15f diesen Zusammenhang her: »... ἀλλὰ κατὰ τὸν καλέσαντα ὑμᾶς ἅγιον καὶ αὐτοὶ ἅγιοι ἐν πάσῃ ἀναστροφῇ γενήθητε, διότι γέγραπται ὅτι ἅγιοι ἔσεσθε, ὅτι ἐγὼ ἅγιός εἰμι«.

[8] Die eigenartige Reihenfolge verdankt sich wohl der Anspielung auf Ex 24 vgl BROX 57.

[9] So wird am Anfang und gegen Ende der Ausführungen (1,14.22) wieder das Stichwort ὑπακοή aufgenommen (das sonst im 1 Petr nicht mehr erscheint und auch im NT insgesamt nur 15mal vorkommt). Zwischen beiden steht ein hymnischer Abschnitt, der die Erlösung als Loskauf durch das αἷμα Χριστοῦ preist.

[10] GOPPELT 120. 1 Petr 4,2 wird in einer ähnlichen Aussage statt von der Zeit der Fremdlingsschaft von der Zeit des ›Lebens im Fleisch‹ gesprochen, in der der Kampf gegen die ἐπιθυμίαι ἀνθρώπων zu bestehen ist.

[11] Die Anrede ›Geliebte‹ steht in Korrespondenz zur Anrede als Fremdlinge, sie gibt gewissermaßen den gemeindlichen Innenraum der Fremdlingsexistenz an, die durch Gott (1,22 vgl 2,4–10) ermöglichte Gemeinschaft der Gläubigen untereinander.

[12] 2,11: ... ὡς παροίκους ...

[13] Der Absatz 2,11f hat also Scharnierfunktion (vgl FRANKEMÖLLE 46). Weitere Rückbezüge sind die Betonung der christlichen ἀναστροφή (1,15 vgl 1,17) und die Aufforderung, sich nicht den ἐπιθυμίαι anzupassen.

[14] Nach BENGEL: Gnomon 964 ist die Bezeichung als Fremde und Beisassen die »causa, cur *abstinendum* sit«; vgl BEST 110.

nung und Aufgabe in einem. Es handelt sich also *nicht um eine statische Orts-, sondern um eine Zustandsbestimmung.*

Auch das zweite Thema dieses zweiten Teils klingt in diesen in ihrer Gedrängtheit programmatisch wirkenden Eingangsversen schon an, wenn in V 12 die gesamte Ermahnung damit begründet wird, daß die Verleumder durch den guten Lebenswandel der Christen überzeugt werden sollen. In dieser dem 1 Petr geläufigen Argumentation[15] läßt sich schon deutlich die bedrängte Situation der wegen ihres Glaubens »Rechtlosen in der Fremde«[16] erkennen, auf welche die Christen – Christi Beispiel folgend 2,21ff – eben auf eine für sie spezifische Weise reagieren sollen. Der weitere Brief bestätigt dies: Wie gesehen, stehen dort die Ermahnungen in einem direkten Zusammenhang mit den Anfeindungen der Umwelt (vgl 3,16; 4,4.14), ist die häufige Aufforderung, Gutes zu tun, eine Reaktion auf die Verleumdungen und Anklagen[17].

(4) Zusammenfassend läßt sich feststellen, daß der 1 Petr sowohl am Beginn seiner Schrift (als zentrale Anrede) wie am Beginn seines Hauptteiles (als Begründung der gesamten Paränese) pointiert die Christen als Fremde anspricht, wobei zudem beidesmal die Tatsache des Fremdseins gleich doppelt ausgedrückt wird. Dies unterstreicht schon äußerlich die Wichtigkeit dieser Bezeichnung[18]. Des weiteren zeigt sich, daß diese Anrede in einem direkten Zusammenhang zu den Hauptthemen dieses Schreibens steht. Man könnte geradezu sagen, daß sich die drei Hauptlinien der gesamten Schrift in diesem Begriff kreuzen: Fremdlingsschaft drückt die *Auszeichnung* des neuen Gottesvolkes aus, sie ist ihm dadurch *Trost* in seiner Entfremdung von der bisherigen Umwelt, und sie ist ihm *Anspruch,* durch ein anderes Leben der Erwählung zu entsprechen.

Die Kategorie der Fremde muß also als ein Schlüsselbegriff des 1 Petr für das Selbstverständnis und Weltverhältnis der Christen verstanden werden. Dies soll im Folgenden gezeigt werden, indem die verschiedenen Aspekte dieser Selbstbezeichnung jeweils in ihrem Bezug zum ganzen Brief dargestellt werden.

2. Das Selbstverständnis: Christliche Identität in gesellschaftlicher Nicht-Identität

(1) Die Rede von der Fremdlingsschaft im 1 Petr weist gegenüber der biblischen wie der außerbiblischen Tradition eine bemerkenswerte Besonderheit auf: Die Christen werden *absolut* als »Fremde und Beisassen« angesprochen. Es wird auffälligerweise nicht der Ort angegeben, an dem sie fremd sind – also die (arge) Welt, der Kosmos oä, obgleich die Kategorie der Fremde geradezu

---

[15] Vgl 2,15; 3,1.13–17.

[16] So die Übersetzung des Doppelausdrucks in 2,11 bei BROX 111.

[17] Vgl 2,14f.20; 3,6.17; 4,19. Dies steht in Spannung zu den 4,1ff geschilderten Erfahrungen.

[18] Vgl auch WOLFF: Christ 333: »Aus dem dreimaligen Vorkommen des Fremdlingsgedankens im ersten Drittel des Briefes darf doch wohl zu Recht geschlossen werden, daß sich darin die Grundkonzeption des Vf.s zur Bestimmung christlicher Existenz in der Welt äußert.«

danach zu verlangen scheint[19]. Das ist um so bemerkenswerter, als der explizite Gegensatz der Christen zum κόσμος bzw zu dem αἰὼν οὗτος (als Ort und Existenzform in einem) der urchristlichen Literatur dieser Zeit durchaus geläufig ist[20]. Der Verzicht des 1 Petr auf ein verobjektiviertes Gegenüber als negative Folie ist aufschlußreich. Denn er zeigt, daß der 1 Petr das Selbstverständnis der Christen als Fremde nicht in erster Linie aus ihrer Entfremdung zu der sie umgebenden Gesellschaft ableitet. Das wird auch daran deutlich, daß er durch seine der LXX entnommene Begrifflichkeit bewußt an die Erfahrungen der Väter bzw des ganzen atl Gottesvolkes anknüpft, das durch Gottes Ruf zu Fremden wurde. Findet sich dies zum Teil auch in anderen neutestamentlichen Schriften (vgl Hebr), so ist das Neue beim 1 Petr, daß er diesen Bezug nicht nur indirekt über den Verweis auf das AT herstellt, sondern die Christen unmittelbar als Fremde anspricht und diese Fremdlingsexistenz in einen Zusammenhang mit der Erwählung (1,1) und der Zugehörigkeit zum Gottesvolk (2,11 als Außenwendung von 2,9f) stellt. Mit einem Wort: *Das Fremdsein wird nicht aus dem Widerspruch zur Gesellschaft, sondern aus der Entsprechung zu Gott und der Zugehörigkeit zu seinem Volk begriffen.*

(2) Zugleich erhält die traditionelle Rede von der Fremdlingsschaft im Zusammenhang des Briefes[21] eine deutlich eschatologische Zuspitzung: ›Fremdlinge‹ sind die Christen, weil sie durch die Wiedergeburt (1,3.23; 2,2) aus der nichtigen Lebensweise ihrer Väter erlöst und in einen neuen Lebenszusammenhang gestellt sind (vgl 1,18), nun eine über diese Welt hinausgehende[22] Zukunft haben. Christliches Leben ist als Existenz aus der ›lebendigen Hoffnung‹[23] vom Selbstverständnis der Mitwelt radikal unterschieden; die Fremdlingsschaft hat so ihren eigentli-

---

[19] Das zeigt sich schon daran, daß nicht wenige Übersetzungen sich genötigt sahen, bei den petrinischen Aussagen zur Fremdlingsschaft noch eine Ortsangabe einzufügen (vgl die Einheitsübersetzung zu 2,11: »...Fremde und Gäste...*in dieser Welt«;* Luther zu 1,17: »...solange ihr *hier* in der Fremde weilt« (Hervorhebungen von mir). Eine in dieser Hinsicht aufschlußreiche Auflistung gerade auch der englischen Übersetzungen findet sich bei ELLIOTT: Home 39ff – vermutlich eine Folge der im englischsprachigen Raum besonders stark vertretenen ›pilgrim's theology‹; vgl etwa BARBIERI 34.

[20] Im johanneischen Schrifttum ist der Gegensatz zum κόσμος zentral. Aber auch für Paulus (vgl 1 Kor 1,20ff; 2,12; 3,19; 4,13 uö) kann κόσμος den Bereich der Gottferne, ja der Widergöttlichkeit bezeichnen. Das verschärft sich vor allem noch im Kolosserbrief, vgl aber auch Eph 2,2; 6,12 (κοσμοκράτορες τοῦ σκότους τούτου); Jak 4,4; 2 Petr 1,4; 2,20 uö. Bei Paulus findet sich vor allem der Gegensatz zum αἰὼν οὗτος (vgl Röm 12,2; 1 Kor 1,20; 2,6–8; 3,18) bis hin zu Formulierungen wie der vom »Gott dieser Welt« (2 Kor 4,4).

[21] Ebenso in Hebr 11–13.

[22] Vgl die drei α-privativa, mit denen in 1,4 der überirdische Charakter des christlichen ›Erbes in den Himmeln‹ unterstrichen wird.

[23] Vgl 1,3: »wiedergeboren zur lebendigen Hoffnung«; 1,13: τελείως ἐλπίσατε ἐπί...; in 1,21 wird abschließend als Ergebnis des Erlösungswerkes festgestellt, daß damit den Christen Glauben und ›Hoffnung zu Gott‹ ermöglicht wurden, die auf Gott hoffenden Frauen sind die gepriesenen Vorbilder (3,5), und nach 3,15 sollen die Christen nicht über ihren Glauben, sondern über die ›Hoffnung in euch‹ den anderen Menschen Rechenschaft geben. Hoffnung ist im 1 Petr ein, wenn nicht das konstitutive Element christlicher Existenz.

chen Grund in der eschatologischen Existenz der christlichen Gemeinde[24]. Eben dadurch, daß der 1 Petr christliches Dasein ganz aus der Hoffnung begreift, eröffnet er gerade in der negativen Welterfahrung die Möglichkeit positiver Gotteserfahrung. Wenn dies aber so verstanden wird, dann müssen die daraus resultierenden Probleme auch nicht mehr »befremden, als widerführe euch etwas Fremdes« (4,12). Die ›Leiden‹ sind vielmehr Kehrseite des neuen Lebens. Damit werden die negativen Erfahrungen weder überspielt und verdrängt, noch wird das Leiden als schlechthin notwendig behauptet, um so die Faktizität zur Norm christlicher Existenz zu erheben[25] und auch doktrinär die Anfechtungen auszublenden. Worum es dem 1 Petr vielmehr geht, ist *die Neuqualifikation von Erfahrungen aus der neu nahegebrachten Perspektive der Zukunft Gottes, die durch Christi Auferstehung bereits eröffnet ist.* Der Zustand der gesellschaftlichen Isolation und Diskreditierung kann auf diese Weise angenommen werden. In der bewußten Annahme dieser Fremde und ihrer Konsequenzen wird die gesellschaftliche Nichtidentität so in die christliche Identität integriert, daß *die bisher anfechtenden und den Glauben bedrohenden Erfahrungen (vgl 1,6; 4,12) nun zu einem Moment der Glaubensgewißheit werden.* Der Zustand des Fremdseins bestätigt nun die Erwählung: Die von ihrer ursprünglichen Bedeutung her eindeutig negativen Begriffe πάροικος und παρεπίδημος werden – einer schmalen biblisch-jüdischen Tradition folgend – umgewertet und erhalten einen positiven, ja elitären Beiklang[26].

Wesentlich dabei ist, daß in dieser schwierigen Situation nicht einfach auf das himmlische Vaterland vertröstet wird, während die Erde für den himmlischen Bürger zum Ort der Uneigentlichkeit wird, der höchstens als Ort der Prüfung in Betracht kommt, wie dies teilweise schon beim Gebrauch dieser Kategorie durch die hellenistische Philosophie und durch Philo angelegt ist, wie es auch im Hebräerbrief verstanden werden kann und wie es sich dann auch in deren Wirkungsgeschichte oft wieder durchgesetzt hat. Vielmehr wird das Gottesvolk im 1 Petr gerade an diese bedrängende und anfechtende Wirklichkeit gewiesen. Hier ist der Ort der Nachfolge, hier ist aus Gottes neuer Wirklichkeit zu leben und diese so zu bezeugen, und hier endlich gilt ihnen auch die Verheißung, mitten in den negativen Erfahrungen schon etwas von der himmlischen Freude zu erfahren. Das hat auch Auswirkungen auf die Beziehungen zur nicht-christlichen Gesellschaft. Die Selbstbezeichnung als Fremde ist so im 1 Petr – anders als etwa in der Gnosis[27] – eine das Verhältnis zur Mitwelt mehr erschließende denn verschließende Kategorie. Als solche hat sie nicht zuletzt auch eine paränetische Dimension.

---

[24] Vgl GOPPELT 155: »Fremde zu sein, ist das Signum der Christen in der Gesellschaft; denn es ist soziologischer Ausdruck für den eschatologischen Charakter ihrer Existenz«.

[25] Vom Leiden*müssen* spricht der 1 Petr nicht. Immer wieder schränkt er bei seinen Aussagen zum Leiden ein: wenn es nötig sein sollte, wenn es denn Gottes Wille ist. Dabei verwendet er den im NT seltenen Potentialis (εἰ mit Optativ 1 Petr 3,14.17 vgl auch das εἰ δέον in 1,6).

[26] Dies unterstreicht auch das Adjektiv ἐκλεκτός in 1 Petr 1,1, das die positive Kehrseite der Fremde im Sinn des 1 Petr unterstreicht (vgl CALLOUD/GENUYT 33).

[27] Vgl dazu JONAS: Gnosis 1,106ff.

3. Das Weltverhältnis

3.1 ›Fremde‹ als Befreiung zum Gegenüber

(1) Konkreter Anlaß für die Rede von der Fremdlingsschaft der Christen im 1 Petr ist die gesellschaftliche Isolierung und Diffamierung der christlichen Gemeinden[28]. Dennoch wird, wie oben festgestellt, die Fremdlingsschaft nicht primär aus dem Widerspruch der Mitwelt[29], sondern aus der Entsprechung zu Gott begriffen. Die Zugehörigkeit zu ihm bedingt eine Spannung zur Mitwelt, die sich bereits in der Passion Christi gezeigt hat[30], in seiner Verwerfung durch die Menschen (2,7), seinem unverdienten Geschmähtwerden und Leiden (2,22f). Indem das Geschick der Christen unmittelbar mit dem Geschick Christi zusammengebunden wird, bekommt *die Ablehnung durch die Umgebung einen theologisch und christologisch begründeten Ort*[31]. Das gilt gerade auch im Blick auf die Selbstbezeichnung als »Fremde«, die sozusagen die heilsgeschichtliche (und dadurch auch theologisch-eschatologische) ›Verortung‹ der anfechtenden Situation darstellt. Die gesellschaftliche Ablehnung muß die Christen nicht mehr blockieren und so auf den Gegensatz fixieren[32]. Die durch die ›theologische Ortung‹ ermöglichte Annahme der Situation setzt vielmehr die durch die Anfechtung gebundenen Energien frei. So aber wirkt diese Unterscheidung der Christen von ihrer Umwelt befreiend: Denn ist erst einmal klar, daß die Fremdheit mit dem daraus entspringenden Leiden zum Sein der Christen dazugehört, daß die Nichtidentität in dieser Gesellschaft gerade Kennzeichen christlicher Identität ist, so kann von hier aus auch das Verhältnis zur Umwelt sowohl im Blick auf das Tun wie im Blick auf das Erleiden noch einmal neu in den Blick kommen. Die Vergewisserung der eigenen Identität hat so auch für das Weltverhältnis befreiende Konsequenzen.

---

[28] Vgl das wechselseitige ›Befremden‹ der Umwelt über die Christen (4,4) und der Christen über diese Reaktion der Umwelt (4,12).

[29] Wenn jetzt hier im Folgenden immer wieder der alte, erst in der Aufklärungszeit durch das modernere Wort ›Umwelt‹ verdrängte Begriff ›Mitwelt‹ verwendet wird, so soll damit ausgedrückt werden, daß sich die petrinischen Gemeinden nicht als etwas anderes von der ›Welt‹ absetzen, sondern sich von ihr zwar unterscheiden, sich in der Unterscheidung aber auch für diese verantwortlich und so auf diese bezogen wissen. Daher der Begriff *Mit*welt, der dies noch deutlicher zum Ausdruck bringt als der ebenfalls mögliche Begriff der Gesellschaft.

[30] Dies ist ja auch historisch durchaus zutreffend, insofern das Anderssein und die Selbstabgrenzung der Christen (etwa als ἅγιοι) die gesellschaftliche Isolation allererst bewirkt hat. Zugleich – und das ist entscheidend – wird auch deutlich, daß die Schwierigkeiten der Christen im Gegensatz der gesamten Menschheit zu Gott begründet sind, wie er sich in der Passion Christi gezeigt hat.

[31] Entsprechend wird dann auch bei der Behandlung der konkreten Situation das Leiden nicht aus dem Blickwinkel der Verfolgung, sondern aus dem der Nachfolge und der Teilhabe an Christi Passion beurteilt (vgl 2,20ff).

[32] Die Anfechtung, die diese Ablehnung mit sich brachte, wird in 4,12 deutlich ausgesprochen. Bezeichnenderweise wird in diesem einen Vers dieses Befremden der Christen gleich doppelt durch ξενίζεσθαι wie durch ὡς ξένου wiedergegeben und so seine Massivität betont.

(2) Diese befreienden Konsequenzen zeigen sich auch sonst im ganzen Schreiben an der Art und Weise, wie der 1 Petr die *Unterscheidung Gemeinde–Mitwelt* vornimmt. Zwar ist auch für ihn die Entgegensetzung zwischen dem Bereich der Gottferne und der Gemeinde von zentraler Bedeutung. Immer wieder grenzt sie sich scharf von der Mitwelt ab. Am deutlichsten formuliert er sie in 5,8, wo er die ständige Bedrohtheit der Gemeinde durch ihren ›Widersacher, den Teufel‹ schildert, von dem es in dem eindrücklichen Bild heißt, daß er »umhergeht wie ein brüllender Löwe und sucht, wen er verschlingen kann«. Anders jedoch als in vergleichbaren Passagen wie Eph 6,10ff und Jak 4 wird dies nicht noch einmal explizit gegen die ›Welt‹ gewendet[33]. Entsprechend warnt der 1 Petr an anderer Stelle nicht allgemein vor der Anpassung an die ›Welt‹[34], sondern nennt präzis als Gegner die eigenen ›Begierden‹. An diesen Stellen wird mit den ›Begierden‹ wie in 5,8 mit dem Teufel also jeweils das genannt, was die ›Welt‹ zur Gefahr macht, aber es wird nicht einfach mit dieser identifiziert. Zugleich wird somit nicht der Eindruck erweckt, als sei die Gemeinde der ›Welt‹ entnommen oder gehöre eigentlich nicht mehr zu dieser. Gerade als Teil dieser Welt muß sie Gottes Ruf in die Fremdlingsexistenz entsprechen. *Es geht somit nicht um Entweltlichung, sondern um Anderssein, nicht um Trennung, sondern um Unterscheidung.* Diese differenzierte Haltung findet sich auch dort, wo Heil und Unheil einander entgegengesetzt werden. Bezeichnenderweise geschieht dies zumeist so, daß diese Unterscheidung nicht am Verhältnis Gemeinde – Mitwelt durchgeführt wird, sondern in der Gegenüberstellung von dem früheren Zustand der Gläubigen, als sie noch nicht zu Gott gehörten, und ihrem heilerfüllten Jetzt. Mit diesem Schema Einst-Jetzt bedient sich der 1 Petr der typischen Bekehrungssprache[35]; eine Dämonisierung der Mitwelt oder einzelner Teile von dieser wird jedoch weitgehend vermieden. Selbst der Gegensatz Licht–Finsternis (1 Petr 2,9) dient – ganz anders als etwa in 2 Kor 6,14 – nicht der Trennung; der Blick richtet sich vielmehr auf die Überwindung dieses Gegensatzes in der Existenz der Glaubenden, wobei zugleich deutlich gemacht wird, daß diese heilvolle Überwindung des Unheils in der eigenen Existenz potentiell die Möglichkeit aller Menschen ist, auch der Verfolger: Deswegen ist diese Heilstat zu verkündigen und zu bekennen (2,9), zielt christliches Leben auf die Gewinnung der anderen[36]. Wie sich hier schon zeigt, mutet der 1 Petr seinen Adressaten auch im Blick auf ihre Mitmenschen,

---

[33] In 1 Petr 1,20 wird der κόσμος als Gottes Schöpfung bezeichnet, in 5,9 ist mit κόσμος wohl relativ neutral die ganze Welt als Aufenthaltsort der Christen gemeint; vgl dagegen Jak 4,4 oder Eph 6,12.

[34] Wie etwa Röm 12,2 vgl 1 Kor 7,31; Kol 2,20; Jak 1,27 vgl 4,4; dazu kommen noch die Aussagen des Johannesevangeliums, daß die Glaubenden nicht ἐκ τοῦ κόσμου sind (vgl 15,19; 17,14.16) und deshalb diesen besiegen (1 Joh 5,4) und nicht lieben sollen (1 Joh 2,15).

[35] Das Schema Einst-Jetzt findet sich in 1,14.17–21 und vor allem in 2,9f mit der dreifachen Entgegensetzung Finsternis und Licht, Nicht-Volk und Volk, Nicht-Erbarmen und Erbarmen.

[36] Vgl vor allem 2,12.

die ja als Bedränger der christlichen Gemeinde konkret für deren fatale Lage verantwortlich sind, eine differenzierte und zurückhaltende Einstellung zu. Zwar betont der 1 Petr, daß die Verleumder sich für ihre Taten verantworten müssen (4,5) und daß den Ungläubigen ein Gericht bevorsteht (4,18), aber diese Aussagen wiederholen nur knapp und zudem in bemerkenswert offener Weise[37] verbreitetes christliches Gedankengut; es fehlt das sehnsüchtig-drohende Ausmalen ihres Endes, mit der sich nicht selten verfolgte Gläubige trösten[38], oder doch deren klare Abqualifikation[39]. Im Gegenteil: Da die Mitmenschen in ihren Verleumdungen unwissend und unverständig sind[40], ist es gerade die Aufgabe der Christen, sie eines Besseren zu belehren (vgl 2,15). Zugleich aber sollen die Glaubenden *allen* Menschen mit Achtung begegnen, wie 1 Petr 2,17a unterstreicht[41]. Wenn der 1 Petr vom Gericht Gottes über die Unglaubenden spricht, dann hat auch diese Rede nicht primär einen von der Umgebung abgrenzenden Charakter. Vorbild (2,21: ὑπογραμμός) ist wieder Christus, »der nicht wiederschmähte, als er geschmäht wurde, der nicht drohte, als er litt, sondern es dem gerechten Richter anheimstellte« (2,23). Die – auf die gegenwärtigen Bedrängnisse hin transparent gemachte – vita Jesu soll auch hier zur via der von ihm Geretteten (2,21.24f) werden: Christus »hat euch ein Beispiel hinterlassen, damit ihr seinen Fußspuren folgt« (2,21). Weil Gott der gerechte Richter ist (vgl 1,17), dürfen und sollen die Christen ihm in ihrem Leiden alles anheimstellen (vgl 4,19), alle ihre Sorgen auf ihn werfen (5,7); *sie müssen nicht selbst mit der Widersprüchlichkeit der Welt und des ungerechten Leidens in ihr zu Rande kommen.* Wenngleich auch drohende Töne nicht ganz fehlen, so hat doch die Rede vom Gericht Gottes im 1 Petr in erster Linie entlastenden Charakter.

Eine Ausnahme scheinen die Aussagen in 2,7b.8 zu bilden. Sie sprechen von den Nichtglaubenden[42], die an Christus Anstoß nehmen und denen er deshalb nicht zum aufbauenden ›Eckstein‹ wird, sondern zum Stolperstein, an dem sie sich anstoßen (wozu

---

[37] Anstelle massiver Gerichtsaussagen verwendet der 1 Petr in 4,17 die offene Frage, die zwar einen Schluß a minore ad maius nahelegt, aber eben doch Gott das Gericht überläßt und ihm nicht vorgreift, sondern die ganze Aussage sofort wieder ermahnend auf die Gemeinde selbst zurückbezieht (4,19; vgl SLEEPER: Responsibility 278: »...the author hardly dares to raise the question about the fate of unbelievers«). Auffälliger, aber im Verständnis unsicherer noch, ist die Aussage in 4,6, die 4,5 begründen soll (γάρ) und dabei das Gericht zum Heil betont (vgl auch GOPPELT: Theologie 508).

[38] Su §9,3.2.

[39] Wenn der 1 Petr vom heidnischen Treiben oä spricht, so immer im Zusammenhang mit der Ermahnung der Christen, nicht in die früheren Lebensgewohnheiten zurückzufallen (vgl 1,14; 4,2f). Dagegen versagt sich der 1 Petr verallgemeinernde Aussagen über die Verderbtheit ›der Menschen‹ wie 2 Tim 3,2–9 oder Bitten wie 2 Thess 3,2, »daß wir erlöst werden von den bösen und schlechten Menschen; denn der Glaube ist nicht jedermanns Sache«.

[40] Vgl 2,12.15.

[41] SCHRÖGER: Ansätze 182f will hier die unmittelbarste neutestamentliche Parallele zu den modernen Menschenrechtsforderungen finden.

[42] Gemeint ist wohl keine spezifische Gruppe, sondern alle Nichtglaubenden; das ἀπειϑοῦντες τῷ λόγῳ wird auch in 3,1 entsprechend verwendet.

sie nach 2,8fin auch bestimmt sind). Bei diesen doch sehr harten Formulierungen ist aber mehreres zu beachten: Zum einen bilden diese Aussagen die Kontrastfolie zu der zuvor (Vv 4–7a) und danach (Vv 9f) betonten Erwählung. Daß es überhaupt dieses Kontrastes bedarf, liegt wohl an der für den ganzen Brief zentralen Auseinandersetzung mit den deprimierenden Erfahrungen der Gemeinde: Den ›lebendigen Steinen‹ soll hier deutlich gemacht werden, daß »ihr Schicksal der Ablehnung und der gewalttätigen Unterdrückung im Konnex mit dem Schicksal Christi (vgl. 2,21)« zu sehen ist, so daß sie »das ablehnende Urteil der Umwelt...nicht irritieren muß«[43]. Die Aussage dient also der Bestätigung der Gemeinde, »daß ihr Weg auf der Seite des verworfenen Christus der richtige ist«[44] und hat kein eigenes Interesse an der Verurteilung der Außenstehenden. Selbst die Aussage von 2,8fin, die den Gedanken einer Prädestination zum Unheil hereinbringt, bezieht sich hier ja nur auf die Gemeinde selbst, die in ihrer schwierigen Lage bestärkt werden soll; sie richtet sich bezeichnenderweise nicht nach außen[45]. Wenn der 1 Petr das Verhältnis der Christen zu den Außenstehenden, gerade auch zu denen, die die Leiden verursachen, in den Blick nimmt, dann mit der Aufforderung, sie zur Umkehr zu bewegen. Beide Aussagen stehen in einer nicht ausgeglichenen Spannung zueinander, die sich im übrigen bereits in 2,8 zeigt, wenn die Prädestinationsaussage mit dem gleichzeitigen Vorwurf des Ungehorsams verbunden wird. Diese Spannung ist wohl letztlich auch nicht ausgleichbar[46]. Entscheidend aber ist, wie und mit welcher Absicht die jeweiligen Aussagen verwendet werden. Und da ist festzuhalten, daß der 1 Petr dort, wo er von dem zukünftigen Geschick der ›anderen‹ spricht, über das Zu-Fall-kommen und Anstoßnehmen hinaus kaum[47] etwas sagt. Daß alle Menschen auf das Gericht zugehen und daß Gott über den Unglaubenden zu Gericht sitzen wird (vgl vor allem 4,17f) – diese gemeinchristliche Überzeugung teilt auch der 1 Petr. Das Urteil jedoch wird bewußt Gott überlassen (4,19 vgl 2,23; 3,12). Sache der Christen ist es nicht, Gottes Gericht drohend vorzugreifen.

3.2 Fremdlingsschaft als zeichenhafte Existenz

(1) Grundsätzlich ist es – wie gesehen – dem 1 Petr wichtig, daß auch in schwierigster Situation die Gemeinden allein ihrem Gott verpflichteten Gewissen folgen und nicht ihr eigenes Weltverhältnis durch das Verhältnis der Mitwelt zu ihr bestimmt sein lassen (vgl 1 Petr 2,19). So sollen sie ihren Herrn heiligen (3,15) und Gott ehren (4,16). In 1,13ff wird dies grundlegend ausgeführt: Der von Gott selbst gesetzten Entsprechung der Erwählten zu sich in seiner Heiligkeit (1,15f) entsprechen diese durch ein vor ihm verantwortetes (ἐν

---

[43] BROX 108.

[44] BROX 102.

[45] Vgl BROX 101f; FRANKEMÖLLE 43f.

[46] Vgl GOPPELT 150: »Die beiden Aussagen sind rational nicht miteinander vereinbar, aber sie sind beide für den Glauben notwendig; denn der Glaube muß sich einerseits als ein von Gott geschaffenes neues Ich bekennen (1,2; Röm 8,28ff) und ist gerade als solches ein verantwortliches Ich Gott gegenüber (1,17; 2 Kor 5,10). Daher ist auch die Ablehnung der Botschaft verantwortlicher Willensakt, Ungehorsam, und zugleich Verblendung durch Gott«.

[47] Auch 4,17f deutet das Gericht nur an und steht wiederum in einem Zusammenhang, der die jetzt Leidenden trösten soll.

φόβῳ) ›Leben in der Fremde‹ (1,17). Indem sie so aus der Bindung an Gott (ὡς ϑεοῦ δοῦλοι) handeln, sind sie in Wahrheit Freie (2,16)[48]. Konkret wird das gleich in der ersten Paränese: »Um des Herrn willen« sollen die Christen nach 1 Petr 2,13 der Obrigkeit gehorchen[49]. Christliche Existenz hat sich nach dem 1 Petr in einer ihrem Erwähltsein angemessenen Weise auf ihre Welt zu beziehen und sich in ihr zu bewähren, gerade auch im offensiven Umgang mit den Widerständen und unvermeidlichen Konflikten. Das ist letztlich auch der Sinn der Aufforderungen zur Unterordnung: Die Christen sollen sich »um des Herrn willen« in ihren Stand einordnen, um in ihm durch ihr Tun des Guten (ἀγαϑο-ποιεῖν) von ihrem Glauben Zeugnis zu geben (2,12; 3,1f). Die im ganzen Schreiben immer wieder betonte Heiligkeit der Christen[50] äußert sich als bewußter Wandel in der Fremde (1,17) und als Fremdlinge (2,11f), als Wandel, der sowohl aufgrund seiner Vorbildlichkeit und der dadurch erlangten Anerkennung (2,12.15; 3,1f.15f) wie aufgrund seiner Andersartigkeit und des dadurch erregten Anstoßes (4,3f) zeichenhaft und verweisend wirkt.

(2) Das vom 1 Petr so betonte Anderssein der Christen, das in der Anrede als ›Fremdlinge‹ auf den Begriff gebracht wurde, begründet also gerade nicht, wie man aufgrund einer wohl eher durch die hellenistische Philosophie und die Gnosis geprägten Wirkungsgeschichte dieses Begriffes meinen könnte, die Abkehr der Gemeinde von der Gesellschaft. Das Gegenteil ist der Fall (und der Vergleich mit anderen ntl Schriften unterstreicht dies nachdrücklich[51]): Die Unterscheidung der Christen als Fremde begründet vielmehr eine Freiheit von ihrer Mitwelt, die es erlaubt, deren Druck nicht nachzugeben, sich nicht anzupassen, die eigene Identität gerade auch im Lebensvollzug (ἀναστροφή) als Ausdruck eines eigenen Wertsystems[52] deutlich zu machen. Dies aber äußert sich dann gerade auch in einer *christlichen Freiheit zur Mitwelt und für diese Mitwelt.*

Um dies recht zu würdigen, muß man die Aussagen des 1 Petr mit der Art und Weise vergleichen, wie in entsprechender Situation andere bedrängte und isolierte Minderheiten reagiert haben. Das wird besonders deutlich, wenn man auf die alptraumartigen Rachewünsche sieht, wie sie sich etwa in den Rollen von Qumran[53] oder in anderen jüdischen, vor allem in apokalyptisch geprägten

---

[48] Besonderes Gewicht enthält diese Anweisung natürlich, wenn die Obrigkeit – wofür manches spricht – aufgrund von Anzeigen aus der Bevölkerung (›Verleumdungen als Übeltäter‹) gegen die Christen vorgeht.

[49] Die Unterordnung wird also nicht, wie bei Paulus Röm 13,1ff, damit begründet, daß die Obrigkeit von Gott ist: ihrem Wesen nach ist Obrigkeit für den 1 Petr ἀνϑρωπίνη κτίσις!

[50] Vgl 1,2.12.15.16; 2,5.9; 3,5.15.

[51] Interessant ist in diesem Zusammenhang ein Vergleich von 1 Petr 1,13ff mit dem – in seiner paulinischen Verfasserschaft umstrittenen – Abschnitt 2 Kor 6,14ff. Trotz einer Entsprechung in der Grundstruktur darin, daß die Zugehörigkeit zu Gott in einen Gegensatz zur Mitwelt setzt, ist die Abgrenzung in 2 Kor 6 ungleich schärfer formuliert.

[52] Den Zusammenhang der Rede von der Fremde im 1 Petr mit einem eigenen Wertesystem betonen COLLOUD/GENUYT 33f.

[53] Vgl 1 QS II,4b–9: »Aber die Leviten sollen verfluchen alle Männer des Loses Belials, anheben und sprechen: Verflucht seist du in allen gottlosen Werken deiner Schuld! Möge Gott

Schriften[54], aber auch in christlichen Apokalypsen wie der Petrusapokalypse[55] und nicht zuletzt in der kanonischen Johannesapokalypse[56] finden (wobei die meisten von ihnen mit dem 1 Petr die Betonung der Aussonderung und Fremdheit gemeinsam haben[57]). Das gilt aber auch im Blick auf andere ntl Schriften, die zwar keine solchen apokalyptischen Szenarien bieten, die aber doch den Gegensatz zu dieser Welt und ihren Menschen weit stärker betonen, als dies der 1 Petr tut, und die auf die Umwelt vorwiegend unter dem Gesichtspunkt der Absetzung von ihrer grundsätzlichen Verderbtheit[58] und ihrer Bestrafung im Gericht[59] eingehen[60]. Hier fällt die Andersartigkeit des 1 Petr auf: Der »Tag der Heimsuchung« soll *nicht* in erster Linie der Tag der Rache sein, sondern der Tag, an dem diejenigen, die jetzt noch den Christen Böses tun, durch deren Lebensführung gewonnen, Gott preisen[61]. Diese deutliche Erinnerung an ein Je-

---

dir Schrecken geben durch die Hand aller Rächer und dir Vernichtung nachsenden durch die Hand aller, die Vergeltung heimzahlen. Verflucht seist du ohne Erbarmen entsprechend der Finsternis deiner Taten, und verdammt seist du in Finsternis ewigen Feuers. Gott sei dir nicht gnädig, wenn du ihn anrufst, und er vergebe nicht, deine Sünden zu sühnen. Er erhebe sein zorniges Angesicht zur Rache an dir, und kein Friede werde dir zuteil im Munde aller derer, die an den Vätern festhalten« (Üs Lohse).

[54] So besteht etwa der ganze 6.Esra nur aus einer Drohrede und den daran angeschlossenen Weherufen.

[55] Der ganze Mittelteil dieser Schrift (5–12) stellt eine ausführliche Schilderung der Qualen der einzelnen Übeltäter dar – wohl eine der Quellen für Dantes Inferno.

[56] Vgl vor allem Offb 8,6–9,21; 14,14–16,21.

[57] Die Qumrangemeinde hatte schon durch ihren Auszug in die Wüste ihre Fremdheit selbst gegenüber dem übrigen Volk deutlich gemacht. So spricht CD IV,2–6 im Zusammenhang mit dem Auszug derer, die von Israel umgekehrt sind aus dem Land Juda (4,2f) und deren Erwählung (4,3f) ausdrücklich dann auch von ihrem Aufenthalt in der Fremde, von den Jahren ihrer Verbannung (שני התגוררם IV,5f). Für das Selbstverständnis der hinter der Apokalypse stehenden Gemeinde ist vor allem Offb 12 charakteristisch, die Frau, die vor den Nachstellungen des Drachen in die Wüste fliehen muß. Deutlich ist das Motiv der himmlischen Heimat (im Gegensatz zu dem Versuch, sich hier heimisch zu machen) auch am Ende der Petrusapokalypse (16), wo Petrus auf sein Angebot hin, Hütten zu bauen (vgl Mk 9,5par), von Jesus zunächst schärfstens zurechtgewiesen wird, dann aber belehrt wird: »Deine Augen sollen geöffnet sein und deine Ohren sich auftun zu begreifen, daß es nur eine Hütte gibt: die nicht Menschenhand gemacht hat, sondern mein himmlischer Vater ...« (Üs Weinel).

[58] Oben wurde schon auf die vor allem Johannes und Paulus geläufige Rede von ›dieser Welt‹ bzw ›diesem Äon‹ hingewiesen; vgl weiter Eph 4,18f; 5,3f.7f; 6,12; 2 Thess 3,2; 2 Tim 3,1ff; Jak 4,4ff; 1 Joh 2,15ff; 4,3ff; 2 Petr 1,4.

[59] Vgl Eph 5,5f; 2 Thess 1,5–9; 2,8–12; 2 Petr 3,5ff.

[60] SCHÄFKE: Widerstand 560ff hat gezeigt, wie die Erwartung der Rache Gottes an den Verfolgern zum festen Bestandteil frühchristlicher Äußerungen über Leiden und Martyrium gehören.

[61] 2,12; ähnlich 3,1f vgl auch 3,15ff. Umstritten ist die Bedeutung des Ausdrucks ἐν ἡμέρᾳ ἐπισκοπῆς. Während die einen darin den Zeitpunkt der gnädigen Heimsuchung bzw der Bekehrung sehen (vgl BRANDT: Wandel 13f; LIPPERT: Leben 72; KNOPF 103f; SCHWEIZER 56f; REICKE 94), beziehen ihn andere auf das Endgericht (vgl BROX 114f; unentschieden WINDISCH-PREISKER 62; SCHELKLE 72; SCHRAGE 88f; BAUER 30). Doch wie immer diese Angabe zu verstehen ist – in jedem Fall steht die Gewinnung der Gegner im Vordergrund, nicht die Hoffnung auf Vergeltung!

suswort[62] zeigt, daß christliche Existenz im 1 Petr nicht primär von der Hoffnung auf Vergeltung bestimmt ist, sondern auf Versöhnung ausgerichtet ist. Dies bestätigt auch der Abschluß der Paränese 2,13–3,7: Neben das auf die Gemeinschaft bezogene Liebesgebot (3,8) tritt die Erinnerung an das jesuanische Verbot des Wiedervergeltens und die zum Gebot der Feindesliebe gehörende Aufforderung, auf Anfeindungen nicht verfluchend, sondern segnend zu reagieren[63]. Wie wichtig dies für den 1 Petr ist, zeigt auch das entsprechend gezeichnete Vorbild Christi[64], weiter die mit einem Psalmwort begründete Mahnung, Frieden zu suchen (3,11), sowie die daran anschließende Aufforderung, den ungerechten Anschuldigungen und Anfragen an das Christsein nicht aggressiv zu begegnen, sondern »mit Sanftmut und Gottesfurcht« (3,16). Aus alledem wird ganz deutlich: Für den 1 Petr steht nicht die Absonderung von ›der Welt‹ und deren Verurteilung im Vordergrund. Schon gar nicht will er für einen heiligen Krieg gegen die Söhne der Finsternis geistig aufrüsten. Vielmehr mutet er seinen Adressaten zu, *soweit als möglich diesen Gegensatz zum anderen Menschen in der Nachfolge Jesu Christi zu überwinden!*

(3) Seinen letzten Grund aber hat dies alles in der vom 1 Petr so betonten Hoffnung, dh in der Gewißheit der kommenden, in Jesus Christus bereits geschehenen Zeitenwende. Durch ihr Fremdsein, so könnte man pointiert sagen, sind die Christen die Statthalter dieser Zukunft Gottes für eine noch dem Alten verfallene Welt. Durch ein Leben, das ausgerichtet ist auf das himmlisches Erbe (vgl 1,4) und auf die kommende Herrlichkeit, als von neuem Geborene (1,3.23; 2,2) geben sie Rechenschaft von der Hoffnung, die in ihnen ist (3,15). *In einer von Gott entfremdeten Welt sind die Christen* durch Christi Blut losgekauft (1,18), von ihren Sünden befreit (2,24), haben durch Christus Zugang zu Gott (3,18) und sind so *letztlich gerade deswegen fremd, weil sie schon heimgekehrt sind.* Für sie ist das Erbe in den Himmeln bereitet (1,4), sie sind zu Gottes Haus und zu einem Volk geworden, dessen sich Gott angenommen, erbarmt hat, das er zu seinem Eigentum gemacht hat (2,5; 2,9f) – alles Begriffe, die auch den bergenden Charakter des neuen Seins der christlichen Gemeinden ausdrücken[65]. Am deutlichsten zeigt sich

---

[62] Überliefert in der Bergpredigt (Mt 5,16). Wahrscheinlich hat der 1 Petr es aus mündlicher Tradition, da seine Fassung gegenüber Mt die ältere sein dürfte (vgl die für Mt typische Wendung vom ›Vater in den Himmeln‹; zur rabbinischen Prägung des ganzen Verses bei Matthäus vgl HENGEL: Bergpredigt 373).

[63] Dabei geht es in 3,8f sicher nicht nur um die »harmony in the household« (BALCH: Wives 88). Schon in 2,11f und 2,13–17, dem Auftakt dieses paränetischen Abschnitts, ging es um das Verhältnis der Christen zu ihrer Mitwelt, und dies steht auch in 3,13ff deutlich im Mittelpunkt. Im übrigen geht es, wie schon gezeigt wurde, auch in 2,18–3,7 nicht einfach um »domestic harmony« (ebd 88).

[64] In 2,23 wird den Gläubigen als Vorbild, dem sie nachfolgen sollen, Christus vorgestellt, der »nicht wiederschmähte, als er geschmäht wurde, der nicht drohte, als er litt, sondern (seine Sache) dem gerecht Richtenden übergab«.

[65] Das ist die particula veri der Untersuchung von ELLIOTT mit dem programmatischen Titel: A Home for the Homeless (zur Kritik siehe vor allem Anhang 2).

dies in dem Bild in 2,25[66], das in fast paradoxer Weise die Bekehrung als Heimkehr aus der Zerstreuung, also aus dem Zustand des Entfremdetseins beschreibt: »Denn ihr hattet euch verirrt wie Schafe, jetzt aber seid ihr heimgekehrt zum Hirten und Bischof eurer Seelen«[67].

Dies aber ist nicht nur Privileg, sondern auch Verpflichtung, als die so ›Fremden‹ ihre in Unwissenheit (1,14; 2,15), Nichtigkeit (vgl 1,18) und Vergänglichkeit (1,24) befangene, weil von Gott getrennte Mitwelt auf den zu verweisen, der sie bereits aus der Finsternis in sein herrliches Licht berufen hat (2,9). Als sichtbarer Vorschein von Gottes Zukunft sollen sie durch ihre Fremdlingsexistenz – so der Sinn der ganzen Paränese von 2,11–3,9 – selbst ihre Verleumder zum Preis Gottes führen (2,12) und so für sie Segen wirken (3,9)[68].

Es soll nicht übersehen werden, daß der 1 Petr – wie das gesamte Urchristentum – an seiner Mitwelt kein Interesse in dem Sinn hat, daß er sie aus sich selbst heraus zu verstehen und zu würdigen versuchte. Der 1 Petr will zwar den Blickwinkel seiner Gemeinden öffnen, will ihre Existenz auf Versöhnung hin ausrichten – aber die Wirklichkeit selbst kommt nur als eine zu gewinnende, zu bekehrende in den Blick. Unabhängig davon ist sie ihm die der Vergänglichkeit preisgegebene Wirklichkeit, der er selbst keine eigene Dignität beimißt. Entsprechend verzichtet er auch darauf, zu ihr theologisch Stellung zu beziehen, er läßt ihre Ordnungen und Institutionen fraglos stehen. Das ist für die neutestamentliche Weltsicht überhaupt charakteristisch, die ihre Wirklichkeit ganz im Lichte Gottes versteht. Man sollte sich hier vor anachronistischen Erwartungen oder gar Forderungen hüten. Dies gilt nicht nur für eine vorschnelle Kritik am 1 Petr, wie sie oben bereits zurückgewiesen wurde. Auch der Versuch, den 1 Petr zur neutestamentlichen Grundlage christlicher Sozialethik zu machen[69], verkennt die Distanz des 1 Petr zu dem, was wir heute unter Gesellschaft verstehen.

4. Die Gemeinde: Gemeinschaft der gemeinsam Fremden

(1) Zuletzt soll noch auf die Bedeutung eingegangen werden, die das dargestellte Verständnis der Fremdlingsschaft der Christen für deren Selbstverständnis als Gemeinde hat. Wie bereits gezeigt, ist im 1 Petr das Korrelat zur Fremde nicht das

---

[66] Es spricht manches dafür, daß 2,25 vom Verfasser des 1 Petr selbst noch an den übernommenen Hymnus (oder das Hymnenfragment) 2,21–24 angefügt wurde (der Personenwechsel 24c–24d; das Bild von der Herde fügt sich nicht so recht in den bisherigen Zusammenhang ein, ist jedoch 1 Petr geläufig vgl 5,2f). V 25 gäbe dann im besonderen das wieder, was für den Verfasser des 1 Petr eine Pointe des durch Christi Tod bewirkten Heiles ist.

[67] Eph 2,12–22 formuliert im Grunde denselben Gedanken, wenn er von den Christen ausdrücklich sagt, daß sie nun nicht mehr Fremde sind, sondern Gottes Hausgenossen. Nur ist beim Gebrauch der Metapher die jeweilige Blickrichtung entgegengesetzt: Der 1 Petr geht aus von der (durch den Glauben bedingten) Entfremdung in der Gesellschaft, der Eph von der (durch den Glauben überwundenen) Entfremdung von Gott bzw dem Gottesvolk.

[68] Zu überlegen ist, ob hier nicht – zumindest indirekt – noch ein anderer Aspekt der Fremde hereinspielt: Anderssein stößt nicht nur ab, sondern zieht auch an. Das Fremde ist nicht nur das Bedrohende, sondern auch das Verheißungsvolle, das neue Horizonte eröffnet.

[69] So etwa GOPPELT: Prinzipien 16ff; plumper PHILIPS: Kirche.

Bild eines Ortes (Stadt, Vaterland), sondern vor allem der Gedanke des in der Zerstreuung (1,1) unter den Völkern (2,12) lebenden Gottesvolkes (sowie dessen Epitheta wie Priesterschaft, Haus Gottes, Herde Gottes etc). Die Fremde ist so im 1 Petr wesentlich auch eine *ekklesiologische Kategorie*[70]. Der ›Ort‹ der Zugehörigkeit der Fremden ist also die christliche Gemeinde. So ist es nur konsequent, wenn dann ab dem Ende des 1.Jh (und wohl nicht ohne den Einfluß des 1 Petr) von der Gemeinde als der παροικία bzw einer ἐκκλησία παροικοῦσα[71] gesprochen wird. Denn die Anrede als ›Fremdlinge‹ gilt im 1 Petr allen Christen zusammen, und eben diese gemeinsame, in der Erwählung begründete und im Weltbezug erfahrene Fremdlingsschaft verbindet sie untereinander.

Nun wurde ja schon gezeigt[72], daß zwischen dem Selbstverständnis der Christen und der Entfremdung von ihrer Mitwelt ein unmittelbarer Zusammenhang besteht, und dieser Zusammenhang kann dann auch wieder in der umgekehrten Richtung wirken: Äußerer Druck und Isolation können – wenn sie verarbeitet werden können – den inneren Zusammenhalt der Gruppe verstärken. So wirkt der 1 Petr ja auch darauf hin, den christlichen Gemeinden das Ertragen dieses Druckes und damit den Widerstand gegen die Gefahr der Anpassung zu ermöglichen[73], indem neben die bewußt christologische Interpretation des ›Leidens‹ der Christen eine – in dieser Stärke und Dichte im NT analogielose – Betonung des neuen Seins der Christen als Gemeinde tritt, die auch auf ihre Gemeinschaft untereinander, deren Zusammenhalt durch den ganzen Brief hindurch nachhaltig gefordert wird, abzielt[74]. So, als eine sich von Gott erwählt und zu ihm gehörig wissende Gemeinschaft, können die Christen dann auch ihre Identität bewahren, sich dem äußeren Druck durch Selbstabgrenzung und Unterscheidung entgegenstellen.

---

[70]   Das hat schon WOLFF: Christ 336 sehr schön gezeigt; vgl auch CHEVALLIER: Vocation 389f.

[71]   Su Anhang 3.

[72]   So § 8,5.2.

[73]   Das ist von ELLIOTT: Home 101–164 klar erkannt worden. Die Behauptung ELLIOTTS freilich, für den 1 Petr sei der Konflikt mit der Umwelt ein erwünschtes Mittel der Identifikationsfindung und der Stärkung der Gruppensolidarität verkennt nicht nur die von solchem Druck auch ausgehenden Gefahren, sondern auch die oben dargestellte Offenheit dieses Briefes, der in vielem die typischen Merkmale einer sectarian community sprengt. Zwar gelingt es dem 1 Petr, unvermeidliche Konflikte in der Leidensnachfolge verständlich zu machen und sie so auch positiv zu deuten – aber er sucht solche Konflikte nicht. Das hat etwa auch BALCH, Wives passim immer wieder deutlich gezeigt: »The purpose was to reduce tension between society and the churches, to stop the slander« (BALCH: Wives 87 zu 1 Petr 2,15).

[74]   Sie sind Gottes Haus (2,5; 4,17), seine Priesterschaft (2,5.9), sein erwähltes Geschlecht (2,9) und heiliger Stamm (2,9), sein Eigentumsvolk (2,9f) und seine Herde (5,2 vgl 2,25) – alles Bilder und Begriffe, *die die in der Beziehung zu Gott begründete enge Gemeinschaft der Christen untereinander betonen.* So werden die Glaubenden auch untereinander zu einer ›Bruderschaft‹ (dieses Wort kommt im NT nur in 1 Petr 2,17 und 5,9 vor).
Besonders bemerkenswert ist, daß auf die außerordentlich dichte Zusammenstellung der Aussagen über das neue Sein der christlichen Gemeinde in 2,9f dann in 2,11, das die paränetische Außenwendung einleitet, nun wieder die doppelte Erwähnung der Fremdlingsschaft folgt, gewissermaßen als Kehr- und Außenseite dieses neuen Seins.

(2) Diese Strategie des 1 Petr birgt nun aber die Gefahr eines Rückkopplungsprozesses zwischen äußerer Isolation und innerer Selbstabgrenzung. Das
Vermeiden der Scylla der Anpassung kann leicht dazu führen, der Charybdis
sektenhafter Selbstghettoisierung anheimzufallen, und gerade das Selbstverständnis als Fremde vermag solches ja noch zu fördern. Daß der 1 Petr darum
weiß, zeigt sich schon in den Anweisungen an seine Gemeinden. Es wurde ja
schon auf die scheinbare Spannung zwischen den Weisungen zur Unterordnung und dem Handeln nach den allgemein anerkannten Normen einerseits
und den Aufforderungen zur Unterscheidung und Abgrenzung von der Umwelt andererseits hingewiesen, die in neuerer Zeit zu gegensätzlichen Deutungen des 1 Petr geführt haben. Man wird jedoch dem 1 Petr weder dadurch gerecht, daß man die Abgrenzungstendenzen einer ›sectarian community‹ zum
Leitprinzip seiner ethischen Anweisungen erhebt (Elliott), noch läßt sich seine
Paränese, die ja nicht zuletzt auch die radikale Abkehr der Bekehrten von ihren
früheren Lebensgewohnheiten intendiert, nur aus den Erfordernissen einer ›acculturation‹ ableiten (Balch). Was sich vielmehr in dieser scheinbaren Spannung zeigt, ist dies, daß der 1 Petr es sich versagt, einfache Lösungen zu bieten.
Sowenig er der Anpassung das Wort redet, sowenig kommt für ihn der Rückzug in die heile Welt der eigenen Gemeinschaft[75] und die apokalyptische Re-
duktion der komplexen Wirklichkeit und des Verhältnisses zu ihr auf ein eindi-
mensionales Licht-Finsternis-Schema in Frage. Als ›Fremde‹ sind die Christen
nach dem 1 Petr zwar von ihrer Mitwelt unterschieden, aber sie sind als Gottes
Volk ihr nicht entnommen, sondern an die Gesellschaft und die Mitmenschen
gewiesen. Sie sollen innerhalb der vorhandenen Strukturen (einschließlich ihrer Werte, soweit sie nicht im Widerspruch zum Glauben stehen) auf ihren Gott
verweisen. Entsprechend mutet es der 1 Petr seinen Adressaten zu, ›nüchtern
und wachsam‹ einen Weg zu gehen zwischen der Gefahr der Anpassung einerseits und der ebenso großen der Isolation und der Weltflucht andererseits. Das
bestätigt sich, wenn man die im 1 Petr vorausgesetzten bzw intendierten Gemeinden religionssoziologisch zu erfassen versucht.

(3) Wenn man das im § 7 über die Christen in der antiken Gesellschaft Festgestellte religionssoziologisch[76] einordnet, so könnte man das frühe Christen-

---

[75] Dem entspricht auch, daß die so oft betonte Gemeinschaft nicht Selbstzweck ist. Wenngleich aufgrund der dargestellten Situation und der Veranlassung des Schreibens der 1 Petr natürlich als erstes die Stärkung der Gemeinschaft im Blick hat, ihr Selbstverständnis, ihren Zusammenhalt und ihre Verteidigungsstrategie, so verliert er dabei doch nicht ihre Aufgabe in
dieser Welt und für ihre Menschen aus dem Blick.

[76] Im wesentlichen schließe ich mich hier den Arbeiten von WILSON an, der im Anschluß
an die Untersuchungen von TROELTSCH die Sekten als Protestbewegungen klassifiziert, dabei
aber dessen Sektenbegriff modifiziert. Der für TROELTSCH konstitutive Gegensatz Sekte-Kir-
che ist für ihn zu sehr auf christliche Sekten beschränkt und außerdem geschichtlich überholt.
Angesichts des ständig nachlassenden Einflusses der Großkirchen in deren Einflußgebieten
sowie dem generellen Fehlen einer solchen Einheitskirche in den USA definieren sich nach
WILSON zumindest heutige Sekten weniger aus dem Gegensatz zur Kirche als aus dem zur sä-
kularisierten Welt.

tum insgesamt als Sekte[77] beurteilen und dies – wie es Elliott auch getan hat[78] – auch auf den 1 Petr anwenden[79]: Die ganzen Ehrentitel der christlichen Gemeinde von »Priesterschaft« bis »Gottesvolk«, die Bezeichnungen als Heilige, Erwählte und natürlich auch als Fremde – all das spiegelt ein elitäres Selbstbewußtsein, das die Mitglieder von der Umwelt abhebt, ihnen andererseits aber auch eine besondere Lebensführung abverlangt, die die »Teilhabe an einer höheren Macht« dokumentiert[80]. Der Freiwilligkeit der Zugehörigkeit entspricht eine exklusive Bindung an die Überzeugung, die – im Unterschied zu einer Volkskirche oder Staatsreligion – den gesamten Lebensstil und die Haltung prägt[81]. Dazu kommt die Betonung der Gemeinschaft und ein ausgeprägter Sinn für Solidarität.

Diese Einordnung läßt sich nun allerdings nicht ohne Abstriche vollziehen[82]. Überhaupt verbindet sich, wie gesehen, im 1 Petr deutliche Abgrenzung mit erstaunlicher Offenheit. Wohl wird der Gegensatz der eigenen Existenz zum Selbstverständnis der Umgebung betont, aber ebenso, wie seine Theologie nicht nur aus der Negation eines Gegenübers lebt, so definiert auch der 1 Petr seine Gemeinde der ›Fremden‹ gerade nicht über fixierte Feindbilder. Zu beachten ist auch, daß der 1 Petr zwar beständig das Anders- und Bessersein als christliche Aufgabe betont, daß er jedoch nirgends abgrenzend auf die mora-

---

[77] Im Anschluß an TROELTSCH und die heutige Religionssoziologie und gegen den üblichen, kirchlich geprägten Sprachgebrauch ist dabei ›Sekte‹ als wertneutrale soziologische Kategorie verstanden.

[78] Vgl vor allem Home 73ff.

[79] Die Kriterien folgen WILSON: Sekten 27ff; ders.: Religion 91ff.

[80] WILSON: Sekten 35; vgl 1 Petr 3,13ff.

[81] Die Zugehörigkeit zur Glaubensgemeinschaft ist die »wichtigste Eigenschaft« des Mitglieds.

[82] Es ist schon bemerkenswert, daß über diese allgemeinen Aussagen hinaus kein spezieller Sektentypus exakt auf den 1 Petr paßt. Von den sieben Einstellungen, die WILSON: Sekten 39ff im Blick auf das Weltverhältnis unterscheidet, käme noch am ehesten die sogenannte ›konversionistische‹ (vgl ebd 39f) der vom 1 Petr gezeichneten bzw intendierten Einstellung seiner Gemeinschaft nahe (so auch ELLIOTT: Home 73ff): Aufgrund der Verderbtheit der Welt mit ihren Institutionen (samt der Religion) – so WILSON über diesen Typus – kann das Heil nur durch eine grundlegende Änderung von Gott her erreicht werden. Im 1 Petr entspräche dem die zentrale Bedeutung der Wiedergeburt (1,3.23; 2,2), die aus dem nichtigen Lebenszusammenhang (1,18) und der Todverfallenheit des Daseins (1,23–25) errettet hat. Allerdings gibt es auch entscheidende Unterschiede, auf die es mir im Gegensatz zu ELLIOTT: Home 73ff genauso ankommt wie auf die von ELLIOTT einseitig betonten Übereinstimmungen mit dem ›konversionistischen‹ Sektentypus. Fraglich scheint mir schon, ob im 1 Petr ein Bekehrungs*erlebnis* als zentrales Ereignis in den Mittelpunkt gestellt wird (mit all den abgrenzenden Konsequenzen, die das für die Mitgliedschaft hat). Sein Zentrum ist doch der Zuspruch, der mit dem Rückgang auf die Taufe immer wieder begründet wird. Des weiteren ist der 1 Petr nur bedingt egalitär und laizistisch (auch dies ein weiteres Merkmal einer Sekte): Trotz des gemeinsamen Priestertums in der Gemeinschaft (2,5.9) und der Erinnerung an die paulinische Charismenverfassung in 4,10f zeichnet sich in 5,1ff – besonders in 5,5 mit der Aufforderung zur Unterordnung unter die Presbyter – bereits deutlich der Beginn der kirchlichen Ämterhierarchie ab. Untypisch ist weiter die dezidiert positive Haltung zur Obrigkeit im 1 Petr sowie die Tatsache, daß ihr und damit der ›Welt‹ Kompetenz im moralischen Urteil zugesprochen wird (2,14).

lische Überlegenheit der Christen rekurriert. Die Betonung der Freude, ja des Jubels im Leiden befreit und öffnet. Das Heil soll nicht eingeschlossen, sondern mitgeteilt werden, und dies vermittelt gerade auch über ein auf der gemeinsamen ethischen Grundlage anerkanntes Verhalten der Christen. Das alles macht meines Erachtens trotz genuiner Merkmale einer ›konversionistischen Sekte‹ die völlige Einordnung der petrinischen Gemeinden in den Typus einer ›Sekte‹ schwierig. Man könnte von einer Mischform bzw einer Übergangsform sprechen, wenn dies nicht zu einfach wäre, da die Bewegung im 1 Petr nicht einfach nur in eine Richtung – von der ›Sekte‹ zur ›Kirche‹ – geht. Neben der dargestellten Offenheit hat der 1 Petr mit der Kategorie der Fremde gerade eine ›sektenhafte‹ Komponente nachdrücklich zur Geltung gebracht, ja zum Konstitutivum seiner Gemeinden gemacht: die in ihrer eschatologischen Existenz gründende, umfassende Fremdheit und die daraus resultierende Verpflichtung, sich im Lebensvollzug von den anderen Menschen abzuheben. Und es ist wohl gerade diese Doppelheit, die das Besondere der petrinischen Ekklesiologie ausmacht: sie verbindet (in ihren zeitbedingten Grenzen) die Offenheit einer Kirche mit der Entschiedenheit einer Sekte[83].

5. Zusammenfassung

Mit der Bezeichnung der Christen als Fremde wird ihre gesellschaftliche Außenseiterposition mit ihren Folgen der Ausgrenzung, Diffamierung und Bedrohung theologisch auf den Begriff gebracht und so als Ausdruck ihrer eschatologischen – und so weltlich nicht ableitbaren und gesellschaftlich nicht angepaßten – Existenz gedeutet. Dadurch wird das Fremdsein so in ihr Selbstverständnis integriert, daß gerade auch in dieser negativen Welterfahrung die Glaubenden freudig und zuversichtlich werden. Der 1 Petr tut dies nun aber nicht so, daß er damit die Fixierung auf die eigene Gemeinschaft und das (böse) Gegenüber festschreibt oder gar den ›Haß der Welt‹ als Kennzeichen christlicher Existenz einfordert[84]. So wie er die Glaubenden ›Fremde‹ nennt, ohne damit ein Gegenüber als Ort der Fremde festzulegen, so ist überhaupt für den 1 Petr eine – in Anbetracht der Situation ganz erstaunliche – Offenheit zu seiner Umgebung und seinen Mitmenschen kennzeichnend. Möglich wird dies durch die bewußte theologische Erfassung des Gegensatzes zur Umwelt, die die Bedrück-

---

[83] TROELTSCH: Soziallehren passim vgl 184f.382ff.423ff.794f.810ff uö hat einleuchtend gezeigt, daß im Christentum ein dialektisches Prinzip wirksam ist, dergestalt, daß für es von Anfang an ein Wechselspiel von (auf Abgrenzung und Profil bedachten) ›sektiererischen‹ und (auf Integration und Allgemeinheit bedachten) ›kirchlichen‹ Kräften charakteristisch war. Diese Charakterisierung trifft gerade auch für den 1 Petr zu, wie nicht zuletzt seine Wirkungsgeschichte bestätigt. Wohl nicht zufällig hat der 1 Petr in besonderem Maße auch das Selbstverständnis von kritischen, ›sektiererischen‹ Randgruppen mitgeprägt, die allerdings zumeist – anders als etwa die sich auf die Apokalypse beziehenden Gruppen – damit in der Kirche blieben (su Anhang 3).

[84] Vgl Jak 4,4; 1 Joh 2,15; Ign R 3,3.

ten auf den erwählenden Gott und den leidenden Christus verweist und aus der Entsprechung dazu ein befreites Verhältnis zu ihrer Bedrängnis möglich macht. Aus dieser Möglichkeit christlicher Freiheit heraus kann er ihnen dann zumuten, zwischen der Macht des Bösen und den in ihrem Sinne handelnden, »unwissenden« Menschen zu unterscheiden.

Damit wird gerade durch diese Selbstbezeichnung ›Fremdlinge‹ die christliche Freiheit so im Weltbezug der Gemeinde zur Geltung gebracht, daß dadurch bereits innerhalb der frühen Christenheit die Überwindung einer auf Abgrenzung fixierten und aus dieser Abgrenzung sich definierenden Randexistenz angelegt war. Diese erstaunliche Offenheit hat wohl schon rein geschichtlich nicht unwesentlich dazu beigetragen, daß aus den christlichen Gemeinden eine Weltkirche wurde.

Zugleich bleiben die Mitglieder der Gemeinde Gottes aber die ›Fremdlinge in der Zerstreuung‹. Gegen alle Versuchungen einer auf Erfolg bedachten und einseitig kompromißbereiten Anpassung und Assimilation betont der 1 Petr ihre in der Gottesbeziehung gründende andere Identität und den dieser entsprechenden Auftrag. Den Christen wird gerade als den Fremden eine zeichenhafte Existenz zugemutet. In einer von Gott entfremdeten Welt sind sie als die Fremden die durch die in Christus eröffnete Hoffnung Neugeborenen, die in Wahrheit Heimgekehrten, die eben diese »Hoffnung in ihnen« durch ihr Anderssein bezeugen. Auch das gehört nach dem 1 Petr entscheidend zum Selbstverständnis und Weltbezug der christlichen Gemeinde, und die Erinnerung an dieses notwendige Fremdsein der aus Gottes Zukunft lebenden Gemeinde in dieser Weltzeit hat ja dann auch die Kirche durch ihre ganze Geschichte begleitet. Es waren meist selbst Außenseiter, die oft in Opposition zu einer verweltlichten Kirche diese wieder an die Fremdlingsschaft der Glaubenden erinnert und sie so heilsam beunruhigt haben.

Anhang 1: Einleitungsfragen

In aller Kürze soll hier auf die sogenannten Einleitungsfragen zum 1 Petr eingegangen werden, soweit sie für die Fragestellung dieser Arbeit von Belang sind.

1. Verfasserschaft

Der 1 Petr beginnt mit der Selbstvorstellung des Absenders: »Petrus, ein Apostel Jesu Christi« (1,1). Ebenso endet er mit einem persönlichen Gruß und der Erwähnung von Mitarbeitern (5,13f). Trotz dieser Angaben wird die petrinische Verfasserschaft dieses Schreibens seit Beginn des 19.Jahrhunderts zunehmend bestritten; entsprechend wird es von vielen heutigen Exegeten für unwahrscheinlich, wenn nicht unmöglich gehalten, daß der Apostel Simon Petrus diesen Brief geschrieben hat. Gegen eine petrinische Verfasserschaft wird vorgebracht:
– Der Brief ist in relativ gutem Griechisch abgefaßt, was für einen galiläischen Fischer zumindest ungewöhnlich ist[1].
– Der 1 Petr verwendet das AT ausschließlich in der griechischen Übersetzung, mit der er sich als sehr gut vertraut zeigt. Bei einem palästinischen Juden sollte man wenigstens einen Einfluß seiner Kenntnis der hebräischen Bibel erwarten dürfen[2].
– Wenn die Ortsangabe Babylon am Ende des Briefes sich auf Rom bezieht[3] – und das wird heute zumeist angenommen[4] – dann spricht dies deutlich für eine Datierung

---

[1] Zwar hat der Apostel Petrus spätestens auf seinen Reisen Griechisch gelernt, wenn er es nicht schon vorher konnte, was wohl sogar wahrscheinlicher ist – Galiläa war eine Insel im griechischsprechenden Gebiet. Es erscheint jedoch als weit weniger wahrscheinlich, daß er sich den Stil eines gebildeten Griechen angeeignet hat. Vom einfachen Umgangsgriechisch zum sprachlichen Niveau des 1 Petr ist es ein weiter Schritt, zumal für einen galiläischen Fischer, der auch nach biblischem Zeugnis ein ἀγράμματος ist (Apg 4,13).
[2] Es haben zwar auch andere christliche Schriftsteller wie Paulus und Matthäus, die von Hause aus zweisprachig waren (bzw dreisprachig, wenn man Hebräisch dazunimmt), oft die Septuaginta zitiert; daneben gibt es jedoch gerade bei ihnen immer wieder Stellen, an denen sie sich eigenständig auf den hebräischen biblischen Text zurückbeziehen. Merkwürdigerweise fehlt das beim 1 Petr ganz, obgleich doch sein Verfasser, wenn es Petrus wäre, als Galiläer Aramäisch als Muttersprache sprach und ihm somit ein Rückgang auf das hebräische AT noch eher zuzutrauen wäre als einem von Hause aus zweisprachigen Paulus.
[3] Dafür spricht zum einen, daß Babylon als Deckname für Rom in christlicher (vgl Offb 14,8; 16,19; 17,5; 18,2.10.21) und jüdischer Überlieferung (vor allem im apokalyptischen Schrifttum wie im 4.Esra und der syrischen Baruchapokalypse; weitere Belege bei HUNZINGER: Babylon 71ff) bekannt ist.
[4] Neben der erwähnten Bezeugung des Decknamens Babylon für Rom wird dafür meist noch darauf verwiesen, daß seit dem Ende des 1.Jahrhunderts nach einhelliger kirchlicher Überlieferung Petrus mit Rom in Verbindung gebracht wird (1 Cl 5,3f; Ign R 4,3), während

nach 70, und dh nach dem vermutlichen Tod des Petrus[5], da erst seit der Tempelzerstörung aufgrund der Parallele zwischen den Babyloniern und den Römern[6] diese Übertragung belegt ist.

– In mehrfacher Hinsicht spricht auch die im Schreiben angesprochene Situation der Christen für eine Datierung nach dem Tod des Petrus. Zum einen setzt bereits die Adressatenangabe voraus, daß das Christentum über ganz Kleinasien verbreitet ist. Das aber ist »seit der Mitte der 60er Jahre denkbar, um 80 aber sicher«[7]. Zum andern ist die Situation der Spannung mit der Umgebung, auf die sich der 1 Petr deutlich bezieht, zu einer Dauersituation geworden, und zwar offensichtlich für alle Christen im römischen Reich (vgl 5,9), die nun auch unter der neuen Bezeichung »Christen« bekannt sind (4,16). Das aber paßt eher in die Zeit der letzten zwei oder drei Jahrzehnte des 1.Jahrhunderts, als die Christen schon so weit verbreitet und so zahlreich geworden waren, daß man in größerem Maß auf sie aufmerksam wurde und diese vor allem seitens der Bevölkerung, mehr und mehr aber auch seitens der Behörden, reichsweit stärker unter Druck gesetzt wurden.

Neben diesen Haupteinwänden gibt es noch eine Reihe weiterer Einzelbeobachtungen, die eher gegen eine Abfassung dieses Briefes durch den Apostel Petrus sprechen:

– Man kann sicher darüber streiten, ob der Brief, wenn er denn von Petrus wäre, mehr persönliche Eigenart seines Verfassers sowie etwas von seiner Beziehung zu Jesus[8] erkennen lassen müßte[9] – jedenfalls ist der 1 Petr »dermaßen bar aller diesbezüglichen Originalität, daß dies ins Gewicht fällt«[10]. Der Verfasser nimmt in seinem Schreiben verschiedene Traditionen der Kirche in hellenistischer Prägung[11] auf, die nahelegen, daß hier nicht ein Mann der ersten Stunde spricht[12]. Das gilt um so mehr, als der 1 Petr pauli-

---

Bezüge des Petrus zu Mesopotamien nicht bekannt sind. Gleiches gilt für das am Trajanskanal gelegene ägyptische Babylon, dessen älteste Mauerreste zudem auf Trajan zurückgehen (vgl ALAND: Kirche 204), also auf eine Zeit, die mit größter Wahrscheinlichkeit nach der Abfassung des 1 Petr liegt.

[5] Zum Aufenthalt des Petrus in Rom und zu seinem Tod vermutlich im Zusammenhang mit den neronischen Verfolgungen vgl LIETZMANN: Petrus römischer Märtyrer 100–123; ALAND: Der Tod des Petrus in Rom.

[6] Vgl HUNZINGER: Babylon 71.

[7] GOPPELT 29, dort auch nähere Begründung; ähnlich GUNKEL 27; BROX 27.

[8] 1 Petr 5,1 meint wohl keine Augenzeugenschaft (einmal ganz abgesehen davon, daß der historische Petrus sich wohl kaum als Augenzeuge der Leiden Jesu bezeichnen konnte). Der Verweis auf eine solche Augenzeugenschaft würde in diesem Zusammenhang keinen Sinn ergeben. Anders verhält es sich dagegen, wenn der Verfasser in Form selbst erlittener Leiden als ›Tatzeuge‹ an den Leiden Christi teil hat, wofür auch die Wortwahl spricht (vgl das κοινωνός in 5,1 mit dem κοινωνεῖν in 4,13). So nur bleibt auch »die deutlich gemeinte soteriologische Entsprechung von Leiden und Herrlichkeit enthalten (vgl 4,13f) und außerdem ist der Verfasser nur in diesem Fall als befugt erwiesen, in der Verfolgungssituation seine ›Ermahnungen‹ zu geben, weil er kein Außenstehender, sondern ein ›Teilhaber‹ an der Not des Leidens selbst ist« (BROX 229).

[9] Dagegen GOPPELT 67.

[10] BROX 45.

[11] GOPPELT 67; vgl BROX 45: »Der Brief demonstriert statt irgendwelcher Primärkenntnisse des Verfassers aus historischer Zeugenschaft dessen Abhängigkeit von verschiedenartigen kirchlichen Traditionen.«

[12] Besonders gilt dies im Blick auf die Jesuslogien, die der Verfasser aus der Tradition schöpft, vgl BROX: Tradition.

nische Tradition spiegelt[13], was ebenfalls eher gegen eine petrinische Verfasserschaft spricht[14].

– Wir wissen nichts von einer Beziehung des Apostels Petrus zu den im 1 Petr adressierten Gemeinden. Fraglich ist zudem, ob Petrus – zumal nach den Auseinandersetzungen in Galatien – sich autoritativ an Gemeinden wenden kann, die im Missionsbereich des Paulus liegen, und das, ohne auf Paulus überhaupt einzugehen.

– Sollte in 4,12ff auf behördliches Vorgehen gegen die Christen angespielt sein, das allein aufgrund der Zugehörigkeit zum Christentum (›nomen ipsum‹) gegen die Gläubigen erfolgte, so ist dies vor der neronischen Verfolgung schwer denkbar, zumal auch die Unterscheidung von den Juden erst zu dieser Zeit auch Außenstehenden zunehmend bewußt zu werden begann[15].

– Ein Merkmal des 1 Petr ist auch die starke Übertragung jüdischer Traditionen auf die christliche Gemeinde. Der 1 Petr bietet hier das Bild einer konsolidierten Kirche, die das jüdische Erbe bereits ganz integriert hat. Erwähnenswert ist in diesem Zusammenhang auch das gänzliche Fehlen des Problems Judenchristen-Heidenchristen, das etwa in Gal 2 im Vordergrund steht. Dies spricht doch eher für eine Abfassung nach 70, als die Autorität vor allem des palästinischen Judenchristentums gebrochen war.

– Des weiteren zeigen die angesprochenen Gemeinden eine Entwicklungsstufe, die in spätere Zeit weist[16]. So fehlen die speziellen Probleme aufstrebender Junggemeinden, wie sie in den Paulusbriefen begegnen; in gewisser Weise sind die Angesprochenen schon zur ›Kirche‹ geworden. Ebenso weisen die Bezugnahmen auf die Gemeindeverfassung als einzige nachpaulinische Schrift (mit Ausnahme der Apg, die dies jedoch im Rückblick tut) noch eine Erinnerung an die alten charismatischen Dienste auf (4,10f), die aber bereits deutlich von einer Frühform der Presbyterialverfassung (5,1–5) überla-

---

[13] Ein gute Übersicht über die Beziehung des 1 Petr zu den Paulusbriefen geben SCHELKLE 5–7 (der eine Kenntnis des Römerbriefs für möglich hält) und BROX: Tradition 183; vgl das Urteil von BROX in seinem Kommentar 45f: Der 1 Petr »ist nämlich in vielem so deutlich paulinisch, daß man, wie oft gesagt worden ist, ohne die Namensangabe in 1,1 unbedingt einen Paulusschüler, aber nicht den Apostel Petrus als Verfasser vermuten würde«. Das wird zwar immer wieder bestritten, aber die Gegenargumente überzeugen nicht: Die für Paulus typische Gesetzesproblematik fehlt etwa auch in 2 Kor, ebenso im deuteropaulinischen Kol. ALAND: Kirche 201 hat diesen paulinischen Charakter des Schreibens gerade auf dem Hintergrund der Schriften der Apostolischen Väter und der theologischen Entwicklung der Literatur des 2.Jahrhunderts noch einmal nachhaltig unterstrichen: »...die abweichende Meinung mancher Neutestamentler erklärt sich daraus, daß sie die Schriften der Apostolischen Väter und die theologischen Entwicklungslinien der Literatur des 2.Jahrhunderts außerhalb des Neuen Testaments nicht genügend im Blickfeld haben« (ebd). Reine Spekulation scheint mir jedoch die Ansicht von SCHENKE/FISCHER: Einleitung 203 zu sein, daß der 1 Petr ursprünglich ein (pseudepigraphischer) Paulusbrief gewesen sei.

[14] Vgl BROX 46: »...nach den Informationen, die aus Gal 2 und Apg zu gewinnen sind, kann nicht angenommen werden, daß Petrus so paulinisch wie der 1Petr gedacht und gesprochen hat«. BROX weist in diesem Zusammenhang darauf hin, daß man dazu keinen tiefen Graben zwischen Paulus und Petrus aufwerfen und eine mögliche Annäherung des Petrus an paulinische Theologie für unmöglich erklären müsse. Auffällig sei aber, daß der 1 Petr die paulinischen Theologumena des Konfliktes zwischen Paulus und Petrus gerade nicht enthalte, also »eine paulinische Tradition ohne diesen Konflikt« biete (ebd 46). Das entpricht im übrigen der Entwicklungsstufe der Deuteropaulinen.

[15] Vgl GOPPELT 62.

[16] Vgl CHEVALLIER: Vocation 388.

gert sind[17]. Umgekehrt fällt auch der katechetische Charakter dieses Schreibens auf, seine pastorale Routine. »Daß aber Petrus als Mann der ersten Generation und in der Situation erster kirchlicher Erfahrungen bereits ein Rundschreiben dieser formalen und inhaltlichen Art, in der ›die‹ Situation des Christseins als solche besprochen wird (nicht die augenblickliche Lage einer konkreten Kirche wie in den Paulinen), abgefaßt haben soll, ist zumindest äußerst unwahrscheinlich«[18].

Nun wird man zugeben müssen, daß keines der Argumente für sich ganz eindeutig und so zwingend ist, wie manchmal vorgegeben wird: Was etwa die Situation der Christen anlangt, so bezeugt Tacitus (Annalen 15,44,2) zumindest für Rom, daß dort bereits zu Lebzeiten des Petrus eine relativ große Gemeinde[19] und eine entsprechend massive Ablehnung gegen die christliche Gemeinde seitens der Bevölkerung bestand[20]. Die gute Beherrschung einer fremden Sprache – auch ohne die Möglichkeit einer speziellen Ausbildung – ist zwar ungewöhnlich, jedoch nicht so unmöglich, wie gerne behauptet wird: Das Beispiel Joseph Conrads etwa steht dagegen[21], wobei noch zusätzlich die Zweisprachigkeit Palästinas[22] zu berücksichtigen ist: Anders als Joseph Conrad dürfte Petrus bereits in seiner Jugend die Gelegenheit gehabt haben, etwa in Bethsaida (=Julias!) die Grundlagen der griechischen Sprache zu erlernen. Die ausschließliche Benutzung der LXX könnte Rücksicht auf die Traditionen seiner Adressaten sein. Das Argument mit Babylon setzt zum einen voraus, daß wirklich Rom damit gemeint sein soll und nicht etwa nur ein (zum Thema der Fremde durchaus passendes) Symbol für die Verbannung angesprochen wird[23]. Und selbst dann, wenn Rom gemeint ist, so ist die Gleichsetzung mit Babylon zwar erst nach 70 bezeugt, aber dieses argumentum e silentio kann (angesichts der vielen verlorengegangenen Schriften) nicht mit Sicherheit ausschließen, daß diese Tradition nicht älter ist. Erschwerend kommt endlich hinzu, daß wir im Unterschied zu den Paulusbriefen kein mit Sicherheit originales Schreiben des Petrus besitzen, mit dem ein Vergleich möglich wäre.

---

[17] Vgl GOPPELT 64.

[18] BROX 46.

[19] Nach Tacitus: Annalen 15,44,4 wurde unter Nero eine »multitudo ingens« hingerichtet.

[20] Es ist nicht überzeugend, wenn WLOSOK: Rom 11f dieses Wissen Neros nur auf die christenfeindlichen Ratgeber des Kaisers zurückführt, da die Umwelt das Christentum noch für eine jüdische Sekte gehalten habe. Nero reagiert ja auf den gegen die Christen gerichteten Haß der Bevölkerung. Dafür spricht nicht zuletzt der – wohl textkritisch ursprüngliche (vgl WLOSOK 9f) – Spottname Chrestianoi, den die Christen nach Tacitus *im Volk* hatten (Annalen 15,44,2).

[21] Der Pole Joseph Conrad – eigentlich hieß er Josef Teodor Nalecz Korzeniowski – lernte erst als Erwachsener (und zwar als Seemann!) Englisch und wurde doch einer der großen stilistischen Meister der englischen Literatur. Vgl auch NEUGEBAUER: Bedeutung 72: »Wie kann ein einfacher Fischer vom galiläischen Meer so schreiben? Wer so fragt, meint freilich auch sehr viel zu wissen, z.B. daß ein Fischer vom galiläischen Meer mit Notwendigkeit einen niedrigeren Intelligenzquotienten und mangelnde Sprachbegabung haben müsse, von der eventuellen Mitwirkung des Silas einmal abgesehen. Argumentationen wie diese basieren auf akademischen Trugbildern und resultieren u.U. aus dem fehlenden Umgang mit sog. einfachen Menschen«.

[22] Vgl dazu jetzt HENGEL: ›Hellenization‹ 7ff.

[23] Das vermutet etwa BERGER: Formgeschichte 366 unter Verweis auf die »jüdische Tradition der Diasporabriefe, besonders überliefert für die Propheten Jeremia und Baruch«. Babylon sei »dort nicht negativ gewertet wie in apokalyptischen Schriften und steht daher wie in den Jeremia- und Baruch-Briefen für die gedachte Mitte der Diaspora«.

Offen bleiben auch Fragen wie die, warum ausgerechnet der Paulusmitarbeiter Silvanus genannt wird oder wie die Verbreitung des pseudepigraphischen Schreibens in eben dem Raum zu denken ist, in den es gerichtet ist[24].

Dennoch scheint mir die Gesamtheit der Einwände mit größerer Wahrscheinlichkeit gegen den Apostel Petrus als Verfasser dieses Schreibens zu sprechen, zumal die Pseudepigraphie im frühen Christentum auch sonst verbreitet war.

Ein Versuch, trotz der Einwände zumindest indirekt an der Urheberschaft des Apostels Petrus festzuhalten, ist die sogenannte Sekretärshypothese. Sie versteht das διὰ Σιλουανοῦ in 5,12 als (relativ selbständige) Abfassung des Schreibens durch den Paulusmitarbeiter Silvanus (=Silas) auf Veranlassung des Petrus und versucht damit, die oben gegen Petrus als Verfasser dieses Briefes vorgebrachten Einwände zu lösen, so das gute Griechisch, den Rückbezug allein auf die LXX, die Nähe zur paulinischen Theologie sowie die Beziehung zu den paulinischen Missionsgemeinden. Doch wirft auch diese – im übrigen durch 5,12 kaum gedeckte[25] – Annahme, Silvanus habe diesen Brief abgefaßt, neue Probleme auf. »Wenn nämlich Silvanus für die Eigentümlichkeiten des 1 Petr verantwortlich ist, die dessen Verbindung mit dem Namen Petrus schwierig machen, dann hatte er bei der Abfassung so große Selbstständigkeit und setzte dabei derartige literarische wie theologische Qualitäten ein, daß es nur mehr sinnvoll ist, ihn selbst und nicht Petrus den Verfasser zu nennen«[26]. Zudem vermag diese Hypothese keineswegs alle genannten Schwierigkeiten beiseite zu räumen, vor allem nicht diejenigen, die für eine Spätdatierung sprechen wie Babylon-Rom, die Situation der Gemeinde und der Charakter des Schreibens etc. Man müßte in diesem Fall höchstens davon ausgehen, daß Silvanus den Brief erst einige Zeit nach dem Tod des Petrus geschrieben hat, wobei dann erst recht nicht mehr eigentlich von Petrus als dem Verfasser dieses Schreibens gesprochen werden kann. Und selbst hier bleiben Fragen offen. Warum wird Paulus – anders als es seit dem 1 Cl durchweg üblich wurde – von seinem eigenen Mitarbeiter verschwiegen[27]? Merkwürdig wäre auch die bei Silvanus als Verfasser peinlich wirkende Selbstempfehlung in 5,12. Die

---

[24] Nach BROX: Verfasserangaben 62 gehört dieses Problem »zu den ungeklärtesten Fragen der gesamten Pseudepigraphie«. BROX weist im weiteren (ebd 65f) darauf hin, daß Fälschungen im Urchristentum zwar keineswegs einfach eine akzeptierte Selbstverständlichkeit waren, als die sie von heutigen Apologeten hingestellt werden, daß sie aber andererseits auch nicht unbedingt als moralische Ungeheuerlichkeit gewertet wurden. Eine »gewisse ›Uninteressiertheit‹ am Autor« (ebd 66) gegenüber dem Inhalt, die gerade für das frühe Christentum bezeichnend gewesen sei, mag der Verbreitung solcher pseudepigraphischer Schriften wie dem 1 Petr entgegengekommen sein. BROX räumt freilich ein: »Allerdings scheint mir auch vor diesem Hintergrund keine wirklich plausible Beschreibung des ›Starts‹ einer pseudepigraphischen (z.B. pseudapostolischen) Schrift möglich zu sein« (ebd). NEUGEBAUER: Bedeutung 67f hat auf dieses Problem nachdrücklich hingewiesen. Er hält es nicht zuletzt deshalb für wahrscheinlicher, daß dieser Brief vom Apostel selbst verfaßt wurde (vgl ebd 72).

[25] Vgl BROX: Tendenz 111: »Der Hinweis auf Silvanus (5,12) ...will übrigens aller Wahrscheinlichkeit nach gar nicht bedeuten, daß Silvanus als Sekretär fungierte, sondern daß er den Brief an die Gemeinden überbracht hat. Nur in dieser Bedeutung ist die Phrase γράφειν διά τινος nämlich in der frühchristlichen Literatur belegt (IgnRom 10,1; Philad 11,2; Smyr 12,1; PolycPhil 14,1)«.

[26] BROX: Tendenz 111.

[27] Vgl GOPPELT 68.

Sekretärshypothese erscheint so als eine apologetische Notlösung, die zudem neue
Probleme aufwirft und nicht frei von Widersprüchen ist[28].

Zu klären bleibt die Frage nach dem Sinn dieser wahrscheinlich pseudepigraphischen
Verfasserangabe, zumal in Verbindung der Nennung des Silas. Eine Schule des Petrus
läßt sich zwar nicht ausschließen; das bleibt jedoch bloße Vermutung[29]. So ist am ehesten anzunehmen, daß hier ein unbekannter Verfasser sich der apostolischen Autorität
des Petrus bedient, möglicherweise mit einer durch die Nennung des Silas erfolgenden
›paulinischen Rückversicherung‹. »Man kann von einer literarischen Form der Vergegenwärtigung apostolischer Rede in nachapostolischer Situation sprechen«[30]. Darüber
hinausgehende Vermutungen, daß hier auch wegen der Verbindung mit der Welthauptstadt (falls diese Angabe historisch zu nehmen ist) schon erste Regungen eines weitergehenden Anspruchs Roms zu sehen seien[31], lassen sich nicht erhärten. Von außen einge-
tragen ist die Vermutung, hier werde Paulus »nachdrücklich dem Petrus« untergeordnet;
die Tendenz des Absenders Petrus/Silvanus sei daher »die Aufrichtung der Autorität Petri auch über die paulinischen Missionsgebiete«[32]. Möglicherweise bestand schon wegen der Thematik des Briefes auch ein besonderes Interesse an einem Märtyrerapostel[33].

2. Datierung

Von Bedeutung ist diese Frage der Verfasserschaft nicht zuletzt im Zusammenhang
der Datierungsfrage, von der wiederum abhängig ist, welche zeitgeschichtliche Situation als Hintergrund für den 1 Petr angenommen werden kann. Geht man davon aus, daß
der Verfasser dieses Schreibens nicht Petrus selbst war, so wird man aufgrund der obigen Angaben eine Abfassung nach 70 für wahrscheinlich halten[34].

Was den Terminus ad quem angeht, so spricht schon die Bezeugung des 1 Petr im Po-
lykarpbrief (um 120) dafür, daß der 1 Petr kaum nach dem Ende des ersten Jahrhunderts
verfaßt wurde. In die gleiche Richtung verweist auch die Benützung des 1 Petr durch Papias[35] und den 2 Petr, der den 1 Petr bereits als autoritatives Schreiben voraussetzt.

Des weiteren kennt, wie schon gesagt, der 1 Petr als einzige nachpaulinische Schrift
noch die Charismenverfassung der Gemeinde (4,10f vgl Röm 12,6ff), wenngleich diese
von einer Frühform der Prebyterialverfassung bereits deutlich überlagert ist. Da nun Ig-

---

[28] Vgl Brox: Tendenz 111: »Genau besehen wird die Verfasserschaft des Petrus hier para-
doxerweise mit der Annahme gerettet, daß Petrus diesen Brief eben nicht geschrieben hat«.

[29] Der einzige Anhaltspunkt für einen Kreis um Petrus, der seine Traditionen bewahrte,
könnte die das Markusevangelium betreffende, freilich höchst umstrittene Papiasnotiz sein
(Eus Hist Eccl III,39).

[30] Brox: Tendenz 120.

[31] So etwa Bauer: Rechtgläubigkeit 106. Auch Goppelt 66 deutet diese Möglichkeit an:
»Hinter dem Brief steht die Gemeinde der Welthauptstadt, die für die ganze Kirche durch das
Vorgehen Neros die erste Märtyrergemeinde und durch das Martyrium der beiden wichtigsten
Apostel Vertreterin ihres Vermächtnisses geworden war. Der Brief eröffnet allen Anzeichen
nach die Reihe der von der römischen Gemeinde ausgehenden ökumenischen Schreiben nach
dem Osten«.

[32] Vielhauer: Geschichte 589.

[33] Reichert: praeparatio 537ff.

[34] Dies vor allem wegen Rom/Babylon. Dies spricht gegen Goppelt 64f, der als Abfas-
sungszeitraum 65–80 vorschlägt.

[35] Nach Eus Hist Eccl III,39.

natius um 110 in Kleinasien bereits das monarchische Episkopat zumindest als die ange-messenste Gemeindeverfassung voraussetzt[36], dürfte der 1 Petr, der eine deutlich frühe-re Stufe in der Entwicklung der Gemeindeverfassung zeigt, vor der Jahrhundertwende entstanden sein[37]. Für eine genauere Datierung fehlen Anhaltspunkte, wenngleich der fehlende Bezug auf Martyrien eher in die Frühzeit Domitians (zwischen 81 und 90) ver-weist.

3. Adressaten

Die wohl kaum endgültig zu klärende Frage, ob der 1 Petr wirklich in Rom verfaßt wurde[38] oder ob auch diese Absenderangabe Fiktion ist[39], kann hier offen bleiben. Was die Adresse anlangt, so gibt diese zwar bis heute Rätsel auf[40], kaum ein Zweifel besteht jedoch daran, daß der 1 Petr speziell nach Kleinasien gerichtet war und dort auch an-kam: Bereits im frühen zweiten Jahrhundert wird er dort aufgenommen und zitiert[41]. In Kleinasien, einem Zentrum der frühen Christenheit, scheinen auch die Konflikte, die die Adressaten des 1 Petr bedrängen, besonders akut gewesen zu sein[42].

Deutlich ist dem Brief zu entnehmen, daß die Gemeinde vorwiegend – nicht notwen-dig ausschließlich – aus Heidenchristen besteht: Die religiöse Abqualifizierung der Ver-gangenheit der Gemeindeglieder als nichtiger Lebenswandel (1,18) und götzendieneri-sches Treiben (4,3 vgl weiter 1 Petr 1,14; 2,25; 3,6) oder Aussagen wie 2,10, daß die An-gesprochenen einst nicht Gottes Volk waren, kann sich nicht auf eine jüdische Vergan-genheit beziehen.

---

[36] Bereits in den Pastoralbriefen treten aktive Presbyter als Episkopoi aus dem Presbyteri-um hervor (1 Tim 3,1f; Tit 1,5–9). Ähnliche Verhältnisse wie die Pastoralbriefe setzt 1 Cl 54,2; 57,1 in Rom voraus; zum Ganzen vgl GOPPELT 64f.

[37] Dafür könnte auch das augenscheinlich unproblematische Verhältnis zur Obrigkeit spre-chen (1 Petr 2,13–17), das auf die Zeit vor den letzten Regierungsjahren Domitians hinwei-sen könnte, in denen es zu Verfolgungen verschiedener Gruppen kam, die auch die Christen getroffen haben könnten (so etwa GOPPELT 63; wir haben allerdings im Blick auf die Christen keine eindeutigen Belege für eine Verfolgung größeren Umfangs in der domitianischen Zeit).

[38] Dies wird etwa von GOPPELT 65f vertreten. GOPPELT verweist darauf, daß die typischen Themen des Ostens in dieser Zeit, die Auseinandersetzung mit den Juden und der Gnosis, im Brief keine Rolle spielen, während der 1 Petr andererseits in seiner Sprechweise drei für die westliche Kirche typischen Schriften nahestehe, nämlich 1 Cl, Hebr und den lukanischen Schriften.

[39] Bevorzugt etwa von VIELHAUER: Geschichte 587f; FRANKEMÖLLE 16; etwas vorsichti-ger BROX 42f.

[40] Ungeklärt ist vor allem, warum Pontus und Bithynien, die bereits in vorchristlicher Zeit (FRANKEMÖLLE 11) als Doppelprovinz verwaltet werden, getrennt am Anfang und am Ende der Adresse aufgeführt werden. Vermutungen dazu gibt es einige (bewußte Hervorhebung die-ser Provinzen wegen besonderer Dringlichkeit, Reiseroute des Überbringers, unzureichende geographische Kenntnis seitens des Verfassers des 1 Petr).

[41] So wird der 1 Petr zitiert in Pol 1,3 (1 Petr 1,8); 2,1 (1 Petr 1,13); 2,2 (1 Petr 3,9) und 8,1 (1 Petr 2,24); vgl weiter die Anspielungen auf den 1 Petr in Pol 5,3; 7,2; 10,2. Ohne nähere An-gaben überliefert Euseb (Hist Eccl III,39,17), daß Papias »sich auf Zeugnisse aus dem ersten Johannesbrief und dem ersten Petrusbrief berief«.

[42] Vgl die Johannesapokalypse und den Pliniusbrief (ep X,96).

4. Literarkritisches[43]

Der 1 Petr war in seiner wenig systematischen Art der Darstellung ein dankbares Objekt literarkritischer Operationen. Das muß nicht im einzelnen dargestellt werden[44]. Bei den verschiedenen Lösungen kehren vor allem zwei Argumente immer wieder: Zum einen wird angesichts der unpersönlichen und allgemeinen Ausführungen des 1 Petr und der fehlenden brieflichen Merkmale sein Briefcharakter bestritten und damit die Rahmung 1 Petr 1,1f und 5,12–14 als sekundär beurteilt. Zumeist wird in diesem Zusammenhang auf die besondere Rolle der Taufe in diesem Schreiben hingewiesen und von daher versucht, die andere Gattung dieses Abschnitts als Taufansprache oä zu bestimmen. Zum andern sieht man in 4,11 einen Abschluß und findet ab 4,12 eine ganz andere Situation vorausgesetzt als im Bisherigen: Ging es in 1,3–4,11 um die Möglichkeit des Leidens, so werde dieses nun als Realität vorausgesetzt.

Was ersteres angeht, so dürfen nicht die der speziellen Gattung ›Privatbriefe‹ zuzurechnenden Paulusbriefe als alleiniger Maßstab für die Gattung ›Brief‹ genommen werden. Im Vergleich mit anderen antiken Briefen kann der 1 Petr durchaus als ein solcher gelten[45]. Für die Ablösung des Rahmens lassen sich keinerlei literarkritische Argumente geltend machen; die Rahmenteile sind deutlich mit dem Folgenden verzahnt[46], wobei die Bezüge terminologisch wiederum so eigenständig sind, daß die Annahme einer bewußten Angleichung nicht überzeugt. Hinzu kommt weiter, daß mit 1 Petr 1,3ff eine auch für andere Briefe typische Eulogie beginnt (vgl vor allem 2 Kor 1,3ff; Eph 1,3ff), sodaß auch von der Form her 1,3ff direkt an 1,1f anschließt. Die Bezugnahmen auf die

---

[43] Nicht eingegangen wird hier auf die nicht überzeugenden Versuche, die literarische Abhängigkeit des 1 Petr von verschiedenen ntl Schriften zu erweisen; vgl dazu BROX: Tradition.

[44] Eine ausführliche Diskussion findet sich etwa bei BROX 19ff.

[45] Vgl FRANKEMÖLLE 17f: »In der Antike, auch im Judentum, wurde wirklich jegliche Mitteilung als Brief formuliert, so daß nicht der Privatbrief (wie in der paulinischen Literatur üblich) das angebliche Standardmuster abgibt, an dem alle andern Briefe zu messen sind. Die Verwandtschaft der paulinischen Briefe (bis auf Röm) mit Privatbriefen ist insgesamt eine Ausnahme – bedingt durch die persönliche Bekanntschaft des Paulus mit den Adressaten. Unterschiedliche Brieftypen waren die Folge von unterschiedlichen Kommunikations-Situationen. Ein Überblick über hellenistische Briefe (zur Sammlung vgl. HERCHER; zu einem form- und gattungskritischen Überblick vgl. BERGER, Gattungen 1326–1363) sowie über jüdische Briefe (Jer 29 Bar 6 1 Makk 5[10–13] 12[6–12] 2 Makk 1[1]–2[19]) zeigt, daß das Altertum keine verbindlichen Regeln für die Abfassung eines Briefes kennt. Die Vielfalt des Inhalts und die pragmatische Intention (Privatbrief, Geschäftsbrief, politischer oder philosophischer Brief u.a.) bestimmen seine Form. Auch die Aufnahme von kleineren Gattungen und Formen (Sprichwörter, Beispiele aus Natur und Geschichte, Dank an bzw. Lob der Götter u.a.) sind üblich und werden in Reflexionen über das Briefschreiben sogar empfohlen (so z.B. bei Demetrios, Philostrat, Cicero, Quintilian). 1 Petr durchbricht in keiner Weise die antike Praxis, wenn der Verfasser Haustafeln, Lieder und Bekenntnisformeln, Sprüche und standardisierte Ermahnungen bearbeitet. Auch wenn nicht durchgehend im Inneren des Briefes der Adressat direkt angesprochen wird, so wurden die Traditionen auf die konkrete Lebenssituation der Adressaten hin ausgewählt. Insofern sind die vielfältigen prosaischen und poetischen Sprachformen im Brief adressatenbezogen, pragmatisch zu interpretieren«.

[46] 1,1 mit 1,17 und 2,11 durch das Thema Fremde, 1,1f mit 1,15; 2,4.6.9.21; 3,9 und 5,10 durch den Erwählungsgedanken, 1,2 mit 1,14.22 durch das Stichwort ›Gehorsam‹, mit 1,12.15.16; 2,5.9; 3,5.15 durch das Wortfeld ›heilig/Heiligung‹; ebenso bezieht sich 5,12 mit der determinierten Rede von der Gnade auf 2,19f zurück; 5,13 erwähnt wieder die Erwählung und eventuell mit ›Babylon‹ auch die Fremde.

Taufe (vgl 1,3.23; 2,2; 3,21) haben im Zusammenhang des Briefes begründende Funktion und lassen sich bei unbefangener Lektüre keineswegs zum Hauptmotiv des Schreibens machen.

Was den Einschnitt zwischen 4,11 und 4,12 anlangt, so begegnet eine ähnliche Doxologie auch anderswo innerhalb eines Briefes[47], ohne daß sie dort ein Ende markieren würde. Die Behauptung, daß im ersten Teil nur mit der Möglichkeit des Leidens gerechnet werde, widerspricht Aussagen wie 1,6; 2,12; 3,16 und 4,4, die alle schon von der Gegenwart der Bedrängnis ausgehen. Auf der anderen Seite sprechen die deutlichen Übereinstimmungen zwischen den beiden angeblich zu trennenden Teilen klar gegen eine solche literarkritische Scheidung, Übereinstimmungen, die sich nicht nur auf Theologumena wie Erwählung bzw Berufung, Gnade oder Herrlichkeit beschränken, sondern gerade im Blick auf die Bewertung des Leidens und den Umgang damit besonders markant sind: Hier wie dort sind Diskriminierungen und Denunziationen der Umgebung Ursache des Leidens (2,12; 3,16; 4,4.14). Dieses Leiden aber geschieht nach Gottes Willen (3,17; 4,19 vgl 1,6) und wird als zu bestehende Prüfung verstanden (1,6; 4,12). Aufgrund der Zugehörigkeit zu Gott wird den Glaubenden im Leiden schon gegenwärtige Freude zugemutet (1,6.8; 4,13); die um ihres Glaubens willen Leidenden werden seliggepriesen (3,14; 4,14 vgl 2,19f). In ihrem Verhalten sollen die Christen den Anklagen als Übeltäter durch ihr gutes Verhalten begegnen (2,12.15.19f; 4,15f.19 vgl 3,10f.16) und so im Leid Christus heiligen bzw Gott verherrlichen (3,15; 4,16). Die Ausführungen 4,12ff fügen sich da ganz in den bisherigen Zusammenhang ein; Unterschiede in der »Temperatur« der Leidensschilderung erklären sich aus der – oben bereits dargelegten – Intensivierung der Auseinandersetzung mit dem Leidensproblem.

Es besteht somit kein Grund, an der Einheitlichkeit des 1 Petr zu zweifeln.

5. Gattung

(1) Mit der Zurückweisung der literarkritischen Teilungshypothesen fallen auch alle darauf basierenden Formbestimmungen hin, die im 1 Petr unter Bestreitung seines Briefcharakters einen »homiletischen Aufsatz«[48], eine »erbauliche Homilie«[49], eine Taufrede[50], gar in die Osterwoche datierbar[51], einen »Passahfest-Rundbrief«[52], den Gottesdienstverlauf einer Tauffeier der römischen Kirche[53] oder sonst etwas finden wollten[54].

(2) Sieht man den Brief also als ursprüngliche Einheit an, so bedarf der wenig ›briefliche‹ Charakter seines Hauptteiles einer Erklärung. Denn nirgends geht das Schreiben selbst direkt auf die individuelle Situation einer Gemeinde ein, sondern spricht nur ganz allgemein von Problemen und Aufgaben der Christen und hat dabei nicht nur eine spezifische Gemeinde, sondern in gewisser Weise schon die ›Kirche‹ im Blick. Ebenso er-

---

[47] Vgl Röm 11,36 vgl 1,25; Eph 3,20f. Im 1 Cl begegnet eine solche Doxologie sogar insgesamt 9mal (20,12; 32,4; 38,4; 45,7; 50,7; 58,2; 61,3; 64; 65,2).

[48] HARNACK: Chronologie I, 451–465.

[49] SOLTAU: Einheitlichkeit 304–313.

[50] PERDELWITZ: Mysterienreligion 5–28.

[51] DANIELOU: Sacramentum futuri 141.

[52] STROBEL: Verständnis 210.

[53] WINDISCH/PREISKER 156ff.

[54] Weitere Vorschläge stellen BROX 20; FRANKEMÖLLE 19 vor; dort auch ausführlichere Kritik dieser zum Teil abenteuerlich anmutenden Gattungsbestimmungen.

fährt man im ganzen Schreiben nichts über das Verhältnis des Absenders zu den Empfängern. Die Antwort liegt wohl schon in der Adressatenangabe, die den Brief als ein Rundschreiben ausweist, wie es auch sonst aus der alttestamentlichen und jüdischen[55], aber auch der neutestamentlichen Literatur[56] geläufig ist[57]. Insofern solche Briefe im Urchristentum die mündliche Predigt ersetzen bzw fortsetzen[58], bleibt hier »der literarischen Form nach ... der Übergang zur Rede fließend«[59]. Streiten kann man dabei sicher darüber, ob der 1 Petr »als wirklicher Brief anzusehen ist oder als Predigt (Homilie) in Briefform, die nie als aktueller Brief versandt wurde«[60]. Wahrscheinlicher ist jedoch, daß er als Pseudepigraphon von vornherein als Schrift konzipiert und somit nicht wirklich versandt wurde.

---

[55] Vgl 2 Makk 1,1–9; 1,10–2,19. GOPPELT 45 weist darauf hin, daß eine gewisse Nähe zu den Briefen an die Exilierten in Babylon besteht (Jer 29,4–23; s Bar 78,1–86,2), so daß eine – vielleicht unbewußte – Anknüpfung vermutet werden könne.

[56] Vgl das ›Aposteldekret‹ Apg 15,23–29, aber auch Jak und Hebr.

[57] Vgl vor allem FRANKEMÖLLE 17–19, der aufgrund der antiken Parallelen nachdrücklich für die Beurteilung des 1 Petr als Brief eintritt.

[58] Vgl FRANKEMÖLLE 18.

[59] BROX 24.

[60] BROX 23; BROX selbst ist der Meinung, daß es sich eher um ein fiktiv brieflich gefaßtes Rundschreiben handelt, das »von vornherein seinen Zweck besser in zahlreichen Kopien als nur in Gestalt des einen Originals erfüllt hat« (ebd).

Anhang 2: ›Fremde‹ als Metapher – eine Auseinandersetzung mit J.Elliotts ›A Home for the Homeless‹

1. Elliotts These: Die Korrelate οἶκος und πάροικος als Schlüssel zum Verständnis des 1 Petr

J.Elliott hat dem Thema der Fremde im 1 Petr eine eigene Monographie gewidmet. Ihr in Anlehnung an eine Formulierung des Sozialgeschichtlers S.Dill[1] formulierter Titel enthält in nuce bereits Elliotts These: Für ihn bilden die Begriffe οἶκος und πάροικος als »not merely linguistic but also sociological and theological correlates«[2] den Schlüssel für das Verständnis des 1 Petr. Dabei zieht Elliott besonders gegen die vorherrschende rein metaphorische Deutung dieser Kategorien zu Felde und betont deren Bezug zur »social condition of the addressees«[3]. So weise die Bezeichnung πάροικοι in erster Linie auf den sozialen Status der Adressaten als peregrini hin, dh auf die konkrete Situation der kleinasiatischen Christen als Leute ohne volles Bürgerrecht mit den entsprechenden politischen, rechtlichen und sozialen Beschränkungen[4]. Ebenso spiegle sich im Bild des ›Hauses‹ dessen für die Antike zentrale Bedeutung als Grundstruktur sozialen Lebens und so auch als Keimzelle der gesellschaftlichen Ordnung, die das ›Haus‹ dann zum Modell des sozialen, politischen und ökonomischen Lebens werden ließ. »The *oikos* (household) constituted the basic social structure according to which more extensive political, social and religious organizations were patterned«[5]. Wie das Neue Testament zeige, gelte das auch für das frühe Christentum: Das Haus als »the *basic social community* ... constituted the focus, locus and nucleus of the ministry and mission of the Christian movement«[6]. Daher könne es auch als überzeugendes »symbol of communal identity and basic of ethos« zugleich »the bonds which unite« wie »the factors which divide« zum Ausdruck bringen[7].

Die Strategie des 1 Petr sei es nun, die Nachteile, welche die Christen aufgrund ihres sozial niedrigen Paröken-Standes zu ertragen hätten, als »divinely rewarded ›virtues‹ of God's diaspora people«[8] zu interpretieren. In diesem Status, der keineswegs die Folge des Christseins sei, gelte es daher zu verharren. Positiv stelle der 1 Petr dem die Zugehörigkeit zur Gemeinde als Gewährung von neuer Heimat und sozialer Anerkennung ge-

---

[1] DILL: Roman Society from Nero to Marcus Aurelius beschreibt die soziale Funktion der verschiedenen collegia: »these colleges became homes for the homeless, a little fatherland or *patria* for those without a country« (ebd 271).

[2] ELLIOTT: Home 23.

[3] Ebd 24.

[4] Vgl ebd 37–49.

[5] Ebd 199.

[6] Ebd 188.

[7] Ebd 230.

[8] Ebd 226.

genüber, dh mit der Bezeichnung der Christen als Haushalt Gottes werde dieser gesellschaftlichen Randexistenz eine andere soziale Realität entgegengesetzt. »In its (sc des 1
Petr) message the strangers, the rootless, the homeless of any age can take comfort: in
the community of the faithful the stranger is no longer an isolated alien but a brother or
sister. For the *paroikoi* of society there is a possibility of life and communion in the *oi-*
kos tou theou, a home for the homeless«[9]. Diese Zugehörigkeit zu einem Haus implizie-
re nun aber auch die Paränese, und zwar als doppelte Forderung, zum einen nach Reali-
sierung dieser Gemeinschaft innerhalb der Gemeinde, zum anderen nach der – für das
Selbstverständnis einer ›sectarian community‹ ja entscheidenden – Unterscheidung von
der Umwelt: »It is, however, the identification and exhortation of the audience as the
household of God which served as the most *comprehensive* means of the Petrine strategy for integrating the kerygmatic and parenetic elements of the letter, and even more im-
portantly, its theological and its social points of reference«[10].

2. Kritik der These Elliotts

Es ist das Verdienst Elliotts, daß er gegen eine vorschnell spiritualisierende Deutung
des 1 Petr und insbesondere seiner Aussagen zum Fremdsein der Christen energisch auf
dessen sozialen Hintergrund hingewiesen hat und zugleich die Frage nach der Theologie dieser Schrift durch die Einbeziehung der Frage nach der von ihr in einer bestimmten Situation intendierten Wirkung, ihrer ›Strategie‹, modifiziert hat. In diesem Zusammenhang hat er auch die Erkenntnisse der Religionssoziologie, insbesondere die von
B.R.Wilson über die Strukturen von Sekten, für das Verständnis der petrinischen Christenheit fruchtbar gemacht. In dieser Hinsicht wird man hinter seine Arbeit schwerlich
zurückgehen können, und auch meine eigene Untersuchung war in der Fragestellung
und auch in einzelnen Punkten von Elliotts Monographie beeinflußt. Dennoch war es un-
umgänglich, den Ausführungen Elliotts in wesentlichen Punkten zu widersprechen. Dieser Widerspruch, der die ganze Arbeit begleitet hat, soll nun unter Bündelung der wichtigsten Einwände gegen Elliotts Deutung der Fremdlingsaussagen im 1 Petr zusammenfassend vorgetragen werden.

2.1 οἶκος und πάροικος als korrelierende Schlüsselworte des 1 Petr?

Gegen die von Elliott als Schlüssel für das Verständnis des 1 Petr behauptete Korrela-
tion von οἶκος und πάροικος spricht bereits, daß beide Begriffe nirgends im 1 Petr aufeinander bezogen werden, ja, daß sie sogar nirgends in einem gemeinsamen Kontext verwendet werden. Entscheidender aber ist wohl noch, daß beide Begriffe auch je für sich
keineswegs die zentrale Stellung und Bedeutung haben, die Elliott ihnen zuschreibt.
 (1) πάροικος kommt im 1 Petr nur ein einziges Mal vor (2,11). Ein weiteres Mal
spricht der 1 Petr in 1,17 von dem χρόνος παροικίας – für ein angebliches Schlüssel-
wort nicht eben ein überzeugender Befund. Für den 1 Petr wichtiger ist offensichtlich
das seltenere und schärfer umrissene παρεπίδημος, nicht nur, weil es bei ihm zweimal
begegnet, sondern vor allem, weil es dort an zentraler Stelle erscheint: Der 1 Petr leitet

---

[9] Ebd 288.
[10] Ebd 228.

damit nicht nur zusammen mit πάροικος den zweiten Teil der Schrift ein, sondern er spricht auch im Briefeingang, an der für eine Anrede exponiertesten Stelle, seine Adressaten als παρεπίδημοι an[11]. Elliott geht auf diesen Tatbestand nicht ein. Zwar erwähnt er diesen Terminus immer wieder im Zusammenhang seiner Ausführungen – im Gegensatz jedoch zu der ausführlichen Behandlung, die dem Begriff πάροικος bei ihm zuteil wird[12], finden sich zu παρεπίδημος nur gelegentliche Bemerkungen[13], und auch diese behandeln ihn nicht eigenständig, sondern nur in Relation zu πάροικος, dh dieser Begriff wird in seiner besonderen Bedeutung gar nicht erfaßt.

(2) Zweimal wird im 1 Petr das Bild vom ›Haus‹ auf die christliche Gemeinde angewendet: Im Zusammenhang der Ausführungen zum ›erwählten Stein‹ Christus (2,4–8) werden auch die Christen als ›lebendige Steine‹ und dann als οἶκος πνευματικός bezeichnet (2,5), und in 4,17 heißt es – wohl in Anlehnung an Ez 9,6 –, daß Gottes Gericht bei dem οἶκος θεοῦ anfange. Beide Male scheint das Bild eher beiläufig einzufließen. In 2,5 wird das Bild des Hauses sofort wieder verlassen zugunsten der weiteren Bestimmung der Adressaten als ›heilige Priesterschaft‹, die ›geistliche Opfer‹ vor Gott darbringen soll. Daß dabei bezeichnenderweise diese Opfer mit dem ›Haus‹ durch das gemeinsame Adjektiv πνευματικός verbunden sind, deutet auf einen engeren Zusammenhang zwischen beiden hin, als Elliott wahrhaben will, und spricht mE für die von ihm bestrittene These, daß das ›geistliche Haus‹ wie das Haus Gottes in 1 Petr 4,17 dem בית יהוה entspricht und den Tempel meint. Doch wie dem auch sei – in den Vv 2,4–8 dominiert eindeutig das Bild vom Stein. Möglicherweise findet sich in dem βασίλειον von 2,9 – wenn Elliott mit seiner durchaus erwägenswerten Übersetzung als Königshaus/Palast recht hat – eine vergleichbare Metapher, wobei dann allerdings noch nach deren Bedeutung zu fragen ist: Ganz abgesehen davon, daß beides in alttestamentlicher Tradition kein Gegensatz ist[14], bezieht auch Philo, Elliotts Hauptzeuge für diese Übersetzung des βασίλειον aus Ex 19,6 mit Königshaus/Palast (Abr 56f), in Sobr 66 explizit den Begriff βασίλειον auf das Gottes*volk*[15] . Der Versuch, auf diese Weise die besondere Bedeutung des Hausbildes zu behaupten, überzeugt nicht, zumal in den Vv 2,9f, die den ersten Hauptteil resümierend abschließen und so den Höhepunkt dieses Abschnitts bilden, die viermalige Bezeichnung der Adressaten als Gottesvolk dominiert[16]. Ebensowenig läßt die in 4,17 wohl durch die Anspielung an die prophetische Weissagung bedingte Erwähnung des ›Hauses Gottes‹ dieses in irgendeiner Weise als die für den 1 Petr zentrale Kategorie erkennen. Vielmehr zeigt näheres Zusehen, daß der 1 Petr mehrere Bezeichnungen für die christliche Gemeinde verwendet: neben dem schon erwähnten ›Gottesvolk‹ in 2,9f (1mal ἔθνος, 3mal λαός) die Priesterschaft (2.5.9), das erwählte Geschlecht (2,9), die Herde Gottes (5,2f vgl 2,25) sowie die Bruderschaft (2,17; 5,9). Elliott sieht das zwar auch; er behauptet jedoch, bei diesen Bezeichnungen handle es sich um traditionelle und übernommene Begriffe, während die Bezeichnung der Gemeinde als ›Haus

---

[11] Vgl dagegen die Behauptung ELLIOTTS, das πάροικος habe eine entscheidende »structural position« im 1 Petr.

[12] Ebd 24–49.

[13] Ebd 30.36.

[14] היכל bezeichnet sowohl den Königspalast als auch den Tempel.

[15] Philo deutet damit das Volk als Gottes Wohnung, dh er versteht die Einheit als eine aus der gemeinsamen Gottesbeziehung abgeleitete.

[16] Zur Bedeutung der Selbstbezeichnung als Gottesvolk für den 1 Petr vgl auch CHEVALLIER: Condition 388.

Gottes‹ diese koordiniere[17] und so als das »chief integrative concept of 1 Peter« zu gelten habe[18]. (Ganz abgesehen von der Fragwürdigkeit einer Argumentation, die die Bedeutung von Begriffen durch den Hinweis zu entkräften sucht, daß sie der Autor aus der Tradition übernommen hat; jene im NT analogielose Überschüttung der christlichen Gemeinde mit Epitheta des alten Gottesvolkes zeigt, welche zentrale Bedeutung dies für den 1 Petr hat). Wenn Elliott dies weiter noch dadurch zu begründen sucht, daß der Erwählungsgedanke und in Verbindung damit die Diasporasituation der Christen und ihr Fremdsein auf die Zugehörigkeit zum Haus Gottes hinwiesen[19], so überzeugt dies erst recht nicht, denn traditionell gehören diese Aussagen zur Rede vom Volk Gottes.

Große Bedeutung mißt Elliott in diesem Zusammenhang auch der Tatsache bei, daß die Ermahnung der Sklaven in 2,18ff ungewöhnlicherweise am Anfang der Paränese steht und daß die Angesprochenen dabei als οἰκέται, dh als Haussklaven, und nicht wie üblich als δοῦλοι bezeichnet werden[20]. Unter Hinweis auf Parallelen zwischen dieser Ermahnung und den an alle Christen gerichteten folgert Elliott, daß »the condition and experience, the attitude and the steadfastness, the vocation and the reward of the household slaves are paradigmatic for the household membership as a whole«[21]. Daraus folgert er weiter: »The term *oiketai* makes clear that what follows pertains to the *oikos*. Insofar as the *oiketai* are paradigmatic for all the members of the household of faith, all the members are in a certain sense *oiketai*«[22]. Nun hat die hervorgehobene Stellung der Sklaven im 1 Petr evtl mit Unruhen zu tun; sie hat in jedem Fall aber auch theologische Gründe, wie gezeigt wurde. Der Rückschluß von ihnen auf die Bedeutung des Hauses vermag jedoch schon deshalb nicht zu überzeugen, weil in 2,16, also unmittelbar vor der Ermahnung an die Haussklaven, alle Christen als Sklaven Gottes bezeichnet werden, hier jedoch nicht als οἰκέται, sondern mit dem traditionellen Terminus als θεοῦ δοῦλοι angesprochen werden. (Entsprechend spricht 1 Petr 2,18 auch nicht vom κύριος, sondern vom δεσπότης).

2.2 Elliotts Deutung der Begriffe οἶκος und πάροικος

Die bisherige Auseinandersetzung machte deutlich, daß die beiden Termini οἶκος und πάροικος weder im 1 Petr die zentrale Bedeutung haben, die Elliott ihnen zuschreibt, noch sich als Korrelate erweisen lassen. An diese mehr formale Kritik schließt sich nun die Auseinandersetzung um ihren Inhalt an, womit es gemäß der von Elliott diesen Begriffen zugeschriebenen Bedeutung zugleich um seine Deutung der ganzen Schrift geht.

(1) Ausführlich versucht Elliott nachzuweisen, daß die Bezeichnung der Adressaten als πάροικοι sich in erster Linie auf deren sozialen Status als Nicht-Bürger (mit den entsprechenden rechtlichen, politischen und gesellschaftlichen Nachteilen) beziehe. Der soziale Aspekt dieses Begriffes ist nicht zu vernachlässigen. Allerdings wurde oben (§ 1,2) schon gezeigt, daß das Bedeutungsspektrum dieses Begriffes sehr viel weiter ist als Elliott annimmt, und daß zudem die von ihm einseitig favorisierte Bedeutung von

---

[17] Ebd 228.
[18] Ebd 270.
[19] Ebd 205.
[20] Ebd 205ff.
[21] Ebd 206.
[22] Ebd 207.

πάροικος als schichtenspezifischer Terminus im römischen Reich für diese Zeit gerade nicht (mehr) nachgewiesen werden kann. Aber auch aus anderen Gründen vermag Elliotts These nicht zu überzeugen:

(a) Undiskutiert geht Elliott davon aus, daß die Christen von ihren heidnischen Nachbarn als πάροικοι bezeichnet würden[23]. Davon steht jedoch weder etwas im 1 Petr, noch kann Elliott irgendeinen Beleg nennen, daß die Christen von ihrer heidnischen Umgebung je so bezeichnet wurden. Der 1 Petr selbst nennt als Ursachen der Nachstellungen nicht den sozialen Status der Christen, sondern eindeutig ihre Zugehörigkeit zur christlichen Gemeinde[24], und es sind keineswegs Leute einer höheren Schicht, die auf die Christen herabsehen, sondern deren Nachbarn und Bekannte, die jetzt auf den anderen Lebenswandel ihrer bekehrten Standesgenossen allergisch reagieren (4,3f). Dies weist schon darauf hin, daß dieses Fremdsein der Christen doch weit mehr mit der Besonderheit des christlichen Glaubens und seinen spezifischen Existenz- und Erscheinungsformen zu tun hat, als Elliott wahrhaben will (ganz abgesehen davon, daß diese Deutung dem widerspricht, was wir über das Verhältnis der Christen zu ihrer Umgebung aus den Quellen wissen).

Reichlich gezwungen mutet es an, wenn Elliott dem eben Eingewandten dadurch zu begegnen sucht, daß er »an additional religious-historical dimension of the condition of Christian estrangement in society«[25] annimmt, die durch die Begriffe Diaspora (1,1) und Babylon (5,13) ausgedrückt werde. Eigenartig wirkt in diesem Zusammenhang auch die Behauptung, der 1 Petr würde nicht sagen, »that the addressees *became paroikoi* by becoming Christians but that as Christians they should *remain paroikoi*«[26]. Auch werde ihnen nirgends gesagt, daß sie durch Erwählung erst zu Fremden würden[27]. Solche Schlußfolgerungen lesen aus dem Text etwas heraus, worauf er überhaupt nicht eingeht. Die Christen werden einfach als Fremde angesprochen, so wie sie in anderen Briefeingängen etwa als Heilige angesprochen werden, ohne daß eigens gesagt wird, daß sie durch ihre Erwählung zu Heiligen gemacht wurden.

(b) Es wäre zumindest ungewöhnlich, wenn der 1 Petr im Briefeingang die Adressaten *unvermittelt* mit einem sie deklassierenden Schimpfwort[28] ihrer Nachbarschaft anreden würde. Der Vergleich mit anderen Briefen, in denen die Adressaten, wenn sie direkt angesprochen werden, mit einem Ehrennamen, zumeist als ›Heilige‹[29] oder doch als Brüder[30], bezeichnet werden, legt vielmehr nahe, daß es sich hier um eine christliche Selbstbezeichnung handelt. Eine unbefangene Lektüre des Briefes und seiner traditionsgeschichtlichen Bezüge bestätigt dies: Wie auch die Mehrzahl der anderen Prädikate, die der 1 Petr auf die christliche Gemeinde überträgt, hat auch dieses seine Wurzeln im AT und im (Diaspora-)Judentum. Die offenkundigen Parallelen dort kann auch Elliott nicht übergehen. Die Art und Weise allerdings, wie er sie dann in seinem Sinne zu interpretieren sucht, kann nicht anders als gewaltsam genannt werden. Bezeichnend hierfür

---

[23] Ebd 35 («...classed among their neighbors as resident aliens and transient strangers«); vgl weiter ebd 108.232.

[24] So etwa spricht er 4,14 vom Leiden um des Namens Christi willen, 4,16 vom Leiden ὡς Χριστιανός vgl weiter 3,14.

[25] Ebd 132.

[26] Ebd 232.

[27] Ebd 132.

[28] Auch παρεπίδημος wird von ELLIOTT nur als soziale Klassenbezeichnung interpretiert (ebd 36).

[29] Vgl Röm 1,7; 1 Kor 1,2; 2 Kor 1,1; Eph 1,1; Phil 1,1; Kol 1,2.

[30] 1 Thess 1,4; 2 Thess 1,3.

ist etwa der Umgang mit denjenigen alttestamentlichen Texten, in denen wie in 1 Petr 2,11 das Gottesvolk oder der einzelne Fromme mit dem Doppelausdruck תושב und גר bezeichnet wird, der von der LXX jeweils unterschiedlich mit den Begriffen πάροικος, παροίκων, προσήλυτος und παρεπίδημος übersetzt wird. Im Blick auf 1 Chr 29,15 und ψ 38,13 (Ps 39,13) behauptet Elliott, dies bezeichne dort die Israeliten »as resident aliens in a land left unnamed«[31]. Für 1 Chr 29,15 ist dies offenkundig falsch, denn dort handelt es sich um Davids Dankgebet für die Tempelgaben, also um eine Situation staatlicher Konsolidierung, in der selbst Gott seßhaft zu werden scheint. Gerade dort wird mit dieser doppelten Selbstbezeichnung die menschliche Niedrigkeit vor Gott und völlige Abhängigkeit von ihm ausgedrückt, wie die parallele Satzhälfte V 15b zeigt: »Unser Leben auf Erden ist wie ein Schatten, und es gibt keine Sicherheit«. Eine entsprechende Bedeutung ist wohl auch für Ps 39,13 anzunehmen[32]. Explizit sind in Lev 25,23 die im Lande Lebenden als ›Fremdlinge und Beisassen‹ angesprochen: »Darum sollt ihr das Land nicht verkaufen für immer; denn das Land ist mein, und ihr seid Fremdlinge und Beisassen bei mir.« Diese eindeutig metaphorische Verwendung der beiden Begriffe paßt nun nicht zu Elliotts Deutung; folglich geht Elliott auf diesen – für die Frage der Fremdlingsschaft Israels und als Parallele zu 1 Petr 2,11 entscheidenden – Text überhaupt nicht ein[33]! Dieselbe Unsauberkeit ist auch sonst im Umgang mit der Tradition zu beobachten, wo Behauptungen an die Stelle von Nachweisen treten[34]. Überhaupt nicht berücksichtigt wird, daß παροικία (1 Petr 1,17) eine jüdische Begriffsbildung ist, die nicht selten das Exil bezeichnet, und daß διασπορά (1 Petr 1,1) ebenfalls an die Situation der Zerstreuung des Gottesvolkes anknüpft.

---

[31] ELLIOTT: Home 27.

[32] Vgl KRAUS: Psalmen 455: »Die beiden Begriffe [sc.גר und תושב] erinnern daran, daß Jahwe dem flüchtigen, fremden Leben gnädig einen Aufenthalt gewährt hat. Er ist der Herr des Landes, ihm gehört es. Die Israeliten sind Gäste und Beisassen«.

[33] Diese Stelle wird von ELLIOTT nur einmal beiläufig in einer Anmerkung (Seite 51 A 24) als Beleg für die Übersetzung von תושב mit πάροικος erwähnt!

[34] Zwei Beispiele mögen dies illustrieren. So behauptet ELLIOTT im Blick auf die ntl Verwendung des Begriffes πάροικος, daß die entsprechenden Schriften charakterisiert seien »by a keen awareness of an interest in the social circumstances and history of the Christian groups which they describe«(33). Ohne diese These etwa am Hebr zu verifizieren, werden nun die entsprechenden Texte aufgelistet und dann daraus geschlossen, daß auch in ihnen »the political, legal and social limitations of *paroikos* status were understood to constitute the conditions according to which union with and fidelity toward God were tested, relinquished or affirmed« (35). Ob der Hebr mit seinem zur himmlischen Stadt wandernden Gottesvolk wirklich die politischen, rechtlichen und sozialen Beschränkungen eines bestimmten sozialen Standes meint, ist zumindest zweifelhaft, und gleiches gilt auch für die Anwendung solcher Aussagen auf die Zusage Eph 2,19.
Im Blick auf den jüdischen Hintergrund behauptet ELLIOTT etwa von Josephus, daß er »likewise uses *paroikos* in its prevailing political-legal sense« (32), und bringt dafür einen angeblich typischen Beleg. In dem gesamten und doch recht umfangreichen Werk des Josephus begegnet der Terminus πάροικος nur dreimal. Einmal (Ant 7,335) ist diese Erwähnung direkt durch die Vorlage in der LXX veranlaßt, ein weiteres Mal indirekt, weil Josephus dort (Ant 8,59) noch einmal auf denselben Sachverhalt Bezug nimmt. Es geht um die zum Tempelbau herangezogenen Fremden (vgl 1 Chr 22,2; 2 Chr 2,17), wobei Josephus das προσήλυτος der LXX durch ein πάροικος ersetzt. Der letzte Beleg, auf den auch ELLIOTT eingeht, ist Ant 14,213. Dort zitiert Josephus einen Brief, in dem dieser Begriff vorkommt. Dieser Befund ist wohl kaum ausreichend, um in Josephus einen Kronzeugen für die Verwendung des πάροικος in dem von ELLIOTT angegebenen Sinn zu sehen.

(c) Auch im Blick auf die soziale Analyse der Gemeinden bleiben Fragen offen. Ausdrücklich betont Elliott, daß der Parökenstand zwar ein gesellschaftlich unterprivilegierter Status war, daß er aber keineswegs die unterste Stufe der gesellschaftlichen Rangordnung darstellte: »...elevation to the ranks of the *paroikoi*, especially at the local level, with its conferral of albeit limited rights was far superior to that of *xenos* status with no legal protection whatsoever«[35]. Abgesehen von der Problematik, überhaupt in dieser Weise von einem Parökenstand zu sprechen, würde diese Analyse Elliotts zum einen die Sklaven ausschließen, die im 1 Petr sogar als erste angesprochen werden, da diese ja im allgemeinen die unterste Stufe der sozialen Rangordnung einnahmen. Zum andern spricht auch die Tatsache, daß nach 1 Petr 3,3 auch Wohlhabende zur Gemeinde gehört haben dürften, gegen die Zuordnung aller Gemeindeglieder zu einer spezifischen Schicht. Das wird auch durch das, was wir sonst von der Zusammensetzung der Gemeinden wissen, bestätigt: So betont Plinius ausdrücklich, daß zu den christlichen Gemeinden in Kleinasien (also dort, wohin der 1 Petr gerichtet ist) Leute *jeglichen Standes* (omnis ordinis) gehörten (ep X,96,9)[36].

(d) Willkürlich mutet auch die Behauptung an, daß zwar Erwählung, Diaspora und Gottesvolk traditionelle Termini im 1 Petr wären, jedoch nicht πάροικος, παροικία und παρεπίδημος[37], da trotz der Tatsache, »that *paroikos (paroikia, parepidemos)* occur in the LXX, there is no reason to include them among the special epithets for the covenant people of God«[38]. Wie immer es sich damit in der LXX verhalten mag – nachzuweisen wäre vor allem, daß der 1 Petr diese ja in seiner Bibel mehrmals und auch mit dem von ihm selbst übernommenen Doppelausdruck auf das Gottesvolk angewandte Bezeichnung nicht als ein in seiner Situation besonders passendes ›special epithet for the covenant people of God‹ verstand, zumal wir bei Philo dafür auch eine jüdische Vorlage haben.

(e) Eine durchgängige Frontstellung Elliotts ist seine Polemik gegen eine ›pilgrim theology‹, die aus dem 1 Petr herausgelesen wird. Die Berechtigung von Elliotts Anliegen, den hinter dem 1 Petr stehenden gesellschaftlichen Konflikt nicht durch eine rein spirituelle Deutung des Themas Fremde zu überspielen, wurde oben bereits gewürdigt. Elliott geht jedoch eindeutig zu weit, wenn er aufgrund seiner Betonung der gesellschaftlichen Spannungen die transzendente Dimension der Aussagen des 1 Petr unterschlägt. Er geht damit gerade am Zentrum der Botschaft des 1 Petr vorbei. Nicht zufällig wird dort sofort am Beginn in 1,3ff betont, daß das ›Erbe‹ der Christen ›im Himmel‹ sei und diese Aussage noch mit drei Prädikaten unterstrichen, die alle – mit α-privativum gebildet – das Überirdische dieses Erbes noch unterstreichen. Wenn Elliott diese eindeutigen Aussagen einfach als »apparent exception« abtut, die nur die Überlegenheit über das Judentum erweisen solle[39], so ist dies (auch angesichts anderer Aussagen wie 1,23ff) ebenso willkürlich wie seine Behauptung, die Alternative zur Fremde sei »not a

---

[35] Ebd 37f.
[36] Ein weiterer Hinweis ist etwa Apg 19,31, wo von Sympathien der ᾿Ασιάρχαι – gemeint sind wohl die Abgeordneten des Landtags von Asien (vgl BAUER/ALAND: Wörterbuch 232) – für Paulus berichtet wird. Wie immer es um den historischen Wert einer solchen Notiz bestellt ist – sie wäre nicht möglich ohne einen Anhalt in der Wirklichkeit zumindest in der Zeit des Lukas.
[37] Ebd 132.
[38] Ebd 131.
[39] Ebd 129f.

future home in heaven but a place within the Christian fraternity here and now«[40]. Der den ganzen Brief bestimmenden Betonung der Hoffnung, der dort betonten Bezogenheit des Daseins auf Gottes Zukunft, werden solche Aussagen in keiner Weise gerecht, und es ist zu fragen, ob mit einer solchen Interpretation nicht letztlich alle soteriologischen Aussagen dieser Schrift nun der menschlichen Gemeinschaft zugeschrieben werden (die damit ja auch hoffnungslos überfordert wird).

Der eingangs gebotene Überblick über das Thema der Fremde in der Tradition hat demgegenüber deutlich gemacht, daß der von Elliott so betonte Gegensatz zwischen sozialer und ›kosmologischer‹ Spannung so nicht zu halten ist (und der im Folgenden gegebene kurze Überblick über die Wirkungsgeschichte der Kategorie der Fremde wird dies nochmals bestätigen). Im Gegenteil, gerade in Zeiten gesellschaftlicher Bedrängung und Desillusionierung wurde auch der Blick wieder frei für die Vorläufigkeit des Irdischen, das nicht zu bergen vermag, und damit verbunden war dann auch nicht selten die erneute Betonung von Gottes Zukunft, der die Gläubigen entgegengehen.

---

[40] Ebd 233.

Anhang 3: »Ich bin ein Gast auf Erden« – Beobachtungen zur Wirkungsgeschichte der Kategorie der Fremde[1]

1. Die Alte Kirche

(1) Bereits der zwischen 130 und 150 entstandene[2] zweite Klemensbrief bezeichnet das Dasein der Christen in dieser Welt als einen Aufenthalt in der Fremde (παροικία), den man zurücklassen soll (5,1), und er begründet dies auch eigens damit, daß die Nachfolger Jesu in der Gesellschaft wie Schafe unter Wölfen sind (5,2). Dieses Fremdsein kann auch offensiv nach außen vertreten und begründet werden: So setzt Tertullian in seinem Apologeticum (ca 197) die Ablehnung der Christen mit der allgemeinen Feindschaft gegen die ›Wahrheit‹, die auf Erden in der Fremde sei, ineins: »Sie weiß, daß sie auf Erden eine Fremde bleibt und unter Außenstehenden leicht auf Feinde trifft, daß sie aber Heimat und Wohnung, Hoffnung, Dank und Ansehen im Himmel findet«[3].

Die beiden Aussagen zeigen bereits exemplarisch, wie sich die Christen der ersten Jahrhunderte selbst verstanden: »All christians placed their citizenship in heaven. On earth they were but pilgrims and strangers[4].« So wurde denn auch παροικία – der Aufenthalt des Nichtbürgers am fremden Ort, dann die Fremde überhaupt[5] – zur Selbstbezeichnung der christlichen Gemeinde. Bezeichnend dafür ist etwa die inscriptio zum Martyrium Polykarps: Ἡ ἐκκλησία τοῦ θεοῦ, ἡ παροικοῦσα Σμύρναν, τῇ ἐκκλησίᾳ τοῦ θεοῦ, τῇ παροικούσῃ ἐν Φιλομηλίῳ καὶ πάσαις ταῖς κατὰ πάντα τόπον τῆς ἁγίας καὶ καθολικῆς ἐκκλησίας παροικίαις[6]. Diese Näherbestimmung der ἐκκλησία durch ein παροικοῦσα mit folgendem acc.loci begegnet bezeichnenderweise schon in dem (ersten) Klemensbrief, der mit dem 1 Petr fast zeitgleich

---

[1] Wie bereits eingangs betont, geht es hier nur um einige ganz knappe Anmerkungen zur Wirkungsgeschichte, um einen kurzen Ausblick, der an einigen Beispielen paradigmatisch den Situationsbezug sowie die Funktion und Bedeutung der Metapher der Fremde aufzeigen soll. Etwas ausführlicher wird auf die frühchristliche Literatur eingegangen.

[2] WENGST: Zweiter Klemensbrief 227.

[3] »Scit se peregrinam in terris agere, inter extraneos facile inimicos invenire, ceterum genus, sedem, spem, dignitatem in caelis habere« (I,2 Üs Becker).

[4] BAINTON: Church and War 203 über das Selbstverständnis der Alten Kirche im Verhältnis zur Welt; vgl schon HARNACK: Mission 268f: Die Christen verstanden sich »als Pilger und als Paröken; sie wandeln im Glauben und nicht im Schauen, und ihre ganze Lebensweise ist weltflüchtig und allein durch das jenseitige Reich, dem sie zueilen, bestimmt.« Die Bedeutung dieser Selbstbezeichnung unterstreichen auch ANDRESEN: Kirchen 25ff und ALAND: Kirche 230ff, wobei ALAND allerdings zu Recht die politischen Konnotationen der hier verwendeten Begrifflichkeit unterstreicht.

[5] BAUER/ALAND: Wörterbuch 1270; LIDDELL-SCOTT: Lexicon 1342.

[6] Ähnlich ist die inscription des Briefes von Irenäus an Viktor von Rom (Eus Hist Eccl V,24,14f).

ist[7], diesen aber vermutlich bereits kennt[8] und somit erster Zeuge für dessen Wirkungsgeschichte ist. Ähnlich formulieren dann auch die inscriptiones des Pol, der Briefe von Dionysios von Korinth[9] und des Schreibens der gallischen Gemeinden über ihre Märtyrer[10]. Daß in diesen Briefeingängen trotz der schon formelhaften Sprache das Moment des Fremdseins zumindest noch mitschwingt und auch noch mitgehört wurde, scheint mir auch deshalb wahrscheinlich, weil das Fremdsein der Christen in der christlichen Literatur dieser Zeit, zT unter Aufnahme eben dieser Begrifflichkeit, auch explizit thematisch gemacht wurde, am ausführlichsten in den breiten Ausführungen des Diognetbriefes[11]. Nicht zufällig drang der Begriff der παροικία dann im 3. und 4. Jahrhundert als ›Parochie‹ (=›Pfarrei‹) in die kirchliche Verwaltungssprache ein[12]. Ihr lateinisches Äquivalent, die peregrinatio[13], bringt ebenfalls als Kehrseite der eschatologisch ausgerichteten Daseinsform das Fremdsein der Christen auf den Begriff: »... usque in huius saeculi finem inter persecutiones mundi et consolationes Dei peregrinando procurrit ecclesia«[14]. Damit ist noch bei Augustin nicht wie im späteren Latein die Pilgerschaft[15] gemeint, sondern, wie Schmidt[16] ausführlich gezeigt hat, die ›Fremdlingschaft‹ der Christen: »Die von Augustin entfaltete Metapher ist eine auf die Urkirche zurückgehende Vorstellung: der Christ ist ›Fremdling und Paröke‹ ohne Bürgerschaft auf Erden«[17].

---

[7] FISCHER: Klemensbrief 19 kommt zu dem Ergebnis, daß das Schreiben noch vor Ende des 1 Jh entstanden sein müsse.

[8] Vgl FISCHER: Klemensbrief 8.

[9] Eus Hist Eccl IV,23,5f.

[10] Eus Hist Eccl V,1,3.

[11] Dg 5–7; vgl weiter 2 Cl 5,1ff; Herm s 1,1.6.

[12] DE LABRIOLLE: ›Paroecia‹ 60–72; vgl weiter HARNACK: Mission 421f.

[13] Einmal gibt die Vulgata im NT παροικεῖν mit peregrinari wieder (Lk 24,18). Zweimal übersetzt sie παρεπίδημος mit peregrinus (1Petr 2,11; Hebr 11,13). Häufiger übersetzt sie im AT mit peregrinus etc, wo die LXX πάροικος κτλ hat (vgl Gen 15,13; 23,4; Lev 25,35.47; Num 35,15; Dtn 14,21; ψ 118,54 (Ps 119,54).

[14] Aug Civ D 18,51 (wieder zitiert Lumen gentium 8); vgl ders.: En in Ps 136,1. Die Lebendigkeit dieser Tradition in der Liturgie bezeugt etwa die Abendmahlspräfation bei der Kirchweihe: »... Zu deiner Ehre wurde dieses Haus errichtet, in dem du deine *pilgernde Kirche* versammelst ... Hier lenkst du unseren Blick auf das himmlische Jerusalem und gibst uns die Hoffnung, dort deinen Frieden zu schauen« (SCHOTT-MESSBUCH 437; Hervorhebungen von mir).

[15] Über die mit παροικία gemeinsame Bedeutung ›Aufenthalt in der Fremde‹ (peregrinus=fremd) hinaus bezeichnet peregrinatio im klassischen Latein in der Mehrzahl der Fälle das Reisen in der Fremde (so das OXFORD LATIN DICTIONARY 1335 unter Verweis auf Cicero, Seneca, Tacitus, Plinius u.a.; vgl auch GEORGES: Handwörterbuch I,1581). Bezeichnenderweise wurde im Kirchenlatein in Aufnahme der zweiten Bedeutung peregrinatio als ›Pilgern‹ verstanden (wie entsprechend die Theologie der ecclesia peregrinans eine theologia viatorum ist).

[16] SCHMIDT: Zeit 84–88 lehnt schon aus philologischen Gründen für Augustin die Übersetzung von »›peregrinatio‹ = ›Pilgerschaft zu einem Ziel‹« als »Fehlübersetzung« ab (84): »Die Vorstellung der Pilgerschaft ist für die ›Gottesstadt‹ schon deshalb unmöglich, weil Augustin nie die Präpositionalkonstruktion ›peregrinari ad...‹ gebraucht. Er setzt das Verb absolut, verbindet es mit lokalen Präpositionen der Ortsruhe oder konstruiert mit a (ab, abs)« (87). Stattdessen betont SCHMIDT die Kontinuität der augustinischen peregrinatio-Aussagen zu urchristlichen Vorstellungen.

[17] SCHMIDT: Zeit 86. Des weiteren zeige auch die Tatsache, daß ›Gefangenschaft‹ ein Teilsynonym zu ›peregrinatio‹ ist, daß der »Archetyp der augustinischen ›peregrinatio‹-Vorstellung die Babylonische Gefangenschaft der Juden mit ihrem Seufzen nach der Heimat Jerusalem ist« (87).

(2) Mit dem Begriff der Fremde wird aber nicht nur die Vorfindlichkeit auf den Begriff gebracht, sondern auch ein Anspruch und eine Aufgabe ausgedrückt; es wird sozusagen der ›Stand‹ beschrieben, in den sich die Christen gestellt sahen und auf dem ihr Selbstverständnis beruhte. Clemens von Alexandrien fordert – in Form eines Grundsatzes – dieses Fremdsein als christliche Aufgabe: ὡς ›ξένοι καὶ παρεπιδημοῦντες‹ πολιτεύεσθαι ὀφείλομεν[18]. Ähnlich formuliert Tertullian: »Non enim et nos milites sumus ... non et nos peregrinantes – in isto saeculo – sumus. Cur autem ita dispositus es, o Christiane, ut sine uxore non possis?«[19].

Die Konsequenz eines solchen Verständnisses der Fremde ist dann, wie bei Tertullian schon deutlich wird, die paränetische Ausdeutung dieser Kategorie, eine Ausdeutung, die – je nach Charakter der jeweiligen Schrift – recht unterschiedlich ausfallen kann. Für den in apokalyptischer Tradition stehenden ›Hirt des Hermas‹[20] folgt aus dem Fremdsein der Christen[21] der radikale Bruch mit dieser Welt, die Ablehnung des Erwerbs von allem, das über das Lebensnotwendige hinausgeht, weil diese Welt »unter der Macht eines anderen steht« (s 1,3). Der Mensch ist so zwischen das konkurrierende Gesetz zweier πόλεις gestellt[22] und muß sich entscheiden; einen Kompromiß gibt es nicht, die falsche Entscheidung zieht unweigerlich die Verbannung von der himmlischen Heimat nach sich (s 1,2–6). Ähnlich grundsätzlich, aber in der Sache weit weniger radikal klingt die Beschreibung christlichen Selbstverständnisses und Weltverhältnisses in dem im zweiten oder dritten Jahrhundert verfaßten[23] Diognetbrief. Die Christen unterschieden sich äußerlich – so Dg 5,1ff – in nichts von den anderen Menschen, sie bewohnen keine anderen Städte, führen kein auffälliges Leben. Wohl aber sind sie durch eine besondere innere Haltung zu all diesen Dingen ausgezeichnet, die Dg 5,5 mit den Worten kennzeichnet: Πατρίδας οἰκοῦσιν ἰδίας, ἀλλ᾽ ὡς πάροικοι. μετέχουσι πάντων ὡς πολῖται, καὶ πάνθ᾽ ὑπομένουσιν ὡς ξένοι. πᾶσα ξένη πατρίς ἐστιν αὐτῶν, καὶ πᾶσα πατρὶς ξένη. Dieser Deutung der Fremde – im Grunde die relecture von 1 Kor 7,29ff unter stoischem Vorzeichen – entspricht es, daß sich für den Diognetbrief die Fremde der Christen nicht in der völligen Antithese zur Welt bewährt wie im Hirten des Hermas, sondern in einer Haltung, die – gehorsam gegenüber den erlassenen Gesetzen – sich gerade in deren Überbietung durch die eigene Lebensführung[24] hervortut!

---

[18] Clem Alex Strom III,14.

[19] Tertullian: De Exhortatione Castitatis 12,1. Als ›Stand‹ wird es noch in der ca 400 entstandenen, dem Pionius zugeschriebenen Vita Polycarpi 6 dargestellt: »παντὶ δούλῳ θεοῦ πᾶς ὁ κόσμος (sc πόλις), πατρὶς δὲ ἡ ἐπουράνιος Ἰερουσαλήμ. ἐνταῦθα δὲ παροικεῖν, ἀλλ᾽ οὐ κατοικεῖν ὡς ξένοι καὶ παρεπίδημοι τετάγμεθα«. Interessant ist allerdings die Akzentverschiebung in veränderter Situation fast zu einer Art christlichem Weltbürgertum.

[20] Nach ALTANER: Patrologie 55 kommt als Abfassungszeit das Jahrzehnt vor 150 in Betracht.

[21] Vgl s 1,1: ἐπὶ ξένης κατοικεῖτε.

[22] Es ist bemerkenswert, wie hier das biblische Bild von den zwei Herren durch das mehr politische Bild von zwei Städten ersetzt wird.

[23] Nach WENGST: SUC 2,305ff läßt sich zur Entstehungszeit der Schrift nur sagen, daß sie zwischen dem Ende des zweiten Jahrhunderts und dem Regierungsantritt Konstantins verfaßt wurde; anders ALTANER: Patrologie 77, der eine Entstehung in der zweiten Hälfte des zweiten Jahrhunderts annimmt.

[24] Dg 5,10: ...τοῖς ἰδίοις βίοις νικῶσιν τοὺς νόμους.

Die Selbstbezeichnung als ›Fremdlinge‹ ist also deutlich auch offensiv gemeint, sie hat einen elitären Beiklang[25].

(3) Wie schon angedeutet, kann sich die Kategorie der Fremde auch kritisch gegen eine Kirche oder eine christliche Gesellschaft richten, die sich in dieser Welt allzu heimisch einrichtet. Augustin hatte in ›De civitate Dei‹ mit der peregrinatio die eschatologische Ausrichtung der Kirche betont und damit an einem Christentum Kritik geübt, das sich als Reichsreligion in hohem Maße mit dem Imperium Romanum identifiziert hatte und entsprechend nach der Eroberung Roms durch Alarich 410 in die Krise gekommen war[26]. Augustin war damit kein Sonderfall.

2. Das Mönchtum

Es waren schon in frühchristlicher Zeit und dann immer wieder in der Geschichte der Kirche die Außenseiter in Kirche und Gesellschaft, die sich – oft verbunden mit direkter Kritik an einer verweltlichten Kirche und einem verweltlichten Christentum – als die aus Gottes Zukunft lebenden ›Fremden‹ verstanden, die ihre Wurzeln nicht in dieser Welt haben wollen. Von ihnen kamen dann auch oft die Impulse für eine Erneuerung der Kirche. In erster Linie ist hier das Mönchtum zu nennen, das seine Existenzform bewußt als peregrinatio[27] interpretiert hat und von daher nicht selten innerhalb der Kirche ein kritisches Moment verkörpert hat[28]. Dieses monastische Selbstverständnis – wie immer es sich dann im einzelnen ausprägt – verbindet als solches nicht nur die unterschiedlichsten Bewegungen des abendländischen Mönchtums wie die Iroschotten[29], Franz von Assisi[30] und Ignatius

---

[25] Deutlich wird das auch in den Martyrien, wenn die Christen auf die Frage nach ihrer Herkunft antworten Χριστιανός εἰμι (bzw »Christianus sum«) und so herausfordernd ihre Nichtzugehörigkeit zur irdischen Polis mit ihrer Zugehörigkeit zu Gottes πολίτευμα verbinden (so beim Bericht über die Märtyrer von Lyon/Vienne Eus Hist Eccl V,1,20 vgl Musurillo: Acts 68; ähnlich im Martyrium des Carpus, Papylus und Agathonice 3 Musurillo: Acts 22).

[26] Das Wortfeld begegnet schon in den früheren Schriften gelegentlich bei Augustin, und zwar sowohl im individuellen Sinn (vgl Con X,5: »quamdiu peregrinor abs te« als Umschreibung der irdischen Existenz) wie auf die Kirche bezogen. Vor allem in De Civitate Dei wird die *peregrinatio* dann als zentrale ekklesiologische Kategorie wieder aufgenommen. So urteilt etwa VAN OORT in ›Jeruzalem en Babylon‹, seiner Untersuchung über die Civitas-Lehre Augustins, daß es »een wezenlijk aspect in Augustinus‹ leer van de twee steden« sei, »dat de stad van God in deze wereld als vreemdelinge verkeert« (110). In einem eigens diesem Zusammenhang gewidmeten Abschnitt zitiert er dafür sechs Seiten lang Belege (110–116).

[27] Vgl die Belege bei DU CANGE: Glossarium VI,270. Die Wurzeln dieser Vorstellung reichen bis auf die ξενιτεία des frühen Mönchtums zurück, vgl GUILLAUMONT: Depaysement 89–116.

[28] Nicht zufällig gingen ja die Erneuerungs- und Reformbewegungen (bis hin zur Reformation) aus dem Mönchtum hervor.

[29] Die iroschottischen Mönche verstanden ihr Leben und ihre Sendung als »peregrinatio propter Christum«.

[30] In der regula bullata, der endgültigen Regel der Minderbrüder, werden diese im 6. Kapitel zu strikter Armut angehalten. Sie sollen nichts, auch keine Behausung, zum Eigentum erwerben, sondern vielmehr ihrem Herrn in dieser Welt »tamquam peregrini et advenae« dienen. In seinem Testament dehnt Franz diese Besitzlosigkeit noch ausdrücklich auf den Besitz einer Kirche aus; ohne irgendwelche Habe sollen die Brüder dem Gelöbnis ihrer Armut entsprechen »semper ibi hospitantes sicut advenae et peregrini« (Testamentum 7). Beide Male zitiert dabei Franz von Assisi 1 Petr 2,11 (»peregrini et advenae«).

von Loyola[31], sondern findet sich auch im morgenländischen Mönchtum, etwa bei Afrem dem Syrer, der in einer eindringlichen Homilie die Fremdlingsexistenz als Entsprechung zu Gott selbst und so als die einzige angemessene Form der Nachfolge beschreibt:

> »Wer Christus sucht,
> Der gehe in die Fremde (באכסניא) ihn suchen.
> Und, siehe, er wird ihn in Wahrheit finden,
> Gott, in der Fremde (בגו אכסניא)«[32].

Diese Traditionen werden auch im protestantischen Bereich aufgenommen, wo von den ›Pilgrim Fathers‹ des 17. Jahrhunderts über Zinzendorfs ›Pilgergemeinde‹ bis zur sozialkritischen Bewegung der ›Sojourners‹ unserer Tage der Begriff der Fremde sogar in die Selbstbezeichnung einzelner Bewegungen Eingang gefunden hat.

3. Lieder und Erbauungsliteratur

Das Selbstverständnis der Gläubigen als Fremde hat aber nicht nur in mehr oder weniger elitären und radikalen Gruppen gewirkt. Was in frühester Zeit zum Selbstverständnis der gesamten Kirche gehörte, dann aber sich abschwächte[33], das wurde allen Gläubigen durch das Mönchtum und andere Erweckungs- und Erneuerungsbewegungen immer wieder in Erinnerung gerufen und ist so zu einem wichtigen Bestandteil der allgemeinen praxis pietatis geworden:

---

[31] Ignatius bezeichnet sich in seinen Lebenserinnerungen nie mit Namen, sondern nur als ›Pilger‹.

[32] Vers 15; Üs Haffner: Homilie 13. Nicht übernommen wurde allerdings Haffners Übersetzung des vom (griechischen ξένος abgeleiteten) Wortes אכסניא mit »Pilgerfahrt« bzw »Pilgerleben«. Nach PAYNE/SMITH: Dictionary 16 hat אכסניא die Bedeutung »strange or foreign country, living abroad, exile«. Davon abgeleitet kann es dann auch den Lebenswandel des Anachoreten bezeichnen, die hier sicher mitschwingt: Der Anachoret verwirklicht eben die christliche Existenz am vollkommensten. Die Wiedergabe des Wortes mit »Pilgerleben« birgt die Gefahr eines erbaulichen Anachronismus. Im Vordergrund steht hier die Vorstellung einer Existenz in der Entsagung und auch in der gesellschaftlichen Ausgrenzung, wie sie in den Abschnitten 6ff deutlich wird:
»Und während jeder Andere in seinem Hause sich's behaglich macht,/ ist seine Seele gequält,/ und er verachtet wie ein Schädling,/ und schuldlos geschmäht./ Der Eine nennt ihn Dieb,/ und der Andere schlechten Sklaven,/ der Eine nennt ihn Bettler,/ und der Andere Vagabund./ Der Eine nennt ihn Verführer,/ und der Andere Feind seines Landes,/ der Eine nennt ihn Spion,/ und der Andere Einbrecher in Häuser./ Der Eine nennt ihn vom Teufel besessen,/ und der andere kenntnislos./ Und der Eine wiederum nennt ihn Thor,/ und der Andere unverständig./ Solche und solcherlei Beschimpfungen / sind aufgestellt für das ganze Leben in der Fremde«.

[33] ALAND: Kirche 237–239 weist etwa darauf hin, daß im Laufe des 2.Jahrhunderts parallel zum Zurücktreten der Naherwartung auch die Bedeutung dieses frühchristlichen Selbstverständnisses abnimmt und dessen Inhalt sich wandelt. Bei dieser Beobachtung ist allerdings auch zu überlegen, ob das von ALAND hier so betonte Fehlen dieses ganzen Motivkomplexes in der apologetischen Literatur des 2.Jahrhunderts nicht auch mit dieser spezifischen Gattung zusammenhängt. Den auf Ausgleich mit dem römischen Reich bedachten Apologeten (vgl Melito von Sardes) lag aus naheliegenden Gründen wenig an der Betonung der Fremdlingsschaft der Christen. Eine Ausnahme bildet dann erst der auch sonst nicht der Anpassung das Wort redende Tertullian!

> »Ich bin ein Gast auf Erden
> und hab hier keinen Stand;
> der Himmel soll mir werden,
> da ist mein Vaterland ...«

dieses Lied von P.Gerhardt[34] ist eines von nicht wenigen Kirchenliedern[35], die davon handeln, daß die Christen, ›Bürger‹ des ›himmlischen Vaterlandes‹, in diesem Leben nur als ›Gäste‹ und ›Fremdlinge‹ weilen. Berücksichtigt man zudem, daß das Gesangbuch durch die Jahrhunderte hindurch ja nicht nur das Liedbuch für den Gottesdienst, sondern auch das Gebetbuch für das christliche Haus war, so weist dies schon darauf hin, welch eine wichtige Rolle in der Welterfahrung und im Selbstverständnis der Gläubigen das Bewußtsein gespielt hat, »daß wir allhier sind Pilgersleut«[36].

Die Bedeutung und Bedeutsamkeit dieser Rede von der ›Pilgerexistenz‹ der Gläubigen blieb keineswegs immer gleich. In Verkündigung und Erbauung, in Liedern und Bräuchen, kurz im Lebensvollzug der Gläubigen nie ganz vergessen, konnte sie zu bestimmten Zeiten an Bedeutung gewinnen und ganze Bewegungen und Strömungen prägen; so etwa die vor allem im Mittelalter bedeutsame, in der katholischen und den orthodoxen Kirchen aber bis heute noch wichtige Tradition der Pilgerzüge[37] oder – vor allem auf protestantischer und anglikanischer Seite – die Erbauungsliteratur der Barockzeit mit ihrer langen, zT noch anhaltenden Wirkungsgeschichte[38], die allerdings oft von einer stark weltflüchtigen Tendenz geprägt ist.

---

[34] EKG 326,1.

[35] Vgl EKG 5,6; 44,3; 96,10; 132,3; 165,2f; 184,4; 220,2; 265,5; 291,1f; 317,1f; 367,4; 388,4 ua. Manche Lieder sind ganz diesem Thema gewidmet wie EKG 326 (P.Gerhardt), EKG 272 (G.Tersteegen) und EKG 303 (F.A.Lampe); vgl auch 451 (N.L.von Zinzendorf). Dazu kämen etwa noch Lieder, die von der himmlischen Heimat, der Heimkehr, von ›Zion‹, von Lebensweg, Lebensbahn, Pfad und Straße, vom Ziel des Lebens uä handeln. Anzumerken ist auch, daß sich in älteren Gesangbüchern noch deutlich mehr Lieder zu diesem Thema finden. Eine Sammlung solcher Lieder findet sich etwa unter der Rubrik ›Pilgerlieder‹ im Liederbuch der Gemeinschaften des Gnadauer Verbandes (Gemeinschaftsliederbuch).

[36] EKG 333,2 (M.Weiße).

[37] Die Vorstellungen des Weges wie die des heiligen Ortes, die mit der Pilgertradition verbunden sind, sind natürlich, wie oben schon betont (so A 13), dem ursprünglichen Gedanken von der Fremdlingsschaft der Glaubenden fremd. Bezeichnend ist aber doch, daß diese Vorstellungen dem Begriff der peregrinatio beigeordnet und subsumiert werden.

[38] Bekanntestes Beispiel ist J.Bunyans ›Pilgrims Progress‹, dessen erster Teil unter dem vollständigen Titel: »The Pilgrims progress from this world to that which is to come« 1678 erschienen; 1685 erschien dann der zweite Teil. Bunyan fand mit seinem äußerst erfolgreichen Werk nicht nur in England (vgl. Ch.Johnston: The Pilgrim, 1775), sondern auch in Deutschland Nachahmer, so etwa die von anonymen Verfassern stammenden Erbauungsbücher »Der andächtige Pilgrim, oder wahrhaftige Beschreibung« (1740) und »Der auf wundersamen Wegen wandelnde Pilgrim« (1728/30). Das bekannteste und mit Abstand erfolgreichste deutsche Werk, das unmittelbar von Bunyan beeinflußt ist, ist »Das Heimweh« (1794–1796) von Johann Heinrich Jung, genannt Jung-Stilling. Es wurde in fast alle europäischen Sprachen übersetzt und führte an vielen Orten zur Bildung von »Stillingsgemeinden.« Ein eigener, hier aber nicht weiter verfolgter Zweig des Fremdlingsmotives, auf die mich Herr Th.Backe aufmerksam gemacht hat, sind die sozialutopischen Schriften des frühen 17.Jahrhunderts, vor allem

4. Zeitgenössische Beispiele

So blieb das Thema der Fremdlingsschaft und Pilgerexistenz der Glaubenden auch in der Theologie – zumindest als untergeordnete Kategorie – präsent[39], um dann auch dort zu bestimmten Zeiten wieder in den Vordergrund zu treten, wie das Beispiel Augustins zeigt. Dadurch hat dann auch die offizielle Kirche in Zeiten einer Krise sich dieser Aussagen wieder erinnert. In neuerer Zeit war es etwa Johannes XXIII, der im Zusammenhang mit seiner Einsicht in die Notwendigkeit eines *Aggiornamento* der Kirche wieder die *peregrinatio* als eine zentrale ekklesiologische Kategorie zur Geltung brachte. Seine Handschrift trägt ›Lumen gentium‹, die dogmatische Konstitution des 2. Vaticanums über die Kirche, die gegen die bis dahin übliche einseitige Betonung der institutionalisierten Seite der Kirche nun deren eschatologische Ausrichtung als ecclesia peregrinans unterstreicht, deren ›Sein‹ als Unterwegssein definiert: »Dum vero his in terris Ecclesia peregrinatur a Domino,...tamquam exsulem se habet, ita ut quae sursum sunt quaerat et sapiat«[40].

Als zweites Beispiel sei auf D. Bonhoeffer verwiesen, der in seiner Nachfolge – verfaßt in der Zeit des Kirchenkampfes[41] – immer wieder auf die Kategorie der »Fremdlingsschaft« zurückkommt, um damit den Platz der christlichen Gemeinden in der »Welt« zu bestimmen: »Die Welt feiert und sie stehen abseits; die Welt schreit: freut euch des Lebens, und sie trauern. Sie sehen, daß das Schiff, auf dem festlicher Jubel ist, schon leck ist. Die Welt phantasiert von Fortschritt, Kraft, Zukunft, die Jünger wissen um das Ende, das Gericht und die Ankunft des Himmelreiches, für das die Welt so gar nicht geschickt ist. Darum sind die Jünger Fremdlinge in der Welt, lästige Gäste, Friedensstörer, die verworfen werden...Sie stehen als Fremdlinge in der Kraft dessen, der der Welt so fremd war, daß sie ihn kreuzigte«[42].

---

des seinerseits mit J. Arndt befreundeten J. V. Andreae: Peregrini in patria Errores (1618); ders.: Civis christianus, sive peregrini quondam errantis restitutiones (1619); ders.: Reipublicae Christianopolitanae Descriptio (1619), die mit den Worten beginnt: »Dum peregrinus has terras oberro...«. Mit Andreae befreundet und von ihm beeinflußt ist J. A. Comenius: Das Labyrinth der Welt und das Paradies des Herzens (1631), dessen Werk sich in seiner Gliederung an dem Motiv der Pilgerfahrt orientiert.

[39] Schon die übliche Selbstbezeichnung der Theologie als ›theologia viatorum‹ ist wohl als Reflex dieses Selbstverständnisses der Glaubenden zu verstehen, daß sie noch unterwegs, noch nicht bei Gott in ihrer Heimat sind.

[40] Art 6. Nach dem Vorbild der peregrinatio Israels in der Wüste ist auch die Kirche unterwegs zu einer ›bleibenden Stadt‹ (Art 9), ist so Ecclesia peregrinans (Art 14; 48 vgl 8; 21) bzw Ecclesia viatorum (Art 50). Diese Bestimmungen werden dann auch auf die Gläubigen übertragen (Art 7; 13; 62 vgl. 58).

[41] Wie sehr diese Situation die ›Nachfolge‹ prägte, zeigt etwa das ausführliche Zitat von A. F. C. Vilmar (Nachfolge 125–127; ähnliche Äußerungen finden sich in der ganzen Schrift).

[42] Nachfolge 83f; im Folgenden führt Bonhoeffer diese Gedanken der »Fremdlingsgemeinde« – gewissermaßen als ekklesiologische Entsprechung zum gekreuzigten Christus – noch weiter aus und kommt mehrmals wieder darauf zurück, vgl 84.89.94.146; weiter die Zitate entsprechender Lieder von Teerstegen (S. 149) oder Richter (S. 245), wobei letzteres den Abschnitt ›Die sichtbare Gemeinde‹ (220–245) abschließt, die im Grunde auf das rechte Verständnis der Fremde als Existenzform der christlichen Gemeinde hinausläuft (vgl bes 242–244). Diese Vorstellung bestimmt auch noch den folgenden Abschnitt über die Gemeinde als ›Die Heiligen‹, wo die Heiligung als die durch Gottes Erwählung bedingte Absonderung der Gemeinde von der Welt beschrieben wird: »Wie ein versiegelter Zug im fremden Lande, so geht die Gemeinde durch die Welt« (253).

5. Zusammenfassung

Überblickt man diesen äußerst fragmentarischen Abriß der Wirkungsgeschichte der Kategorie der Fremde, so fällt auch hier wieder der deutliche Situationsbezug dieser Kategorie auf. Es ist es kein Zufall, daß παροικία für die angefeindete Märtyrerkirche des 2. Jahrhunderts zur Selbstbezeichnung wurde. Es ist auch kein Zufall, daß Augustin nach der Eroberung Roms und der dadurch verursachten Krise der christlichen Reichsidee wieder die peregrinatio als zentrale Kategorie entdeckt hat. Mutatis mutandis kann ähnliches wohl auch von Dietrich Bonhoeffer gesagt werden, der im Zusammenhang mit den Erfahrungen des Kirchenkampfes Stand und Aufgabe der Nachfolger Jesu Christi in einer Gesellschaft zu bestimmen sucht, die nicht mehr das ›christliche Abendland‹ ist. J.Bunyan schreibt seinen ›Pilgrim's Progress‹ im Kerker nach dem Scheitern der Versuche, das Reich Gottes auf Erden herbeizuzwingen. Johannes XXIII. nimmt aufgrund seiner Einsicht in die Notwendigkeit einer grundlegenden Reform der erstarrten Kirche die *peregrinatio* in das Selbstverständnis der Kirche auf. Daneben sind es im Verlauf der Kirchengeschichte immer wieder kritische Randgruppen, die sich in besonderem Maß als ›Fremde‹ verstanden und verstehen.

Die Wirkungsgeschichte bestätigt so den überraschenden Befund der Exegese: Zwar begegnen immer wieder auch die weltflüchtigen Tendenzen, die sich der Rede von der Fremdlingsschaft der Christen im Sinne der Selbstghettoisierung gegenüber dem bösen irdischen ›Jammertal‹ bemächtigen. Aufs Ganze gesehen scheint aber diese Kategorie eine vorwiegend positive, wirklichkeitserschließende (und nicht verschließende) Wirkung entfaltet zu haben:

a. Als kritisches Ideal forderte sie immer wieder die Unterscheidung (nicht Trennung) der Christen von ihrer Mitwelt;

b. dies brachte sie besonders in schwierigen Situationen zu Gehör und ermöglichte so die theologische Verortung und Bewältigung von Krisen – im Leben einer kirchlichen Gemeinschaft, aber auch im individuellen Leben (vgl Gesangbuch);

c. damit eröffnete sie die Möglichkeit einer konstruktiven Neuorientierung an Gottes Wort, eines erneuerten Selbstverständnisses und Weltverhältnisses.

Literaturverzeichnis

1. Quellen

1.1. Bibel

Aland, K. (Hg.): Synopsis Quattuor Evangeliorum. Stuttgart 1976
Die Bibel nach der deutschen Übersetzung Martin Luthers. Stuttgart 1985
Die Bibel. Altes und Neues Testament. Einheitsübersetzung. Freiburg/Basel/Wien 1980
Die Bibel. Die Heilige Schrift des Alten und Neuen Bundes. Deutsche Ausgabe mit den Erläu-
terungen der Jerusalemer Bibel. (Hg.) D. Arenhooevel/A. Deissler/A. Vögtle. Freiburg/Ba-
sel/Wien 1968
Die Heilige Schrift des Alten und des Neuen Testaments (1942). Stuttgart 1967 (Züricher Bi-
bel)
Elliger, K./Rudolph, W. (Hg.): Biblia Hebraica Stuttgartensia. Stuttgart 1977
Field, F. (Hg.): Origenis Hexapla. 2 Bde. Hildesheim 1964 (Nachdruck 1875)
Nestle – Aland: Novum Testamentum Graece. (Hg.) K. Aland ua. Stuttgart 1979[26]
Neue Jerusalemer Bibel. Altes und Neues Testament. Einheitsübersetzung. Mit dem neu bear-
beiteten und erweiterten Kommentar der Jerusalemer Bibel. (Hg.) A.Deissler/A.Vögtle.
Freiburg/Basel/Wien 1990[5]
Rahlfs, A. (Hg.): Septuaginta. Id est Vetus Testamentum graece iuxta LXX interpretes. Stutt-
gart 1965[8]
Septuaginta. Vetus Testamentum Graecum. Auctoritate Academiae Scientiarum Gottingensis
editum. Göttingen 1931ff
Walton, B.: Biblia sacra Polyglotta. 6 Bde. Graz 1963–1965 (Nachdruck 1657)
Weber, R. (Hg.): Biblia sacra iuxta vulgatam versionem. 2 Bde. Stuttgart 1983[3]

1.2. Frühjüdische Literatur

Aristeasbrief: Lettre d'Aristée à Philocrate (SC 89). (Hg.) A. Pelletier. Paris 1962
Aristeasbrief: N. Meisner: Aristeasbrief; in: JSHRZ II,1. Gütersloh 1973, 35–87
Aristobul: N.Walter: Fragmente jüdisch-hellenistischer Exegeten: Aristobulos, Demetrios,
Aristeas; in: JSHRZ III,2. Gütersloh 1975, 257–296
Äthiopischer Henoch; in: The Old Testament Pseudepigrapha. Bd. 1. Apocalyptic Literature
and Testaments (Hg.) J.H. Charlesworth. Garden City, New York 1983, 5–89
Baruch: A.H.J. Gunneweg: Das Buch Baruch; in: JSHRZ II,2. Gütersloh 1975, 165–181
Burrows, M.: The Dead Sea Scrolls of St. Mark's Monastery. Bd. 1: The Isaiah Manuscript
and the Habakkuk Commentary. New Haven 1950
Carmignac, J. (Hg.): La règle de la guerre des fils du lumière contre les fils de ténèbres. Texte
restauré, traduit, commenté. Paris 1958
Carmignac, J./Cothenet, É./Lignée, H.: Les Textes de Qumran. Traduits et annotés. Paris 1963
Carmignac, J./Guilbert, P. (Hg.): Les Textes de Qumran. Traduits et annotés. Paris 1967
Charlesworth, J.H. (Hg.): The Old Testament Pseudepigrapha. Bd. I: Apocalyptic Literature
and Testaments. Garden City, New York 1983

Charlesworth, J.H.: The History of the Rechabites. Bd. I: The Greek Recension. Chico 1982

Corpus Papyrorum Judaicarum: (Hg.) V.A. Tcherikover/A. Fuks. 3 Bde. Cambridge Mass 1957/1960/1964

Esra: J. Schreiner: Das 4. Buch Esra. JSHRZ V,4. Gütersloh 1981

Gaster, Th.W.: The Dead Sea Scriptures. Garden City 1976[3]

Joseph und Aseneth: Chr. Burchard: Joseph und Aseneth; in: JSHRZ II,4. Gütersloh 1983

Joseph und Aseneth: M. Philonenko: Joseph et Aséneth. Introduction, texte critique, traduction et notes (StPB). Leiden 1968

Josephus: De Bello Judaico. Der jüdische Krieg. Griechisch und Deutsch. Herausgegeben und mit einer Einleitung sowie mit Anmerkungen versehen von O.Michel und O.Bauernfeind. Bde. I–III. München 1962ff

Josephus: Des Flavius Josephus Jüdische Altertümer. Übersetzt und mit Einleitung und Anmerkungen versehen von H.Clementz. Wiesbaden o.J.

Josephus: With an English Translation by H.S.J. Thackeray/R. Marcus/ A. Wikgren/H. Feldman (LCL). 9 Bde. Cambridge Mass/London 1926ff

Judith: E. Zeuger: Das Buch Judith. JSHRZ I,6. Gütersloh 1981

Kmosko, M: Liber Apocalypseos Baruch Filii Neriae, translatus de Greco in Syriacum et Epistola Baruch Filii Neriae. PS I II. Paris 1907

Lohse, E. (Hg.): Die Texte aus Qumran. Hebräisch und Deutsch. Mit masoretischer Punktation. Übersetzung, Einführung und Anmerkungen. Darmstadt 1971[2]

Maier, J. (Hg.): Die Texte vom Toten Meer. 2 Bde. Übersetzung und Anmerkungen. München/Basel 1960

Makkabäer: K.D. Schunck: 1. Makkabäerbuch. JSHRZ I,4. Gütersloh 1980

Makkabäer: H.J. Klauck: 4. Makkabäerbuch. JSHRZ III,6. Gütersloh 1989

Midraš Rabba. (Hg.) M.A. Mirqin. Tel Aviv 1977–1982

Philo von Alexandria: Die Werke in Deutscher Übersetzung. Hg L.Cohn/I.Heinemann/M.Adler/W.Theiler. Berlin 1962[2]/1964 (Nachdruck 1908ff)

Philo: With an English Translation by F.H. Colson/G.H. Whittaker/J.W. Earp/R. Marcus. 10 Bde. und 2 Supplementbände (LCL). London/Cambridge Mass 1929ff

Philonis Alexandrini opera quae supersunt. (Hg.) L.Cohn/P.Wendland/S.Reiter. 7 Bde. Berlin 1962 (Nachdruck 1865–1906)

Pseudo-Philo: Chr.Dietzfelbinger: Pseudo-Philo: Antiquitates Biblicae (Liber Antiquitatum Biblicarum). JSHRZ II,2. Gütersloh 1979[2]

Psalmen Salomos: S. Holm-Nielsen: Die Psalmen Salomos; in: JSHRZ IV. Gütersloh 1974/1977/1983, 29–47

Psalmen Salomos: Ryle H.E./James M.R.: ΨΑΛΜΟΙ ΣΟΛΟΜΩΝΤΟΣ. Psalms of the Pharisees, commonly called The Psalms of Solomon. The Text newly revised from all the MSS. Edited, with Introduction, English Translation, Notes, Appendix, and Indices. Cambridge 1891

4QMMT: Z.Kapera: An Anonymously Received Pre-Publication of the 4QMMT; in: The Qumran Chronicle 2 (1990). Appendix »A«

Rabin,Ch (Hg.): The Zadokite Documents. I.: The Admonition. II.: The Laws. With a Translation and Notes. Oxford 1965[2]

Riessler, P.: Altjüdisches Schrifttum außerhalb der Bibel. Übersetzt und erläutert. Darmstadt 1979[4] (Nachdruck 1928)

Rost, L.: Die Damaskusschrift (KLT 167). Berlin 1933

Sibyllinen: in: The Old Testament Pseudepigrapha Bd. 1: Apocalyptic Literature and Testaments. (Hg.) J.H. Charlesworth. Garden City, New York 1983, 317–472

Sirach: G. Sauer: Jesus Sirach (Ben Sira); JSHRZ III,5. Gütersloh 1981

Staerk, W.: Die jüdische Gemeinde des Neuen Bundes in Damaskus. Übersetzung der von Schechter veröffentlichten Geniza-Texte mit Noten (BFChTh 27,3). Gütersloh 1922

Syrischer Baruch: A.F.J. Klijn: Die syrische Baruch-Apokalypse. JSHRZ V,2. Gütersloh 1976

Syrischer Baruch: Vetus Testamentum Syriace iuxta Simplicem Syrorum Versionem ex auctoritate Societatis ad Studia Librorum Veteris Testamenti Provehenda edidit Institutum Peshittonianum Leidense. Pars IV,3: Apocalypsis Baruch. IV. Ezra. Leiden 1973

Test XII: M. de Jonge: The Testaments of the Twelve Patriarchs. A Critical Edition of the Greek Text (Pseudepigrapha Veteris Testamenti Graece I,2). Leiden 1978

Test XII: J. Becker: Die Testamente der zwölf Patriarchen. JSHRZ III,1. Gütersloh 1980

Weisheit Salomos: D. Georgi: Weisheit Salomos. JSHRZ III,4. Gütersloh 1980

Wünsche, A. (Hg.): Der Midrasch Wajikra Rabba. Das ist die haggadische Auslegung des Dritten Buches Mose (Bibliotheca Rabbinica. Eine Sammlung alter Midraschim V). Hildesheim 1967 (Nachdruck Leipzig 1883/1884)

Yadin, Y. (Hg.): The Scroll of the War of the Sons of Light against the Sons of Darkness. Edited with Commentary and Introduction. Oxford 1962

1.3. Griechische und römische Autoren

Ammianus Marcellinus: With an English Translation by J.C. Rolfe. Bd. 2 (LCL). London/ Cambridge Mass 1963 (Nachdruck 1940)

Apuleius: Der Goldene Esel. Aus dem Lateinischen von A. Rode. Frankfurt am Main 1975

Apuleius: The Golden Ass with an English Translation by W. Adlington (LCL). London/Cambridge Mass 1975 (Nachdruck 1915)

Aristoteles: De mirabilibus auscultationibus; in: Minor Works with an English Translation by W.S. Hett (LCL). London/Cambridge Mass 1963 (Nachdruck 1936), 235–325

Aristoteles: The »Act« of Rhetoric. With an English Translation by C.H. Freese (LCL). London/Cambridge Mass 1967 (Nachdruck 1926)

Athenaeus von Naukratis: Das Gelehrtenmal. Üs Ursula Treu. Leipzig 1985

Athenaeus: Dipnosophistae. (Hg.) G. Kaibel. 3 Bde. Stuttgart 1962–65 (Nachdruck 1887–1890)

Athenaeus: The Deipnosophists with an English Translation by C.B. Gulick. (LCL) 7 Bde. Cambridge Mass/London 1963–1971 (Nachdruck 1927–1941)

Cassius Dio: Dio's Roman History with an English Translation by E. Cary. (LCL) 9 Bde. Cambridge Mass/London 1961–1969 (Nachdruck 1914–1927)

Cassius Dio: Historiarum Romanarum quae supersunt. (Hg.) U.P. Boissevain, 4 Bde. Berlin 1955[2] (Nachdruck 1895–1926)

Cassius Dio: Römische Geschichte. Üs O. Veh. 4 Bde. Zürich/München 1985/1986

Chevalier, J.: Étude critique du dialogue pseudo-platonicien l'Axiochus sur la mort et sur l'immortalité de l'âme. Collection historique des grands philosophes. Paris 1915

Cicero: Gespräche in Tusculum. Lateinisch – deutsch. (Hg.) O. Gigon. München 1951

Cicero: With an English Translation by H. Caplan ua. (LCL) 28 Bde. London/Cambridge Mass 1962–1968 (Nachdruck 1912–1958)

Diels,H./Kranz,W. (Hg.): Fragmente der Vorsokratiker. 3 Bde. Zürich/Berlin 1985[18]/ 1985[17]/1990[13]

Dio Chrysostomus: Orationes post Ludovicum Dindorfium. 2 Bde. (Hg.) G. de Budé. Leipzig 1916/1919

Dio Chrysostomus: Sämtliche Reden. Eingeleitet, übersetzt und erläutert von W. Elliger. Zürich/Stuttgart 1967

Dio Chrysostom: With an English Translation by J.W. Cohoon/H.L. Crosby. (LCL) 5 Bde

Diodorus Siculus: With an English Translation by C.H. Oldfather ua. (LCL) 12 Bde. Cambridge Mass/London 1933–1967

Diogenes Laertius: Lives of Eminent Philosophers. With an English Translation by R.D. Hicks (LCL) 2 Bde. London/Cambridge Mass 1965/1966 (Nachdruck 1925)

Diogenes Laertius: Leben und Meinungen berühmter Philosophen. Buch IX. Üs O. Apelt (PhB 53/54). Hamburg 1967[2]

Dionysius von Halicarnassus: The Roman Antiquities with an English Translation by E. Cary. (LCL) 7 Bde. London/Cambridge Mass 1961–1971 (Nachdruck 1937–1950)

Empedocles: The Extant Fragments. Edited, with an Introduction, Commentary, and Concordance, by M.R. Wright. New Haven/London 1981

Epictetus: Epicteti Dissertationes ab Arriano Digestae. (Hg.) H. Schenkl. Leipzig 1894

Epictetus: The Discourses as reported by Arrian, the Manual, and Fragments with an English Translation by W.A. Oldfather. (LCL) 2 Bde. London/Cambridge Mass 1966/1969 (Nachdruck 1925/1928)

Fragmente der Griechischen Historiker: Die Fragmente der Griechischen Historiker. (Hg.) F. Jacoby. Leiden 1958–1968 (Nachdruck 1922–1957)

Herodotus: With an English Translation by A.D. Godley. (LCL) 4 Bde. London/Cambridge Mass 1946–1957 (Nachdruck 1920–1925)

Horaz: Die Gedichte des Horaz. (Hg.) H. Färber. München 1949[5]

Horaz: The Odes and Epodes with an English Translation by C.E. Bennett. (LCL) Cambridge Mass/London 1952

Julian: With an English Translation by W.C. Wright. (LCL) 3 Bde. London/Cambridge Mass 1962/1969/1961 (Nachdruck 1913/1913/1923)

Kelsos: Celsi Ἀληϑὴς Λόγος. Excussit et restituere conatus est O. Glöckner. (Hg.) H. Lietzmann: KlT 151. Bonn 1924

Kelsos: R. Bader: Der Ἀληϑὴς Λόγος des Kelsos (Tübinger Beiträge zur Altertumswissenschaft 33). Stuttgart/Berlin 1940

Livius: With an English Translation by B.O. Forster ua. (LCL) 14 Bde. London/Cambridge Mass 1967–1969 (Nachdruck 1919–1959)

Lukian: Werke in drei Bänden. (Hg.) J. Werner/H. Greiner-Mai, H. Üs Chr.M. Wieland. Berlin/Weimar 1981[2]

Lukian: With an English Translation by A.M. Harmon ua. (LCL) 8 Bde. Cambridge Mass/London 1961–1969 (Nachdruck 1913–1967)

Macrobius: Ambrosii Theodosii Macrobii Commentarii in Somnium Scipionis edidit Jacobus Willis. Leipzig 1970[2]

Marc Aurel: Des Kaisers Marcus Aurelius Antoninus Selbstbetrachtungen. Übersetzung, Einleitung und Anmerkungen von A. Wittstock. Stuttgart 1986

Marc Aurel: The Communings with Himself of Marcus Aurelius Antoninus, Emperor of Rome. Together with his Speeches and Sayings. A revised text and a translation into English by C.R. Heines (LCL). Cambridge Mass/London 1970

Marc Aurel: Wege zu sich selbst. Herausgegeben und übertragen von W.Theiler. Darmstadt 1984[3]

Petrie Papyri: The Flinders Petrie Papyri with Transcriptions, Commentaries and Index. (Hg.) J.P. Mahaffy/J.G. Smyly (Royal Irish Academy, Cunningham Memoirs XI. Papyrology on Microfiche I, 31). Dublin/London/Edinburgh 1905

Philodemus: Over den dood. (Hg.) T. Kuiper. Amsterdam/Paris 1925

Platon: Sämtliche Werke. III. Band. (Hg.) E. Loewenthal. Köln und Olten 1969[6]

Platon: Sämtliche Werke. In der Übersetzung von F. Schleiermacher. (Hg.) W.F. Otto/E. Grassi/G. Plamböck. Hamburg 1957ff

Platonis Opera. (Hg.) I. Burnet. 5 Bde. Oxford 1976–1980 (Nachdruck 1905–1913)

Pseudo-Platon: Oeuvres complètes Tome XIII–3ᵉ Partie Dialogues Apocryphes. Texte établi et traduit par Joseph Souilhé. Paris 1930

Pseudo-Plato: Axiochus. Üs H. Müller; in: Platon: Sämtliche Werke. Bd. 3. (Hg.) E. Loewenthal. Köln und Olten 1969[6], 853–862

Pseudo-Plato: Hershbell, J.P.: Pseudo-Plato, Axiochus (Society of Biblical Literature. Texts and Translations 21. Greco-Roman Religion Series 6). Chico, California 1981

Plinius Caecilius Secundus, C.: Briefe. Lateinisch – deutsch. (Hg.) H. Kasten, München/Zürich 1984[5]

Plinius: Letters and Panegyricus with an English Translation by B. Radice. (LCL) Bd. 2. London/Cambridge Mass 1975 (Nachdruck 1969)

Plotin: Die Enneaden des Plotin. 2 Bde. Üs H.F. Müller. Berlin 1878/1880

Plotin: Enneades. (Hg.) R. Volksmann. Leipzig 1883f

Plotinus: Ennéades. Bd. 1–6. Hg. É. Bréhier. (Collection des Universités de France). Paris 1960–1964

Plutarch: Lives with an English Translation by B. Perrin. (LCL) 11 Bde. London/Cambridge Mass 1959–1970 (Nachdruck 1914–1926)

Plutarch: Moralia with an English Translation by F.C. Babbit. (LCL) 16 Bde. London/Cambridge Mass 1927–1969

Polybius: Geschichte. Eingeleitet und übertragen von H. Drexler. 2 Bde. Zürich und München 1978[2] (Nachdruck 1963)

Polybius: The Histories with an English Translation by W.R. Paton. (LCL) 6 Bde. Cambridge Mass/London 1975–1979 (Nachdruck 1922–1927)

Porphyrios: Pros Markellan. Griechischer Text herausgegeben, übersetzt, eingeleitet und erklärt von W. Pötscher (Philosophia Antiqua. A Series of Monographs on Ancient Philosophy Bd. XV). Leiden 1969

Porphyrius: »Gegen die Christen«. (Hg.) A.v. Harnack. 15 Bücher, Zeugnisse, Fragmente und Referate (APAW.PH1). Berlin 1916

Porphyrius: Lettre à Marcella. (Hg.) E. DesPlaces. Paris 1982

Porphyrius: Opuscula selecta. (Hg.) A. Nauck. Leipzig 1886

Poseidonios: Die Fragmente. (Hg.) W.Theiler. I Texte. Berlin/New York 1982

Poseidonios: Die Fragmente. (Hg.) W.Theiler. II Erläuterungen. Berlin/New York 1982

Scriptores Historiae Augustae: With an English Translation by D. Magie. (LCL) 3 Bde. London/Cambridge Mass 1967–1968 (Nachdruck 1921–1932)

Seneca: Ad Helviam; in: Moral Essays. Bd. 2. With an English Translation by J.W. Basore (LCL). London/Cambridge Mass 1970 (Nachdruck 1932), 416–489

Seneca: Ad Lucilium epistulae morales with an English translation by R.M. Gummere. (LCL) Bd. 3. London/Cambridge Mass 1962 (Nachdruck 1925)

Seneca: Philosophische Schriften. 5 Bde. (Hg.) M. Rosenbach. Darmstadt 1969ff

Sextus Empiricus: With an English Translation by R.G. Bury. Bd. 1: Outlines of Pyrrhonism (LCL) London/Cambridge Mass 1961 (Nachdruck 1933)

Sextus Empiricus: With an English Translation by R.G. Bury. Bd. 2: Against the Logicians (LCL). London/Cambridge Mass 1967 (Nachdruck 1935)

Sophoclis Fabulae: Recognovit brevique adnotatione critica instruxit A.C. Pearson (Scriptorum Classicorum Bibliotheca Oxoniensis). Oxford 1955 (Nachdruck 1924)

Stern, M. (Hg.): Greek and Latin Authors on Jews and Judaism. 3 Bde. Jerusalem 1976/1980/1984

Stobaeus: Joannis Stobaei Anthologium. Bd.1–5. (Hg.) C.Wachsmuth/O.Hense. Zürich 1974[3] (Nachdruck 1884–1912)

Strabo: The Geography of Strabo with an English Translation by H.L. Jones. (LCL) 8 Bde. London/Cambridge Mass 1966–1970 (Nachdruck 1917–1932)

Sueton: Cäsarenleben. (Hg.) M. Heinemann. Stuttgart 1957

Suetonius: With an English Translation by J.C. Rolfe. (LCL) 2 Bde. London/Cambridge Mass 1970 (Nachdruck 1913/1914)

Tacitus: Annalen. Üs C. Hoffmann. München 1979[2]

Tacitus: Historien. Lateinisch/deutsch. Üs H. Vretska (Hg.). Stuttgart 1984

Tacitus: The Histories and the Annals with an English Translation by C.H. Moore/J. Jackson. (LCL) 4 Bde. London/Cambridge Mass 1968–1970 (Nachdruck 1925–1937)

Urkunden der Ptolemäerzeit: (Hg.) U. Wilcken. Bd. 2. Berlin 1977 (Nachdruck 1957)

Zenon Papyri. Business Papers of the Third Century B.C. Dealing with Palestine and Egypt. Bd. II. (Hg.) W.L.Westermann/C.W.Keyes/H.Liebesby (Columbia Papyri Greek Series No. 4). Milano 1973 (Nachdruck New York 1940)

1.4. Christliche Quellen

Andreae, J.V.: Christianopolis 1619. Originaltext und Übertragung nach D.S. Georgi 1741. Eingeleitet und herausgegeben von R. v. Dülmen. (QFWKG 4). Stuttgart 1972

Andreae, J.V.: Civis christianus, sive peregrini quondam errantis restitutiones. Straßburg 1619

Andreae, J.V.: Peregrini in patria Errores. oO 1618

Anonymus: Der andächtige Pilgrim, oder wahrhaftige Beschreibung. Nürnberg 1740

Anonymus: Der auf wundersamen Wegen wandelnde Pilgrim. Leipzig 1728/1730

Apostelakten: Acta Apostolorum Apocrypha. 3 Bde. (Hg.) R.A. Lipsius/M. Bonnet. Hildesheim/New York 1972 (Nachdruck Leipzig 1891–1903)

Die Apostolischen Väter. Eingeleitet, übertragen und erläutert (SUC 1). (Hg.) J.A.Fischer. (1956[1]) Darmstadt 1986[9]

Aristides von Athen: Apologie; in: Frühchristliche Apologeten und Märtyrerakten (BKV Bd. 1). (Hg.) O. Bardenhewer/Th. Schermann/K. Weyman. Kempten/München 1919, 1–54

Aristides: Die Apologie; in: Zwei griechische Apologeten (Sammlung wissenschaftlicher Kommentare zu griechischen und römischen Schriftstellern). (Hg.) J. Geffcken. Leipzig/Berlin 1907, 1–96

Athenagoras von Athen: Bittschrift für die Christen; in: Frühchristliche Apologeten und Märtyrerakten (BKV Bd. 1). (Hg.) O. Bardenhewer/Th. Schermann/K. Weyman. Kempten/München 1913, 259–375

Augustinus: Confessiones/Bekenntnisse. Lateinisch und Deutsch. Eingeleitet, übersetzt und erläutert von J.Bernhardt. München 1955

Augustinus: De Civitate Dei Libri XXII. Recensuit et commentario critico instruxit E. Hoffmann. 2 Bde. (CSEL). New York/London 1962 (Nachdruck Prag/Wien/Leipzig 1899/1900)

Augustinus: Enarrationes in psalmos. 3 Bde. (CChr.SL). Turnhout 1956

Barnabasbrief; in: (Hg.) K. Wengst: Didache (Apostellehre), Barnabasbrief, Zweiter Klemensbrief, Schrift an Diognet. Eingeleitet, herausgegeben, übertragen und erläutert (SUC 2). Darmstadt 1984, 101–202

Boehmer, H. (Hg.): Analekten zur Geschichte des Franziscus von Assisi (SQS Neue Folge 4). Tübingen 1961[3]

Bonhoeffer, D.: Nachfolge. München 1967[9]

Bunyan, J.: The Pilgrim's Progress from this world to that which is to come. 2 Teile. oO 1678/1685

Clemens Alexandrinus: Les stromates. (Hg.) Th. Camelot (SC 30.38.278.279). Paris 1951/1954/1981

Clemens Alexandrinus: Teppiche wissenschaftlicher Darlegungen entsprechend der wahren Philosophie (Stromateis). Üs O. Stählin (BKV 2.Reihe Bde. 17.19.20). München 1936/1937/1938

Comenius: Das Labyrinth der Welt und das Paradies des Herzens. 1631

Diognetbrief: A Diognète (SC 33). (Hg.) H.J. Marrou. Paris 1965[2]

Diognetbrief; in: (Hg.) K. Wengst: Didache (Apostellehre), Barnabasbrief, Zweiter Klemensbrief, Schrift an Diognet. Eingeleitet, herausgegeben, übertragen und erläutert (SUC 2). Darmstadt 1984, 281–348

Eusebius Caesarensis: The Ecclesiastical History with an English Translation by K. Lake (LCL). 2 Bde. London/ Cambridge Mass 1964/1965

Eusebius von Caesarea: Kirchengeschichte. (Hg.) H. Kraft. München 1967

Evangelisches Kirchengesangbuch. Ausgabe für die Evangelisch-Lutherische Kirche in Bayern. München 1957

Franz von Assisi: Die Schriften des Hl. Franziskus von Assisi. Einführung, Übersetzung, Erläuterungen. Kajetan Eßer und Lothar Hardidik (FQS 1). Werl 1963[3]

Haffner, A.: Die Homilie des heiligen Ephräm von Syrien über das Pilgerleben. Nach den Handschriften von Rom und Paris herausgegeben und übersetzt; in: SAWW.PH 135,9. Wien 1896

Hennecke, E./Schneemelcher, W. (Hg.): Neutestamentliche Apokryphen in deutscher Übersetzung. Tübingen 1959³/1964³

Hirt des Hermas: (Hg.) M. Whittaker (GCS). Berlin 1967²

Hirt des Hermas: R. Joly: Hermas: Le pasteur. Introduction, texte critique, traduction et notes (SC 53). Paris 1968²

Ignatius-Briefe; in: (Hg.) J.A. Fischer: Die Apostolischen Väter. Eingeleitet, herausgegeben, übertragen und erläutert (SUC 1). (1956¹) Darmstadt 1986⁹, 108–225

Johnston, Ch.: The Pilgrim. 1775

Jung, J.H., genannt Jung-Stilling: Das Heimweh. 4 Bde. Frankfurt/Leipzig 1794–1796

Justinus Martyr: Die Apologien. Krüger, G. (Hg.). SQS 1,1. Tübingen 1915⁴

Justinus Martyr: Justins' des Philosophen und Märtyrers Apologien. (Hg.) J. Schnurrer. Münster 1933²

Klemens-Brief; in: (Hg.) J.A. Fischer: Die Apostolischen Väter. Eingeleitet, herausgegeben, übertragen und erläutert (SUC 1). (1956¹) Darmstadt 1986⁹, 1–107

Zweiter Klemensbrief; in: (Hg.) K. Wengst: Didache (Apostellehre), Barnabasbrief, Zweiter Klemensbrief, Schrift an Diognet. Eingeleitet, herausgegeben, übertragen und erläutert (SUC 2). Darmstadt 1984, 203–280

Laktanz: L. Caeli Firmiani Lactanti Opera Omnia. (Hg.) S. Brandt (CSEL 27,2). Prag/Wien/ Leipzig 1893/1897

Minucius Felix, M.: Octavius. Lateinisch – Deutsch. Herausgegeben, übersetzt und eingeleitet von B.Kytzler. München 1965

Musurillo, H. (Hg.): The Acts of the Christian Martyrs. Introduction, Texts and Translations (OECT). Oxford 1972

Origenes: Contra Celsum. Translated with an Introduction and Notes by H. Chadwick. Cambridge 1980 (1953¹)

Origenes: Contra Celsum; in: (Hg.) M. Borret: Origène, Contre Celse. 5 Bde. (SC 132. 136. 147. 150. 227). Paris 1967–1976

Polykarp-Briefe; in: (Hg.) J.A. Fischer: Die Apostolischen Väter. Eingeleitet, herausgegeben, übertragen und erläutert. (1956¹) Darmstadt 1986⁹, 227–265

Tertullian: Apologeticum. Verteidigung des Christentums. Herausgegeben, übersetzt und erläutert von C. Becker. München 1984³

Tertullian: Q.S.F. Tertulliani Opera. 2 Bde. (CChr.SL). Turnhout 1954

The History of the Rechabites. Bd. 1: The Greek Recension. Edited and Translated by J.H. Charlesworth (Texts and Translations 17. Pseudepigrapha Series 10). Chico, California 1982

Vaticanum: Das Zweite Vatikanische Konzil. Konstitutionen, Dekrete und Erklärungen. Teil I; in: LThK. Freiburg/Basel/Wien 1966

Vaticanum: Zweites Vatikanisches Konzil: Dogmatische Konstitution über die Kirche. Authentischer lateinischer Text. Deutsche Übersetzung im Auftrage der deutschen Bischöfe. Mit einer Einleitung von J. Ratzinger. Münster 1965

Vita Polycarpi: in: Patres Apostolici Bd. 2. (Hg.) F.X. Funk. Tübingen 1901, 288–336

2. Hilfsmittel

ALAND K./ALAND B.: Der Text des Neuen Testaments. Einführung in die wissenschaftlichen Ausgaben sowie in Theorie und Praxis der modernen Textkritik. Stuttgart 1982

BALZ, H.R./SCHNEIDER, G. (Hg.): Exegetisches Wörterbuch zum Neuen Testament. 3 Bde. Stuttgart ua. 1980/1981/1983

BAUER, W./ALAND, K.: Griechisch-deutsches Wörterbuch zu den Schriften des Neuen Testaments und der frühchristlichen Literatur. Berlin/New York 1988⁶

BIBLIA PATRISTICA. Index des citations et allusions bibliques dans la littérature patristique. (Hg.) J. Allenbach ua. 2 Bde. und Supplément. Paris 1975/1977/1982

BLASS, F./A. DEBRUNNER/F. REHKOPF: Grammatik des neutestamentlichen Griechisch. Göttingen 1984[16]

BOTTERWECK, G.J./H. RINGGREN (Hg.): Theologisches Wörterbuch zum Alten Testament. 6 Bde. Stuttgart ua 1973ff

COENEN, L./BEYREUTHER, E./BIETENHARD, H. (Hg.): Theologisches Begriffslexikon zum Neuen Testament. 3 Bde. Wuppertal 1972[3]

DALMAN, G.: Grammatik des jüdisch-palästinischen Aramäisch. Nach den Idiomen des palästinischen Talmud, des Onkelostargum und Prophetentargum und der jerusalemischen Targume. Aramäische Dialektproben. Darmstadt 1981[2] (Nachdruck 1927[2])

DENIS, A.M.: Concordance Grecque des Pseudépigraphes d'Ancien Testament. Concordance, Corpus des Textes, Indices. Louvain-la-Neuve 1987

DU CANGE, C.: Glossarium mediae et infimae latinitatis. 5 Bde. Graz 1954 (Nachdruck 1883–1887)

EVEN SHOSHAN, A.: A new Concordance of the Bible. Thesaurus of the Language of the Bible Hebrew and Aramaic. Roots, Words, Proper Names, Phrases and Synonyms. 3 Bde. Jerusalem 1982

GALLING, K. ua (Hg.): Die Religion in Geschichte und Gegenwart. Dritte, völlig neu bearbeitete Auflage. 6 Bde. und Registerband. Tübingen 1957–1965

GEORGES, K.E.: Ausführliches lateinisch-deutsches Handwörterbuch. 2 Bde. Tübingen 1951[9]

GESENIUS, W.: Hebräisches und Aramäisches Handwörterbuch über das Alte Testament. Bearbeitet von F. BUHL. Berlin/Göttingen/Heidelberg 1962[17] (Nachdruck 1915)

GESENIUS/MEYER/DONNER: W. Gesenius: Hebräisches und Aramäisches Handwörterbuch über das Alte Testament. Bearbeitet und (Hg.) R. MEYER/H. DONNER. 1. Lieferung א– ג. Berlin/Heidelberg ua 1987[18]

GRIMM, J./GRIMM, W.: Deutsches Wörterbuch. 33 Bde. München 1984 (Nachdruck 1854–1971)

GUNKEL, H./ZSCHARNACK, L. (Hg): Die Religion in Geschichte und Gegenwart. Zweite, völlig neubearbeitete Auflage. 5 Bde. Tübingen 1927–1931[2]

HATCH, E./REDPATH H.A. (Hg.): A Concordance to the Septuagint and the other Greek Versions of the Old Testament (including the Apocryphal Books). 2 Bde. (1897) Nachdruck Graz 1975

HAUCK, A.: Realencyklopädie für protestantische Theologie und Kirche. 24 Bde. Leipzig 1896–1913

HÖFER, J./RAHNER, K. (Hg.): Lexikon für Theologie und Kirche. Zweite, völlig neu bearbeitete Auflage. Freiburg 1957ff

JENNI, E./WESTERMANN, E. (Hg.): Theologisches Handwörterbuch zum Alten Testament. 2 Bde. München/Zürich 1978[3]/1979[2]

KITTEL, G./FRIEDRICH, G. ua (Hg.): Theologisches Wörterbuch zum Neuen Testament. 10 Bde. Stuttgart ua 1933–1979

KLAUSER, T. ua (Hg.): Reallexikon für Antike und Christentum. Stuttgart 1950ff

KOEHLER, L./BAUMGARTNER, W. (Hg.): Lexicon in Veteris Testamenti Libros. 1 Bd. und Supplementband. Leiden 1958[2]

KOEHLER, L./BAUMGARTNER, W. (Hg.): Hebräisches und aramäisches Lexikon zum Alten Testament. Dritte Auflage neu bearbeitet von W.Baumgartner/ J.J.Stamm. Leiden 1977–1990

KRAFT, H.: Clavis patrum apostolicorum. Catalogum vocum in libris patrum, qui dicuntur apostolici non raro occurrentium. Darmstadt 1963

KRAUSE, G./MÜLLER, G. (Hg.): Theologische Realencyklopädie. Berlin/New York 1976ff

KUHN, K.G. (Hg.): Konkordanz zu den Qumrantexten. Göttingen 1960

LAMPE, G.W.H. (Hg.): A Patristic Greek Lexicon. Oxford 1978[5] (Nachdruck 1961)

LENFANT, D. (Hg.): Concordantiae Augustinianae sive collectio omnium sententiarum quae sparsim reperiuntur in omnibus Sancti Augustini operibus. 2 Bde. Brüssel 1982 (Nachdruck 1656/1665)

LIDDELL, H.G./SCOTT, R. (Hg.): A Greek-English Lexicon. Oxford 1968⁹ (Nachdruck 1940)

MAYER, G: Index Philoneus. Berlin/New York 1974

MERGUET, H.: Handlexikon zu Cicero. Hildesheim 1962 (Nachdruck 1905/1906)

METZGER, B.M.: A Textual Commentary on the Greek New Testament. A Companion Volume to the United Bible Societies' Greek New Testament. London/New York 1975

MOULTON, J.H./MILLIGAN, G.: The Vocabulary of the Greek Testament. oO 1972 (Nachdruck 1930)

MOULTON, J.H./TURNER, N. (Hg.): A Grammar of New Testament Greek. 4 Bde. Edinburgh 1978ff (Nachdruck 1908ff³)

NÖLDEKE, TH.: Kurzgefaßte Syrische Grammatik. Anhang bearbeitet von A. Schall. Darmstadt 1977 (Nachdruck 1898²)

Ökumenisches Verzeichnis der biblischen Eigennamen nach den Loccumer Richtlinien: Katholische Bischöfe Deutschlands/Rat der Evangelischen Kirchen in Deutschland/Deutsche Bibelgesellschaft (Hg.). Stuttgart 1981²

Oxford Latin Dictionary: (Hg.) P.G.W. GLARE. Oxford 1968–1982

PAYNE SMITH, J. (Hg.): A Compendious Syriac Dictionary, Founded upon the Thesaurus Syriacus of R. Payne Smith, Oxford 1985 (Nachdruck 1903)

PAYNE SMITH, R.: Thesaurus Syriacus. Hildesheim/New York 1981 (Nachdruck 1879–1901)

REICKE, B./ROST, L. (Hg.): Biblisch-historisches Handwörterbuch. 4 Bde. Göttingen 1962–1979

REIDER, J./TURNER, N.: An Index to Aquila (VT.S 12). Leiden 1966

RENGSTORF, K.H. (Hg.): A Complete Concordance to Flavius Josephus. 4 Bde. Leiden 1973–1983

SCHWERTNER, S.: Internationales Abkürzungsverzeichnis für Theologie und Grenzgebiete. Berlin/New York 1974

SCHWYZER, E.: Griechische Grammatik. Auf der Grundlage von Karl Brugmanns Griechischer Grammatik. 3 Bde. (HAW 2/1). München 1953²/1950/1953

SPICQ, C: Notes de Lexicographie Néo-Testamentaire. 3 Bde. (Orbis Biblicus et Orientalis 22). Fribourg/Göttingen 1978–82

STEPHANUS, H. (Hg.): Thesaurus Graecae Linguae. Bd. 7. Graz 1954 (Nachdruck 1829)

WAHL, C.A. (Hg.): Clavis librorum Veteris Testamenti apocryphorum philologica. Indicem verborum in libris pseudepigraphis usurpatorum. Adiecit J.B. Bauer. Graz 1972 (Nachdruck 1853)

WISSOWA, G.: Paulys Realencyclopädie der Classischen Altertumswissenschaft. Neue Bearbeitung. Stuttgart/München 1893–1980

3. *Kommentare*

BALZ, H./SCHRAGE, W.: Die »Katholischen« Briefe. Die Briefe des Jakobus, Petrus, Johannes und Judas (NTD 10). Göttingen/Zürich 1985

BARBIERI, L.A.: First and Second Peter. Chicago 1978²

BARTH, G.: Der Brief an die Philipper (ZBK NT 9). Zürich 1979

BAUER, J.B.: Der erste Petrusbrief (WB). Düsseldorf 1971

BAUER, W.: Die Katholischen Briefe des Neuen Testaments (RV 1. Reihe, 20. Heft). Tübingen 1910

BEARE, F.W.: The First Epistle of Peter. The Greek Text with Introduction and Notes. Oxford 1970³

BECKER, J.: Der Brief an die Galater; in: Becker, J./Conzelmann, H./Friedrich, G.: Die Briefe an die Galater, Epheser, Philipper, Kolosser, Thessalonicher und Philemon (NTD 8). Göttingen 1976¹⁴, 1–85

BENGEL, J.A.: Gnomon Novi Testamenti. Stuttgart 1860³ (Nachdruck 1773)

BEST, E.: 1 Peter (NCeB). Grand Rapids/London 1982

BOUSSET, W.: Die Offenbarung Johannis (KEK XVI). Göttingen 1966 (Nachdruck 1906[6])

BRAUN, H.: An die Hebräer (HNT 14). Tübingen 1984

BRIGHT, J.: Jeremiah (AncB). Garden City 1965

BROX, N.: Der erste Petrusbrief (EKK 21). Zürich/Einsiedeln/Köln/Neukirchen-Vluyn 1986[2]

BUCHANAN, G.W.: To the Hebrews. Translation, Comment and Conclusions (AncB 36). Garden City, New York 1985[2]

CALLOUD, J./GENUYT, F.: La Première Épître de Pierre. Analyse sémiotique (LeDiv 109). Paris 1982

CONZELMANN, H.: Der erste Brief an die Korinther (KEK V). Göttingen 1981[12]

CRANFIELD, C.E.B.: The First Epistle of Peter. London 1950

EGGER, W.: Galaterbrief, Philipperbrief, Philemonbrief (Neue EB NT 9.11.15). Würzburg 1985

FRANKEMÖLLE, H.: 1. Petrusbrief, 2. Petrusbrief, Judasbrief. (Neue EB NT 18.20). Würzburg 1987

FRIEDRICH, G.: Der Brief an die Philipper; in: J. Becker/H. Conzelmann/G. Friedrich: Die Briefe an die Galater, Epheser, Philipper, Kolosser, Thessalonicher und Philemon (NTD 8). Göttingen 1976[14], 125–175

FURNISH, V.P.: II Corinthians. Translated with Introduction, Notes, and Commentary (AncB 32A). Garden City, New York 1984

GALLING, K.: Die Bücher der Chronik, Esra, Nehemia (ATD 12). Göttingen 1954

GNILKA, J.: Der Philipperbrief (HThK X). Freiburg 1976[2]

GOPPELT, L.: Der erste Petrusbrief (KEK XII/1). Göttingen 1978[8]

GUNKEL, H.: Der erste Brief des Petrus (SNT 3). Göttingen 1917[3]

HEGERMANN, H.: Der Brief an die Hebräer (ThHK NT 16). Berlin 1988

HIEBERT, E.: First Peter. Chicago 1984

KELLY, J.N.D.: A Commentary on the Epistles of Peter and of Jude (Harper's New Testament Commentaries). New York/Evanston 1969

KNOPF, R.: Die Briefe Petri und Judä (KEK XII). Göttingen 1912[7]

KRAFT, H.: Die Offenbarung des Johannes (HNT 16a). Tübingen 1974

KRAUS, H.J.: Psalmen (BK XV). 2 Bde. Neukirchen-Vluyn 1978[5]

KRODEL, G.: The first letter of Peter; in: G. KRODEL (Hg.): Hebrews. James. 1 and 2 Peter. Jude. Revelation. (Proclamation Commentaries). Philadelphia, Pennsylvania 1981[2]

KÜHL, E.: Die Briefe Petri und Judae (KEK 12). Göttingen 1897[6]

KUSS, O.: Der Brief an die Hebräer (RNT 8.1). Regensburg 1966[2]

LOHMEYER, E.: Der Brief an die Philipper (KEK IX, 1). Göttingen 1964[13]

MARGOT, J.C.: Les Epîtres de Pierre. Commentaire. Paris 1960

MICHAELIS, W.: Der Brief des Paulus an die Philipper (ThHK NT 11). Leipzig 1935

MICHEL, O.: Der Brief an die Hebräer (KEK XIII). Göttingen 1975[13]

MICHL, J.: Die Katholischen Briefe (RNT 8/2). Regensburg 1968[2]

MOUNCE, R.H.: A Living Hope. A Commentary on 1 and 2 Peter. Grand Rapids, Michigan 1982

NOTH, M.: Das dritte Buch Mose (ATD 6). Göttingen 1962

REICKE, B.: The Epistles of James, Peter, and Jude. Introduction, Translation, and Notes (AncB 37). Garden City, New York 1982[2]

REUSS, J.: Der erste Brief des Petrus; in: EB NT 3. Würzburg 1952, 91–104

SCHELKLE, K.H.: Die Petrusbriefe. Der Judasbrief (HThK XIII,2). Freiburg/Basel/Wien 1980[5]

SCHENK, W.: Die Philipperbriefe des Paulus. Stuttgart ua 1984

SCHLATTER, A.: Die Briefe des Petrus, Judas, Jakobus, der Brief an die Hebräer. Stuttgart 1928[5]

SCHNACKENBURG, R.: Der Brief an die Epheser (EKK 10). Zürich/Einsiedeln/Köln/Neukirchen-Vluyn 1982

SCHWEIZER, E.: Der erste Petrusbrief (ZBK). Zürich 1972[3]

SELWYN, E.G.: The First Epistle of St. Peter. The Greek Text with Introduction, Notes and Essays. London 1949

SPICQ, C.: L'Épître aux Hébreux. 2 Bde. Paris 1952/1953

SPICQ, C.: Les Épître de Saint Pierre (SBi). Paris 1966

STRACK, H.L./BILLERBECK, P.: Kommentar zum Neuen Testament aus Talmud und Midrasch. 6 Bde. München 1986[9]/1983[8]/1985[8]/1986[8]/1986[6]

STROBEL, A.: Der Brief an die Hebräer; in: J. JEREMIAS/A. STROBEL: Die Briefe an Timotheus und Titus. Der Brief an die Hebräer (NTD 9). Göttingen 1975[5], 79–255

THOMPSON, J.A.: The Book of Jeremiah (The New International Commentary on the Old Testament). Grand Rapids, Michigan 1980

WESTERMANN, C.: Genesis. 2. Teilband Genesis 12–36 (BK I/2). Neukirchen-Vluyn 1981

WILLIAMSON, H.G.M.: 1 and 2 Chronicles (New Century Bible Commentary). Grand Rapids/London 1982

WINDISCH, H./PREISKER, H.: Die Katholischen Briefe (HNT 15). Tübingen 1951[3]

WINDISCH, H.: Der Hebräerbrief (HNT 14). Tübingen 1931[2]

WINDISCH, H.: Der zweite Korintherbrief (KEK VI). Göttingen 1924[9]

WOHLENBERG, G.: Der erste und zweite Petrusbrief und der Judasbrief (KNT 15). Leipzig/Erlangen 1923[3]

4. Monographien und Sonstiges

ALAND, K.: Das Verhältnis von Kirche und Staat in der Frühzeit; in: W. HAASE (Hg.): Aufstieg und Niedergang der Römischen Welt. Bd. II.23.1. Prinzipat. Religion. Berlin/New York 1979, 60–246

ALAND, K.: Der Tod des Petrus in Rom. Bemerkungen zu seiner Bestreitung durch Karl Heussi; in: ders.: Kirchengeschichtliche Entwürfe. Gütersloh 1960, 35–104

ALFÖLDY, G.: Römische Sozialgeschichte (Wissenschaftliche Paperbacks 8. Sozial- und Wirtschaftsgeschichte). Wiesbaden 1984[3]

ALFONSI, L.: L'Assioco pseudoplatonico Ricerca sulle fonti; in: ALFIERI, V.E./UNTERSTEINER, M. (Hg.): Studi di Filosofia Greca. Bari 1950. 247–275

ALT, A.: Art. Rechabiten; in: RGG[2] IV (1930), Sp 1736

ALT, K.: Einige Fragen zu den ›Katharmoi‹ des Empedokles; in: Hermes CXV, 1987, 385–411

ALTANER, B./STUIBER, A.: Patrologie. Leben, Schriften und Lehre der Kirchenväter. Freiburg/Basel/Wien 1978[8]

AMIR, Y.: Die hellenistische Gestalt des Judentums bei Philon von Alexandrien. (Forschungen zum jüdisch-christlichen Dialog 5). Neukirchen-Vluyn 1983

AMUSIN, J.D.: Die Gerim in der sozialen Legislatur des Alten Testaments; in: Klio 63 (1981), 15–23

ANDRESEN, C.: Die Kirchen der alten Christenheit (RM 29,1/2). Stuttgart/Berlin/Köln/Mainz 1971

ANDRESEN, C.: Logos und Nomos. Die Polemik des Kelsos wider das Christentum (AKG 30). Berlin 1955

ANDRESEN, C.: Zum Formular frühchristlicher Gemeindebriefe; in: ZNW 56 (1965), 233–259

BAINTON, R.H.: The early Church and War; in: HThR 39 (1946) 189–212

BALCH, D.L.: Hellenization/Acculturation in 1 Peter; in: (Hg.) C.H. TALBERT: Perspectives on First Peter. Macon 1976, 79–101

BALCH, D.L.: Let Wives be submissive. The Domestic Code in 1 Peter (Society of Biblical Literature. Monograph Series 26). Chico, Califonrniea 1981

BALZ, H.: Art. μάταιος κτλ; in: EWNT II (1981), Sp 975f

BALZ, H.: Art πάροικος; in: EWNT III (1983), Sp 99

BALZ, H.: Art παρεπίδημος; in: EWNT III (1983), Sp 89f

BALZ, H.: Art παροικέω; in: EWNT III (1983), Sp 98f

BASLEZ, M.F.: L'étranger dans la Grèce antique. Paris 1984

BAUER, J.B.: Der erste Petrusbrief und die Verfolgung unter Domitian; in: R. SCHNACKEN-BURG/J. ERNST/J. WANKE: Die Kirche des Anfangs (FS H. Schürmann). Freiburg/Basel/Wien 1978, 513–527

BAUER, W.: Rechtgläubigkeit und Ketzerei im ältesten Christentum (BHTh 10). (Hg.) G. STRECKER. Tübingen 1964

BAUERNFEIND, O.: Art μάταιος κτλ; in: ThWNT IV (1942), 525–530

BEAGLEY, A.J.: The ›Sitz im Leben‹ of the Apocalypse with Particular Reference to the Role of the Church's Enemies. Berlin/New York 1987

BECKER, J.: Erwägungen zu Phil 3,20–21; in: ThZ 27 (1971), 16–29

BERGER, K.: Formgeschichte des Neuen Testaments. Heidelberg 1984

BERTHOLET, A.: Die Stellung der Israeliten und Juden zu den Fremden. Freiburg i.B./Leipzig 1896

BERTRAM, G.: Art ἐπιστρέφω κτλ; in ThWNT VII (1964), 722–729

BIETENHARD, H.: Art Fremd; in: TBLNT 1 (1967), 370–372.373–379

BITTER, R.A.: Vreemdelingschap bij Philo van Alexandrië. Een onderzoek naar de betekenis van ΠΑΠΟΙΚΟΣ Diss. Utrecht 1982

BÖCHER, O.: Das Problem der Minderheiten in der Bibel; in: EvDia 45, 1975, 7–25

BÖCHER, O.: Die Johannesapokalypse (Erträge der Forschung 41). Darmstadt 1988³

BÖCHER, O.: Johannes der Täufer; in: TRE 17 (1988), 172–181

BÖCHER, O.: Jüdische und christliche Diaspora im neutestamentlichen Zeitalter; in: EvDia 38 (1967), 147–176

BÖCHER, O.: Kirche in Zeit und Endzeit. Aufsätze zur Offenbarung des Johannes. Neukirchen-Vluyn 1983

BOECKER, H.J.: Recht und Gesetz im Alten Testament und im Alten Orient. Neukirchen-Vluyn 1984²

BÖMER, F.: Untersuchungen über die Religion der Sklaven in Griechenland und Rom. Vierter Teil: Epilegomena (Akademie der Wissenschaften und der Literatur. Abhandlungen der geistes- und sozialwissenschaftlichen Klasse 1963 Nr. 10). Mainz 1963

BÖTTGER, P.CH.: Die eschatologische Existenz der Christen; in: ZNW 60 (1969), 244–263

BRANDT, W.: Wandel als Zeugnis nach dem 1. Petrusbrief; in: W. FOERSTER (Hg.): Verbum Dei manet in aeternum (FS O. Schmitz). Witten 1953, 10–25

BRAUN, H.: Das himmlische Vaterland bei Philo und im Hebräerbrief; in: Verborum Veritas FS G. Stählin. Wuppertal 1970, 319–327

BROWNLEE, W.H.: The Midrash Pesher of Habakuk. (Society of Biblical Literature. Monograph Series 24). Missoula, Montana 1979

BROX, N.: Der erste Petrusbrief in der literarischen Tradition des Urchristentums; in: Kairos NF 20 (1978), 182–192

BROX, N.: Falsche Verfasserangaben. Zur Erklärung der frühchristlichen Pseudepigraphie (SBS 79). Stuttgart 1975

BROX, N.: Situation und Sprache der Minderheit im ersten Petrusbrief; in: Kairos NF 19 (1977), 1–13

BROX, N.: Tendenz und Pseudepigraphie im Ersten Petrusbrief; in: Kairos NF 20 (1978), 110–120

BÜCHSEL, F.: Art θυμός κτλ; in: ThWNT II (1938), 167–173

BULTMANN, R.: Bekenntnis- und Liedfragmente im ersten Petrusbrief; in: CNT 11 (1947), 1–14 (=Exegetica. [Hg.] E. DINKLER. Tübingen 1967, 285–297)

BULTMANN, R.: Die Geschichte der synoptischen Tradition (FRLANT 29). Göttingen 1979⁹

BURKERT, W.: Weisheit und Wissenschaft. Studien zu Pythagoras, Philolaos und Platon (Erlanger Beiträge zur Sprach- und Kunstwissenschaft). Nürnberg 1962

CHARLESWORTH, J.H.: The Pseudepigrapha and Modern Research. Missoula, Montana 1976

CHEVALLIER, M.A.: 1 Pierre 1/1 à 2/10. Structure littéraire et conséquences exégétiques; in: RHPhR 51 (1971), 129–142

CHEVALLIER, M.A.: Condition et vocation des chrétiens en diaspora. Remarques exégétiques sur la 1ʳᵉ Épître de Pierre; in: RevSR 48 (1974), 387–398

CLÉVENOT, M.: Versuch einer Lektüre des 1. Petrusbriefes; in: Zur Rettung des Feuers. (Hg.) T. POLEDNITSCHEK. Münster 1980, 48–53

COLWELL, E.C.: Popular Reaction against Christianity in the Roman Empire; in: J.T.McNEILL/ M.SPINKA/ H.R.WILLOUNGHBY (Hg.): Environment Factors in Christian History. New York 1970 (Nachdruck 1939), 53–71

COMBRINK, H.J.B.: The structure of 1 Peter; in: Neotestamentica 9. Essays on the General Epistles of the New Testament. Stellenbosch 1975

CONZELMANN, H.: Heiden – Juden – Christen. Auseinandersetzungen in der Literatur der hellenistisch-römischen Zeit (BHTh 62). Tübingen 1989

CORTASSA, G.: Marco Aurelio e il destino dell' anima; in: Rivista di filologia e di istruzione classica 107 (1979), 420–438

COURCELLE, P.: Grab der Seele; in: RAC 12 (1983), 455–467

CROSS, F.M.: Die antike Bibliothek von Qumran und die moderne biblische Wissenschaft. Ein zusammenfassender Überblick über die Handschriften vom Toten Meer und ihre einstigen Besitzer. Neukirchen-Vluyn 1967

CRÜSEMANN, F.: Fremdenliebe und Identitätssicherung. Zum Verständnis der ›Fremden‹-Gesetze im Alten Testament; in: WuD NS 19 (1987), 11–24

DALTON, F.W.: The Church in 1 Peter; in: Tantur Yearbook 1981–82, 79–91

DALTON, W.J.: Christ's Proclamation to the Spirits. A Study of 1 Peter 3:18–4:6 (AnBib 23). Rom 1965

DANIEL, J.L.: Anti-Semitism in the Hellenistic-Roman Period; in: JBL 98 (1978), 45–65

DANIÉLOU, J.: Sacramentum futuri: études sur les origines de la typologie biblique (ETH). Paris 1950

DAUTZENBERG, G.: Σωτηρία ψυχῶν (1 Petr 1,9); in: BZ NF 8 (1964), 262–276

DAVIES, P.R.: 1QM, the War Scroll from Qumran. Its Structure and History (BibOr 32). Rom 1977

DE LABRIOLLE, P.: ›Paroecia‹; in: RSR 18 (1928), 60–72

DEISSLER, A.: Psalm 119 (118) und seine Theologie. Ein Beitrag zur Erforschung der anthologischen Stilgattung im Alten Testament (MThS I,11). München 1955

DELLING, G.: Der Bezug der christlichen Existenz auf das Heilshandeln Gottes nach dem ersten Petrusbrief; in: Neues Testament und christliche Existenz (FS H. BRAUN). (Hg.) H.D. BETZ/L. SCHOTTROFF. Tübingen 1973, 95–113

DELLING, G.: Die Bewältigung der Diasporasituation durch das hellenistische Judentum. Berlin 1987

DIBELIUS, M.: Geschichte der urchristlichen Literatur. (Hg.) F. HAHN (TB 58). München 1975 (Nachdruck 1926/1936)

DIBELIUS, M.: Rom und die Christen im ersten Jahrhundert; in: R. KLEIN (Hg.): Das frühe Christentum im römischen Staat. Darmstadt 1982, 47–105

DIBELIUS, M.: Zur Formgeschichte des Neuen Testaments (außerhalb der Evangelien); in: ThR NF 3 (1931), 207–241

DICKEY, S.: Some Economic and Social Conditions of Asia Minor Affecting the Expansion of Christianity; in: S.J. CASE (Hg.): Studies in Early Christianity. New York/London 1928, 393–416

DIETERICH, A.: Nekyia. Beiträge zur Erklärung der neuentdeckten Petrusapokalypse. Darmstadt 1969³ (Nachdruck Leipzig/Berlin 1913²)

DILL, S.: Roman Society from Nero to Marcus Aurelius. Cleveland/New York 1964 (Nachdruck 1911)

DUPONT-SOMMER, A.: »Règlement de la guerre des fils de lumière«: traduction et notes; in: RHR 148 (1955), 25–43

ECK, O.: Urgemeinde und Imperium. Ein Beitrag zur Frage nach der Stellung des Urchristentums zum Staat (BFChTh.M 43,2). Gütersloh 1940

ELLIGER, K.: Studien zum Habakuk-Kommentar vom Toten Meer (BHTh 15). Tübingen 1953

ELLIOTT, J. H.: A Home for the Homeless. A Sociological Exegesis of 1 Peter, Its Situation and Strategy. Philadelphia 1981

ELLIOTT, J.H.: The Elect an the Holy. An Exegetical Examination of 1 Peter 2:4–10 and the Phrase βασίλειον ἱεράτευμα (NT.S 12). Leiden 1966

FASCHER, E.: Fremder; in: RAC 8 (1972), Sp 306–347

FELD, H.: Der Hebräerbrief (Erträge der Forschung 228). Darmstadt 1985

FELDMEIER, R.: Die Krisis des Gottessohnes. Die Gethsemaneerzählung als Schlüssel der Markuspassion (WUNT 2,21). Tübingen 1987

FINK, P.R.: The Use and Significance of *en hoi* in 1 Peter; in: Grace Journal 8 (1967), 33–39

FOERSTER, W.: Art κληρονόμος κτλ; in: ThWNT III (1938), 766f. 776–786

FORTES, M.: Strangers; in: M.FORTES/ S.PATTERSON: Studies in African Social Anthropology. London 1975

FREDERICK, ST. C.: The Theme of Obedience in the First Epistle of Peter. Duke Univ., Diss. 1975

FREUDENBERGER, R.: Das Verhalten der römischen Behörden gegen die Christen im 2. Jahrhundert dargestellt am Brief des Plinius an Trajan und den Reskripten Trajans und Hadrians (MBPF 52). München 1969[2]

FRIEDRICH, J.H.: Art κληρονομέω κτλ; in: EWNT II (1981), Sp 736–739

FURNISH, V.P.: Elect Sojourners in Christ: An Aproach to the Theology of I Peter; in: Perkins Journal 28 (1975), 1–11

GAGER, J.: Kingdom and Community: The Social World of Early Christianity. Englewood Cliffs, N.J. 1975

GAUTHIER, PH.: Métèques, périèques et paroikoi: Bilan et points d'interrogation; in: R.LONIS (Hg): l'Etranger dans le monde grec. Nancy 1987, 23–46

Gemeinschaftsliederbuch. Begleitbuch mit allen Texten. Im Auftrag des Gnadauer Verbandes herausgegeben. Giessen 1983

GIELEN, M.: Tradition und Theologie neutestamentlicher Haustafelethik. Ein Beitrag zur Frage einer christlichen Auseinandersetzung mit gesellschaftlichen Normen (BBB 75). Frankfurt/M 1990

GNILKA, J.: Die antipaulinische Mission in Philippi; in: BZ NF 9 (1965), 258–276

GOLDSTEIN, H.: Die politischen Paränesen in 1 Petr 2 und Röm 13; in: BiLe 14 (1973), 88–104

GOLDSTEIN, H: Das Gemeindeverständnis des Ersten Petrusbriefs. Exegetische Untersuchung zur Theologie der Gemeinde im 1 Pt. Diss. Münster 1973

GOPPELT, L.: Die apostolische und nachapostolische Zeit (Die Kirche in ihrer Geschichte. Ein Handbuch. [Hg.] K.D. SCHMIDT/E. WOLF. Bd. 1A). Göttingen 1962

GOPPELT, L.: Prinzipien neutestamentlicher und systematischer Sozialethik heute; in: J. BAUER/L. GOPPELT/G. KRETSCHMAR (Hg.): Die Verantwortung der Kirche in der Gesellschaft. Stuttgart 1973, 7–30

GOPPELT, L.: Theologie des Neuen Testaments. (Hg. J. Roloff). Göttingen 1981[3]

GÖRG, M.: Fremdsein in und für Israel; in: O. FUCHS (Hg.): Die Fremden (Theologie zur Zeit 4). Düsseldorf 1988, 194–214

GUILLAUMONT, A.: Le dépaysement comme forme d'ascèse dans le monachisme ancien; in: Aux Origines du monachisme chrétien (Spiritualité Orientale 30). Abbaye de Bellefontaine/Bégrolles en Manges 1979, 89–116

GÜLZOW, H.: Christentum und Sklaverei in den ersten drei Jahrhunderten. Bonn 1969

HANKE, H.: Leiden und Herrlichkeit. Eine Studie zur Christologie des 1. Petrusbriefes. Diss. Münster 1975

HARNACK, A.v.: Der Vorwurf des Atheismus in den ersten drei Jahrhunderten. (TU 28,4 = NF. Bd. 13,4). Leipzig 1905

HARNACK, A.v.: Die Chronologie I; in: Geschichte der altchristlichen Literatur bis Eusebius II. Leipzig 1897², 451–465

HARNACK, A.v.: Die Mission und Ausbreitung des Christentums in den ersten drei Jahrhunderten. 2 Bde. Leipzig 1924⁴

HAUSCHILD, W.D.: Christusglaube und Kirche in der Metropole. Exemplarische Erinnerungen aus der Geschichte; in: BÄUMLER/ GOLLWITZER/ HAUSCHILD/ LEHRER/ TIMM/ TRÖSKEN: Skyline ohne Himmel? Kirche in der Großstadt. Tutzinger Materialie 58/1989, 16–28

HAUSMANN, J.: Israels Rest. Studien zum Selbstverständnis der nachexilischen Gemeinde (BWANT 124). Stuttgart ua 1987

HECKEL, U.: Kraft in Schwachheit. Das Sich-Rühmen der Schwachheiten und die Kraft Christi in 2 Kor 10–13 auf dem Hintergrund der paulinischen Theologie. Diss. Tübingen 1991

HEER, F.: Exil: Heimat des Menschen. Das Exil als existentielle Situation; in: Exil – Diaspora – Rückkehr. Zum theologischen Gespräch zwischen Juden und Christen. (Hg.) R. MOSIS. Düsseldorf 1978, 9–29

HENGEL, M.: Nachfolge und Charisma. Eine exegetisch-religionsgeschichtliche Studie zu Mt 8,21f und Jesu Ruf in die Nachfolge. Berlin 1968

HENGEL, M.: Das Gleichnis von den Weingärtnern Mc 12,1–12 im Lichte der Zenonpapyri und der rabbinischen Gleichnisse, in: ZNW 59 (1968), 1–39

HENGEL, M.: Die Begegnung von Judentum und Hellenismus im Palästina der vorchristlichen Zeit, in: Verborum Veritas FS G. Stählin. Wuppertal 1970, 329–348

HENGEL, M.: Juden, Griechen und Barbaren. Aspekte der Hellenisierung des Judentums in vorchristlicher Zeit (SBS 76). Stuttgart 1976

HENGEL, M.: Crucifixion in the ancient world and the folly of the message of the cross. London/Philadelphia 1977

HENGEL, M.: Judentum und Hellenismus. Studien zu ihrer Begegnung unter besonderer Berücksichtigung Palästinas bis zur Mitte des 2. Jh. v.Chr. (WUNT 10). Tübingen 1988³

HENGEL, M.: Messianische Hoffnung und politischer ›Radikalismus‹ in der ›jüdisch-hellenistischen Diaspora‹; in: Apocalypticism in the Mediterranean World and the Near East. (Hg.) D.HELLHOLM. Tübingen 1983, 655–686

HENGEL, M.: Hadrians Politik gegenüber Juden und Christen; in: The Journal of the Ancient Near Eastern Society 16/17 (1984/5)

HENGEL, M.: Zur matthäischen Bergpredigt und ihrem jüdischen Hintergrund; in: ThR 52 (1987), 327–400

HENGEL, M.: The ›Hellenization‹ of Judaea in the First Century after Christ. London/Philadelphia 1989

HERRMANN, J.: Art κληρονόμος κτλ; in: ThWNT III (1938), 768–775

HILL, D.: »On Suffering and Baptism in 1 Peter«; in: NT 18 (1976), 181–189

HOFIUS, O.: Katapausis. Die Vorstellung vom endzeitlichen Ruheort im Hebräerbrief (WUNT 11). Tübingen 1970

HOMMEL: Art Metoikoi; in: PRE 15,2 (1932), Sp 1413–1458

HUNZINGER, C.H.: Babylon als Deckname für Rom und die Datierung des 1. Petrusbriefes; in: H. GRAF REVENTLOW (Hg.): Gottes Wort und Gottes Land (FS H.W. Hertzberg). Göttingen 1965, 67–77

HUTTER, U.: Art πόλις; in: EWNT III (1983), 308–310

IWRY, S.: Was there a Migration to Damascus? The Problem of ישראל שבי; in: ErIs 9 (1969), 80–88

JACOB, G.: Vom Leben der christlichen Gemeinde in einer nichtchristlichen Umwelt. Bemerkungen zum 1. Petrusbrief; in: ZdZ 15 (1961), 94–99

JENNI, E.: Art Judithbuch; in: RGG³ III (1959), Sp 1000f

JENS, W.: Nachdenken über Heimat. Fremde und Zuhause im Spiegel deutscher Poesie; in: ders.: Kanzel und Katheder. Reden. München 1984, 89–105

JEREMIAS, G.: Der Lehrer der Gerechtigkeit (StUNT 2). Göttingen 1963

JEREMIAS, J.: Art λίθος κτλ, in: ThWNT IV (1942), 272–283

JONAS, H.: Gnosis und spätantiker Geist. Erster Teil: Die mythologische Gnosis (FRLANT 51). Göttingen 1964[3]

JONGE, M. DE: Vreemdelingen en bijwoners. Enige opmerkingen naar aanleiding van 1 Petr 2:11 en verwante teksten; in: NedThT 11 (1956/57), 18–36

KAHN, C.H.: Religion and natural Philosophy in Empedocles' Doctrine of the Soul; in: AGPh 42 (1960), 3–35

KAISER, O.: Einleitung in das Alte Testament. Eine Einführung in ihre Ergebnisse und Probleme. Gütersloh 1984[5]

KAMPLING, R.: Fremde und Fremdsein in Aussagen des Neuen Testaments; in: Die Fremden (Theologie zur Zeit 4). (Hg.) O. FUCHS. Düsseldorf 1988

KASER, M.: Das römische Privatrecht. 2 Bde. (HAW 10,3,3). München 1975[2]

KASHER, A.: The Jews in Hellenistic and Roman Egypt. The Struggle for equal Rights. Tübingen 1985

KELLERMANN, D.: Art גור; in: ThWAT I (1973), Sp 979–991

KIPPENBERG, H.G.: Agrarverhältnisse im antiken Vorderasien und die mit ihnen verbundenen politischen Mentalitäten; in: Max Webers Sicht des antiken Christentums. Interpretation und Kritik. (Hg.) W. SCHLUCHTER. Frankfurt am Main 1985, 151–204

KITTEL, G.: Rechabiter. Realencyklopädie für protestantische Theologie und Kirche 16 (1905), 480–482

KNOX, J.: Pliny and 1 Peter: A Note on 1 Pet 4,14–16 and 3,15; in: JBL 72 (1953), 187–189

KOHLER, M.E.: La Communauté des Chrétiens selon 1 Pierre; in: RThPh 114 (1982) 1–21

KREMER, J.: Art πάσχω; in: EWNT III (1983), Sp 120–124

KREMER, J.: Art πάϑημα; in: EWNT III (1982), Sp 1–3

KÜBLER, B.: Art Peregrinus; in: PRE 19,1 (1937), Sp 639–655

KÜGLER, U.F.: Die Paränese an die Sklaven als Modell urchristlicher Sozialethik. Diss. Erlangen 1977

KUHN, K.G.: Art προσήλυτος; in: ThWNT VI (1959), Sp 727–745

KÜMMEL, W.G.: Einleitung in das Neue Testament. Heidelberg 1983[21]

LAMMERT: Art Hipparchos; in: PRE 8,2 (1913), Sp 1663–1684

LAMPE, P.: »Fremdsein« als urchristlicher Lebensaspekt; in: Reformatio 34 (1985), 58–62

LANG, B./RINGGREN, H.: Art נכר; in: ThWAT V (1985), Sp 454–463

LICHTENBERGER, H.: Studien zum Menschenbild in Texten der Qumrangemeinde (StUNT 15). Göttingen 1980

LIETZMANN, H.: Petrus römischer Märtyrer; in: ders.: Kleine Schriften I. Studien zur spätantiken Religionsgeschichte (TU 67 = 5. Ser. 12). (Hg.) K. ALAND. Berlin 1958, 100–123

LIPINSKI, E.: Art נחל. נחלה; in: ThWAT V (1985), Sp 342–360

LIPPERT, P.: Leben als Zeugnis. Die werbende Kraft christlicher Lebensführung nach dem Kirchenverständnis neutestamentlicher Briefe (SBM 4). Stuttgart 1968

LOHSE, E.: Paränese und Kerygma im 1. Petrusbrief; in: ZNW 45 (1954), 68–89

MAGASS, W.: Hermeneutik, Rhetorik und Semiotik. Studien zur Rezeptionsgeschichte der Bibel. Diss. Konstanz 1985

MANKE, H: Leiden und Herrlichkeit. Eine Studie zur Christologie des 1.Petrusbriefs. Diss Münster 1975

MANSFELD, J.: Heraclitus, Empedocles, and others in a middle Platonist Cento in Philo of Alexandria; in: VigChr 39 (1985), 131–156

MARTIN-ACHARD, R.: Art גור; in: THAT I (1978), Sp 409–412

MEINEL, P.: Seneca über seine Verbannung. Trostschrift an die Mutter Helvia. Bonn 1972

MEISTER, M.: De Axiocho dialogo. Diss. Breslau 1915

MERCADO, L.F.: The Language of Sojourning in the Abraham Midrash in Hebrews 11:8–19: Its Old Testament Basis, Exegetical Traditions, and Function in the Epistle to the Hebrews. Diss Harvard 1967

MICHAELIS, W.: Art πάσχω κτλ; in: ThWNT V (1954), 903–939

MICHEL, O.; Art οἶκος κτλ; in: ThWNT V (1954), 122–161

MILLAUER, H.: Leiden als Gnade. Eine traditionsgeschichtliche Untersuchung zur Leidenstheologie des ersten Petrusbriefes. Bern/Frankfurt a.M. 1976

MOSIS, R.: Das Babylonische Exil Israels in der Sicht christlicher Exegese; in: ders. (Hg.): Exil – Diaspora – Rückkehr. Zum theologischen Gespräch zwischen Juden und Christen. Düsseldorf 1978, 55–77

MOULE, C.F.D.: The Nature and Purpose of 1 Peter; in: NTS 3 (1956/57), 1–11

MUCHOWSKI, P: Introductory Remarks on 4QMMT by Professor Sussman; in: Z.KAPERA (Hg.): Qumran Cave Four and MMT. Special Report. Kraków 1991

NAUCK, W.: Freude im Leiden. Zum Problem einer urchristlichen Verfolgungstradition; in: ZNW 46 (1955), 68–80

NAUCK, W.: Zum Aufbau des Hebräerbriefes; in: W. ELTESTER (Hg.): Judentum, Urchristentum, Kirche. FS J. Jeremias. (BZNW 26). Berlin 1964, 199–208

NESTLE, W.: Die Haupteinwände des antiken Denkens gegen das Christentum; in: ARW 37 (1941/42), 51–100

NEUGEBAUER, F.: Zur Deutung und Bedeutung des 1. Petrusbriefes; in: NTS 26 (1980), 61–86

NICOLAI, W.: Der Mythos vom Sündenfall der Seele (bei Empedokles und Platon); in: Gymnasium 88/1981, 512–524

NIGG, W: Des Pilgers Wiederkehr. Drei Variationen über ein Thema. Hamburg 1966 (Nachdruck 1954)

NILSSON, M.P.: Geschichte der griechischen Religion. 2 Bde. (HAW V.2). München 1967³/1974³

NOTHNAGEL, D.: Der Fremde im Mythos. Kulturvergleichende Überlegungen zur gesellschaftlichen Konstruktion einer Sozialfigur (EHS 19.1). Frankfurt/Bern/New York/Paris 1989

NÖTSCHER, F.: Art Rehabiter; in: LThK² 8 (1963), 1155

OORT, J. VAN: Jeruzalem en Babylon. Een onderzoek van Augustinus' *De stad van God* en de bronnen van zijn leer der twee steden (vijken). 's-Gravenhage 1986

PERDELWITZ, R.: Die Mysterienreligion und das Problem des 1. Petrusbriefes. Ein literarischer und religionsgeschichtlicher Versuch. Gießen 1911

PHILIPPS, K.: Kirche in der Gesellschaft nach dem 1. Petrusbrief. Gütersloh 1971

PILHOFER, P.: Presbyteron Kreitton. Der Altersbeweis der jüdischen und christlichen Apologeten und seine Vorgeschichte (WUNT 2,39). Tübingen 1990

PLOEG, J. VAN DER: La Règle de la Guerre; in: VT 5 (1955), 373–420

PLOEG, J. VAN DER: Le Rouleau de la Guerre. Traduit et annoté avec une introduction. Leiden 1959

POHLENZ, M.: Die Stoa. Geschichte einer geistigen Bewegung. Göttingen 1978⁵

POLAG, A.: Fragmenta Q. Textheft zur Logienquelle. Neukirchen-Vluyn 1982²

PRAECHTER, K.: Die Philosophie des Altertums (F. Überweg: Grundriß der Geschichte der Philosophie, Bd. I). Tübingen 1953¹²

PREUSS, H.D.: Deuteronomium (Erträge der Forschung 164). Darmstadt 1982

PROSTMEIER, F.-R.: Handlungsmodelle im ersten Petrusbrief (Forschung zur Bibel 63). Würzburg 1990

RAD, G. VON: Theologie des Alten Testaments. Bd. I. München 1969⁶

RAMSAY, W.M.: The Church and the Empire in the First Century. III. The First Epistle attributed to St. Peter; in: Exp Ser. 4 Vol. 8 (1893) 282–296

REICHERT, A.: Eine urchristliche Praeparatio ad Martyrium. Studien zur Komposition, Traditionsgeschichte und Theologie des 1. Petrusbriefes (BET 22). Frankfurt am Main/Bern/New York/Paris 1989

REINHARDT, K.: Art. Poseidonios von Apameia; in: PRE 22,1 (1953) 558–826

REUMANN, J.: Philippians 3.20–21 – A Hymnic Fragment?; in: NTS 30 (1984), 593–609

ROHDE, E.: Psyche. Seelencult und Unsterblichkeitsglaube der Griechen. 2 Bde. Darmstadt 1961 (Nachdruck 1898²)

ROLDANUS, JOHANNES: Références patristiques au »chrétien-étranger« dans les trois premiers siècles; in: Cahiers de Biblia Patristica 1. Strasbourg 1987, 27–52

ROTHENBERG, F.S.: Art διασπορά (Fremd); in: TBLNT 1 (1967), 372f

SANDER, E.T.: ΠΥΡΩΣΙΣ and the First Epistle of Peter 4:12; in: HThR 60 (1967), 501

SÄNGER, D.: Art διασπορά; in: EWNT 1 (1980), 749–751

SÄNGER, D.: Überlegungen zum Stichwort ›Diaspora‹ im Neuen Testament; in: EvDia 52 (1982), 76–88

SCHÄFER, H.: Art Paroikoi; in: PRE 18,4 (1949), 1695–1707

SCHÄFKE, W.: Frühchristlicher Widerstand; in: ANRW II,23.1 (1979), 460–723

SCHENKE, H.M./ FISCHER, K.M.: Einleitung in die Schriften des Neuen Testaments I. Die Briefe des Paulus und Schriften des Paulinismus. Gütersloh 1978

SCHILLE, G.: Erwägungen zur Hohenpriesterlehre des Hebräerbriefes; in: ZNW 46 (1955), 81–109

SCHLIER, H.: Art θλίβω, θλῖψις; in: ThWNT III (1938), 139–148

SCHLIER, H.: Die Kirche nach dem 1. Petrusbrief; in: Mysterium Salutis IV/1. Einsiedeln/Zürich/Köln 1972, 195–200

SCHLUCHTER, W.: Altisraelitische religiöse Ethik und okzidentaler Rationalismus; in: ders. (Hg.): Max Webers Studie über das antike Judentum. Interpretation und Kritik. Frankfurt 1981, 11–77

SCHMIDT, E.A.: Zeit und Geschichte bei Augustin. SHAW.PH 1985 Bericht 3. Heidelberg 1985

SCHMIDT, J.: Art Philippoi; in: PRE 19,2, Sp 2206–2244

SCHMIDT, K.L. UND M.A.: Art πάροικος; in: ThWNT V (1954), 840–848; 849–852

SCHMIDT, K.L.: Israels Stellung zu den Fremdlingen und Beisassen und Israels Wissen um seine Fremdlings- und Beisassenschaft; in: Jud. 1 (1945), 269–296

Schott-Meßbuch für die Sonn- und Festtage des Lesejahres A. Originaltexte der authentischen deutschen Ausgabe des Meßbuches und des Meßlektionars. Freiburg/ Basel/ Wien 1983

SCHÜRER, E.: The History of the Jewish People in the Age of Jesus Christ (175 B.C.A.D. 135). A new English Version revised and edited by Geza Vermes/ Fergus Millar/ Matthew Black/ Martin Goodman. 3 Bde. Edinburgh 1973–1987

SCHREINER, J.: Jeremia II, 25,15–52,34. (EB.AT 9). Würzburg 1984

SCHREINER, J.: Muß ich in der Fremde leben? Eine Frage des alten Israel; in: Dynamik im Wort: Lehre von der Bibel. Leben aus der Bibel. Katholisches Bibelwerk e.V. (Hg.). Stuttgart 1983, 133–146

SCHRÖGER, F: Ansätze zu den modernen Menschenrechtsforderungen im 1. Petrusbrief; in: R.M. Hübner/ B. Mayer/ E. Reiter (Hg): Der Dienst für den Menschen in Theologie und Verkündigung (FS A.Brems). Regensburg 1981, 179–191

SCHÜTZ, H.G.: »Kirche« in spät-neutestamentlicher Zeit. Untersuchung über das Selbstverständnis des Urchristentums an der Wende vom 1. zum 2. Jahrhundert anhand des 1. Petr., des Hebr. und der Past. Diss. Bonn 1964

SCHUTTER, W.L.: Hermeneutic and Composition in 1 Peter (WUNT 2,30). Tübingen 1989

SCHWARZ, E.: Identität durch Abgrenzung. Abgrenzungsprozesse in Israel im 2. vorchristlichen Jahrhundert und ihre traditionsgeschichtlichen Voraussetzungen. Zugleich ein Beitrag zur Erforschung des Jubiläenbuches (EHS.T 162). Frankfurt am Main/Bern 1982

SCHWEIZER, E.: Art σῶμα, σωματικός, σύσσωμος; in: ThWNT VII (1964), 1024–1091

SCHWEIZER, E.: Die Weltlichkeit des Neuen Testaments: Die Haustafeln; in: Beiträge zur alttestamentlichen Theologie (FS W. Zimmerli). (Hg) H. Donner/R. Hanhart/R. Smend. Göttingen 1977, 397–413

SELLIN,E./FOHRER,G.: Einleitung in das Alte Testament. Heidelberg 1979[12]

SELWYN, E.G.: The Persecutions in 1 Peter; in: BSNTS 1 (1950), 39–50

SETERS, J. VAN: Abraham in History and Tradition. New Haven/London 1975

SEVENSTER, J.N.: The Roots of Pagan Anti-Semitism in the Ancient World (NT.S 41). Leiden 1975

SHERWINWHITE, A.N.: The Letters of Pliny. A Historical and Social Commentary. Oxford 1985 (Nachdruck 1966)

SLEEPER, C.F.: »Political Responsibility according to 1 Peter«; in: NT 10 (1968), 270–286

SMALLWOOD, E.M.: The Jews under Roman Rule. From Pompey to Diocletian (Studies in Judaism in Late Antiquity 20). Leiden 1976

SNIJDERS, L.A.: Art זור/זר; in: ThWAT II (1977), Sp 556–564

SOGGIN, A.: Diaspora im Alten Testament, in: EvDia 52 (1982), 64–75

SOLTAU, W.: Die Einheitlichkeit des 1. Petrusbriefes; in: ThStKR 78 (1905), 302–315

SPINA, F.A.: Israelites as *gerim,* ›Sojourners‹, in Social and Historical Context; in: C.L. MEYERS/M. O'CONNOR (Hg.): The Word of the Lord shall go forth. (FS D.N. Freedman). Wiona Lake, Indiana 1983, 321–335

STÄHLIN, G.: Art ξένος κτλ; in: ThWNT V (1954), 1–36

STAMM, J.J.: Fremde, Flüchtlinge und ihr Schutz im Alten Israel und in seiner Umwelt; in: Der Flüchtling in der Weltgeschichte. (Hg.) A. Mercier. Bern und Frankfurt/M. 1974, 31–66

STEMBERGER, G.: Geschichte der jüdischen Literatur. Eine Einführung. München 1977

STEMBERGER, G.: Die Bedeutung des ›Landes Israel‹ in der rabbinischen Tradition; in: Kairos NF 25 (1983) 176–199

STOCKMEIER, P.: Christlicher Glaube und antike Religiosität; in: ANRW II 23,2 (1980), 871–909

STRATHMANN, H.: Art πόλις κτλ; in: ThWNT VI (1959), 516–535

STRATHMANN, H.: Art λαός; in: ThWNT IV (1942), 29–39.49–57

STROBEL, F.A.: Zum Verständnis von Mt XXV 1–13; in: NT 2 (1958), 199–227

STUHLMACHER, P.: Versöhnung, Gesetz und Gerechtigkeit. Aufsätze zur biblischen Theologie. Göttingen 1981

SYLVA, D.: A 1 Peter Bibliography; in: JETS 25 (1982), 75–89

TALBERT, C.H.: Once again: The Plan of 1 Peter; in: ders. (Hg.): Perspectives on First Peter (NABPR Special Studies Series 9). Macon, Georgia 1986, 141–151

TALMON, S.: »Exil« und »Rückkehr« in der Ideenwelt des Alten Testaments; in: R. Mosis (Hg.): Exil – Diaspora – Rückkehr. Zum theologischen Gespräch zwischen Juden und Christen. Düsseldorf 1978, 30–54

THOMA, C.: Jüdische und christliche Exilserfahrungen und Exilstheologien. Deutung des nachbiblischen Judentums aus christlich-theologischer Sicht; in: R. Mosis (Hg.): Exil – Diaspora – Rückkehr. Zum theologischen Gespräch zwischen Juden und Christen. Düsseldorf 1978, 78–94

TIEDTKE, E.: Art μάταιος/leer; in: ThBNT II (1969), 849–851

TROELTSCH, E.: Die Soziallehren der christlichen Kirchen und Gruppen (Gesammelte Schriften I). Aalen 1965²

UNNIK, W.C. VAN: Christianity according to 1 Peter; in: ET 68 (1956/57), 79–83

UNNIK, W.C. VAN: The Critique of Paganism in 1 Peter 1:18, in: E.E.ELLIS/M.WILCOX (Hg.): Neotestamentica et Semitica (FS M. Black), Edinburgh 1969, 129–142

VEERKAMP, T.: Eine einseitige Ökonomie; in: Texte und Kontexte 12 Nr. 44 (1989), 3–25

VIELHAUER, P.: Geschichte der urchristlichen Literatur. Einleitung in das Neue Testament, die Apokryphen und die Apostolischen Väter. Berlin/New York 1975

WALLIS, G.: Art Rechab; in: BHH 3 (1966), 1559

WALSER, G.: Fluechtling und Exil im klassischen Altertum (vor allem in griechischer Zeit); in: A. MERCIER (Hg.): Der Flüchtling in der Weltgeschichte. Ein ungelöstes Problem der Menschheit. Bern und Frankfurt/M. 1974, 67–93

WANKE, G.: Art נחלה Besitzanteil; in: THAT II (1979², 55–59

WELTEN, P.: Zur Frage nach dem Fremden im Alten Testament; in: E.L.EHRLICH/ B.KLAPPERT (Hg.): »Wie gut sind deine Zelte, Jaakow«, (FS R. Mayer). Gerlingen 1986

WILCKENS, U.: Art σοφία κτλ; in: ThWNT VII (1964), 497–529

WILKEN, R.L.: Die frühen Christen. Wie die Römer sie sahen. Graz/Wien/Köln 1986

WILLIAMSON, R.: Philo and the Epistle to the Hebrews (ALGHJ 4). Leiden 1970

WILSON, B.: Religion in Sociological Perspective. Oxford/New York 1982

WILSON, B.: Religiöse Sekten. München 1970

WLOSOK, A.: Die Rechtsgrundlagen der Christenverfolgungen der ersten zwei Jahrhunderte; in: R. KLEIN (Hg.): Das frühe Christentum im römischen Staat. Darmstadt 1982, 275–301

WLOSOK, A.: Rom und die Christen. Zur Auseinandersetzung zwischen Christentum und römischem Staat. Stuttgart 1970

WOLFF, CHR.: Christ und Welt im 1. Petrusbrief; in: ThLZ 100 (1975), Sp 333–342

ZELLER, E.: Die Philosophie der Griechen in ihrer geschichtlichen Entwicklung. 3 Bde. Hildesheim 1963 (Nachdruck 1919–1923)

ZUNTZ, G.: Persephone. Three Essays on Religion and Thought in Magna Graecia. Oxford 1971

Stellenregister

I. Altes Testament

II. Apokryphen und Pseudepigraphen

III. Neues Testament

IV. Frühjudentum und rabbinische Literatur

V. Frühchristliche Literatur

Tertullian

Apologeticum
1,2	211
1,4	120
3,1–4	159, 160
4,4	120
7,4	121
35,1	119
35,8	111
37,3	121
37,8	119
38,3	119, 123

38,7	167

De Corona
13,1 ff	125

De Exhortatione Castitatis
12,1	213

De Pallio
5,4	125

Ad Scapulam
3	118
4,3 ff	108

VI. Pagane Literatur

Apuleius

Metamorphoses
9,14	120

Aristoteles

De mirabilibus auscultationibus
837 a	12

Ethica Nicomachea
V,10,8	162

Rhetorica 12

Athenaeus

Deipnosophistae
5,21 (193 d)	10, 12
5,25 (196 a)	8, 11
10,52 (439 a)	10, 12
12,54 (538 c)	11, 12
13,42 (579 a)	10
13,44 (581 a)	10

Epitome
2",1",71,11	8

Cicero

De Divinatione
1,25,53	30

De Legibus
2,10,27	141

De Natura Deorum
2,8	115
3,2,6	141

De Officiis
1,125,1–3	22

Orationes
1,249	22

De Re Publica
6,13	32
6,16	32
6,23	32
6,29	32
14	32

De Senectute
84	31

Somnium Scipionis
1,21,34	32

Tusculanae Disputationes
1,24	31
1,51	32

Dio Cassius Cocceianus
37,17,2	129
57,18,5a	131
75,5,4	12

Dio Chrysostomus
23,27 (40,27)	12
29,12 (46,2)	13
47,13 (64,13)	12

Diodorus Siculus
1,4,3	11
1,83,8	11, 12
3,23,1	12
4,18,1	10, 11
4,27,3	10, 11

28,19,2,2	12
30,4,10	11
32,6,4,3	8
32,6,4,6	11
33,15,2,1	11

Scriptores Historiae Augustae
Hadrian

25,9	28

Seneca
Ad Helviam

6,7	33
8,5	34
9,7	34
11,7	33

Epistulae morales

31,11	34
41,5	34
47,10	165
102,23	34
102,24	34
102,28	34
120,10 ff	32
120,12 f	32
120,14	32, 33
120,15	33
120,16	33
120,17 f	33
120,18	33

Sextus Empiricus
Adversus Mathematicos

I, 127 ff	30
I, 130	30, 31

Pyrrhoneae Hypotyposes

3,230	28

Sophokles
Antigone

890	27

Stobaeus

IV 44,81	25

Strabo

1,1,10	12
1,2,24	12
4,1,1	12
4,2,2	12
4,3,4	12
4,4,3	12
7,7,4	12
9,2,18	12
11,7,1	12
11,9,2	12
15,1,33	12

Sueton

De Vita Caesarum

Nero

16,2	112, 113, 114, 120, 172

Tiberius

36	131

Tacitus

Annales

2,85,4	131
15,44	113
15,44,2	113, 114, 120, 196
15,44,3	132
15,44,4	112, 119, 196
15,44,5	112

Historiae

5,4,1	129
5,5,1 f	128, 129
5,5,2	131

Stichwortregister

(Auswahl)

Kursiv gesetzte Zahlen verweisen auf nähere Ausführungen zum jeweiligen Stichwort. In Klammern gesetzte Zahlen verweisen auf Seiten, in denen der jeweilige Begriff zwar nicht explizit begegnet, jedoch auf den durch ihn bezeichneten Sachverhalt Bezug genommen wird.

Griechische Begriffe

Hebräische und aramäische Begriffe

Wissenschaftliche Untersuchungen zum Neuen Testament

Alphabetische Übersicht der ersten und zweiten Reihe

Appold, Mark L.: The Oneness Motif in the Fourth Gospel. 1976. *Band II/1.*
Bachmann, Michael: Sünder oder Übertreter. 1991. *Band 59.*
Bammel, Ernst: Judaica. 1986. *Band 37.*
Bauernfeind, Otto: Kommentar und Studien zur Apostelgeschichte. 1980. *Band 22.*
Bayer, Hans Friedrich: Jesus' Predictions of Vindication and Resurrection. 1986. *Band II/20.*
Betz, Otto: Jesus, der Messias Israels. 1987. *Band 42.*
– Jesus, der Herr der Kirche. 1990. *Band 52.*
Beyschlag, Karlmann: Simon Magnus und die christliche Gnosis. 1974. *Band 16.*
Bittner, Wolfgang J.: Jesu Zeichen im Johannesevangelium. 1987. *Band II/26.*
Bjerkelund, Carl J.: Tauta Egeneto. 1987. *Band 40.*
Blackburn, Barry Lee: 'Theios Anēr' and the Markan Miracle Traditions. 1991. *Band II/40.*
Bockmuehl, Markus N. A.: Revelation and Mystery in Ancient Judaism and Pauline Christianity. 1990. *Band II/36.*
Böhlig, Alexander: Gnosis und Synkretismus. Part 1. 1989. *Band 47* – Part 2. 1989. *Band 48.*
Büchli, Jörg: Der Poimandres – ein paganisiertes Evangelium. 1987. *Band II/27.*
Bühner, Jan A.: Der Gesandte und sein Weg im 4. Evangelium. 1977. *Band II/2.*
Burchard, Christoph: Untersuchungen zu Joseph und Aseneth. 1965. *Band 8.*
Cancik, Hubert (Hrsg.): Markus-Philologie. 1984. *Band 33.*
Capes, David B.: Old Testament Yaweh Texts in Paul's Christology. 1992. *Band II/47.*
Caragounis, Chrys C.: The Son of Man. 1986. *Band 38.*
Crump, David: Jesus the Intercessor. 1992. *Band II/49.*
Dobbeler, Axel von: Glaube als Teilhabe. 1987. *Band II/22.*
Ebertz, Michael N.: Das Charisma des Gekreuzigten. 1987. *Band 45.*
Eckstein, Hans-Joachim: Der Begriff der Syneidesis bei Paulus. 1983. *Band II/10.*
Ego, Beate: Im Himmel wie auf Erden. 1989. *Band II/34.*
Ellis, E. Earle: Prophecy and Hermeneutic in Early Christianity. 1978. *Band 18.*
– The Old Testament in Early Christianity. 1991. *Band 54.*
Feldmeier, Reinhard: Die Krisis des Gottessohnes. 1987. *Band II/21.*
– Die Christen als Fremde. 1992. *Band 64.*
Fossum, Jarl E.: The Name of God and the Angel of the Lord. 1985. *Band 36.*
Garlington, Don B.: The Obedience of Faith. 1991. *Band II/38.*
Garnet, Paul: Salvation and Atonement in the Qumran Scrolls. 1977. *Band II/3.*
Gräßer, Erich: Der Alte Bund im Neuen. 1985. *Band 35.*
Green, Joel B.: The Death of Jesus. 1988. *Band II/33.*
Gundry Volf, Judith M.: Paul and Perseverance. 1990. *Band II/37.*
Hafemann, Scott J.: Suffering and the Spirit. 1986. *Band II/19.*
Heckel, Ulrich: siehe *Hengel.*
Heiligenthal, Roman: Werke als Zeichen. 1983. *Band II/9.*
Hemer, Colin J.: The Book of Acts in the Setting of Hellenistic History. 1989. *Band 49.*
Hengel, Martin: Judentum und Hellenismus. 1969, [3]1988. *Band 10.*
Hengel, Martin und *Ulrich Heckel* (Hrsg.:) Paulus und das antike Judentum. 1991. *Band 58.*
Hengel, Martin und *Anna Maria Schwemer* (Hrsg.): Königsherrschaft Gottes und himmlischer Kult. 1991. *Band 55.*
Herrenbrück, Fritz: Jesus und die Zöllner. 1990. *Band II/41.*
Hofius, Otfried: Katapausis. 1970. *Band 11.*
– Der Vorhang vor dem Thron Gottes. 1972. *Band 14.*
– Der Christushymnus Philipper 2,6 – 11. 1976, [2]1991. *Band 17.*
– Paulusstudien. 1989. *Band 51.*
Holtz, Traugott: Geschichte und Theologie des Urchristentums. Hrsg. von Eckart Reinmuth und Christian Wolff. 1991. *Band 57.*
Hommel, Hildebrecht: Sebasmata. Band 1. 1983. *Band 31.* – Band 2. 1984. *Band 32.*
Kamlah, Ehrhard: Die Form der katalogischen Paränese im Neuen Testament. 1964. *Band 7.*
Kim, Seyoon: The Origin of Paul's Gospel. 1981, [2]1984. *Band II/4.*
– »The ›Son of Man‹« as the Son of God. 1983. *Band 30.*
Kleinknecht, Karl Th.: Der leidende Gerechtfertigte. 1984, [2]1988. *Band II/13.*

Klinghardt, Matthias: Gesetz und Volk Gottes. 1988. *Band II/32.*
Köhler, Wolf-Dietrich: Rezeption des Matthäusevangeliums in der Zeit vor Irenäus. 1987. *Band II/24.*
Kuhn, Karl G.: Achtzehngebet und Vaterunser und der Reim. 1950. *Band 1.*
Lampe, Peter: Die stadtrömischen Christen in den ersten beiden Jahrhunderten. 1987, [2]1989.
    Band II/18.
Lieu, Samuel N. C.: Manichaeism in the Later Roman Empire and Medieval China. 1992. *Band 63.*
Maier, Gerhard: Mensch und freier Wille. 1971. *Band 12.*
– Die Johannesoffenbarung und die Kirche. 1981. *Band 25.*
Markschies, Christoph: Valentinus Gnosticus? 1992. *Band 65.*
Marshall, Peter: Enmity in Corinth: Social Conventions in Paul's Relations with the Corinthians.
    1987. *Band II/23.*
Meade, David G.: Pseudonymity and Canon. 1986. *Band 39.*
Mengel, Berthold: Studien zum Philipperbrief. 1982. *Band II/8.*
Merkel, Helmut: Die Widersprüche zwischen den Evangelien. 1971. *Band 13.*
Merklein, Helmut: Studien zu Jesus und Paulus. 1987. *Band 43.*
Metzler, Karin: Der griechische Begriff des Verzeihens. 1991. *Band II/44.*
Niebuhr, Karl-Wilhelm: Gesetz und Paränese. 1987. *Band II/28.*
– Heidenapostel aus Israel. 1992. *Band 62.*
Nissen, Andreas: Gott und der Nächste im antiken Judentum. 1974. *Band 15.*
Okure, Teresa: The Johannine Approach to Mission. 1988. *Band II/31.*
Pilhofer, Peter: Presbyteron Kreitton. 1990. *Band II/39.*
Probst, Hermann: Paulus und der Brief. 1991. *Band II/45.*
Räisänen, Heikki: Paul and the Law. 1983, [2]1987. *Band 29.*
Rehkopf, Friedrich: Die lukanische Sonderquelle. 1959. *Band 5.*
Reinmuth, Eckhardt: siehe *Holtz.*
Reiser, Marius: Syntax und Stil des Markusevangeliums. 1984. *Band II/11.*
Richards, E. Randolph: The Secretary in the Letters of Paul. 1991. *Band II/42.*
Riesner, Rainer: Jesus als Lehrer. 1981, [3]1988. *Band II/7.*
Rissi, Mathias: Die Theologie des Hebräerbriefs. 1987. *Band 41.*
Röhser, Günter: Metaphorik und Personifikation der Sünde. 1987. *Band II/25.*
Rüger, Hans Peter: Die Weisheitsschrift aus der Kairoer Geniza. 1991. *Band 53.*
Sänger, Dieter: Antikes Judentum und die Mysterien. 1980. *Band II/5.*
Sandnes, Karl Olav: Paul – One of the Prophets? 1991. *Band II/43.*
Sato, Migaku: Q und Prophetie. 1988. *Band II/29.*
Schimanowski, Gottfried: Weisheit und Messias. 1985. *Band II/17.*
Schlichting, Günter: Ein jüdisches Leben Jesu. 1982. *Band 24.*
Schnabel, Eckhard J.: Law and Wisdom from Ben Sira to Paul. 1985. *Band II/16.*
Schutter, William L.: Hermeneutic and Composition in I Peter. 1989. *Band II/30.*
Schwartz, Daniel R.: Studies in the Jewish Background of Christianity. 1992. *Band 60.*
Schwemer, A. M.: siehe *Hengel.*
Scott, James M.: Adoption as Sons of God. 1992. *Band II/48.*
Siegert, Folker: Drei hellenistisch-jüdische Predigten. Teil 1. 1980. *Band 20.* – Teil 2. 1992. *Band 61.*
– Nag-Hammadi-Register. 1982. *Band 26.*
– Argumentation bei Paulus. 1985. *Band 34.*
– Philon von Alexandrien. 1988. *Band 46.*
Simon, Marcel: Le christianisme antique et son contexte religieux I/II. 1981. *Band 23.*
Snodgrass, Klyne: The Parable of the Wicked Tenants. 1983. *Band 27.*
Speyer, Wolfgang: Frühes Christentum im antiken Strahlungsfeld. 1989. *Band 50.*
Stadelmann, Helge: Ben Sira als Schriftgelehrter. 1980. *Band II/6.*
Strobel, August: Die Studie der Wahrheit. 1980. *Band 21.*
Stuhlmacher, Peter (Hrsg.): Das Evangelium und die Evangelien. 1983. *Band 28.*
Tajra, Harry W.: The Trial of St. Paul. 1989. *Band II/35.*
Theißen, Gerd: Studien zur Soziologie des Urchristentums. 1979, [3]1989. *Band 19.*
Thornton, Claus-Jürgen: Der Zeuge des Zeugen. 1991. *Band 56.*
Wedderburn, A. J. M.: Baptism and Resurrection. 1987. *Band 44.*
Wegner, Uwe: Der Hauptmann von Kafarnaum. 1985. *Band II/14.*
Wilson, Walter T.: Love without Pretense. 1991. *Band II/46.*
Wolff, Christian: siehe *Holtz.*
Zimmermann, Alfred E.: Die urchristlichen Lehrer. 1984, [2]1988. *Band II/12.*